요양 보호사

필기+실기

가장 빠른 합격
총정리 문제집

끝까지 책임진다! 시대에듀!
QR코드를 통해 도서 출간 이후 발견된 오류나 개정법령, 변경된 시험 정보, 최신기출문제, 도서 업데이트 자료 등이 있는지 확인해 보세요!
시대에듀 합격 스마트 앱을 통해서도 알려 드리고 있으니 구글 플레이나 앱 스토어에서 다운받아 사용하세요.
또한, 파본 도서인 경우에는 구입하신 곳에서 교환해 드립니다.

편집진행 노윤재 · 장다원 | **표지디자인** 박종우 | **본문디자인** 양혜련 · 장성복

2026 시대에듀 요양보호사(필기+실기)
가장 빠른 합격 총정리 문제집

Always with you

사람의 인연은 길에서 우연하게 만나거나 함께 살아가는 것만을 의미하지는 않습니다.
책을 펴내는 출판사와 그 책을 읽는 독자의 만남도 소중한 인연입니다.
시대에듀는 항상 독자의 마음을 헤아리기 위해 노력하고 있습니다. 늘 독자와 함께하겠습니다.

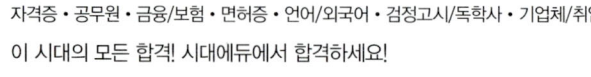

자격증·공무원·금융/보험·면허증·언어/외국어·검정고시/독학사·기업체/취업
이 시대의 모든 합격! 시대에듀에서 합격하세요!
www.youtube.com ➡ 시대에듀 ➡ 구독

머리말 PREFACE

요양보호사는 대한민국의 급격한 초고령 사회 진입으로 주목할 필요성이 커진 직업 중 하나입니다. 통계청에 따르면 생산 연령 인구 100명당 부양해야 할 노인 인구는 지속적으로 증가할 전망이므로, 요양보호사의 수요 또한 급증할 것으로 예상됩니다.

요양보호사 자격증을 취득하려면 지정 교육기관에서 소정의 교육과정을 이수한 후, 한국보건의료인국가시험원에서 시행하는 요양보호사 자격시험에 합격해야 합니다. 합격을 위해서는 보건복지부에서 발간한 요양보호사 양성 표준교재의 내용을 완벽하게 이해하고 숙지하는 것이 필요합니다.

본서는 기출문제가 공개되지 않는 요양보호사 자격시험의 특성을 고려하여, 출제에 활용되는 요양보호사 양성 표준교재를 충실히 반영하였습니다. 다음에서 안내하는 본서의 특징을 활용하여 시험에 완벽하게 대비해 보세요.

본서의 특징

❶ 출제에 활용되는 요양보호사 양성 표준교재를 토대로 집필하였습니다.
❷ 단원별 출제 키워드와 출제자의 비밀노트, 문제타파 TIP 등 효율적인 학습을 돕는 요소들로 도서를 구성하였습니다.
❸ 실제 시험의 출제경향을 반영하여 다수의 그림자료를 수록하였습니다.
❹ 부족한 부분을 빈틈없이 보완할 수 있도록 풍부하고 전문적인 해설을 담았습니다.

시대에듀는 요양보호사를 꿈꾸는 여러분의 도전이 합격으로 이어지기를 기원합니다.

요양보호사교육연구회

시험안내

INFORMATION

> ※ 다음 사항은 시행처인 한국보건의료인국가시험원에 게시된 시험정보를 바탕으로 작성하였습니다. 시험 전 최신 공고사항을 반드시 확인하시기 바랍니다.

✚ 요양보호사란?

요양보호사는 요양보호사를 양성하는 교육기관에서 소정의 교육과정을 이수하고 국가시험에 합격한 후 국가가 부여한 요양보호사 자격을 취득한 자를 말합니다. 주로 생활복지시설 또는 재가서비스를 통해 방문한 가정에서 고령이나 노인성 질환 등을 사유로 일상생활을 혼자서 수행하기 어려운 성인에게 신체활동 및 일상생활을 지원합니다.

✚ 유의사항

「노인복지법」 시행규칙 개정에 따라 요양보호사 교육과정이 변경되었으며, 교육과정 변경 전에 교육을 이수한 자(2023년 12월 31일 이전 이수자)는 2025년도 요양보호사 자격시험부터 응시할 수 없습니다.

✚ 수행직무

❶ 요양보호사는 대상자의 신체활동 또는 가사활동을 지원하는 업무를 전문적으로 수행합니다.
❷ 의사, 간호사 및 가족들로부터 대상자에 대한 정보를 수집하여 요양보호서비스 계획을 세웁니다.
❸ 대상자의 청결유지, 식사와 복약보조, 배설, 운동, 정서적 지원, 환경관리 및 일상생활지원 업무를 수행합니다.
❹ 요양보호서비스를 필요로 하는 대상자의 신변을 돌보는 일뿐만 아니라 언제나 대상자와 함께하는 자세를 유지합니다.

✚ 준비물

신분증, 응시표

응시원서 접수안내

| 응시원서 작성 | 시험일자/장소 선택 | 응시수수료 결제 | 응시표 발급 |

❶ 인터넷 접수만 가능하며, 방문 및 우편으로는 접수가 불가합니다.
❷ 응시하고자 하는 시험일 7일 전까지 시험센터와 시험일, 시험시간(오전/오후)을 선택하여 결제를 완료해야 접수가 확정됩니다(응시수수료 : 32,000원).
❸ 접수는 선착순이며, 시험센터 잔여 좌석수가 마감된 경우 접수기간 내라도 접수가 불가합니다.
❹ 응시자는 본인이 접수한 시험일과 시험시간에만 응시가 가능합니다.
❺ 응시원서 입력사항 : 사진, 주소, 연락처, 이메일, 응시자격, 교육기관, 이수시간, 이수기간, 응시지역

시험일정

구 분		일 정
시험시행	일 시	상시(시행계획 공고 참고)
	장 소	전국 시험센터
합격자 발표	일 시	상시(시험시행일 다음날 오전 10시 이후 발표 예정)
	방 법	국시원 상시(기간제)시험 홈페이지 → [합격자 조회]

시험시간표

구 분	입장시작	입장완료	중도퇴실 가능	시험시간
오 전	09:20~	~09:40	11:00~	10:00~11:30(90분)
오 후	12:50~	~13:10	14:30~	13:30~15:00(90분)

시험안내

🛡 시험방식

구 분	과 목	문제수/총점	배 점	문제형식
필기시험 (요양보호론)	• 요양보호와 인권 • 노화와 건강증진 • 요양보호와 생활지원 • 상황별 요양보호 기술	35문제/35점	문제당 1점	객관식 (5지 선다형)
실기시험	• 신체활동지원 서비스 • 가사 및 일상생활지원 서비스 • 상황별 요양보호지원 서비스	45문제/45점		

🛡 시험센터

구 분	시험센터	주 소
1	서울구로	서울특별시 구로구 공원로 21, 나라키움 구로복합관사 3, 4층
2	경기성남	경기도 성남시 수정구 산성대로 573, 을지대학교 성남캠퍼스 뉴밀레니엄센터 3층
3	부산경남	부산광역시 남구 신선로 365, 부경대학교 용당캠퍼스 용당15관 1, 2층
4	대전충청	대전광역시 서구 문정로 6, 국민연금공단 서대전지사 5층
5	대구경북	대구광역시 동구 첨복로 80, 신약개발지원센터 7, 8층
6	광주전남	광주광역시 남구 봉선로 1, 광주광역시 남구청 3층
7	전북전주	전북특별자치도 전주시 완산구 온고을로 13, 국민연금공단 전주지사 4층
8	강원원주	강원특별자치도 원주시 중앙로 189, KT학성빌딩 2층
9	제 주	제주특별자치도 제주시 한라대학로 38, 제주한라대학교 하이테크센터 지하 1층

합격기준

❶ 자격시험 합격자는 필기시험과 실기시험에서 각각 만점의 60% 이상을 득점한 자로 합니다.
❷ 응시자격이 없는 것으로 확인된 경우에는 합격자 발표 이후에도 합격을 취소합니다.

CBT란?

CBT는 컴퓨터를 활용하여 시험의 진행, 채점, 성적관리 등을 할 수 있는 유선 네트워크 기반의 시험방식입니다.

참고사항

❶ 객관식(5지 선다형) 문제로, 데스크톱 PC(모니터, 마우스)를 이용하여 답안을 선택합니다.
❷ 응시자는 PC를 이용한 방식으로만 시험에 응시할 수 있으며, 별도의 종이문제지 및 OMR 답안카드를 제공하지 않습니다.
❸ 컴퓨터시험 가이드 동영상은 국시원 상시(기간제)시험 홈페이지 → [시험안내] → [상시 · 기간제 시험정보] → [요양보호사] → [응시자 유의사항]에서 확인할 수 있습니다.
❹ 컴퓨터시험을 사전에 체험할 수 있는 프로그램은 국시원 상시(기간제)시험 홈페이지 → [시험안내] → [CBT 체험하기] → [상시 · 기간제 CBT 체험하기] → [요양보호사 CBT 체험하기]에서 확인할 수 있습니다.

이 책의 구성과 특징

STRUCTURES

❶ 출제 키워드
요양보호사교육연구회가 출제에 여러 차례 활용된 핵심 키워드를 선별·정리하였습니다.

❷ 이렇게 공부하세요
챕터별 학습목표와 이에 따른 학습방향 및 전략을 구체적으로 제시합니다.

❸ 미리 보는 문제 유형
챕터별 문제 유형을 미리 살펴보면서 중점적으로 공부해야 할 내용을 파악할 수 있습니다.

❹ 출제자의 비밀노트
합격을 위해 반드시 숙지해야 하는 부연 설명이나 심화 개념을 담았습니다.

❺ 함께 풀어봅시다
챕터별 대표 문제를 살펴보고, 오답을 피할 수 있는 자세한 해설을 바로 확인하여 문제풀이 방법을 익혀보세요.

CHAPTER 01 제1부 요양보호와 인권

요양보호 대상자 이해

❶ 출제 키워드
노년기의 개념, 특성, 잔존능력, 비가역적 진행, 내향성, 조심성, 경직성, 유대감 상실, 빈둥지증후군, 수정확대가족, 공적 부양, 대상자 중심 요양보호, 억제대로 인한 피해, 통합 대 절망

❷ 이렇게 공부하세요
이 단원에서는 노년기의 노화에 따른 신체적·심리적·사회적 특성에 대한 문제가 자주 출제되므로 이 부분을 확실하게 학습합니다. 노인의 개념에 대해서도 명확하게 이해해야 하며, 노년기의 가족관계에 따른 특징과 변화 양상, 노인부양 문제에 따른 해결방안 및 대상자 중심 요양보호의 의미와 원칙에 대해서도 파악해 두도록 합니다.

❸ 미리 보는 문제 유형
- 노인의 개념을 설명한 것으로 옳은 것은?
- 노년기의 일반적 특성은?
- 노년기의 바람직한 가족관계로 옳은 것은?
- 노인부양 문제의 해결방안은?
- 다음 상황과 관계있는 대상자에게 해서는 안 되는 부정적 사례는?

❹ 출제자의 비밀노트
노년기의 특성
- 신체적 특성 : 세포의 노화, 면역능력·잔존능력·회복능력의 저하, 비가역적 진행
- 심리적 특성 : 우울증 경향, 내향성·조심성·경직성·의존성 증가, 생애 대한 회고의 경향
- 사회적 특성 : 사회적 역할·유대감 상실, 사회적 관계 위축

❺ 함께 풀어봅시다

노년기의 일반적 특성으로 옳은 것은?
① 신체조직의 잔존능력이 저하된다.
② 사회적 활동이 증가하고 외향적 성격이 강해진다.
  └ 사회적 활동이 감소하고 내향적 성격이 강해진다.
③ 새로운 변화와 도전을 즐기는 과감한 성향을 보인다.
  └ 새로운 변화를 싫어하고 도전적인 일을 꺼리는 경향을 보인다.
④ 친척이나 친구와의 관계가 원만해지면서 유대감이 높아진다.
  └ 친척이나 친구와의 관계가 소원해지면서 유대감도 줄어들게 된다.
⑤ 만성질환만 있고 다른 질환과 복합된 질환은 발생하지 않는다.
  └ 고혈압, 당뇨 등의 만성질환이 다른 질환과 복합되어 나타난다.

정답

합격의 공식 Formula of pass | 시대에듀 www.sdedu.co.kr

❻ 출제예상문제

01 개념체크 ○ △ ×
다음과 같은 상황과 관계 깊은 매슬로의 욕구단계는?

> 와상 기간이 긴 대상자의 욕창 방지를 위해 2시간마다 체위를 변경한다.

① 존경의 욕구
② 안전의 욕구
③ 생리적 욕구
④ 자아실현의 욕구
⑤ 사랑과 소속의 욕구

02 개념체크 ○ △ ×
요양보호 업무의 목적으로 옳은 것은?
① 먼저 대상자의 자아실현 욕구 충족부터 돕는다.
② 대상자의 신체기능 증진 및 삶의 질 향상에 기여한다.
③ 대상자가 과거의 기능 수준까지 회복할 수 있도록 도와야 한다.
④ 60세 이상 노인에게 전문적인 요양보호서비스를 제공하기 위한이다.
⑤ 기본적인 인간 욕구를 이해하여 생리적 욕구 충족과 일상생활지원만을 돕는다.

03 개념체크 ○ △ ×
다음 내용에 해당하는 노인장기요양보험 표준서비스 유형은?

> • 몸단장
> • 세면 도움
> • 구강청결 도움
> • 머리 감기 도움

① 방문목욕
② 신체활동지원
③ 기능회복훈련
④ 정서지원 · 의사소통
⑤ 가사 및 일상생활지원

❼ 기출유형문제

다음 사례와 관계 깊은 요양보호사의 업무는?

> 지팡이를 이용하는 대상자가 근처 시장으로 장을 보러 가시려 해서 요양보호사가 함께 동행하였다.

① 인지지원
② 기능회복훈련
③ 신체활동지원
④ 정서지원 · 의사소통
❺ 가사 및 일상생활지원

해설
⑤ 가사 및 일상생활지원은 개인활동지원과 일상생활지원으로 나뉘며, 개인활동지원에는 외출 시 동행, 장보기, 산책, 은행 · 관공서 · 병원 등 방문 시 부축 또는 동행(차량 이용 포함) 및 책임 귀가 등이 있다.

❽ 문제타파 TIP

노인장기요양보험 표준서비스 문제는 자주 출제되므로, 표준서비스별 구체적인 내용까지 정확하게 암기해야 한다.

---

❻ 출제예상문제
꼭 알아야 할 핵심을 기반으로 출제한 문제들을 풀어보며 표준교재의 내용을 꼼꼼하게 익혀보세요.

❼ 기출유형문제
기출문제와 비슷한 유형의 문제를 풀어보며 시험의 출제방향을 예상해 보는 동시에 자신의 이해도를 가늠할 수 있습니다.

❽ 문제타파 TIP
어떤 부분에 중점을 두고 학습해야 실전에 전략적으로 대비할 수 있는지 안내합니다.

이 책의 구성과 특징

2026 시대에듀 요양보호사(필기+실기) 가장 빠른 합격 총정리 문제집

STRUCTURES

❶ 한줄필기
이론을 이해하기 위해 알아야 할 중요 개념과 보충 설명 등을 별도로 정리하였습니다.

❷ 한줄요약
챕터별 출제 가능성이 높은 내용을 암기하기 쉽게 한 줄로 간단히 요약하였습니다.

❸ 한줄문제
중요도 높은 내용을 단답형 문제로 정리하였습니다. 학습한 내용을 효과적으로 복습할 수 있습니다.

❹ 이해를 돕는 그림자료
학습효과를 높이기 위해 다양한 그림자료를 수록하였습니다.

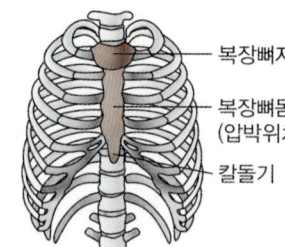

합격의 공식 Formula of pass | 시대에듀 www.sdedu.co.kr

모의고사 3회분
실제 시험과 유사한 구성의 모의고사를 풀어보며 실전 감각을 익히고 시험 전 최종 실력을 점검하세요.

모의고사 정답 및 해설
상세한 해설을 통해 부족한 부분을 보완하고 반복적으로 복습할 수 있습니다.

이 책의 차례

제1부 요양보호와 인권

- CHAPTER 01 요양보호 대상자 이해 — 2
- CHAPTER 02 노인복지와 장기요양제도 Ⅰ — 10
- CHAPTER 03 노인복지와 장기요양제도 Ⅱ — 20
- CHAPTER 04 노인의 인권과 보호 — 29
- CHAPTER 05 요양보호사의 인권보호와 자기계발 — 35

제2부 노화와 건강증진

- CHAPTER 06 노화에 따른 변화와 질환 — 42
- CHAPTER 07 치매, 뇌졸중, 파킨슨질환 — 62
- CHAPTER 08 노인의 건강증진 및 질병예방 — 70

제3부 요양보호와 생활지원

- CHAPTER 09 의사소통과 정서지원 — 80
- CHAPTER 10 요양보호 기록 및 업무보고 — 97
- CHAPTER 11 신체활동지원 Ⅰ — 110
- CHAPTER 12 신체활동지원 Ⅱ — 128
- CHAPTER 13 가사 및 일상생활지원 — 145

제4부 상황별 요양보호 기술

- CHAPTER 14 치매 요양보호 — 162
- CHAPTER 15 임종 요양보호 — 185
- CHAPTER 16 응급상황 대처 및 감염관리 — 193

모의고사 요양보호사 모의고사

- 제1회 요양보호사 모의고사 — 214
- 제2회 요양보호사 모의고사 — 232
- 제3회 요양보호사 모의고사 — 250

제1부

요양보호와 인권

CHAPTER 01 요양보호 대상자 이해
출제예상문제 | 핵심요약

CHAPTER 02 노인복지와 장기요양제도 Ⅰ
출제예상문제 | 핵심요약

CHAPTER 03 노인복지와 장기요양제도 Ⅱ
출제예상문제 | 핵심요약

CHAPTER 04 노인의 인권과 보호
출제예상문제 | 핵심요약

CHAPTER 05 요양보호사의 인권보호와 자기계발
출제예상문제 | 핵심요약

CHAPTER 01 요양보호 대상자 이해

제1부 요양보호와 인권

출제 키워드

노년기의 개념·특성, 잔존능력, 비가역적 진행, 내향성, 조심성, 경직성, 유대감 상실, 빈둥지증후군, 수정확대가족, 공적 부양, 대상자 중심 요양보호, 억제대로 인한 피해, 통합 대 절망

이렇게 공부하세요

이 단원에서는 노년기의 노화에 따른 신체적·심리적·사회적 특성에 대한 문제가 자주 출제되므로 이 부분을 확실하게 학습합니다. 노인의 개념에 대해서도 명확하게 이해해야 하며, 노년기의 가족관계에 따른 특징과 변화 양상, 노인부양 문제에 따른 해결방안 및 대상자 중심 요양보호의 의미와 원칙에 대해서도 파악해 두도록 합니다.

미리 보는 문제 유형

- 노인의 개념을 설명한 것으로 옳은 것은?
- 노년기의 일반적 특성은?
- 노년기의 바람직한 가족관계로 옳은 것은?
- 노인부양 문제의 해결방안은?
- 다음 상황과 관계있는 대상자에게 해서는 안 되는 부정적 사례는?

출제자의 비밀노트

노년기의 특성
- 신체적 특성 : 세포의 노화, 면역능력·잔존능력·회복능력의 저하, 비가역적 진행
- 심리적 특성 : 우울증 경향, 내향성·조심성·경직성·의존성 증가, 생에 대한 회고의 경향
- 사회적 특성 : 사회적 역할·유대감 상실, 사회적 관계 위축

함께 풀어봅시다

노년기의 일반적 특성으로 옳은 것은?

① 신체조직의 잔존능력이 저하된다.
② 사회적 활동이 증가하고 외향적 성격이 강해진다.
  └ 사회적 활동이 감소하고 내향적 성격이 강해진다.
③ 새로운 변화와 도전을 즐기는 과감한 성향을 보인다.
  └ 새로운 변화를 싫어하고 도전적인 일을 꺼리는 경향을 보인다.
④ 친척이나 친구와의 관계가 원만해지면서 유대감이 높아진다.
  └ 친척이나 친구와의 관계가 소원해지면서 유대감도 줄어들게 된다.
⑤ 만성질환만 있고 다른 질환과 복합된 질환은 발생하지 않는다.
  └ 고혈압, 당뇨 등의 만성질환이 다른 질환과 복합되어 나타난다.

정답 ①

출제예상문제

정답 및 해설 002쪽

01 ☑ 개념체크 ○ △ ×

다음 중 노인의 의미와 개념에 대한 설명으로 옳은 것은?
① 노인은 수동적인 존재이다.
② 노인은 개인으로 환경에 둘러싸여 있다.
③ 노인은 개인적인 측면에서 적응능력의 약화가 나타난다.
④ 기능적 수준에 따른 노인의 개념이 가장 보편적으로 활용된다.
⑤ 노인의 다면적 특성과 변화의 방향성은 단순한 요구와 연결된다.

02 ☑ 개념체크 ○ △ ×

다음 내용과 관계 깊은 노인의 심리적 특성은?

- 새로운 환경에 쉽게 적응하지 못하는 경향
- 객관적으로 옳지 않음에도 불구하고 계속 고집을 부리는 태도

① 조심성
② 내향성
③ 경직성
④ 애착심
⑤ 의존성

03 ☑ 개념체크 ○ △ ×

다음 중 노년기의 특성으로 옳은 것은?
① 경직성의 감소
② 내향성의 감소
③ 유대감의 상실
④ 의존성의 감소
⑤ 조심성의 감소

기출유형문제

노년기에 나타나는 신체적 변화로 옳은 것은?
① 신체조직의 잔존능력이 향상된다.
② 가역적인 방향으로 노화가 진행된다.
③ 면역능력의 저하가 급격한 질병 악화를 막는다.
❹ 세포가 노화되면서 키도 줄고 주름도 많아진다.
⑤ 회복능력이 증가하면서 다른 합병증이 잘 생긴다.

해설
④ 노년기의 노화는 비가역적인 방향으로 진행되며 잔존능력·면역능력·회복능력이 저하된다.

문제타파 TIP
노인은 경직성이 증가하여 자신에게 익숙한 습관이나 태도, 방법을 고수한다.

CHAPTER 01 요양보호 대상자 이해 3

기출유형문제

배우자 사별에 대한 적응 단계 중에서 노인이 처음으로 겪는 정서적 반응은?

❶ 상실감
② 초조함
③ 불안감
④ 배우자 없는 생활을 받아들임
⑤ 혼자 사는 삶을 적극적으로 개척

해설

① 배우자와 사별하게 되면 먼저 상실감을 경험하고 우울감, 비탄 등을 느끼게 된다.

문제타파 TIP

배우자 사별에 대한 적응 단계
- 1단계 : 상실감의 시기로 우울감과 비탄 등을 느낀다.
- 2단계 : 배우자 없는 생활을 받아들이고, 혼자된 사람으로서의 정체감을 지닌다.
- 3단계 : 혼자 사는 삶을 적극적으로 개척한다.

04 ☑ 개념체크 ○ △ ✕

노인 부모가 결혼한 자녀 가까이에 살면서 보살핌을 받는 가족형태는?

① 핵가족
② 조손가족
③ 동거가족
④ 한부모가족
⑤ 수정확대가족

05 ☑ 개념체크 ○ △ ✕

노인 부양 문제와 관련하여 다음 내용과 관계 깊은 것은?

> 자녀 세대와 부모 세대의 상호 존중, 적극적 의사소통을 통해 실질적인 상호작용과 사회통합 달성

① 노인복지정책 강화
② 노인의 개인적 대처
③ 사회와 가족의 협력
④ 세대 간의 갈등 조절
⑤ 노인복지서비스 프로그램 제공

06 ☑ 개념체크 ○ △ ✕

다음 중 노인의 4고(苦)가 아닌 것은?

① 빈 곤
② 질 병
③ 고 독
④ 무사(無事)
⑤ 무위(無爲)

07 ✅ 개념체크 ○△×

다음 상황과 관계있는 대상자에게 해서는 안 되는 부정적 사례는?

> "제가 다음 주에 오는데 지금 목욕 안 하고 그때까지 기다리시면 냄새나니까 얼른 하세요."라고 말하며 옷을 벗기기 시작한다.

① 수면을 방해한다.
② 무엇이든 강제한다.
③ 부적절한 케어를 한다.
④ 대상자의 의사를 묻지 않는다.
⑤ 정해진 시간에 목욕하게 한다.

08 ✅ 개념체크 ○△×

인간다움(Humanitude) 케어 실천을 위한 4가지 핵심사항의 실행방법 중 옳은 것은?

① 일어서게 하기 : 걸을 수 있는 대상자라도 낙상 위험이 있으면 휠체어에 태워야 한다.
② 대면하기 : 쳐다보기만 하면 적대적으로 느낄 수 있으므로 눈을 맞추고 나서 2초 이내에 대상자의 눈을 피한다.
③ 말하기 : 대상자에게 천천히 또박또박 긍정적으로 이야기하고, 대상자가 이야기하지 않으면 이야기를 멈추고 잠시 침묵한다.
④ 일어서게 하기 : 손이 닿을 수 있는 만큼만 떨어져서 대상자가 혼자 하는 것을 지켜보며 기다리는 것은 좋지 않은 요양보호이다.
⑤ 접촉하기 : 대상자를 만질 때는 상냥하게 웃으며, 천천히, 쓰다듬듯이, 감싸듯이 하여 대상자의 피부와 넓은 면적이 닿게 만져야 한다.

기출유형문제

인간다움(Humanitude) 케어의 대상자를 대하는 실천원칙 5단계에 대한 설명으로 옳은 것은?

① 만남의 준비 단계 : 대상자에게 안내 문자를 보낸다.
② 케어의 준비 단계 : 대상자에게 방문하였음을 알린다.
③ 지각(감각)의 연결 단계 : 케어 받는 기분을 느끼게 한다.
④ 감정의 고정 단계 : 대상자가 기분 좋게 느끼도록 돌본다.
❺ 재회의 약속 단계 : 다음의 케어를 쉽게 하기 위해 준비한다.

해설
⑤ 다섯째, 재회의 약속 단계에서는 다음의 케어를 쉽게 하기 위해 준비한다.

문제타파 TIP

인간다움(Humanitude) 케어의 대상자를 대하는 실천 원칙 5단계
첫째, 만남의 준비 단계에서는 요양보호사가 대상자에게 방문하였음을 알린다.
둘째, 케어의 준비 단계에서는 상대와 관계를 만든다(친구가 된다).
셋째, 지각(감각)의 연결 단계에서는 대상자가 기분 좋게 느끼도록 돌봄을 시행한다.
넷째, 감정의 고정 단계에서는 케어의 기분 좋은 점을 상대의 기억에 남긴다.
다섯째, 재회의 약속 단계에서는 다음의 케어를 쉽게 하기 위해 준비한다.

CHAPTER 01 핵심요약

한줄필기

잔존능력
일상에 필요한 능력수준과 최대능력 간의 차이를 의미하며, 긴급 시 혹은 운동 중에 나타난다.

비가역적
주위 환경의 변화에 따라 이리저리 쉽게 변하지 않는 것을 뜻하며, 환경적으로 회복 불가능한 상태를 의미한다.

빈둥지증후군
자녀가 독립하여 집을 떠난 뒤에 부모가 경험하게 되는 슬픔, 외로움과 상실감을 의미한다.

한줄요약

01 노인은 일반적으로 '생리적·행동적·심리적·사회적으로 노화과정의 변화가 복합적으로 작용하는 사람'으로, '노화(Aging)의 과정 또는 그 결과로서 생물적·심리적·사회적 기능이 약화되어 자립적 생활 능력과 환경에 대한 적응능력이 약화되고 있는 사람'을 의미한다.

02 노년기의 신체적 특성에는 세포의 노화, 면역능력·잔존능력·회복능력의 저하, 비가역적 진행 등이 있다.

03 노년기의 심리적 특성에는 우울증 경향 증가, 내향성·조심성·경직성·의존성 증가, 생에 대한 회고의 경향, 친근한 사물에 애착하는 경향 등이 있다.

04 노년기의 사회적 특성에는 역할 상실, 경제적 빈곤, 유대감의 상실, 사회적 관계 위축 등이 있다.

05 노년기에 배우자와 사별하면서 죽음이라는 현실을 보다 잘 인식할 수 있게 된다.

06 노년기에는 자녀의 결혼과 독립으로 빈둥지증후군을 경험하게 된다.

07 수정확대가족은 자녀가 부모와 근거리에 살면서 부양하는 가족형태이다.

08 노인은 손자녀에게 애정을 쏟아 손자녀의 긍정적인 자아 형성에 기여한다.

09 노년기 형제자매관계의 특징은 형제자매 간 경쟁·갈등이 줄어들면서 심리적 안정감을 공유하여 사회적 지지가 된다는 것이다.

10 노인의 4고(苦)에는 빈곤, 질병, 고독, 무위(역할 상실)가 있다.

11 노인부양 문제의 해결방안으로는 사회와 가족의 협력, 세대 간의 갈등 조절, 노인의 개인적 대처와 노인복지정책 강화 등이 있다.

12 인간 중심 요양보호는 대상자 개개인의 가치관을 존중하고 생활양식, 필요와 심신 상태에 따른 요구 등을 충분히 고려하여 개개인에 맞춘 요양보호를 제공하는 것을 의미한다.

13 대상자를 대할 때는 무엇이든 강제로 하지 않는다.

14 상대방과 가까운 거리의 정면에서 같은 눈높이로 최소 1초 이상 눈을 맞추며 상대를 본다.

15 대상자를 만지는 법

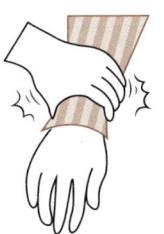
옳지 않은 방법

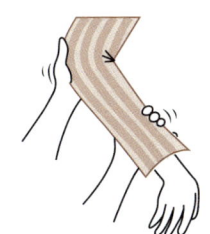
옳은 방법

한줄필기

장기요양기관에서 생기기 쉬운 악성 사회 심리
- 속이거나 착각하게 만든다.
- 따돌린다.
- 능력을 제한한다.
- 어른으로 존중하지 않는다.
- 어린애 취급한다.
- 무시한다.
- 공포감을 준다.
- 강요한다.
- 뒤로 미룬다.
- 차별한다.
- 비난한다.
- 재촉한다.
- 중단시킨다.
- 이해하려 하지 않는다.
- 바보 취급한다.
- 모욕한다.

한줄필기

배우자 사별에 대한 적응 단계
- 1단계 : 상실감의 시기로 우울감과 비탄 등을 느낀다.
- 2단계 : 배우자 없는 생활을 받아들이고, 혼자된 사람으로서의 정체감을 지닌다.
- 3단계 : 혼자 사는 삶을 적극적으로 개척한다.

노인부양 문제의 해결방안
- 사회와 가족의 협력 : 공적 부양과 사적 부양이 모두 필요하다.
- 세대 간의 갈등 조절 : 사회적 부양에 대한 긍정적 인식이 필요하다.
- 노인의 개인적 대처 : 노인 스스로 노년의 삶을 책임지려는 노력이 필요하다.
- 노인복지정책 강화 : 국민연금·기초연금, 노인장기요양보험제도, 다양한 노인복지 프로그램 등의 강화가 필요하다.

수정확대가족
최근 가족관계가 변화함에 따라 새로 등장한 가족형태로, 노인 부모가 자녀와 근거리에 살면서 자녀의 보살핌을 받는 가족형태를 말한다. 부모와 자녀가 따로 살지만, 자주 왕래하며 각자의 사생활을 지킬 수 있다는 장점이 있다.

한줄문제

01 만성질환이 있는 노인의 경우 사소한 원인으로도 중증에 이를 수 있는 이유는?
답 회복능력의 저하

02 우울증 경향이 있는 노인들의 특성은?
답 불면증, 식욕부진, 체중감소나 기억력의 저하 및 흥미와 의욕 상실 등

03 나이가 들수록 질문이나 문제에 대해 대답을 할지 망설이는 모습을 보이며, 결단·행동이 느려지고 신중해지는 이유는?
답 조심성의 증가

04 익숙하고 습관적인 태도나 방법을 고수하려는 노인들의 심리적 특성은?
답 경직성의 증가

05 노인이 퇴직 후 사회적 관계가 줄어들면서 단순화된 관계 속에서 고독감과 우울감이 증가하는 이유는?
답 유대감의 상실

06 노부부끼리 살거나 노인이 포함된 가족은?
답 노인가족

07 퇴직으로 남편의 역할이 사회에서 가정으로 돌아오면서 변화된 부부 간의 관계 양상은?
답 동반자 관계

08 배우자 사별에 대한 적응 단계에서 처음으로 겪는 감정은?
답 상실감

09 이 형태의 가족관계에서 발생할 수 있는 갈등은 자녀 세대의 독립으로 예전보다는 나아졌지만, 가치관·세대 차이로 여전히 존재한다. 또한, 장모와 사위 간의 갈등이 대표적인 가족관계는?
답 고부-장서관계

10 빈둥지증후군, 수정확대가족과 관계 깊은 가족관계는?
답 부모-자녀관계

11 순수하게 애정으로 감싸주면서 노년기에 활기와 탄력을 제공하는 가족관계는?
답 조부모-손자녀관계

12 노년기에 이르러 경쟁심이나 갈등이 줄어들고 상호이해와 동조성이 강화되는 가족관계는?
답 형제자매관계

13 부모의 이혼, 가출, 질환, 경제적 이유 등으로 가족이 해체되어 조부모가 손자녀의 양육을 도맡아 하는 가정은?
답 조손가정

14 노인복지서비스와 장기요양보험제도 등 국가나 사회가 노인의 생활을 지원하는 것은?
답 공적 부양

15 억제대로 인한 피해는?
답 자세변환이 힘들어 욕창이 잘 생긴다.

16 에릭슨(Erikson)이 인간의 발달단계 중 노년기에 경험하게 된다고 설명한 위기와 변화 과정은?
답 통합 대 절망

한줄필기

억제대의 피해
- 자세변환이 힘들어 욕창이 잘 생긴다.
- 근육을 움직이지 않아 근력이 떨어진다.
- 심장기능이 저하된다.
- 인지기능이 저하된다.
- 관절이 굳는다.
- 골다공증이 생기거나 악화된다.

일어서기의 장점
- 골격근의 근력 유지에 좋다.
- 뼈와 관절에 힘을 가해 골다공증에 도움이 된다.
- 순환기를 자극하여 혈액순환에 도움이 된다.
- 호흡기를 자극하여 폐활량에 도움이 된다.

생애주기와 발달단계
에릭 에릭슨(Erik H. Erikson)은 인간 발달단계를 연령대에 따라 구강기-항문기-남근기-잠복기-사춘기-성년기-중년기-노년기로 구분하였으며, 단계별로 신뢰/불신, 자율/의심, 주도성/죄의식, 근면성/열등감, 정체감/역할혼돈, 친밀감/고립감, 생산성/자아침체, 자아통합성/절망감이라는 위기와 변화의 반복적 과정을 경험하게 된다고 설명하였다.

CHAPTER 02 노인복지와 장기요양제도 Ⅰ

제1부 요양보호와 인권

출제 키워드

노인복지 원칙, 고령 사회, 노인맞춤돌봄서비스, 노인복지시설, 노인장기요양보험제도, 노인성 질병, 장기요양급여 대상자, 등급판정, 등급판정위원회, 개인별 장기요양이용계획서, 재가급여, 시설급여, 특별현금급여

이렇게 공부하세요

이 단원에서는 사회복지와 노인복지의 개념과 실천원칙을 알아보고 그 유형을 정확하게 파악해야 합니다. 또한, 노인장기요양보험제도의 목적 및 절차를 이해하고 장기요양급여 대상자 여부를 판단하는 문제가 자주 출제되므로 반드시 기억할 수 있도록 학습합니다. 더불어 재가급여와 시설급여, 특별현금급여의 차이점을 구별하여 알아 두도록 합니다.

미리 보는 문제 유형

- 다음 중 노인의료복지시설은?
- 장기요양급여를 신청할 수 있는 사람은?
- 다음 중 노인장기요양보험급여 대상자는?
- 장기요양인정신청 및 판정 절차의 순서로 옳은 것은?

출제자의 비밀노트

노인장기요양보험제도의 특징

- 노인장기요양보험의 보험자는 국민건강보험공단이다.
- 장기요양보험사업은 보건복지부 장관이 관장한다.
- 노인장기요양보험의 가입자는 국내에 거주하는 국민, 국내에 체류하는 재외국민 또는 외국인으로서 대통령령으로 정하는 사람이다.
- 장기요양인정의 유효기간은 최소 1년 이상으로서 2년으로 한다. 다만, 장기요양인정이 갱신된 경우에 그 갱신된 장기요양인정의 유효기간은 해당 등급에 따라 구분한다(「노인장기요양보험법」 제19조 제1항, 동법 시행령 제8조 제1항).

함께 풀어봅시다

노인장기요양보험제도에 대한 설명으로 옳은 것은?

① 국가는 장기요양보험료 예상 수입액의 100분의 15에 상당하는 금액을 공단에 지원한다.
　↳ 100분의 20에 상당하는 금액을 공단에 지원한다.
② 노인장기요양보험의 보험자는 국민건강보험공단이다.
③ 장기요양요원은 국가나 지방자치단체에 소속되어 업무를 수행한다.
　↳ 장기요양요원은 장기요양기관에 소속되어 있다.
④ 노인장기요양보험의 가입자는 국내에 거주하는 국민에 한정한다.
　↳ 국내에 체류하는 재외국민 또는 외국인으로서 대통령령으로 정하는 사람도 포함된다.
⑤ 장기요양보험사업은 여성가족부 장관이 관장한다.
　↳ 보건복지부 장관이 관장한다.

정답 ②

출제예상문제

정답 및 해설 003쪽

01 ☑ 개념체크 ○ △ ×

다음 중 노인복지와 관련된 설명으로 옳은 것은?
① 노인이 원하는 한도까지 물적 자원을 풍족하게 지원하는 것이다.
② 사회보험인 국민기초생활보장제도의 도움을 받는 것을 포함한다.
③ 일반 사회복지서비스와 건강보장 서비스를 받는 경우는 제외된다.
④ 공적부조인 국민연금, 국민건강보험 등의 혜택을 받는 것을 포함한다.
⑤ 여가활동지원서비스, 노인맞춤돌봄서비스 등을 제공받는 경우도 포함된다.

02 ☑ 개념체크 ○ △ ×

노인맞춤돌봄서비스의 대상이 될 수 있는 연령은?
① 60세 이상의 노인
② 65세 이상의 노인
③ 만 60세 이상의 노인
④ 만 65세 이상의 노인
⑤ 만 60세 이상의 부부 노인가구

03 ☑ 개념체크 ○ △ ×

노인복지시설의 종류가 바르게 연결된 것은?
① 노인보호전문기관 - 노인교실
② 노인의료복지시설 - 노인복지관
③ 노인여가복지시설 - 노인요양시설
④ 노인주거복지시설 - 노인복지주택
⑤ 재가노인복지시설 - 노인요양공동생활가정

기출유형문제

국민에게 발생할 수 있는 질병, 실업, 사망 등의 사회적 위험을 보험의 방식으로 대처하는 제도는?
① 보건복지
② 산업복지
③ 공적부조
❹ 사회보험
⑤ 사회서비스

해설

④ 사회보험은 국민에게 발생할 수 있는 질병, 실업, 장애, 사망, 소득 상실 등의 사회적 위험을 보험의 방식으로 대처하는 제도이다. 국민건강보험, 국민연금보험, 고용보험, 산업재해보상보험, 노인장기요양보험 등이 있다.

문제타파 TIP

노인복지시설의 종류를 확실하게 구별할 것! 주요 사업 내용까지 함께 알아 두어야 한다.

기출유형문제

등급판정위원회의 심의 결과 노인장기요양보험급여 대상자는?

① 백내장 수술을 한 65세 남자
② 위암 항암 치료로 입원 중인 60세 여성
③ 결핵으로 신체활동이 어려운 60세 남자
❹ 혈관성 치매로 일상생활이 어려운 50세 여자
⑤ 알츠하이머병으로 요양병원에 입원 중인 70세 남성

해설

④ 장기요양급여 수급자는 '65세 이상인 자' 또는 '65세 미만이지만 노인성 질병을 가진 자'로 거동이 불편하거나 치매 등으로 인지가 저하되어 6개월 이상의 기간 동안 혼자서 일상생활을 수행하기 어렵다고 인정되는 자이며, 병원 입원 중인 노인은 급여 대상자에서 제외된다.

문제타파 TIP

노인장기요양보험제도는 자주 출제되는 부분이므로 확실하게 학습할 것! 특히 노인장기요양보험급여 대상자 여부를 묻는 문제가 빈출된다.

04 개념체크 ○△✕

다음에서 설명하는 노인복지의 원칙은?

> • 가능한 한 오랫동안 가정에서 살 수 있어야 한다.
> • 일할 수 있는 기회를 갖거나, 다른 소득을 얻을 수 있어야 한다.

① 독립의 원칙
② 참여의 원칙
③ 보호의 원칙
④ 존엄의 원칙
⑤ 자아실현의 원칙

05 개념체크 ○△✕

장기요양보험에 대한 설명으로 옳은 것은?

① 65세 이상의 노인만을 대상으로 한다.
② 장기요양보험사업의 보험자는 중앙정부로 한다.
③ 장기요양보험사업은 행정안전부 장관이 관장한다.
④ 장기요양보험의 가입자는 「노인장기요양보험법」 제5조 및 제109조에 따른다.
⑤ 방문간호는 「노인장기요양보험법」의 장기요양서비스로, 노인복지서비스는 아니다.

06 개념체크 ○△✕

노인장기요양보험 기본 구조 및 절차에서 국민건강보험공단의 역할은?

① 서비스 신청
② 장기요양등급판정
③ 국고 및 지방비 지원
④ 가정방문 서비스 제공
⑤ 보험료 납부 인정신청

07 개념체크 ○ △ ✕

다음 중 장기요양급여를 대리 신청할 수 있는 사람은?

① 친 구
② 친 족
③ 요양보호사
④ 요양병원 원장
⑤ 요양기관의 장

기출유형문제

장기요양 4등급의 장기요양 인정 점수는?

① 95점 이상
② 45점 미만
③ 60점 이상 75점 미만
④ 75점 이상 95점 미만
❺ 51점 이상 60점 미만

해설

⑤ 장기요양 4등급은 심신의 기능 상태 장애로 일상생활에서 일정 부분 다른 사람의 도움이 필요한 자로, 장기요양 인정 점수가 51점 이상 60점 미만이다.

08 개념체크 ○ △ ✕

2024년 7월에 1등급 판정을 받고, 2025년 7월에 다시 1등급을 받은 수급자가 등급판정을 받으면 되는 시기는?

① 2026년 7월
② 2027년 7월
③ 2028년 7월
④ 2029년 7월
⑤ 2030년 7월

09 개념체크 ○ △ ✕

장기요양보험제도에서 특별현금급여에 해당하는 것은?

① 단기보호
② 방문간호
③ 가족요양비
④ 주·야간보호
⑤ 노인요양시설

문제타파 TIP

장기요양등급과 관련된 문제는 자주 출제된다. 장기요양 등급 판정 결과와 등급별 상태를 함께 암기하도록 한다.

기출유형문제

장기요양서비스 제공계획의 수립 전에 대상자의 신체적·심리적·사회환경적 상황을 파악하는 평가 방법은?

❶ 욕구평가
② 총괄평가
③ 자가평가
④ 현상실습평가
⑤ 기능상태평가

해설

① 욕구평가란 대상자의 욕구와 문제를 해결하기 위하여 정보를 수집하고 분석하여 대상자의 상황을 명확하게 하는 것이다.

문제타파 TIP

노인장기요양보험제도의 재원 조달 방식 파악하기! 욕구평가, 개인별 장기요양이용계획서 등의 개념도 정확하게 알아 두도록 한다.

10 ☑ 개념체크 ○ △ ×

다음에서 설명하는 장기요양서비스 관련 서류는?

> 국민건강보험공단이 등급판정을 받은 대상자에게 발급하는 것으로, 대상자의 기본인적사항과 장기요양등급, 유효기간, 이용 가능한 급여의 종류 및 내용 등이 담겨 있다.

① 의사소견서
② 조사결과서
③ 장기요양인정서
④ 방문간호지시서
⑤ 장기요양인정조사표

11 ☑ 개념체크 ○ △ ×

등급판정위원회에 대한 설명으로 옳은 것은?

① 보건복지부에 두는 회의기구이다.
② 위원장 1인을 포함하여 12인의 위원으로 구성된다.
③ 보건복지부 차관, 의료인, 시·군·구 소속 공무원으로 구성된다.
④ 고의로 사고를 발생하도록 하여 장기요양인정을 받은 경우, 직권으로 재판정할 수 있다.
⑤ 위법행위로 장기요양인정을 받은 경우, 보건복지부의 승인을 받아 등급을 조정할 수 있다.

12 ☑ 개념체크 ○ △ ×

노인장기요양보험제도의 재원 조달에 대한 내용이다. 빈칸에 들어갈 숫자는?

> 국가는 보험료 예상 수입액의 (   )%를 국고에서 부담한다. 급여 대상자가 시설급여를 이용하면 20%, 재가급여를 이용하면 15%를 본인이 부담한다.

① 10
② 20
③ 30
④ 40
⑤ 50

CHAPTER 02 핵심요약

한줄요약

01 사회복지는 크게 공적부조, 사회보험, 사회서비스로 구분된다.

02 국민기초생활보장제도는 생활이 어려운 사람에게 급여를 제공하여 최저생활을 보장하고 자활을 돕는 것을 목적으로 한다.

03 인구 고령화의 원인은 의료기술의 발전, 교육수준·생활수준의 향상, 출산율의 감소 등이다.

04 노인복지시설에는 노인주거복지시설, 노인의료복지시설, 노인여가복지시설, 재가노인복지시설 등이 있다.

05 장기요양보험사업은 보건복지부 장관이 관장한다.

06 노인장기요양보험의 보험자는 국민건강보험공단이다.

07 병원 입원 중인 노인은 장기요양급여 대상자에서 제외된다.

08 65세 이상 노인 또는 65세 미만 노인성 질환 대상자가 공단에 의사 또는 한의사가 발급하는 소견서를 첨부하여 장기요양인정신청서를 제출한다.

09 장기요양인정신청 및 판정 절차는 '인정신청 → 방문 조사 → 장기요양인정 점수 산정 → 의사소견서 제출 → 심의 판정(등급판정위원회)' 순서로 이루어진다.

한줄필기

고령 사회 구분
- 고령화 사회 : 전체인구 대비 65세 이상 노인인구가 7% 이상 14% 미만인 국가
- 고령 사회 : 전체인구 대비 65세 이상 노인인구가 14% 이상 20% 미만인 국가
- 초고령 사회 : 전체인구 대비 65세 이상 노인인구가 20% 이상인 국가

노인복지시설의 종류
- 노인주거복지시설 : 양로시설, 노인공동생활가정, 노인복지주택
- 노인의료복지시설 : 노인요양시설(입소자 10인 이상), 노인요양공동생활가정(입소자 9인 이내)
- 노인여가복지시설 : 노인복지관, 경로당, 노인교실
- 재가노인복지시설 : 방문요양서비스, 주·야간 보호서비스, 단기보호서비스, 방문목욕서비스, 그 밖의 서비스(재가노인지원서비스, 방문간호서비스, 복지용구지원서비스)
- 노인보호전문기관 : 중앙노인보호전문기관, 지역노인보호전문기관
- 노인일자리지원기관 : 노인인력개발기관, 노인일자리지원기관, 노인취업알선기관
- 학대피해노인 전용쉼터 : 학대피해노인에게 쉼터생활지원, 치유 프로그램 제공 등

> **한줄필기**
>
> **장기요양등급판정기준**
> - 장기요양 1등급 : 장기요양인정점수가 95점 이상
> - 장기요양 2등급 : 장기요양인정점수가 75점 이상 95점 미만
> - 장기요양 3등급 : 장기요양인정점수가 60점 이상 75점 미만
> - 장기요양 4등급 : 장기요양인정점수가 51점 이상 60점 미만
>
> **개인별 장기요양이용계획서**
> 대상자의 등급에 따라 이용할 수 있는 한도액과 본인부담률이 포함되어 있으며, 국민건강보험공단에서 제시하는 급여의 종류와 횟수, 이에 따른 비용이 기재되어 있어 대상자 및 가족들이 장기요양서비스를 이해하고 이용하는 데 도움을 준다.
>
> **장기요양서비스 이용 절차**
> 서비스 신청접수 및 방문상담 → 서비스 제공 계획 수립 → 서비스 이용 계약 체결 → 서비스 제공 → 모니터링 실시 → 서비스 종료 혹은 계속

10 심신의 기능상태 장애로 일상생활에서 전적으로 다른 사람의 도움이 필요한 자로서 장기요양인정점수가 95점 이상이면 장기요양 1등급이다.

11 장기요양인정의 유효기간은 최소 1년 이상으로서 2년으로 한다.

12 재가급여는 가정에서 장기요양기관이 운영하는 방문요양, 방문목욕, 방문간호, 주·야간보호, 단기보호, 기타재가급여(복지용구) 등을 통해 서비스를 제공받는 것이다.

13 시설급여는 노인요양시설, 노인요양공동생활가정 등에 입소하여 신체활동지원 등의 서비스를 제공받는 것이다.

14 특별현금급여에는 가족요양비, 특례요양비, 요양병원간병비가 있다(법에 규정되어 있으나, 현재는 가족요양비만 시행 중임).

15 노인장기요양보험제도가 운영되기 위한 재원은 보험료, 국가지원, 본인부담으로 구성된다.

16 국가는 보험료 예상 수입액의 20%를 국고에서 부담한다.

17 장기요양서비스를 이용하고자 할 때는 장기요양인정서와 개인별 장기요양이용계획서가 필요하다.

18 장기요양급여를 받으려면 장기요양기관에 장기요양인정서와 개인별 장기요양이용계획서를 제시하고, 장기요양기관은 수급자가 제시한 장기요양인정서와 개인별 장기요양이용계획서를 바탕으로 장기요양급여제공계획서를 작성하고, 수급자의 동의를 받는다.

한줄문제

01 사회구성원 모두가 평안하고 만족스럽게 잘 지내는 상태를 의미하며, 인간의 다양한 욕구 및 사회문제 등을 해결하여 향상된 삶의 질을 도모하려는 전문적 노력과 관련된 사회제도는?
답 사회복지(Social Welfare)

02 국가와 지방자치단체의 책임하에 생활 유지능력이 없거나 생활이 어려운 국민의 최저생활을 보장하고 자립을 지원하는 제도는?
답 공적부조

03 국민의 질병, 진단, 치료, 출산, 사망 및 건강증진에 대하여 보험급여를 제공하는 사회보험은?
답 국민건강보험

04 노인을 위한 유엔의 원칙 5가지는?
답 독립의 원칙, 참여의 원칙, 보호의 원칙, 자아실현의 원칙, 존엄의 원칙

05 노인의료복지시설 중에서 입소자가 9인 이내인 시설은?
답 노인요양공동생활가정

06 노인들이 자율적으로 취미활동을 하거나 공동작업장을 운영할 수 있도록 하는 노인여가복지시설은?
답 경로당

07 노인학대로 피해를 입은 노인을 일정기간 보호하면서 심신 치유 프로그램을 제공하는 전담기관은?
답 학대피해노인 전용쉼터

08 노인장기요양보험의 가입자는?
답 국내에 거주하는 국민, 국내에 체류하는 재외국민 또는 외국인으로서 대통령령으로 정하는 사람

한줄필기

노인성 질환의 종류(한국표준질병사인분류 기준)
- 치매질환군 : 알츠하이머병에 의한 치매, 혈관성 치매, 기타의 분류된 장소에 의한 치매, 상세불명의 치매, 알츠하이머병
- 뇌혈관성질환군 : 지주막하출혈, 뇌내출혈, 기타 비외상성 두개내출혈, 뇌경색증, 명시되지 않은 뇌졸중, 뇌전동맥의 폐색 및 협착, 대뇌동맥의 폐색 및 협착, 기타 뇌혈관 질환, 기타 뇌혈관 장애, 뇌혈관 질환의 후유증
- 파킨슨질환군 : 파킨슨병, 이차성 파킨슨증, 기타 파킨슨증
- 그 밖의 질환군 : 기저핵의 기타 변성, 중풍 후유증, 진전(떨림), 척수성 근위축 및 관련 증후군, 중추신경계의 퇴행성 질환, 다발성 경화증

> **한줄필기**
>
> **사회서비스**
> 도움이 필요한 모든 국민에게 복지, 보건, 의료, 교육, 고용, 주거, 문화, 환경 등의 분야에서 인간다운 생활을 보장하고 상담, 재활, 돌봄, 정보, 관련 시설 이용, 역량 개발, 사회참여 지원 등을 통하여 국민의 삶의 질이 향상되도록 지원하는 제도이다.

09 노인장기요양인정을 신청할 수 있는 사람은?
답 본인, 가족이나 친족 또는 이해관계인, 사회복지전담공무원, 치매안심센터의 장(치매 환자인 경우 한정), 시장·군수·구청장이 지정하는 자(사회복지전담공무원 또는 치매안심센터의 장이 대리 신청하는 경우, 본인 또는 가족의 동의를 받아야 함)

10 노인장기요양인정의 방문 조사요원은?
답 공단 직원(사회복지사, 간호사 등)

11 유효기간을 갱신할 때 갱신 직전 등급과 같은 등급으로 판정을 받는 경우 1등급의 유효기간은?
답 4년

12 일상생활에서 부분적으로 다른 사람의 도움이 필요하며, 장기요양인정점수가 68점인 대상자의 장기요양인정등급은?
답 장기요양 3등급

13 재가급여의 장점은?
답 평소에 생활하는 친숙한 환경에서 지낼 수 있고 사생활이 존중되며, 개인 중심의 생활을 할 수 있다.

14 시설급여의 장점은?
답 의료, 간호, 요양서비스를 종합적으로 제공받을 수 있다.

15 장기요양요원이 수급자의 가정을 방문하여 신체활동 및 가사활동 등을 지원하는 장기요양급여는?
답 방문요양

16 수급자가 장기요양기관이 아닌 노인요양시설에서 재가급여 또는 시설급여에 상당한 장기요양급여를 받은 경우 지급되는 현금급여는?
답 특례요양비

17 방문요양에 관한 업무를 수행하는 장기요양요원은?
답 요양보호사 또는 사회복지사

18 노인장기요양보험에서 국민기초생활수급권자도 전액을 본인이 부담해야 하는 것은?
답 비급여 항목

19 개인별 장기요양이용계획서에 기재된 사항은?
답 대상자의 등급에 따라 이용할 수 있는 한도액과 본인부담률이 포함되어 있으며, 국민건강보험공단에서 제시하는 급여의 종류와 횟수, 이에 따른 비용이 제시되어 있다.

20 대상자 및 가족에게 만족스러운 서비스가 제공되고 있는지 확인하고 서비스 변화 및 진행 상황을 점검하는 것은?
답 모니터링

21 장기요양서비스 제공 계획 수립 전에 대상자의 신체적·심리적·사회환경적 상황을 파악하는 평가는?
답 욕구평가

22 국민건강보험공단 장기요양등급판정위원회의 업무는?
답 장기요양등급판정, 개인별 장기요양이용계획서 제공, 서비스 이용지원

한줄필기

보험료
건강보험료를 내는 사람(직장가입자, 지역가입자)은 장기요양보험료를 내야 하며, 장기요양보험료는 건강보험료율 대비 장기요양보험료율의 비율을 곱하여 산정한다.

CHAPTER 03

제1부 요양보호와 인권

노인복지와 장기요양제도 Ⅱ

출제 키워드

매슬로의 욕구단계, 신체활동지원, 가사 및 일상생활지원, 정서지원·의사소통, 인지지원, 방문목욕, 건강 및 간호관리, 기능회복훈련, 시설환경관리, 요양보호서비스의 제공 원칙, 요양보호사 준수사항 및 금지행위 등, 숙련된 수발자, 정보전달자, 관찰자, 말벗과 상담자, 동기유발자, 옹호자

출제자의 비밀노트

노인장기요양보험 표준서비스 분류
- 신체활동지원 : 세면 도움, 구강청결 도움, 식사 도움, 몸단장, 옷 갈아입기 도움, 머리 감기 도움, 몸 씻기 도움, 화장실 이용하기, 이동 도움, 체위변경, 신체기능의 유지·증진
- 가사 및 일상생활지원 : 개인활동지원, 식사준비, 청소 및 주변정돈, 세탁
- 정서지원·의사소통 : 의사소통 도움, 말벗, 격려 등
- 인지지원(인지관리지원, 인지활동지원) : 인지행동 변화 관리 등

이렇게 공부하세요

이 단원에서는 노인장기요양보험 표준서비스 분류와 그 구체적인 내용을 정확하게 암기하도록 하고, 요양보호서비스 제공 시 구체적인 문제상황에 대한 대처방안도 자주 출제되므로 함께 기억하도록 합니다. 요양보호서비스의 제공원칙, 요양보호사 준수사항 및 금지행위 등을 이해하고 요양보호사가 수행해야 할 주요한 역할 및 요양보호사 요구 금지행위에 대해서도 구별하여 숙지하도록 합니다.

미리 보는 문제 유형

- 장기요양서비스 이용 지원에 관한 설명으로 옳은 것은?
- 요양보호 업무의 목적으로 옳은 것은?
- 요양보호사 준수사항으로 옳은 것은?
- 요양보호서비스의 제공원칙으로 옳은 것은?
- 다음 내용에 해당하는 노인장기요양보험 표준서비스 유형은?

함께 풀어봅시다

노인장기요양보험 표준서비스 중 가사 및 일상생활지원은?

① 세 탁
② 의사소통 도움
　　└ 정서지원·의사소통
③ 일상생활 함께하기
　　└ 인지지원
④ 침구·린넨 정리
　　└ 시설환경관리
⑤ 일상생활 동작훈련
　　└ 기능회복훈련

정답 ①

출제예상문제

정답 및 해설 005쪽

01 ☑ 개념체크 ○△✕
다음과 같은 상황과 관계 깊은 매슬로의 욕구단계는?

> 와상 기간이 긴 대상자의 욕창 방지를 위해 2시간마다 체위를 변경한다.

① 존경의 욕구
② 안전의 욕구
③ 생리적 욕구
④ 자아실현의 욕구
⑤ 사랑과 소속의 욕구

02 ☑ 개념체크 ○△✕
요양보호 업무의 목적으로 옳은 것은?
① 먼저 대상자의 자아실현 욕구 충족부터 돕는다.
② 대상자의 신체기능 증진 및 삶의 질 향상에 기여한다.
③ 대상자가 과거의 기능 수준까지 회복할 수 있도록 도와야 한다.
④ 60세 이상 노인에게 전문적인 요양보호서비스를 제공하기 위함이다.
⑤ 기본적인 인간 욕구를 이해하여 생리적 욕구 충족과 일상생활지원만을 돕는다.

03 ☑ 개념체크 ○△✕
다음 내용에 해당하는 노인장기요양보험 표준서비스 유형은?

> • 몸단장
> • 세면 도움
> • 구강청결 도움
> • 머리 감기 도움

① 방문목욕
② 신체활동지원
③ 기능회복훈련
④ 정서지원 · 의사소통
⑤ 가사 및 일상생활지원

기출유형문제
다음 사례와 관계 깊은 요양보호사의 업무는?

> 지팡이를 이용하는 대상자가 근처 시장으로 장을 보러 가시려 해서 요양보호사가 함께 동행하였다.

① 인지지원
② 기능회복훈련
③ 신체활동지원
④ 정서지원 · 의사소통
❺ 가사 및 일상생활지원

해설
⑤ 가사 및 일상생활지원은 개인활동지원과 일상생활지원으로 나뉘며, 개인활동지원에는 외출 시 동행, 장보기, 산책, 은행 · 관공서 · 병원 등 방문 시 부축 또는 동행(차량 이용 포함) 및 책임 귀가 등이 있다.

문제타파 TIP
노인장기요양보험 표준서비스 문제는 자주 출제되므로, 표준서비스별 구체적인 내용까지 정확하게 암기해야 한다.

기출유형문제

대상자가 누운 상태로 식사를 하려는 경우 요양보호사의 대처방법은?

① 몸 한쪽에 방석을 대는 등 체위를 자주 바꾸어 준다.
② 평상시의 식습관을 확인하고 서비스 계획에 반영한다.
③ 평소에 좋아하는 음식을 준비하여 식욕이 생기도록 한다.
❹ 침대에서 식사할 때 침대의 경사를 30° 정도로 하여 식사하도록 한다.
⑤ 요양보호사의 요양서비스 업무 범위에 대해 설명하여 이해를 돕는다.

해설
④ 누운 상태로 식사할 경우에 질식 등의 문제가 일어날 수 있음을 설명하는 방법도 있다.

문제타파 TIP
요양보호서비스 유형별 대처방안에 대한 문제는 자주 출제되므로 다양한 사례에 따라 이해하면서 학습하도록 한다.

04 ☑ 개념체크 ○ △ ✕

대상자에게 요양보호서비스를 제공할 때의 유의점으로 옳은 것은?

① 정서지원 및 의사소통은 별도로 구분되어 제공되지 않는다.
② 간호처치서비스는 요양보호사의 업무에서 단독으로 수행한다.
③ 방문목욕은 수급자 가정에서 요양보호사 2인 이상이 제공한다.
④ 인지관리지원의 안전관리 도움은 수발자에게 해당하는 것이 아니다.
⑤ 기능회복훈련서비스는 요양보호사의 업무에서 전적으로 수행하는 것도 포함된다.

05 ☑ 개념체크 ○ △ ✕

문제상황에 따른 요양보호서비스 대처방안으로 옳은 것은?

① 속옷을 갈아입지 않으려는 경우 욕창 발생의 위험을 설명한다.
② 머리 감기를 거부하면 거울을 보여주어 동기를 유발한다.
③ 면도를 거부하는 경우 시범을 보이면서 대상자가 참여하도록 한다.
④ 세면을 거부하는 경우 우선 상쾌하게 차가운 물수건으로 닦아준다.
⑤ 양치질을 거부하면 평소의 양치 습관과 전혀 다른 방식을 적용해 본다.

06 ☑ 개념체크 ○ △ ✕

다음의 경우 요양보호사의 대처방안으로 옳은 것은?

> 대상자는 요양보호사의 방문 시간 외 대부분의 시간을 혼자서 와상 상태로 있으며, 다른 가족들이 함께 살고 있지만 무관심한 상황이다.

① 음식물을 삼킨 것을 확인한 후에 음식물을 제공한다.
② 몸 한쪽에 베개나 방석을 대는 등 체위를 자주 바꾸어 준다.
③ 가족이 비협조적이면 협조할 때까지 요양보호사가 설득한다.
④ 장기 와상 상태에 따른 건강상 문제점까지 알려줄 필요는 없다.
⑤ 대상자에게 누워있는 상태에서 자세를 바꾸는 방법을 알려준다.

07 ☑ 개념체크 ○ △ ×

급여제공 기본 원칙(3대) 중 '권리와 책임에 따른 급여제공'의 내용으로 옳은 것은?

① 급여를 제공할 때는 복장에 신경 쓰지 않도록 한다.
② 수급자의 사고 예방을 위하여 수급자가 올바른 케어 기술을 습득하게 한다.
③ 수급자에 대한 학대를 발견하였을 경우는 학대가 맞는지 판단한 후 신고한다.
④ 제공인력이 변경되더라도 급여의 양과 수준이 적합하도록 성실히 인수인계한다.
⑤ 2년에 한 번씩 건강검진을 받고 근골격계 질환이나 감염을 예방하기 위해 노력한다.

08 ☑ 개념체크 ○ △ ×

요양보호사 준수사항으로 옳은 것은?

① 보호자에게 필요한 요양보호서비스를 제공한다.
② 대상자의 동의 없이도 서비스를 제공할 수 있다.
③ 서비스를 제공할 때 대상자의 잔존능력을 고려한다.
④ 대상자의 생활방식을 요양보호사의 기준에 맞춰 제공한다.
⑤ 대상자의 상태에 변화가 발생하여도 계획대로 서비스를 제공한다.

09 ☑ 개념체크 ○ △ ×

요양보호사의 금지행위에 대한 처벌로 옳은 것은?

① 급여제공자료 거짓 작성 금지 : 500만 원 이하의 과태료
② 비밀누설 금지 : 1년 이하의 징역 또는 1천만 원 이하의 벌금
③ 부당수급 관련 행위 금지 : 2년 이하의 징역 또는 2천만 원 이하의 벌금
④ 수급자 유인 알선행위 금지 : 5년 이하의 징역 또는 5천만 원 이하의 벌금
⑤ 본인부담금 면제 및 감경 금지 : 7년 이하의 징역 또는 7천만 원 이하의 벌금

기출유형문제

다음에서 설명하는 요양보호서비스의 제공원칙은?

- 수급자 또는 보호자와 상담을 실시하고, 제공할 급여 내용을 상세히 설명한다.
- 수급자의 욕구를 종합적으로 파악하고, 개별적인 욕구를 반영하여 급여를 제공한다.
- 수급자의 상태나 환경을 고려하여 안전사고나 사생활 침해가 발생하지 않도록 한다.
- 급여제공기록지를 작성하고 수급자 또는 보호자에게 설명한 후 확인받는다.

❶ 수급자 중심의 급여제공
② 요양기관 중심의 급여제공
③ 요양보호사 중심의 급여제공
④ 권리와 책임에 따른 급여제공
⑤ 급여제공계획과 기준에 근거한 급여제공

해설

① 요양보호사는 장기요양서비스 제공과정에서 수급자 중심의 급여제공이 이루어질 수 있도록 노력하여야 한다.

문제타파 TIP

급여제공 기본 원칙(3대)은 수급자 중심의 급여제공, 급여제공계획과 기준에 근거한 급여제공, 권리와 책임에 따른 급여제공이다.

기출유형문제

요양보호사 준수사항을 지킨 경우는?

① 대상자의 가래를 흡인한다.
② 대상자의 선호보다 시설의 규칙을 우선시한다.
③ 필요에 따라 가족에게도 서비스를 제공할 수 있다.
❹ 응급상황에는 응급처치 우선순위에 따라 처치한다.
⑤ 대상자가 치매 등으로 인지능력이 없을 경우 서비스를 종결한다.

해설

④ 요양보호사는 응급상황이 발생한 경우 응급처치 우선순위에 따라 처치하고 응급처치를 할 수 없거나 의사에게 보고할 수 없는 경우에는 가장 가까운 의료기관으로 대상자를 옮긴다.

문제타파 TIP

요양보호사는 기본 업무 외에도 다양한 역할을 수행한다는 것을 기억할 것! 맥박, 호흡, 체온, 혈압 등의 변화와 투약여부 등은 관찰자로서 수행하는 업무이다.

10 ☑ 개념체크 ○△×

다음에서 설명하는 요양보호사의 주요 역할은?

> • 효율적인 의사소통 기법을 활용하여 대상자와 관계를 형성한다.
> • 대상자에게 필요한 서비스를 제공하여 신체적·정신적·심리적 안위를 도모한다.

① 관찰자
② 옹호자
③ 정보 전달자
④ 숙련된 수발자
⑤ 말벗과 상담자

11 ☑ 개념체크 ○△×

다음 사례에서 요양보호사의 주요 역할은?

> 요양보호사가 목욕을 시켜드리는 과정에서 대상자의 온몸에 멍이 든 것을 발견하여 즉시 시설장에게 보고하고 수사기관에 신고하였다.

① 관찰자
② 옹호자
③ 동기 유발자
④ 정보 전달자
⑤ 숙련된 수발자

12 ☑ 개념체크 ○△×

다음 사례에 해당하는 금지행위는?

> • 요양보호사에게 수급자의 본인부담금을 전가시키는 경우
> • 본인부담금에 대한 안내 없이 장기요양급여를 제공하고 그에 따른 비용은 주는 대로 받거나 납부를 요구하지 않는 경우
> • 수급자에게 비급여대상의 비용을 면제·할인하는 경우

① 비밀누설 금지
② 부당수급 관련 행위 금지
③ 수급자 유인 알선행위 금지
④ 급여제공자료 거짓 작성 금지
⑤ 본인부담금 면제 및 감경 금지

CHAPTER 03 핵심요약

한줄요약

01 요양보호서비스는 65세 이상 노인 또는 노인성 질병을 가진 65세 미만인 자를 대상으로 한다.

02 인간의 욕구를 5단계로 분류한 매슬로의 욕구이론은 요양보호서비스의 제공순서 결정에 도움이 된다.

03 신체활동지원서비스에는 세면 도움, 구강청결 도움, 식사 도움, 몸단장, 옷 갈아입기 도움, 머리 감기 도움, 몸 씻기 도움, 화장실 이용하기, 이동 도움, 체위변경, 신체기능의 유지·증진 등이 있다.

04 가사 및 일상생활지원서비스에는 개인활동지원, 식사준비, 청소 및 주변정돈, 세탁 등이 있다.

05 방문목욕서비스에는 입욕준비, 입욕 시 이동 보조, 몸 씻기(샤워 포함), 지켜보기, 목욕 기계 조작, 욕실 정리 등이 있다.

06 정서지원·의사소통서비스에는 의사소통 도움, 말벗, 격려 등이 있다.

07 노인장기요양보험 표준서비스 분류 중 기능회복훈련서비스, 간호처치서비스 등은 요양보호사의 업무에서 단독이나 전적으로 수행하는 것은 제외된다.

08 요양보호사의 모든 서비스는 대상자에게만 제공한다.

한줄필기

매슬로의 욕구이론
- 5단계 : 자아실현의 욕구
- 4단계 : 존경의 욕구
- 3단계 : 사랑과 소속의 욕구
- 2단계 : 안전의 욕구
- 1단계 : 생리적 욕구

기능회복훈련서비스
신체·인지기능 향상프로그램, 신체기능의 훈련, 기본동작 훈련, 인지활동형 프로그램, 인지기능향상훈련, 일상생활 동작훈련, 물리치료, 작업치료

인지자극 활동, 일상생활 함께하기
- 방문목욕 : 입욕준비, 입욕 시 이동 보조, 몸 씻기(샤워 포함), 지켜보기, 목욕 기계 조작, 욕실 정리 등
- 건강 및 간호관리 : 관찰 및 측정, 건강관리, 간호관리, 응급서비스
- 기능회복훈련 : 신체·인지기능 향상프로그램, 신체기능의 훈련, 기본동작 훈련, 인지활동형 프로그램, 인지기능향상훈련, 일상생활 동작훈련, 물리치료, 작업치료
- 시설환경관리 : 침구·린넨 정리, 환경관리, 물품관리, 세탁물 관리

> **한줄필기**
>
> **대상자와 수급자**
> 장기요양현장에서 서비스를 받는 자를 일반적으로 '대상자'라고 하나, 노인장기요양보험에 따라 '보험급여'를 받는 자라는 의미에서 '수급자'를 공식적인 용어로 사용하기도 한다.
>
> **요양보호사 요구 금지업무**
> - 수급자의 가족만을 위한 행위
> - 수급자 또는 그 가족의 생업을 지원하는 행위
> - 그 밖에 수급자의 일상생활에 지장이 없는 행위

09 대상자가 가능한 한 자립생활을 할 수 있도록 대상자의 능력을 최대한 활용하면서 서비스를 제공한다.

10 서비스 제공 중 예기치 못한 사고가 발생하면 소속된 시설의 시설장, 간호사 등에게 신속하게 보고해야 한다.

11 요양보호서비스의 제공원칙(급여제공 기본 원칙) 3가지는 수급자 중심의 급여제공, 급여제공계획과 기준에 근거한 급여제공, 권리와 책임에 따른 급여제공이다.

12 요양보호사는 숙련된 지식과 기술로 대상자의 불편함을 경감하기 위한 도움을 주는 숙련된 수발자이다.

13 요양보호사는 관찰자로서 대상자의 신체적인 변화와 증상뿐만 아니라 심리적 변화까지 관찰한다.

14 요양보호사는 정보 전달자로서 대상자에 대한 정보를 의료진 등에게 전달하고 이들의 지시사항을 대상자와 가족에게 전달한다.

15 요양보호사는 말벗과 상담자로서 효율적인 의사소통 기법을 활용하여 대상자와 관계를 형성한다.

16 요양보호사는 동기 유발자로서 대상자가 능력을 최대한 발휘하도록 동기 유발 및 지지를 한다.

17 수급자의 가족만을 위한 식사준비, 빨래, 장보기, 가족의 방 청소 요구 등은 수급자의 가족만을 위한 행위로, 요양보호사 요구 금지업무에 해당한다.

18 가게 보기, 부업에 참여하기, 배달하기, 가게 청소, 가게 설거지, 가게 음식준비 등은 수급자 또는 그 가족의 생업을 지원하는 행위로, 요양보호사 요구 금지업무에 해당한다.

19 신체기능 개선을 위한 목적 외 통상적으로 무리하다고 판단되는 안마, 잔디 깎기, 텃밭 매기 등은 수급자의 일상생활에 지장이 없는 행위로, 요양보호사 요구 금지업무에 해당한다.

한줄문제

01 매슬로의 욕구이론에서 대상자의 식사, 배설, 수면과 관련된 단계는?
답 1단계 : 생리적 욕구

02 신체활동지원서비스에 해당하는 것은?
답 화장실 이용하기, 머리 감기 도움, 몸 씻기 도움, 이동 도움 등

03 수급자를 위한 조리, 설거지, 주방정리, 청소 및 주변 정리정돈, 의복 세탁 및 관리와 관련된 요양보호서비스는?
답 가사 및 일상생활지원서비스 중 일상생활지원서비스

04 안부확인을 위한 방문 및 생활상의 문제 상담, 대화·편지·전화 등의 방법으로 수급자의 욕구 파악 및 의사 전달 대행 등과 관련된 요양보호서비스는?
답 정서지원 및 의사소통서비스

05 목욕설비를 갖춘 장비를 이용하여 수급자의 가정 등을 방문해 요양보호사 2인 이상이 목욕을 제공하는 요양보호서비스는?
답 방문목욕서비스

06 대상자가 서비스 시간 이외에 자주 전화하여 푸념을 하는 경우 대처방안은?
답 서비스 시간 외에는 다른 업무로 인해 통화가 어려움을 대상자에게 이해시킨다.

한줄필기

요양보호사의 역할
- 숙련된 수발자 : 대상자의 불편함을 경감하기 위해 숙련된 요양보호서비스를 지원하여 대상자를 도와준다.
- 관찰자 : 맥박, 호흡, 체온, 혈압 등의 변화와 투약 여부, 질병의 변화에 대한 증상과 심리적인 변화까지 관찰한다.
- 정보 전달자 : 대상자의 신체, 심리에 관한 정보를 가족과 의료진 등에게 전달하며 이들의 지시사항을 대상자와 가족에게 전달한다.
- 말벗과 상담자 : 효율적인 의사소통 기법을 통해 대상자와 관계를 형성하면서 대상자의 신체적·정신적·심리적 안위를 도모한다.
- 동기 유발자 : 대상자가 능력을 최대한 발휘하도록 동기를 유발하며 지지한다.
- 옹호자 : 학대를 당하거나 소외되고 차별받는 대상자를 편들어주고 지켜준다.

요양보호서비스 유형별 대처방안
- 변비인 대상자가 관장을 해달라고 하는 경우 : 관장은 요양보호사의 업무가 아님을 설명하고 의료진과 상의한다.
- 청소하고 난 후 물건이 없어졌다고 하는 경우 : 청소했을 때의 상황을 설명하고 정리정돈한 물건의 위치를 확인시킨다.
- 고액과 관련된 은행 업무를 맡기는 경우 : 대상자나 가족과 은행에 동반하도록 한다.

> **한줄필기**
>
> **요양보호사 금지행위**
> 노인학대, 수급자 유인 알선행위, 본인부담금 면제 및 감경, 비밀누설, 부당수급 관련 행위, 급여제공자료 거짓 작성

07 목욕서비스를 위해 대상자의 집에 방문하였는데, 집 청소를 부탁하는 경우 대처방안은?

답 급여내용에 없는 서비스는 제공할 수 없음을 설명하고 정중히 거절한다.

08 서비스 제공 중 대상자에게 응급상황이 발생한 경우 대처방안은?

답 응급처치를 하고, 응급처치를 할 수 없거나 의사에게 보고할 수 없는 상황인 경우에는 가까운 의료기관으로 대상자를 옮긴다.

09 의료진의 지시사항을 대상자와 그의 가족에게 전달하는 요양보호사의 역할은?

답 정보 전달자

10 대상자의 신체적 변화는 물론 심리적 변화까지 지켜보는 요양보호사의 역할은?

답 관찰자

11 요양보호서비스에 대한 지식과 능숙한 기술로 신체활동을 지원하는 요양보호사의 역할은?

답 숙련된 수발자

12 가정이나 시설, 지역사회에서 차별받는 대상자를 지지하는 요양보호사의 역할은?

답 옹호자

13 노인을 위하여 증여 또는 급여된 금품을 그 목적 외의 용도에 사용하는 행위는 어떤 금지행위에 속하는가?

답 노인학대 등의 금지행위

CHAPTER 04 노인의 인권과 보호

제1부 요양보호와 인권

이렇게 공부하세요

이 단원에서는 노인의 인권 및 시설 생활 노인의 권리보호를 위한 윤리강령을 구체적인 상황과 연계하여 학습해야 합니다. 또한, 노인학대의 발생 요인 및 유형을 파악하고 노인학대 예방을 위한 법적·제도적 장치도 함께 숙지합니다.

미리 보는 문제 유형

- 노인학대에 해당하는 것은?
- 다음과 같은 노인학대의 유형은?
- 다음과 관계 깊은 시설 생활 노인의 권리는?

출제 키워드

노인의 인권보호, 시설 생활 노인 권리보호를 위한 윤리강령, 노인학대 발생 요인, 노인학대 현황, 신체적 학대, 정서적 학대, 성적 학대, 경제적 학대, 방임, 자기방임, 유기, 노인학대 예방 장치

함께 풀어봅시다

노인학대의 유형 중에서 자기방임에 해당하는 것은?

① 스스로 식사하기 힘든 노인을 방치한다.
  └ 거동이 불편한 노인의 일상생활 관련 보호를 제공하지 않는 행위로 방임이다.
② 안정된 주거공간을 제공하지 않고 떠돌게 한다.
  └ 거동이 불편한 노인의 일상생활 관련 보호를 제공하지 않는 행위로 방임이다.
③ 질병으로 인해 거동이 불편한 노인의 간병을 소홀히 한다.
  └ 의료 관련 욕구가 있는 노인에게 의료적 보호를 제공하지 않는 행위로 방임이다.
④ 경제적 능력이 없는 노인의 생활비를 지원하지 않는다.
  └ 경제적 능력이 없는 노인의 생존을 위한 경제적인 보호를 제공하지 않는 행위로 방임이다.
⑤ 노인이 건강에 치명적인 약물이나 알코올 남용을 지속한다.

정답 ⑤

출제자의 비밀노트

노인학대의 개념 및 신고의무

- 개념 : 노인에 대하여 신체적·정신적·정서적·성적 폭력 및 경제적 착취 또는 가혹행위를 하거나 유기 또는 방임을 하는 것을 말한다.
- 요양보호사의 신고의무 : 요양보호사는 학대받는 노인을 보면 노인보호전문기관이나 수사기관에 신고해야 한다. 신고하지 않으면 500만 원 이하의 과태료를 물게 된다.

기출유형문제

다음 문제 사례에 제시된 시설 생활 노인이 침해받는 권리는?

〈문제 사례〉
박 씨 할아버지는 종사자들이 다른 일을 하는 사이에 동료 노인을 꼬집거나 발로 차기도 한다. 그런데 동료 노인들은 해코지를 당할까 봐 아무런 말도 못하고 그냥 참고 있다. 요양보호사들은 이 사실을 알면서도 박 씨 할아버지의 오래된 습성이라 고치기 힘들고, 다른 노인들이 조용해지는 효과도 있다고 생각하여 모르는 체하고 있다.

❶ 존엄한 존재로 대우받을 권리
② 차별 및 노인학대를 받지 않을 권리
③ 개인적 사생활과 비밀보장에 대한 권리
④ 안락하고 안전한 생활환경을 제공받을 권리
⑤ 시설 내·외부 활동 및 사회적 관계에 참여할 권리

해설
① 문제 사례를 통해 시설 생활 대상자들이 존엄한 존재로 대우받을 권리를 침해받고 있음을 알 수 있다. 종사자는 돌봄 과정에서 노인의 권익 신장을 위한 상담을 진행하고 적절한 조치를 취하여야 하며, 노인의 권리가 침해될 우려가 있거나 침해받는 경우 이의 회복과 구제를 위한 적극적 조치를 강구하여야 한다.

문제타파 TIP
시설 생활 노인의 기본적 권리에 대해 구체적인 내용까지 함께 학습해야 실전에서 문제를 해결할 수 있다.

출제예상문제

정답 및 해설 007쪽

01 ☑ 개념체크 ○△×

다음의 내용이 포함된 시설 대상자의 기본 권리는?

- 휠체어 등 보조기구 이동 공간 확보, 미끄럼 방지, 문턱 제거, 안전바 설치 등 저하된 신체기능을 고려한 주거환경을 제공받아야 한다.
- 목욕, 의복 및 침구 세탁 등 노인의 위생관리가 잘 이루어져야 한다.

① 신체적 구속을 받지 않을 권리
② 시설 정보 접근성을 보장받을 권리
③ 개인적 사생활과 비밀보장에 관한 권리
④ 안락하고 안전한 생활환경을 제공받을 권리
⑤ 개인 소유의 재산과 소유물을 스스로 관리할 권리

02 ☑ 개념체크 ○△×

시설 생활 노인에게 휴대전화 등 별도의 전화가 없어 자녀들과 통화하기 힘든 경우 침해받을 수 있는 권리는?

① 차별과 노인학대를 받지 않을 권리
② 개인적 사생활과 비밀보장에 대한 권리
③ 건강한 생활을 위한 서비스를 제공받을 권리
④ 개인 소유의 재산과 소유물을 스스로 관리할 권리
⑤ 개인적 욕구에 상응하는 서비스를 제공받고 선택할 수 있는 권리

03 ☑ 개념체크 ○△×

시설에 대상자의 의견을 수렴하는 건의함을 설치하지 않았을 때 시설 생활 노인이 침해받을 수 있는 권리는?

① 신체구속을 받지 않을 권리
② 존엄한 존재로 대우받을 권리
③ 사생활과 비밀보장에 관한 권리
④ 시설 활동 및 사회적 관계에 참여할 권리
⑤ 견해와 불평을 표현하고 해결을 요구할 권리

04 ☑ 개념체크 ○ △ ✕

다음 사례에 해당하는 노인학대 유형은?

> • 노인의 말과 행동을 지속적으로 무시하고 반응을 보이지 않는다.
> • 노인의 친구나 친지 등이 방문하는 것을 싫어한다.

① 방 임
② 유 기
③ 신체적 학대
④ 정서적 학대
⑤ 경제적 학대

05 ☑ 개념체크 ○ △ ✕

다음 중 노인학대에 해당하는 것은?

① 집안 경조사에 노인을 참여하게 한다.
② 노동에 대한 대가를 정당하게 지급한다.
③ 재산관리 관련 결정을 제한하거나 강요한다.
④ 소지품 처분 결정에 노인의 의사를 반영한다.
⑤ 노인이 친구들과 연락하는 것을 방해하지 않는다.

06 ☑ 개념체크 ○ △ ✕

방문요양 시 대상자에게서 식사의 흔적이 없고, 보호자의 학대가 의심될 때 대처방법은?

① 동료 요양보호사와 상의한다.
② 노인보호전문기관에 신고한다.
③ 대상자에게 재발 방지 교육을 한다.
④ 대상자의 이웃을 만나 상황을 확인한다.
⑤ 대상자의 사생활이므로 개입하지 않는다.

기출유형문제

다음 보기에 제시된 노인학대의 유형은?

> • 집에 들어오지 못하게 함
> • 생존 유지에 필요한 생활비를 지원하지 않음
> • 잘 듣지 못하는 노인에게 보청기를 제공하지 않음

❶ 방 임
② 유 기
③ 신체적 학대
④ 정서적 학대
⑤ 경제적 학대

해설

① 방임은 부양 의무자로서의 책임이나 의무를 거부 · 불이행하거나 포기하여 노인에게 의식주 및 의료를 적절하게 제공하지 않는 것을 말한다.

문제타파 TIP

노인학대의 특성으로는 지속성, 복합성, 반복성, 은폐성이 있다. 이러한 노인학대 예방 및 방지를 위해서는 중앙행정기관을 위시한 다양한 유관기관이 협력체계를 구축해야 한다.

CHAPTER 04 핵심요약

한줄필기

시설 생활 노인의 기본적 권리
- 시설 운영 및 생활 관련 정보를 제공받고 입소를 선택할 수 있는 권리
- 개인적 욕구에 상응하는 서비스를 제공받고 선택할 수 있는 권리
- 안락한 가정과 같은 환경과 안전한 주거환경에서 생활할 권리
- 개인적 사생활과 비밀보장에 대한 권리
- 존경과 존엄한 존재로 대우받고, 차별 및 노인학대를 받지 않을 권리
- 부당한 신체구속을 받지 않을 권리
- 건강한 생활을 위한 서비스를 제공받을 권리
- 시설 내·외부 활동 및 사회적 (종교, 정치 등) 관계에 참여할 권리
- 개인 소유의 재산과 소유물을 스스로 관리할 권리
- 이성교제, 성생활, 기호품 사용에 관한 자기결정의 권리
- 고충의 표현과 해결을 요구할 권리
- 퇴소를 결정하고 퇴소 후 거주지를 선택할 권리
- 시설 종사자와 동료 노인의 인권을 보호해야 할 권리

한줄요약

01 노인복지시설 생활 노인의 인권을 보호하기 위해 시설 생활 노인의 권리선언을 마련하였다.

02 입소 계약 '당사자'는 입소자 본인이 원칙이며, 인지능력 부족 등의 사유로 본인에 의한 입소 계약이 어려운 경우에 한해 대리인 또는 보호자가 당사자가 되어 계약을 할 수 있다.

03 노인학대의 종류에는 신체적·정서적·성적·경제적 학대, 방임, 자기방임, 유기 등이 있다.

04 신체적 학대는 물리적인 힘이나 도구를 이용하여 노인에게 신체적 손상, 고통, 장애 등을 유발하는 행위를 말한다.

05 정서적 학대는 비난, 모욕, 위협, 협박 등의 언어 및 비언어적 행위를 통하여 노인에게 정서적으로 고통을 주는 것이다.

06 성적 학대는 성적 수치심 유발 행위 및 성희롱, 성추행 등 노인의 의사에 반하여 강제적으로 행하는 모든 성적 행위를 말한다.

07 경제적 학대는 노인의 자산을 당사자의 동의 없이 사용하거나 부당하게 착취하여 이용하는 행위 및 노동에 대해 합당한 보상을 하지 않는 행위를 말한다.

08 방임은 부양 의무자로서의 책임이나 의무를 의도적 혹은 비의도적으로 거부·불이행하거나 포기하여 노인에게 의식주 및 의료를 적절하게 제공하지 않는 것을 말한다.

09 자기방임은 노인 스스로 의식주 제공 및 의료 처치 등 최소한의 자기보호 관련 행위를 의도적으로 포기하거나 비의도적으로 관리하지 않아 심신이 위험한 상황 또는 사망에 이르게 되는 경우를 말한다.

10 유기는 스스로 독립할 수 없는 노인을 격리하거나 방치하는 행위를 말한다.

11 요양보호사가 직무상 노인학대를 알게 된 때에는 즉시 노인보호전문기관 또는 수사기관에 신고할 것을 의무화하고 있다. 신고하지 않으면 500만 원 이하의 과태료를 물게 된다.

12 노인학대의 특성으로는 지속성, 복합성, 반복성, 은폐성이 있다.

한줄문제

01 우편물 수발신에 제한이 있어서는 안 된다는 내용이 포함된 시설 생활 노인의 권리보호를 위한 윤리강령은?
답 개인적 사생활과 비밀보장에 대한 권리

02 서비스 제공과정에서 노인의 이익이 최대한 보장되도록 한다는 내용이 포함된 시설 생활 노인의 권리보호를 위한 윤리강령은?
답 건강한 생활을 위한 질 높은 생활서비스 및 보건의료서비스를 받을 권리

03 노인의 자유로운 외출, 외박 기회의 보장을 포함하는 시설 생활 노인의 권리보호를 위한 윤리강령은?
답 시설 내·외부 활동 및 사회적 관계에 참여할 권리

04 노인이 원하지 않거나 수행하기 어려운 노동을 하게 하는 노인학대 유형은?
답 신체적 학대

한줄필기

과태료(「노인복지법」 제61조의2 제2항)
다음의 어느 하나에 해당하는 자에게는 500만 원 이하의 과태료를 부과한다.
- 「노인복지법」 제39조의11 제2항에 따른 명령을 위반하여 보고 또는 자료제출을 하지 아니하거나 거짓으로 보고하거나 거짓 자료를 제출한 자
- 「노인복지법」 제39조의6 제2항을 위반하여 노인학대를 신고하지 아니한 사람. 다만, 제39조의6 제2항 제16호에 따른 사회복무요원은 제외한다.
- 「노인복지법」 제39조의17 제5항을 위반하여 취업자 등에 대하여 노인학대관련범죄 경력을 확인하지 아니한 노인관련기관의 장

노인학대 신고의무와 절차 등(「노인복지법」 제39조의6)
다음의 어느 하나에 해당하는 자는 그 직무상 65세 이상의 사람에 대한 노인학대를 알게 된 때에는 즉시 노인보호전문기관 또는 수사기관에 신고하여야 한다.
- 「사회보장급여의 이용·제공 및 수급권자 발굴에 관한 법률」 제43조에 따른 사회복지전담공무원 및 「사회복지사업법」 제34조에 따른 사회복지시설의 장과 그 종사자
- 「노인장기요양보험법」 제31조에 따른 장기요양기관의 장과 그 종사자

05 노인에게 성적 수치심을 주는 표현이나 행동을 하는 노인학대 유형은?

답 성적 학대

06 경제적 능력이 없는 노인의 기본적 생존을 위한 생활비를 지원하지 않는 노인학대 유형은?

답 방 임

07 노인을 시설에 입소시키고 연락을 두절하는 노인학대 유형은?

답 유 기

08 노인 스스로 의식주 제공 및 의료 처치 등 최소한의 자기보호 관련 행위를 의도적으로 포기하는 노인학대 유형은?

답 자기방임

CHAPTER 05

제1부 요양보호와 인권

요양보호사의 인권보호와 자기계발

이렇게 공부하세요

이 단원에서는 요양보호사의 인권과 권익보호를 이해하고, 요양보호사로서 갖추어야 할 직업윤리와 실제 윤리문제 발생 시 대처방안을 숙지합니다. 또한, 요양보호사의 건강과 안전관리의 중요성에 대한 내용도 확실하게 학습해 두도록 합니다.

미리 보는 문제 유형

- 대상자가 요양보호사에게 성적인 신체접촉을 할 때 대처방법은?
- 「산업재해보상보험법」에 따른 근로자 보호의 내용으로 옳은 것은?
- 다음과 같은 과정으로 진행하는 직무스트레스 대처방법은?

출제 키워드

요양보호사의 인권, 요양보호사의 법적 권익보호, 직업윤리 원칙, 「노인장기요양보험법」 위반에 따른 벌칙, 근골격계 질환, 스트레칭, 감염성 질환 예방, 직무스트레스, 자기효능감, 직무스트레스 대처방법

함께 풀어봅시다

장기요양기관장이 취해야 할 성희롱 예방·대처방법으로 옳은 것은?

① 요양보호사들에게 성희롱 예방교육을 2년에 1번 이상 해야 한다.
　└ 요양보호사들에게 성희롱 예방교육을 1년에 1번 이상 해야 한다.
② 피해를 입은 요양보호사는 기관장의 판단으로 업무를 재배치한다.
　└ 성희롱으로 인한 피해가 있을 때 그 피해자에게 원하지 않는 업무배치 등 불이익한 조치를 해서는 안 된다.
③ 성희롱을 한 대상자에게 서비스 중단 등의 적절한 조치를 취한다.
④ 성희롱 피해 발생 시 대상자의 가족들에게까지 사정을 말할 필요는 없다.
　└ 대상자 가족에게 사정을 알려 시정해 줄 것을 요구해야 한다. 또한, 성희롱 시 가해자가 받을 수 있는 불이익과 향후 대처계획을 명확히 설명한다.
⑤ 요양보호사에게 심리치료가 필요하면 기관장이 직접 실시한다.
　└ 피해를 입은 요양보호사에게 심리치료가 필요하다고 판단될 경우에는 외부의 전문기관에 상담하여 도움을 받도록 한다.

정답 ③

출제자의 비밀노트

요양보호사 인권보호를 위한 법적 근거

「노인장기요양보험법」 제47조의 2(장기요양요원지원센터의 설치 등)에 근거하여 지방자치단체는 장기요양요원지원센터를 설치하고, 장기요양요원의 권리침해에 관한 상담 및 지원, 역량강화를 위한 교육지원, 건강검진 등 건강관리를 위한 사업 지원 등을 하고 있다.

기출유형문제

요양보호사가 안전·보건상의 이유로 작업을 중지했을 때 처벌할 수 없는 근거가 되는 법률은?

① 「고용보험법」
② 「산업재해보상보험법」
③ 「노인장기요양보험법」
❹ 「산업안전보건법」
⑤ 「남녀고용평등과 일·가정 양립 지원에 관한 법률」

해설

④ 장기요양기관의 장은 요양보호사가 안전·보건상의 이유로 작업을 중지했을 때 처벌할 수 없는데, 이와 관련된 근거 법률은 「산업안전보건법」이다. 사업주는 산업재해가 발생할 급박한 위험이 있다고 근로자가 믿을 만한 합리적인 이유가 있을 때에는 작업을 중지하고 대피한 근로자에 대하여 해고나 그 밖의 불리한 처우를 해서는 아니 된다(「산업안전보건법」 제52조 제4항).

문제타파 TIP

요양보호사가 근무하는 장기요양기관은 「근로기준법」을 적용하여 종사자의 기본적인 생활을 보장해야 하며, 시설 관리가 효율적·민주적으로 이루어지도록 해야 한다. 또한, 근로자의 건강과 안전을 지키기 위해 제정된 「산업안전보건법」과 「산업재해보상보험법」을 준수해야 한다.

출제예상문제

정답 및 해설 007쪽

01 ☑ 개념체크 ○△×

「산업재해보상보험법」의 산업재해근로자 보호의 내용으로 옳은 것은?

① 보험급여에도 일정 세금이 부과된다.
② 보험급여 유효기간은 6개월 미만이다.
③ 보험급여는 채권자에게 양도할 수 있다.
④ 산업재해를 당했다는 이유로 해고할 수 없다.
⑤ 사업장이 부도로 없어진 경우 장해급여를 받지 못한다.

02 ☑ 개념체크 ○△×

대상자가 요양보호사에게 성적인 신체접촉을 할 때 대처방법은?

① 경찰에 신고한다.
② 큰 소리로 훈계한다.
③ 가족에게 알리고 고소한다.
④ 단호히 거부 의사를 표현한다.
⑤ 무시하고 하던 일을 계속한다.

03 ☑ 개념체크 ○△×

요양보호사가 지켜야 할 윤리적 태도로 옳은 것은?

① 직무를 수행하는 데 필요한 전문적 지식과 기술을 갖춰야 한다.
② 대상자에게 전문가의 진단이 필요한 사항이라도 요양보호사가 조언하며 도와준다.
③ 의료진의 지시가 있을 경우에도 요양보호사의 판단에 따라 대상자에게 서비스를 제공한다.
④ 요양보호 업무는 대상자의 건강과 일상생활에 간접적인 영향을 미치는 업무이다.
⑤ 요양보호사는 서비스 제공 시 사고가 발생하면 먼저 처리 후 시설장 또는 관리책임자에게 보고한다.

04 ☑ 개념체크 ○ △ ✕

요통을 예방하면서 물건을 양손으로 들어 올리는 방법으로 옳은 것은?

① 앉았다가 일어나면서 들어 올린다.
② 허리를 구부렸다 펴서 들어 올린다.
③ 물건을 최대한 몸에서 멀리 위치하게 하여 들어 올린다.
④ 물건을 들고 방향을 바꿀 때 허리를 돌려 움직임을 조절한다.
⑤ 허리를 펴고 무릎을 굽혀 몸의 무게 중심을 낮추고 지지면을 넓힌다.

05 ☑ 개념체크 ○ △ ✕

직업성 감염질환의 예방방법에 대한 설명으로 옳은 것은?

① 결핵 의심 대상자를 돌볼 때는 마스크를 착용한다.
② 옴은 잘 옮지 않으므로 증상이 없으면 치료할 필요가 없다.
③ 인플루엔자에 걸린 요양보호사는 2~3일 정도 쉬어야 한다.
④ 노로바이러스는 감염력이 약하므로 개인위생에만 신경 쓴다.
⑤ 머릿니 감염 대상자를 돌본 후 귀가 시에는 옷을 잘 털어낸 후 보관한다.

06 ☑ 개념체크 ○ △ ✕

다음과 같은 과정으로 진행하는 직무스트레스 대처방법은?

- 의자에 앉아 편안한 상태를 유지하고, 머리는 어깨와 직각을 유지한다. 또한, 등은 의자에 닿도록 하고, 다리는 바닥에 닿게 하며 손은 무릎 위 또는 팔걸이에 둔다.
- 특정 근육을 긴장시킨 후 이를 10초 정도 유지하다가 즉시 이완시킨 후 약 50초 정도 천천히 호흡하며 이완 상태를 느낀다.
- 신체 내 다른 근육으로 옮겨서 위의 두 과정을 되풀이한다.

① 호흡법
② 심상훈련
③ 인지수정
④ 자기효능감
⑤ 긴장이완기법

기출유형문제

관절 구축 예방에 도움이 되는 전신 스트레칭 방법으로 옳은 것은?

① 통증이 있는 쪽만 반복하여 동작한다.
② 같은 동작은 3회씩만 반복하도록 한다.
❸ 스트레칭된 자세를 10~15초 정도 유지한다.
④ 스트레칭 시 뻐근함을 느끼면 바로 중단한다.
⑤ 천천히 안정되게 하기보다는 빠르게 반복한다.

해설

③ 스트레칭된 자세를 10~15초 정도 유지해야 근섬유가 충분히 늘어나 효과를 볼 수 있다.

문제타파 TIP

스트레칭은 신체를 보호하기 위해 수시로 하되, 특히 몸이 찌뿌듯하고 뻐근할 때, 작업 시작 전·후, 오랫동안 서 있거나 앉아 있은 후에는 반드시 하도록 한다.

CHAPTER 05 핵심요약

한줄필기

장기요양요원의 보호(「노인장기요양보험법」제35조의4 제1항 제1호)
장기요양기관의 장은 장기요양요원이 수급자 및 그 가족이 장기요양요원에게 폭언·폭행·상해 또는 성희롱·성폭력 행위를 하는 경우로 인한 고충의 해소를 요청하는 경우 업무의 전환 등 대통령령으로 정하는 바에 따라 적절한 조치를 하여야 한다.

장기요양요원의 신분보장(「서울특별시 장기요양요원 처우 개선 및 지위 향상에 관한 조례」제7조 제2항)
시장은 장기요양요원이 업무와 관련하여 폭언·폭행·성희롱·성폭력으로부터 보호받을 수 있도록 적극적으로 조치를 취하여야 한다.

직무스트레스 요인
- 직무요구
- 감정노동
- 성희롱
- 역할모호
- 조직체계

직무스트레스 대처방법
- 긴장이완기법
- 호흡법
- 심상훈련
- 자신의 생각 변화(인지수정)

한줄요약

01 「근로기준법」에서 정하는 기준에 미치지 못하는 근로조건으로 정한 근로계약은 무효이다.

02 장기요양기관의 장은 요양보호사가 안전·보건상의 이유로 작업을 중지했을 때 처벌할 수 없다.

03 장기요양기관의 장은 장기요양요원이 수급자의 폭언·폭행 행위로 인한 고충의 해소를 요청하는 경우 업무의 전환 등 적절한 조치를 하여야 한다.

04 장기요양기관의 장은 요양보호사들에게 성희롱 예방교육을 1년에 1번 이상 해야 한다.

05 전문가의 진단이 필요한 사항은 요양보호사가 판단·조언하지 말아야 한다.

06 요양보호사는 법적인 소송에 휘말리지 않기 위해서 서비스 제공 시 정해진 원칙과 절차에 따라야 한다.

07 요양보호사의 근골격계 질환 초기 치료로는 냉찜질이 좋으나 만성통증에는 온찜질이 좋다.

08 전신스트레칭을 할 때 스트레칭된 자세를 10~15초 정도 유지해야 효과를 볼 수 있다.

09 요양보호사는 바이러스, 곰팡이 등 생물학적 위험 요인에 노출되어 발생하는 직업성 감염 질환에 걸리기 쉽다.

10 결핵이 의심되는 대상자를 돌볼 때는 보호장구(마스크, 장갑 등)를 착용해야 한다.

11 독감 예방접종은 10~12월 사이에 받는 것을 권장한다.

12 노로바이러스는 전파성이 강하므로 증상이 약해도 2~3일간 요양보호 업무를 중단한다.

13 옴에 걸린 대상자는 물론 동거가족이나 동거인, 요양보호사도 함께 동시에 치료한다.

14 자기효능감에 대한 자기 자신의 확신의 강도는 주어진 상황에 대처하기 위해 노력을 기울일지, 얼마나 기울일지를 결정하는 데 영향을 준다.

15 직무스트레스 대처방법 중 자신의 생각을 변화시켜 상황을 긍정적으로 인지하는 방법을 자신의 생각 변화(인지수정)라고 한다.

한줄문제

01 근로자의 기본적 생활의 보장·향상을 목적으로 하는 법률은?
답 「근로기준법」

02 요양보호사의 업무상 부상이 발생하면 보상받을 수 있는 근거 법률은?
답 「산업재해보상보험법」

03 성적인 정보를 유포하거나 성적 관계를 회유하는 성희롱 유형은?
답 언어적 성희롱

04 요양보호사에게 사정이 생겨 대상자와 약속한 방문시간에 늦거나 이를 지킬 수 없어 방문날짜를 변경해야 할 경우 적절한 조치는?
답 반드시 사전에 연락하여 양해를 구한다.

한줄필기

요양보호사의 법적 권익
- 근로에 관한 보호 : 요양보호사가 근무하는 장기요양기관은 「근로기준법」을 적용하여 종사자의 기본적인 생활을 보장해야 하며, 시설관리가 효율적·민주적으로 이루어지도록 해야 한다.
- 안전과 보건에 관한 보호 : 근로자의 건강과 안전을 지키기 위해 제정된 「산업안전보건법」과 「산업재해보상보험법」을 준수해야 한다.

근로계약서에 명시해야 할 사항
임금 및 근로시간, 취업의 장소와 종사하여야 할 업무에 관한 사항, 취업규칙 내용 등

요양보호사가 법적인 소송에 휘말리지 않기 위해 준수해야 할 사항
- 대상자의 권리를 보호한다.
- 요양보호서비스 제공 시 정해진 원칙과 절차에 따른다.
- 제공된 요양보호서비스 내용을 정확히 기록한다.
- 대상자의 상태 변화를 세심하게 관찰하여 정확히 기록한다.
- 제공해야 할 서비스 내용 및 방법이 확실하지 않을 때는 도움을 청한다.
- 누군가에 의해 대상자가 학대를 받는다고 의심되는 경우에는 보고하거나 신고한다.

> **한줄필기**
>
> 요통을 예방하면서 물건을 양손으로 들어 올리는 방법
>
> - 허리를 펴고 무릎을 굽혀 몸의 무게 중심을 낮추고 지지면을 넓힌다.
> - 무릎을 펴서 물건을 들어 올린다.
> - 물건을 든 상태에서 방향을 바꿀 때는 허리를 돌리지 않고 발을 움직여 방향을 조절한다.
> - 물건을 최대한 몸 가까이에 위치하도록 하여 들어 올린다.
> - 허리가 아닌 다리를 펴서 들어 올린다.

05 대상자로부터 본인부담금 면제를 강요받는 경우 요양보호사의 대처방안은?

답 「노인장기요양보험법」 제69조를 설명하고, 그러한 불법행위를 신고하면 신고 포상금을 받을 수 있다는 정보를 제공한다.

06 요양보호사에게 근골격계 질환이 자주 발생하는 원인은?

답 근육을 과도하게 사용하는 업무로 인해 어깨·손목 통증이나 요통, 목 통증 등이 자주 발생한다.

07 요통을 예방하거나 줄이기 위한 운동은?

답 요추 안정화 운동

08 근골격계 질환의 손상으로 만성관절염이 생긴 경우 적합한 찜질 방법은?

답 온찜질

09 임신한 요양보호사가 접촉을 피해야 하는 감염성 질환 대상자는?

답 풍진·수두 등 선천성 기형을 유발할 수 있는 감염성 질환을 가진 대상자

10 직업성 감염질환 중 노로바이러스의 특징은?

답 감염력이 강하며, 장염을 잘 일으킨다.

11 진드기에 의한 피부 감염증으로 감염력이 매우 강하여 잘 옮는 직업성 감염질환은?

답 옴

12 직무요건이 근로자의 능력, 자원, 바람과 일치하지 않을 때 생기는 유해한 신체적·정서적 반응은?

답 직무스트레스

13 직무스트레스 대처방법 중 과거 편안했던 기억을 떠올리고, 복식호흡을 천천히 하면서 "편해", "쉬어" 등의 단어를 천천히 속으로 반복하는 훈련은?

답 심상훈련

제2부

노화와 건강증진

CHAPTER 06   노화에 따른 변화와 질환
출제예상문제 | 핵심요약

CHAPTER 07   치매, 뇌졸중, 파킨슨질환
출제예상문제 | 핵심요약

CHAPTER 08   노인의 건강증진 및 질병예방
출제예상문제 | 핵심요약

CHAPTER 06 노화에 따른 변화와 질환

제2부 노화와 건강증진

출제 키워드

위염, 대장암, 변비, 독감, 기립성 저혈압, 고혈압, 심부전, 비타민 D, 골다공증, 퇴행성 관절염, 요실금, 전립선비대증, 욕창, 옴, 지루성 피부염, 간찰진, 노인성 자반, 우정문신, 녹내장, 당뇨병, 노인증후군, 노쇠

이렇게 공부하세요

이 단원에서는 노화에 따른 변화와 노인성 질환의 특성, 신체 계통별 주요 질환 및 노인증후군과 노쇠에 대해 학습합니다. 노인증후군 및 대표적 노인성 질환인 치매, 뇌졸중, 파킨슨질환과 소화기계·호흡기계·심혈관계·근골격계·비뇨·생식기계 등 신체가 노화하면서 생기는 질환의 발생원인 및 증상을 알아봅니다. 또한, 이에 따른 예방법·치료법, 요양보호사로서 해야 할 대처에 관한 내용이 출제되므로 관련 개념을 확실하게 알아 두는 것이 중요합니다.

미리 보는 문제 유형

- 다음과 같은 증상을 보이는 질병은?
- 노화에 따른 호흡기계의 변화로 옳은 것은?
- 고혈압 대상자를 돕는 방법으로 옳은 것은?
- 헬리코박터균 감염이 원인이 되어 속쓰림과 소화불량이 나타나는 질환은?

출제자의 비밀노트

노인성 질환의 특성
- 단독으로 발생하는 경우는 드물고, 다른 질병을 동반하기 쉽다.
- 정상적인 노화과정과 구분하기 어렵다.
- 원인이 불명확한 만성 퇴행성 질환이 많다.
- 경과가 길고, 재발이 빈번하며, 합병증이 생기기 쉽다.

함께 풀어봅시다

노인성 질병의 특성에 관한 설명으로 옳은 것은?

① 질병의 후유증이 오래가지 않는다.
　└ 노인성 질병은 경과가 길고 합병증이 생기기 쉽다.
② 일반적인 노화과정과 구분하기 쉽다.
　└ 일반적인 노화과정과 구분하기 어렵다.
③ 원인이 명확한 급성 질병이 대부분이다.
　└ 노화와 구분이 쉽지 않아 병의 원인 파악이 어렵다.
④ 완치 후에는 재발하지 않는 경우가 많다.
　└ 노인성 질병은 재발이 빈번하다.
⑤ 하나의 질병에 걸리면 다른 질병을 동반한다.

정답 ⑤

출제예상문제

정답 및 해설 009쪽

01 ☑ 개념체크 ○ △ ✕

노화에 따른 소화기계의 특성으로 옳은 것은?
① 맛을 느끼는 세포 수가 늘어난다.
② 쓴맛에 둔감해지고 짠맛과 단맛에 민감해진다.
③ 씹는 것이 어려워 영양상태가 악화할 수 있다.
④ 췌장의 호르몬 분비 증가로 당내성이 떨어진다.
⑤ 직장벽의 탄력성이 증가하여 변비가 생기기 쉽다.

02 ☑ 개념체크 ○ △ ✕

다음 요인으로 인해 생길 수 있는 증상으로 옳은 것은?

- 치아가 약해져 충분히 씹지 못한 상태로 음식물을 섭취함
- 과식 등 무절제한 식습관이 있음

① 치 매
② 위 염
③ 비 염
④ 빈 혈
⑤ 고혈압

03 ☑ 개념체크 ○ △ ✕

헬리코박터균 감염이 원인이 되어 속쓰림과 소화불량이 나타나는 질환은?
① 간 암
② 장 염
③ 위궤양
④ 대장암
⑤ 췌장암

기출유형문제

다음 요인으로 인해 발생할 수 있는 질병은?

- 잦은 염장식품 섭취
- 가족력
- 음주, 흡연
- 만성 위축성 위염

① 간 암
❷ 위 암
③ 천 식
④ 뇌졸중
⑤ 심부전

해설

② 위암은 만성 위축성 위염, 악성 빈혈 등의 관련 질병을 앓고 있거나 짠 음식, 염장식품을 자주 섭취하는 사람에게서 발생하기 쉽다. 위암의 가족력이 있거나 음주와 흡연을 하는 사람은 그 가능성이 더 높다.

문제타파 TIP

위염, 위궤양의 증상과 증상을 완화하는 방법을 묻는 문제가 출제된다. 위염의 경우에는 금식하더라도 물을 자주 마셔야 탈수를 예방할 수 있으므로 주의한다.

CHAPTER 06 노화에 따른 변화와 질환 43

기출유형문제

다음과 같은 증상을 보이는 질병은?

- 마른기침과 코막힘
- 두통, 인후통, 근육통
- 갑작스러운 38℃ 이상의 고열

❶ 독 감
② 폐 렴
③ 위 염
④ 욕 창
⑤ 관절염

해설

① 독감은 인플루엔자 바이러스에 의한 감염병으로, 겨울철에 유행한다. 갑작스러운 38℃ 이상의 고열, 기침, 코막힘 등의 호흡기 증상과 두통·인후통·근육통 등이 나타난다.

문제타파 TIP

폐결핵 대상자의 경우 항결핵제를 불규칙적으로 먹거나 임의로 중단하면 결핵이 더욱 악화될 수 있으므로 주의한다.

04 ☑ 개념체크 ○ △ ✕

노화에 따라 나타나는 호흡기계 변화로 옳은 것은?

① 폐활량 증가
② 기침반사 감소
③ 폐 순환량 증가
④ 섬모운동 증가
⑤ 폐포의 탄력성 증가

05 ☑ 개념체크 ○ △ ✕

세균, 바이러스, 곰팡이, 화학물질 등에 의해 폐 조직에 염증이 생겨 폐로 산소를 흡수하는 능력이 감소하는 질환은?

① 폐 렴
② 고혈압
③ 뇌졸중
④ 심부전
⑤ 만성기관지염

06 ☑ 개념체크 ○ △ ✕

결핵 감염 예방을 위한 방안으로 옳은 것은?

① 호흡기 감염 증상이 있는 사람은 마스크를 착용한다.
② 물을 낭비하지 않도록 통에 물을 담아 비누로 손을 씻는다.
③ 젖은 일회용 마스크는 햇볕에 잘 말리면 재사용이 가능하다.
④ 재채기를 할 때는 마스크나 휴지로 입을 가리지 않고 공중에 한다.
⑤ 재채기를 할 때 휴지가 없을 경우 코나 입을 소매로 가리면 옷에 균이 묻으므로 손으로 가린다.

07 ☑ 개념체크 ○ △ ✕

심혈관계 질환이 있는 대상자에게서 발생할 수 있는 위험 요인은?

① 식욕 저하로 인한 체중 감소
② 심한 기침으로 인한 호흡곤란
③ 복부 통증으로 인한 전신 경련
④ 수분흡수 저하로 배변 무게 감소
⑤ 기립성 저혈압으로 인한 낙상 위험

기출유형문제

노화에 따른 심혈관계의 변화로 옳은 것은?

❶ 기립성 저혈압 발생
② 최대 심박출량 증가
③ 심장근육의 두께 감소
④ 말초혈관 혈액순환 증가
⑤ 정맥 강화로 심박동 수 증가

해설

① 체위 변화에 따라 기립성 저혈압이 발생할 수 있다.

08 ☑ 개념체크 ○ △ ✕

고혈압에 대한 설명으로 옳은 것은?

① 전체 고혈압의 5~10%가 이차성 고혈압에 해당한다.
② 전체 고혈압의 90~95%가 속발성 고혈압에 해당한다.
③ 일차성 고혈압은 다른 질병의 합병증으로 발생한 고혈압을 말한다.
④ 성인의 최고 혈압이 120mmHg, 최저 혈압이 80mmHg인 경우 고혈압으로 본다.
⑤ 이차성 고혈압은 유전, 흡연, 음주, 스트레스, 짠 음식, 비만 등의 요인과 관련되어 있다.

09 ☑ 개념체크 ○ △ ✕

고혈압 약물치료에 대한 설명으로 옳은 것은?

① 고혈압약은 의사의 처방이 필요 없다.
② 두통 등의 증상이 있을 때만 약을 먹는다.
③ 증상이 완화되면 굳이 약을 먹지 않아도 된다.
④ 증상이 없으면 굳이 먼저 치료하지 않아도 된다.
⑤ 임의로 약을 끊으면 혈압이 다시 높아질 수 있다.

문제타파 TIP

심혈관계 질환 대상자는 갑작스러운 체위 변화 시 기립성 저혈압이 발생할 수 있으므로 처치 방법을 꼭 외우도록 한다. 특히 갑자기 어지럼을 느낄 경우 낙상이나 머리 손상을 예방하기 위해 곧바로 바닥에 주저앉도록 해야 한다.

기출유형문제

두통이나 이명, 팔다리 저림의 증상을 보이는 고혈압 대상자가 증상 완화를 위해 시행할 수 있는 운동으로 옳은 것은?

① 서핑
❷ 수영
③ 스케이트
④ 빨리 달리기
⑤ 패러글라이딩

해설

② 고혈압 대상자의 증상 완화에 좋은 운동은 빨리 걷기, 조깅, 자전거 타기, 수영 등이다.

문제타파 TIP

고혈압은 대부분 증상이 없기 때문에 의사의 처방이 있으면 계속 약을 먹어야 한다. 고혈압약을 복용할 때 인삼·홍삼 등과 같이 먹으면 혈압을 상승시킬 수 있다는 점을 유의한다.

10 ☑ 개념체크 ○△×

고혈압 대상자를 돕는 방법으로 옳은 것은?

① 저염식이와 고지방식이를 하게 한다.
② 과일과 채소, 저지방 유제품을 먹게 한다.
③ 두통 등의 증상이 있을 때만 약을 먹게 한다.
④ 일주일에 3~5일 격렬한 유산소 운동을 하게 한다.
⑤ 표준체중인 경우에는 복부 비만에 신경 쓰지 않아도 된다.

11 ☑ 개념체크 ○△×

혈관 안쪽 벽에 지방이 쌓여 혈관 내부가 좁아지거나 막혀서 혈액의 흐름에 장애가 생기거나 혈관 벽이 굳어지는 질환은?

① 당뇨
② 뇌졸중
③ 심부전
④ 신우신염
⑤ 동맥경화증

12 ☑ 개념체크 ○△×

다음 요인들과 관련 있는 질병은?

- 관상동맥질환
- 고혈압
- 심장병이나 신장병

① 옴
② 빈혈
③ 중풍
④ 심부전
⑤ 동맥경화증

13 ☑ 개념체크 ○ △ ×

심부전의 치료 및 예방법으로 옳은 것은?

① 절임 반찬의 가짓수를 늘린다.
② 고혈압과 고지혈증을 치료한다.
③ 과식과 심부전은 크게 관련이 없다.
④ 운동은 증상을 악화시킬 수 있으므로 하지 않는다.
⑤ 합병증의 위험이 있으므로 독감 예방접종은 피한다.

14 ☑ 개념체크 ○ △ ×

적혈구나 헤모글로빈 부족으로 혈액의 산소운반능력이 저하되는 질환은?

① 폐 렴
② 빈 혈
③ 뇌경색
④ 폐결핵
⑤ 동맥경화증

15 ☑ 개념체크 ○ △ ×

빈혈을 예방하고 해소하는 데 좋은 음식은?

① 굴
② 커 피
③ 초콜릿
④ 밀가루
⑤ 탄산음료

기출유형문제

심장의 수축력이 저하되어 신체조직에 필요한 만큼의 충분한 혈액을 내보내지 못하여 발병하는 질환은?

① 폐 렴
② 고혈압
③ 부정맥
❹ 심부전
⑤ 협심증

해설

④ 심부전은 심장의 수축력이 저하되어 신체조직에 필요한 만큼의 충분한 혈액을 내보내지 못하여 발병하는 질환으로, 관련 요인은 관상동맥질환, 고혈압, 심장병, 신장병 등이다.

문제타파 TIP

빈혈의 정의와 이를 예방·해소하는 데 좋은 음식에 대해 출제된다. 빈혈은 헤모글로빈이 부족할 때 나타나는 질병이므로 굴, 달걀노른자, 붉은 살코기, 콩류, 시금치 등의 음식이 도움이 된다는 것을 알아 두어야 한다.

기출유형문제

손목이나 대퇴골이 잘 골절되는 대상자가 앓고 있는 질병으로 옳은 것은?

① 빈 혈
② 고지혈증
❸ 골다공증
④ 하지정맥류
⑤ 파킨슨질환

해설

③ 골다공증은 뼈세포가 상실되고 골밀도가 낮아져 골절이 발생하기 쉬운 상태이다. 주로 척추, 대퇴골, 손목 등에서 골절이 잘 발생한다.

문제타파 TIP

골다공증의 특징과 치료·예방법에 관해 묻는 문제가 출제된다. 골다공증은 뼈세포의 상실과 낮아진 골밀도로 인해 발생하는 질병이다. 골다공증의 치료 및 예방을 위해 칼슘과 비타민 D의 섭취가 중요하다는 것을 알아 두어야 한다.

16 ☑ 개념체크 ○ △ ×

노화에 따른 근골격계의 특성으로 옳은 것은?

① 어깨는 넓어지고 골반은 좁아진다.
② 엉덩이와 허리의 피하지방이 감소한다.
③ 추간판이 오그라들면서 전체 신장이 줄어든다.
④ 근긴장도와 근육량의 감소로 운동능력이 상승한다.
⑤ 뼈의 질량이 증가하여 작은 충격에도 골절되기 쉽다.

17 ☑ 개념체크 ○ △ ×

골다공증의 원인으로 옳은 것은?

① 고혈압 질환
② 영양 흡수의 장애
③ 여성 호르몬의 급격한 증가
④ 관절을 싸고 있는 조직의 퇴화
⑤ 규칙적인 식사와 균형 잡힌 음식 섭취

18 ☑ 개념체크 ○ △ ×

골다공증의 치료·예방에 도움을 주며, 음식물 섭취 시, 약물복용 시, 햇볕을 쬘 시 생성되는 것은?

① 비타민 A
② 비타민 B_{12}
③ 비타민 C
④ 비타민 D
⑤ 비타민 E

19 ☑ 개념체크 ○ △ ✕

노화에 따른 여성의 비뇨·생식기계의 변화로 옳은 것은?

① 질벽이 두꺼워져 탄력이 떨어진다.
② 유방을 지지하는 근육이 단단해진다.
③ 요실금, 빈뇨증, 야뇨증 등이 생긴다.
④ 성교 시 통증이 생기고, 성적 욕구가 감소한다.
⑤ 질의 분비물이 증가하여 질염이 쉽게 발생한다.

20 ☑ 개념체크 ○ △ ✕

여성 노인에게 나타나는 요실금의 주요 요인은?

① 식욕 감소
② 신장기능 장애
③ 철분 흡수 장애
④ 팔·다리의 지방 감소
⑤ 골반 근육 조절능력 약화

21 ☑ 개념체크 ○ △ ✕

복압성 요실금 대상자를 돕는 방법으로 옳은 것은?

① 수분을 제한한다.
② 기침을 하게 한다.
③ 변비를 예방하게 한다.
④ 매일 줄넘기를 하게 한다.
⑤ 카페인 음료를 마시게 한다.

기출유형문제

노화에 따른 남성의 비뇨·생식기계의 변화로 옳은 것은?
❶ 방광 근력이 저하된다.
② 소변을 보는 횟수가 줄어든다.
③ 한 번에 많은 양의 소변을 배출한다.
④ 젊은 사람들에 비해 전립선 비대증이 덜 생긴다.
⑤ 남성 호르몬의 증가로 음경의 발기 주기가 잦아진다.

해설
① 방광 근력이 저하되어 방광이 완전히 비워지지 않고 소변 줄기가 가늘어진다.

문제타파 TIP

요실금의 발병 요인이 주로 출제된다. 노화로 인한 골반 근육 조절능력 약화 등 요실금의 발병 요인에 대해 잘 알아 두고, 골반 근육 강화 운동 등 요실금을 예방·관리하기 위한 방법도 함께 알아 두도록 한다.

기출유형문제

다음 중 욕창을 발생시킬 가능성이 높은 행동은?

① 2시간마다 체위를 변경해 준다.
② 젖은 침상 시트는 바로 교체한다.
❸ 천골 부위에 도넛 모양의 베개를 대어 준다.
④ 무릎 사이에 베개를 끼워 마찰을 방지한다.
⑤ 대상자를 이동시킬 때 피부가 밀리지 않도록 한다.

해설
③ 천골 부위의 욕창 예방을 위해 도넛 모양의 베개를 사용하는 경우가 있으나, 이는 오히려 압박받는 부위의 순환을 저해할 수 있으므로 사용을 삼간다.

문제타파 TIP
욕창은 욕창 대상자를 돕는 방법과 함께 공부하는 것이 효과적이다. 욕창의 정의와 함께 욕창 대상자의 침대 관리법, 파우더·도넛 모양의 베개를 사용하면 안 되는 이유 등을 알아 두는 것이 좋다.

22
전립선비대증의 요인으로 옳은 것은?
① 요로 감염
② 복압의 상승
③ 골반의 근육 약화
④ 방광의 저장능력 감소
⑤ 노화에 따른 호르몬의 불균형

23
병상에 오래 누워 있는 대상자에게서 많이 발견되며, 후두부, 등, 허리, 팔꿈치, 발뒤꿈치 등 바닥 면과 접촉되는 피부가 혈액을 공급받지 못해 괴사하는 상태는?
① 옴
② 건 선
③ 습 진
④ 욕 창
⑤ 대상포진

24
욕창이 생겼을 때의 적절한 대처방법은?
① 완전히 마르도록 파우더를 발라준다.
② 천골에 도넛 모양의 베개를 사용한다.
③ 이동시킬 때 피부가 밀리지 않도록 주의한다.
④ 젖은 침대 시트는 교체하기보다는 바로 주름을 펴준다.
⑤ 침대에서는 4시간마다, 의자에서는 1시간마다 자세를 바꾸어 준다.

25 ☑ 개념체크 ○ △ ✕

옴의 치료 및 예방으로 옳은 것은?

① 증상이 완화되면 완치한 것으로 판단할 수 있다.
② 알레르기와 혼동하기 쉬우므로 심한 가려움증 발생 시 병원에 간다.
③ 전염성이 낮으므로 가족이나 동거인까지 함께 치료할 필요는 없다.
④ 옴진드기가 가장 활동적인 아침에 약을 바르고 자기 전에 씻어낸다.
⑤ 항옴진드기 약이 묻은 내복과 침구는 세탁한 후 바로 재사용이 가능하다.

26 ☑ 개념체크 ○ △ ✕

기저귀피부염(기저귀 습진)의 치료 및 예방법으로 옳은 것은?

① 아침에 약을 바르고 자기 전에 씻어낸다.
② 통풍하게 되면 감기에 걸리므로 하지 않는다.
③ 건조하면 심한 가려움증이 발생하므로, 습윤하게 관리한다.
④ 쉽게 치료되므로 처방 없이 약국에서 연고를 구입하여 바른다.
⑤ 진균(곰팡이) 치료를 위한 항진균제나 스테로이드 연고를 처방받아 바른다.

27 ☑ 개념체크 ○ △ ✕

지루성 피부염의 증상으로 옳은 것은?

① 특히 밤에 심하게 가려우며 물집, 고름 등이 잡힌다.
② 손등과 팔에 경계가 뚜렷하게 나타나며, 다양한 크기와 모양이 있다.
③ 피부가 붉게 변하며 마치 생선 비늘과 같은 흰색 인설이 동반된다.
④ 피부와 점막에 있는 감각신경 말단 부위의 수포, 통증, 작열감 등의 증상이 있다.
⑤ 노화, 장기간의 자외선 노출, 강력한 스테로이드 연고 도포에 의해 출혈이 생긴다.

기출유형문제

다음에서 설명하는 질병은?

- 감염력이 매우 강하다.
- 밤에 더 가렵다.
- 동거 가족도 동시에 치료해야 한다.

❶ 옴
② 두드러기
③ 대상포진
④ 피부건조증
⑤ 아토피 피부염

해설

① 문제에서 설명하는 것은 옴의 특징이다. 옴은 옴진드기가 정상 체온의 피부 표면에 굴을 뚫어 그 속에 서식하며 피부병을 유발하는 질환이다. 주로 밤에 굴을 만들고, 가려워서 긁을 때 진드기와 알이 손톱에 묻어 다른 사람에게도 감염된다.

문제타파 TIP

옴 치료
옴은 대상자는 물론, 동거 가족이나 요양보호사도 동시에 치료받아야 하는 질환이다.

기출유형문제

다음 증상을 보이는 질환으로 옳은 것은?

- 시력 감소
- 동공의 백색 혼탁
- 낮과 밝은 불빛에서의 눈부심

① 난시
② 근시
❸ 백내장
④ 녹내장
⑤ 안구 건조

해설

③ 백내장은 수정체가 혼탁해져서 빛이 들어가지 못하여 시력장애가 발생하는 질환이다. 증상은 동공의 백색 혼탁, 낮과 밝은 불빛에서의 눈부심, 시력 감소 등이다.

문제타파 TIP

당뇨병 대상자의 발 관리 원칙
- 혈당·혈압을 관리하기
- 금연하기
- 주의 깊게 발 관찰하기
- 발 씻고 말리기
- 발톱 일자로 자르기
- 발 건조 예방하기
- 양말 착용하기
- 차갑거나 뜨거운 곳에 발을 노출하지 않기

28 개념체크 ○△×

노화에 따른 피부의 변화로 옳은 것은?

① 눈가와 머리에 털이 많아진다.
② 낮과 여름철에 소양증이 심해진다.
③ 피하지방이 감소하여 기온에 둔감해진다.
④ 발톱이나 손톱이 얇아지고, 잘 바스러진다.
⑤ 표피가 얇아지면서 탄력이 떨어지고 쉽게 손상된다.

29 개념체크 ○△×

노화에 따른 감각기계의 변화로 옳은 것은?

① 단맛과 짠맛에 더 민감해진다.
② 후각세포가 감소하여 후각에 둔감해진다.
③ 노인성 난청은 남성보다 여성에게 흔하게 나타난다.
④ 피부가 예민해져 작은 접촉에도 강도를 크게 느낀다.
⑤ 시각 능력의 변화로 먼 물체에 초점을 맞추는 것이 힘들어진다.

30 개념체크 ○△×

당뇨병 대상자의 발 관리 원칙으로 옳은 것은?

① 발 씻고 잘 말리기
② 발톱은 동그랗게 자르기
③ 발에는 항상 물기가 있도록 하기
④ 땀 배출을 위해 양말 착용하지 않기
⑤ 차갑거나 뜨거운 수건으로 온도 조절하기

31 ✅ 개념체크 ○△✕

다음의 정신행동 증상을 보이는 질환은?

> - 불면증이나 불안 증상이 흔하다.
> - 식욕과 체중에 변화가 나타난다.
> - 매사에 관심이 없고 즐거운 것이 없다.
> - 잠을 지나치게 많이 자거나 못 자는 등 수면 양상이 변화한다.

① 건망증
② 뇌졸중
③ 뇌출혈
④ 우울증
⑤ 섬 망

32 ✅ 개념체크 ○△✕

섬망(A)과 치매(B)의 비교로 옳은 것은?

	(A)	(B)
①	만성질환	급성질환
②	말기까지 의식의 변화는 적음	의식의 변화가 있음
③	서서히 나타남	갑자기 나타남
④	주의집중력은 별로 떨어지지 않음	주의집중력이 매우 떨어짐
⑤	신체 생리적 변화가 심함	신체 생리적 변화는 적음

33 ✅ 개념체크 ○△✕

다음 중 질병, 영양 결핍, 운동 부족 등에 의해 근력이 약해지고 걸음걸이가 느려지며 기운이 없어지는 상태를 뜻하는 것은?

① 노 쇠
② 섬 망
③ 간찰진
④ 우정문신
⑤ 노인성 증후군

기출유형문제

다음 중 지남력장애 증상으로 옳은 것은?

① 방금 전의 통화 내용을 기억하지 못한다.
② 가족과 가까운 동료를 알아보지 못한다.
③ 일상적인 요리, 청소 등을 수행하지 못한다.
❹ 날짜, 요일, 시간을 자주 착각하여 실수한다.
⑤ 앞뒤가 맞지 않아 이해할 수 없는 말을 한다.

해설
④ 치매 대상자는 지남력(시간과 장소, 상황, 환경 등을 올바르게 인식하는 능력)이 저하되어 날짜, 요일, 시간을 자주 착각하여 실수한다.

문제타파 TIP

노쇠 예방 7대 수칙(건강 가화만사성)
1. **건**강하게 마음 다스리기
2. **강**한 치아 만들기
3. **가**려 먹지 말고 충분히 식사하기
4. **화**를 높이는 담배를 멀리하기
5. **만**성질환 관리하기
6. **사**람들과 자주 어울리기
7. **성**실하게 운동하기

CHAPTER 06 핵심요약

한줄필기

소화기계 구조

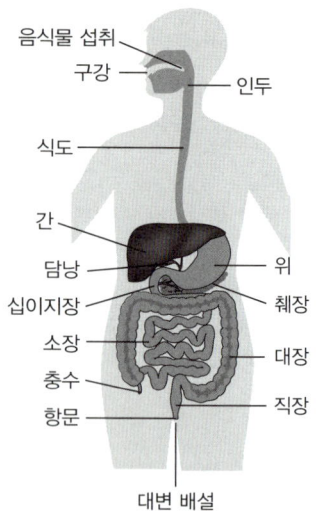

한줄요약

01 노인성 질환은 다른 질병과 함께 발생하는 경우가 많다.

02 노인성 질환은 경과가 길고, 재발이 빈번하며, 합병증이 생기기 쉽다.

03 노인은 혈액순환 저하로 욕창이 잘 발생하고, 골격근의 수축력 감소로 관절이 쉽게 뻣뻣해진다.

04 소화기계는 구강, 인후, 식도, 위, 소장 및 대장을 포함한다.

05 일반적인 정상 배변 횟수는 주 3회에서 하루 3회까지이다.

06 노화에 따른 호흡근육의 위축과 근력의 약화로 호흡기 질환이 발생한다.

07 노화에 따라 심장의 근육이 두꺼워져 탄력성이 떨어지고, 최대 심박출량과 심박동 수가 감소한다.

08 고혈압은 꾸준한 약의 복용으로 관리해야 하며, 금식 중에도 계속 복용해야 한다.

09 관상동맥질환, 고혈압, 심장병, 신장병으로 인해 심부전이 발생한다.

10 빈혈의 치료를 위해 철분제와 철분의 흡수를 돕기 위한 비타민 C를 함께 복용한다.

11 근골격계가 노화하면 근긴장도와 근육량이 저하되어 신체활동과 운동능력이 감소한다.

12 비뇨기계의 노화로 여성 노인은 요실금이 생기고, 남성 노인은 전립선비대증이 생긴다.

13 욕창은 병상에 오래 누워 있는 대상자의 바닥 면과 접촉되는 피부가 혈액을 공급받지 못해서 괴사하는 상태이다.

14 대상포진은 수두를 일으키는 바이러스에 의하여 피부와 신경에 염증이 생기는 질환이다.

15 옴은 전염성이 높아 가족 또는 동거인 등 대상자와 신체접촉이 있었던 모든 사람이 증상 유무와 관계없이 동시에 치료해야 한다.

16 기저귀피부염(기저귀 습진) 발생 시 기저귀를 자주 갈아주어 습하지 않도록 통풍해 주어야 하며, 진균(곰팡이) 치료를 위한 항진균제나 스테로이드 연고를 처방받아 바르도록 한다.

17 지루성 피부염은 피지선(기름샘)의 활동이 증가한 부위에 발생하고, 피부가 붉게 변하며 마치 생선 비늘과 같은 흰색 인설이 동반된다.

18 간찰진은 피부가 접히는 부위에 발생하는 붉은 변화로 마찰, 열, 습윤(요실금 등), 짓무름, 공기 순환 부족 등에 의해 발생하며, 감염에 의해 악화한다.

19 노인성 자반은 노화에 의한 자연적인 현상이 대부분으로, 과도한 자극과 자외선 노출 등에 주의하며 보호자에게 적절한 설명을 해서 노인학대 관련 오해를 방지하도록 한다.

20 우정문신은 일제강점기에서 6.25 전쟁 당시 10대~20대 여성들 사이에 유행한 팔뚝 문신으로, 주로 먹물을 묻힌 실을 바늘에 꿰어 새긴 것으로, 피부병은 아니다.

한줄필기

비뇨 · 생식기계 구조

• 여성의 비뇨 · 생식기

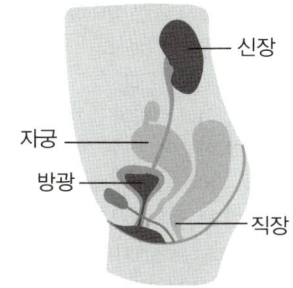

• 남성의 비뇨 · 생식기

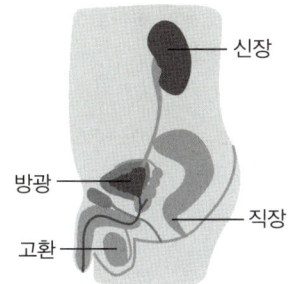

> **한줄필기**
>
> **섬망의 특징**
> - 의식 수준의 변화로 잠에서 덜 깼거나 몹시 졸린 상태에서 행동하는 사람처럼 보인다.
> - 주의력이 감퇴된다.
> - 수 시간이나 수일에 걸쳐 호전과 악화가 반복된다.
> - 시간, 장소, 사람에 대한 지남력 장애가 생긴다.
> - 인지장애, 초조, 지각장애, 편집망상, 정서 불안정이 나타난다.
> - 섬망은 단독으로 발생하기도 하고, 치매와 동반되어 나타나기도 한다.

21 감각기계의 노화로 백내장, 녹내장 등이 발생한다.

22 당뇨의 대표적인 증상에는 다음증, 다뇨증, 다식증, 체중감소 등이 있다.

23 섬망의 소인적 요인으로는 인지 손상, 치매, 고령, 심한 뇌 질환, 기능 손상, 우울, 만성 신기능 부전, 탈수, 영양 부족, 과다 음주, 시력 손상 등이 있다.

24 노인증후군이란 특히 허약한 노인에게서 흔하면서 그 원인이 다양하고 치료와 동시에 돌봄이 중요한 증상이나 소견을 뜻한다.

25 질병 다발성과 다약제 복용이 질병-질병 상호작용, 질병-약물 상호작용, 약물-약물 상호작용을 통해 다양한 의학적 문제를 일으키며, 그 결과 기능저하와 노인증후군이 발생한다.

26 노쇠란 여러 신체기관의 기능이 노화에 따라 감소하여 나타나며, 질병, 영양 결핍, 운동 부족 등에 의해 근력이 약해지고 걸음걸이가 느려지며 기운이 없어지는 상태이다.

27 노인증후군은 섬망, 노쇠, 근감소증, 실금, 변비, 낙상, 욕창, 기절, 보행기능저하, 연하곤란, 저나트륨혈증, 탈수, 많은 약물복용, 우울증 등의 복합적인 증상을 보인다.

한줄문제

01 노화에 따른 신체적 특성은?
답 피하지방의 감소, 손톱·발톱 두꺼워짐, 피부 건조증, 관절 구축 등

02 위산의 분비를 억제하고 위벽 자극을 완화하는 약제는?
답 제산제

03 장폐색, 설사, 변비, 혈변, 직장출혈 등의 증상이 있는 소화기계 질환은?
답 대장암

04 대장암 대상자에게 좋지 않은 음식은?
답 훈연식품, 찬 음식 등

05 설사의 치료 및 예방방법은?
답 수분을 충분히 섭취해서 탈수를 예방한다.

06 변비의 원인은?
답 위·대장 반사 감소 및 약화에 따른 장운동 저하, 수분 섭취의 감소, 지나친 저잔여식이 섭취, 하제의 반복적 사용 등

07 변비에 좋은 음식은?
답 식물성 식이섬유나 유산균이 포함된 음식, 우유 등

08 만성기관지염의 치료 및 예방방법은?
답 심호흡과 기침을 하여 기관지 내 가래를 배출하게 한다.

09 천식의 증상은?
답 기침, 숨을 내쉴 때 쌕쌕거리는 호흡음, 호흡 곤란 등

10 고혈압 대상자의 올바른 약물복용방법은?
답 의사의 처방에 따라 꾸준히 약을 먹는다.

한줄필기

저잔여식이
섬유소가 적어 빨리 소화되고 흡수되어 장에는 별로 남지 않는 음식물

장운동을 증가시키는 음식
매운 후추, 카페인이 든 음료수, 술, 고섬유소, 고지방 음식

설사의 치료 및 예방
- 의사의 처방에 따라 약물을 복용한다.
- 심신을 안정하고 몸을 따뜻하게 한다.
- 음식물 섭취량을 줄이되 물은 충분히 마셔 탈수를 예방한다.
- 장운동을 증가시키는 음식의 섭취를 피한다.
- 지사제를 함부로 써서는 안 되며, 반드시 의사의 지시에 따라 복용한다.

지사제와 하제
- 설사는 장내 유해 물질을 배출하여 자기 신체를 보호하려는 자기 방어 반응인 경우가 많으므로, 지사제는 꼭 필요한 경우에만 짧게 사용해야 한다.
- 변비 시 하제(설사가 나게 하는 약)를 남용하면 배변 반사가 저하되어 변비를 악화시킬 수 있으므로 주의한다.

고혈압의 유형
- 본태성(일차성) 고혈압 : 유전, 흡연, 과도한 음주, 스트레스, 과식, 짠 음식, 운동 부족, 비만 등 여러 요인과 관련이 있다. 전체 고혈압의 90~95%가 본태성 고혈압에 해당한다.
- 속발성(이차성) 고혈압 : 심장병, 신장질환, 내분비 질환의 일부, 임신중독증과 같은 질병이 원인인 고혈압이다. 원인이 되는 질병을 치료하면 혈압도 정상화된다.

> **한줄필기**
>
> **퇴행성 관절염의 염증성 변화 과정**
> - 초기 : 뼈돌기체가 생기고 관절 간격이 좁아지기 시작한다.
> - 중기 : 관절 사이의 간격이 확연히 좁아진다.
> - 말기 : 뼈와 뼈가 직접 부딪친다.

11 고혈압 대상자에게 좋은 음식은?
  답 방울토마토, 보리밥, 두부, 사과 등

12 심장의 수축력이 저하되어 신체조직에 필요한 만큼의 충분한 혈액을 내보내지 못하는 상태는?
  답 심부전

13 근육이나 힘줄이 수축하여서 일정한 방향으로 운동할 수 없는 상태는?
  답 구 축

14 운동을 할 때 근육이 펴지고 오므라드는 양과 정도를 나타내는 말은?
  답 근긴장도

15 노화로 인해 연골이 닳아 생기는 질환은?
  답 퇴행성 관절염

16 퇴행성 관절염의 증상은?
  답 아침에 일어나면 관절이 뻣뻣해지고, 30분 이내에 풀어진다.

17 퇴행성 관절염의 치료 및 예방을 위한 운동으로 관절 부위에 부담을 주지 않는 운동은?
  답 수영, 평평한 흙길 걷기, 체조 등

18 고관절 골절의 원인이 되는 질환은?
  답 골다공증

19 골다공증 예방방법은?
  답 칼슘 · 비타민 D 섭취, 금주 · 금연 등

20 골다공증 예방에 좋은 운동은?
  답 평지 걷기 운동

21 요실금을 예방할 수 있는 운동은?
  답 골반 근육 강화 운동

22 소변을 보고 싶다는 느낌이 들자마자 소변이 배출되는 요실금은?
  답 절박성 요실금

23 잔뇨감, 소변 줄기 가늘어짐 등의 증상이 있는 질병은?
  답 전립선비대증

24 욕창이 있는 대상자를 돕는 방법은?
  답 2시간마다 체위를 변경하고, 시트가 접히지 않도록 잘 편다.

25 욕창이 발생한 대상자를 도울 때 주의할 점은?
  답 파우더와 도넛 모양의 베개를 사용하지 않는다.

26 욕창이 발생한 대상자에게 도넛 모양의 방석을 사용하면 안 되는 이유는?
  답 압박받는 부위의 순환을 저해할 수 있다.

27 손·발 등을 비롯해 온몸의 피부가 건조해지면서 가려운 증상은?
  답 피부건조증

28 대상포진의 증상은?
  답 가려움, 작열감, 수포, 통증 등

29 주로 밤에 피부가 가렵고 대상자와 가족이 동시에 치료해야 하는 감염질환은?
  답 옴

30 기저귀피부염(기저귀 습진)의 치료법은?
  답 통풍과 기저귀 갈이를 자주 하고, 진균(곰팡이) 치료를 위한 항진균제나 스테로이드 연고를 처방받아 바른다.

한줄필기

욕창의 4단계
- 1단계 : 피부가 분홍색이나 푸른색을 띠고, 누르면 색깔이 일시적으로 없어져 하얗게 보인다. 열감이 있다.
- 2단계 : 피부가 벗겨지고 물집이 생기며 조직이 상한다.
- 3단계 : 깊은 욕창이 생기고 괴사조직이 발생한다.
- 4단계 : 뼈와 근육까지 괴사가 진행된다.

대상포진 자가진단법
- 물집이 나타나기 전부터 감기 기운과 함께 일정 부위에 심한 통증이 느껴진다.
- 작은 물집이 띠 모양으로 몸의 한쪽에 모여 나타난다.
- 물집을 중심으로 날카롭고 타는 듯한 통증이 느껴진다.

한줄필기

당뇨병의 정의
당뇨병은 혈중 포도당 수치를 조절하는 인슐린이 분비되지 않거나 분비는 되지만 부족한 경우, 또는 인슐린에 대한 신체의 저항성으로 인해 포도당이 세포 내로 들어가지 못해 혈중 포도당 수치가 올라가서 소변에 당이 섞여 나오는 질환이다.

당뇨병의 관련 요인
- 과식, 비만, 운동 부족
- 스트레스
- 유 전

---

31 지루성 피부염의 치료법은?
답 스테로이드 연고를 바른다.

32 간찰진의 치료법은?
답 간찰진은 마찰, 열, 습윤(요실금 등), 짓무름, 공기 순환 부족 등에 의해 발생하며, 감염에 의해 악화하므로 통풍을 자주 하고 국소 항생제 연고나 항진균제 연고를 바른다.

33 노인성 자반 환자 요양 시 주의해야 할 점은?
답 과도한 자극이나 자외선 노출 등에 주의하며, 보호자에게 적절한 설명을 해서 노인학대 관련 오해를 방지하도록 한다.

34 우정문신이란?
답 일제강점기에서 6.25 전쟁 당시 10대~20대 여성들 사이에 유행한 팔뚝 문신으로서, 주로 먹물을 묻힌 실을 바늘에 꿰어 새긴 것으로 피부병은 아니다.

35 안압(눈의 압력)의 상승으로 시신경이 손상되어 시력이 점차 약해지는 질환은?
답 녹내장

36 눈의 모양과 기능 유지를 위한 적정 안압은?
답 15~20mmHg

37 당뇨병의 대표적 증상은?
답 다음증, 다뇨증, 다식증, 체중감소

38 당뇨병 환자가 보이는 저혈당 증상은?
답 식은땀, 두통, 시야 몽롱, 배고픔, 어지럼증 등

39 당뇨병 환자의 저혈당 증상을 방치하면 생길 수 있는 합병증은?
답 혼수와 발작 등

40 당뇨병 대상자에게 적합한 식이요법은?
  답 저콜레스테롤 식이를 기본으로 하여 곡류, 콩, 과일, 채소 등 고섬유질 음식을 섭취한다.

41 당뇨병 대상자의 올바른 운동 방법은?
  답 식후 30분~1시간경, 하루에 최소 30분, 일주일에 5회 이상 운동한다.

42 세포가 혈액으로부터 포도당을 흡수하는 능력은?
  답 당내성

43 대상자가 최근 말수가 줄고, 식욕감소, 수면 양상 변화 등의 증상을 보일 때 의심할 수 있는 질환은?
  답 우울증

44 우울증 증상을 보이는 대상자를 돕는 방법은?
  답 햇볕을 받으며 규칙적으로 운동하게 한다.

45 섬망 대상자의 자아정체성 유지를 위한 방법은?
  답 가족 구성원이 자주 방문하도록 격려한다.

46 날짜, 요일, 시간, 장소, 사람 등을 자주 착각하고 실수하는 장애는?
  답 지남력장애

47 노인증후군이란?
  답 특히 허약한 노인에게서 흔하며 그 원인이 다양하고 치료와 동시에 돌봄이 중요한 증상이나 소견을 뜻한다.

48 노쇠란?
  답 여러 신체기관의 기능이 노화에 따라 감소하여 나타나며, 질병, 영양 결핍, 운동 부족 등에 의해 근력이 약해지고 걸음걸이가 느려지며 기운이 없어지는 상태이다.

한줄필기

노인증후군의 공통된 특징
- 노쇠한 노인들에게서 많이 발생한다.
- 삶의 질과 기능에 막대한 영향을 준다.
- 여러 원인이 여러 장기에 영향을 주어 발생한다.
- 주된 증상은 특정한 병적 상태로 설명되지 않는 경우가 많다.
- 어떤 경우에는 서로 연관성 없이 떨어져 있는 두 기관에 동시에 관여하기도 한다.
- 노인증후군끼리 많은 위험 인자들을 공유한다.

CHAPTER 07

제2부 노화와 건강증진

치매, 뇌졸중, 파킨슨질환

출제 키워드

치매, 건망증, 알츠하이머, 대뇌 병변, 지남력, 섬망, 우울증, 뇌졸중, 파킨슨질환

이렇게 공부하세요

노인성 질환 중 치매, 뇌졸중, 파킨슨질환의 관련 요인과 증상을 집중적으로 학습합니다. 특히 치매와 뇌졸중의 신체적·심리적 변화를 중심으로 문제가 출제되기 때문에 각 질환의 원인과 증상에 대해 정확하게 알아 두는 것이 중요합니다. 무엇보다 요양보호사로서 많이 접하게 되는 질환이므로 예방 및 치료법에는 무엇이 있는지, 주의사항은 무엇인지 함께 숙지해야 합니다.

미리 보는 문제 유형

- 치매에 관한 설명으로 옳은 것은?
- 다음에서 설명하는 신경계 질환은?
- 파킨슨질환의 치료 및 예방법으로 옳은 것은?

출제자의 비밀노트

뇌졸중의 전구증상
- 한쪽 팔다리가 마비되거나 감각이 이상하다.
- 말할 때 발음이 분명치 않거나, 말을 잘 못한다.
- 일어서거나 걸으려 하면 자꾸 한쪽으로 넘어진다.
- 주위가 뱅뱅 도는 것처럼 어지러움을 느낀다.
- 갑자기 눈이 안 보이거나 물체가 둘로 보인다.
- 갑자기 벼락 치듯 심한 두통이 발생한다.
- 의식장애로 깨워도 일어나지 못한다.

함께 풀어봅시다

뇌졸중의 전구증상으로 옳은 것은?

① 한쪽 팔다리가 마비된다.
② 의식장애로 쉽게 잠들지 못한다.
   └ 의식장애가 나타나면 깨워도 잘 일어나지 못하는 경우가 있다.
③ 갑자기 위가 찢어질 듯 심한 복통이 온다.
   └ 갑자기 머리가 깨질 듯한 심한 두통 증상을 보인다. 복통과는 관계가 적다.
④ 체위 변화에 따라 기립성 저혈압이 생긴다.
   └ 기립성 저혈압은 노화에 따른 심혈관계의 특징이다. 일어서거나 걸으려 할 때 자꾸 한쪽으로 넘어질 경우 뇌졸중의 전구증상을 의심해야 한다.
⑤ 수분흡수 저하로 인해 배변 무게가 감소한다.
   └ 변비의 대표적인 증상이다.

정답 ①

출제예상문제

정답 및 해설 013쪽

01 ☑ 개념체크 ○ △ ×

치매에 관한 설명으로 옳은 것은?
① 뇌의 생리적인 현상이다.
② 힌트를 주거나 시간이 지나 곰곰이 생각하면 기억이 난다.
③ 최근의 일보다는 오래된 과거의 일을 잘 기억해 내지 못한다.
④ 감각 및 운동기관이 온전한데도 불구하고 목적성 있는 행동을 못한다.
⑤ 뇌혈관이 터지거나 막혀 뇌세포가 손상되면서 생기는 혈관성 치매의 비율이 가장 높다.

02 ☑ 개념체크 ○ △ ×

다음의 증상을 보이는 질환은?

- 혼자서 지낼 수 있는 수준임
- 가족이나 동료들이 문제를 알아차리기 시작함
- 요리, 빨래, 청소, 은행 가기, 병원 방문 등 하던 일의 수행기능이 뚜렷이 저하됨

① 뇌졸중
② 섬 망
③ 치매 초기
④ 치매 중기
⑤ 치매 말기

03 ☑ 개념체크 ○ △ ×

치매 대상자에게 나타나는 증상은?
① 젊은 시절 기억부터 잊어버린다.
② 식욕이 증가하고 깊은 잠을 잔다.
③ 이전보다 성격이 온화해지며 조용해진다.
④ 날짜, 요일, 시간을 자주 착각하여 실수한다.
⑤ 말수가 늘고 타인과 이야기를 나누고자 하는 의욕이 증가한다.

기출유형문제

뇌신경세포 손상으로 인지기능이 저하되어 독립적인 생활이 불가능한 노인의 상태를 무엇이라 하는가?
① 녹내장
② 치매 초기
③ 치매 중기
❹ 치매 말기
⑤ 파킨슨질환

해설

④ 치매 말기에는 대상자와의 의사소통이 거의 불가능하다. 대상자는 소리를 지르거나 심하게 화를 내는 등의 증세와 대변을 만지는 등의 문제행동을 보인다. 이로써 독립적인 생활이 불가능하다.

문제타파 TIP

치매 대상자의 경우 수일 전 혹은 수 주일 전의 일에 대한 단기 기억력 저하가 먼저 발생하고 병이 심해지면서 장기 기억력 저하가 발생한다.

기출유형문제

뇌졸중의 대표적인 증상은?

① 우울증
② 불면증
③ 건망증
④ 발기부전
❺ 연하곤란

해설
⑤ 뇌졸중의 증상으로 음식이나 물을 삼키기 힘든 연하곤란이 있다.

04 ☑ 개념체크 ○ △ ✕

건망증과 치매의 비교로 바람직한 것은?

	건망증	치 매
①	뇌의 질환	생리적인 뇌의 현상
②	독립적인 생활이 불가능하다.	증상이 심해져도 독립적인 생활이 가능하다.
③	일상생활에 지장이 있고 수발이 필요하다.	일상생활에 지장이 없다.
④	경험의 일부 중 사소하고 덜 중요한 일을 잊는다.	경험한 사건 전체나 중요한 일도 잊는다.
⑤	힌트를 주거나 나중에 생각해도 거의 기억하지 못한다.	힌트를 주거나 시간이 지나 곰곰이 생각하면 기억이 난다.

05 ☑ 개념체크 ○ △ ✕

뇌졸중의 증상으로 옳은 것은?

① 뇌졸중으로 인한 치매는 비교적 갑자기 발생한다.
② 뇌간 부위에 뇌졸중이 발생하면 몸의 불균형을 보인다.
③ 우측 뇌가 손상된 경우 우측 마비와 함께 실어증이 발생한다.
④ 손상된 뇌와 같은 쪽 팔다리, 안면하부에 갑작스러운 마비가 온다.
⑤ 뇌졸중으로 인한 뇌 손상 부위가 광범위하더라도 의식이 저하되지는 않는다.

문제타파 TIP

치매 단계별 특징
- 초기 : 혼자서 지낼 수 있는 수준
- 중기 : 도움 없이는 혼자 지낼 수 없는 수준
- 말기 : 독립적인 생활이 불가능한 수준

06 ☑ 개념체크 ○ △ ✕

연하곤란이 있는 뇌졸중 대상자에게 생길 수 있는 합병증은?

① 폐 렴
② 실어증
③ 뇌부종
④ 혈전 형성
⑤ 운동 실조증

07 개념체크 ○△×

㉠, ㉡에 들어갈 말을 바르게 연결한 것은?

> 뇌졸중은 뇌혈관이 막힌 (㉠)과(와) 뇌혈관이 터진 (㉡)(으)로 구분된다.

	㉠	㉡
①	암	동맥경화
②	고혈압	당뇨병
③	뇌출혈	뇌경색
④	뇌경색	뇌출혈
⑤	동맥경화	간 염

08 개념체크 ○△×

대상자에게 소뇌 손상이 발생했을 때 나타나는 특징적인 증상은?

① 건망증
② 시력장애
③ 안구통증
④ 전신마비
⑤ 균형감 상실

09 개념체크 ○△×

노인성 질환 대상자를 대하는 요양보호사의 바람직한 행동은?

① 마음의 준비를 돕기 위해 질병명을 예측하여 말해준다.
② 대상자에게 인내심을 가지고 부드럽게 대해야 한다.
③ 이상행동을 보이면 행동 교정을 위해 설득하고 지도한다.
④ 의사를 대신해서 수술, 약물치료 등의 내용을 전달하는 것이 좋다.
⑤ 뇌졸중이나 파킨슨질환 대상자는 최대한 움직임을 피하도록 해야 한다.

기출유형문제

뇌졸중으로 의심되는 대상자에게 다음과 같은 지시를 하는 목적은?

> "말해보세요, 웃어보세요."

① 시력장애
② 전신마비
③ 운동실조증
❹ 언어장애와 안면마비
⑤ 삼킴장애와 두통 및 구토

해설

④ 뇌졸중으로 의심되는 대상자에게 "말해보세요, 웃어보세요, 걸어보세요(또는 두 팔을 올려보세요)."라는 지시를 내림으로써 뇌졸중의 증상인 언어장애, 안면마비, 운동실조증 등을 확인할 수 있다.

문제타파 TIP

뇌졸중 테스트
- "웃어보세요." : 안면마비 확인
- "말해보세요." : 언어장애 확인
- "두 팔을 들어보세요." : 팔 마비, 운동실조증 확인

기출유형문제

안정 시 떨림증상이 있는 질환은?

① 당뇨병
② 관절염
③ 뇌졸중
④ 대상포진
❺ 파킨슨질환

해설

⑤ 파킨슨질환은 중추신경계에서 서서히 진행되는 퇴행성 변화이다. 대표적인 증상은 무표정, 동작 느려짐, 근육경직 및 안정 시 떨림 등이 있다.

문제타파 TIP

뇌졸중, 파킨슨질환 대상자는 관절과 근육이 경직되지 않도록 재활치료를 조기에 시작하는 것이 중요하다.

10 ☑ 개념체크 ○ △ ✕

다음 파킨슨병 증상 중 운동증상에 해당하는 것은?

① 진 전
② 수면 이상
③ 인지기능 장애
④ 신경 정신 증상
⑤ 자율신경계 증상

11 ☑ 개념체크 ○ △ ✕

다음과 같은 증상을 보이는 질환은?

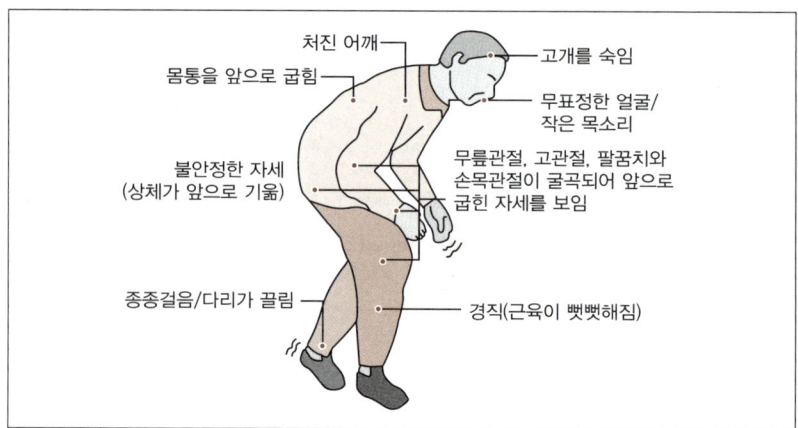

① 치 매
② 뇌졸중
③ 뇌출혈
④ 파킨슨병
⑤ 알츠하이머병

12 ☑ 개념체크 ○ △ ✕

파킨슨질환의 치료 및 예방법으로 바람직한 것은?

① 격렬한 운동을 30분 이상 한다.
② 근육 스트레칭과 관절운동을 한다.
③ 하루에 30분씩 3회 이상 햇볕을 쬔다.
④ 한 자세로 오랫동안 서 있는 연습을 한다.
⑤ 위험이 높은 약물요법을 피하고 비약물요법만으로 치료한다.

CHAPTER 07 핵심요약

한줄요약

01 치매는 단기 기억력 저하가 먼저 생기고, 병이 심해지면 장기 기억력 저하가 온다.

02 치매는 정상적인 기억력 저하와는 다르며, 나이가 들면서 생기는 자연스러운 결과가 아니다.

03 치매 환자는 얕은 잠을 자고 자주 깨는 수면장애 증상을 보인다.

04 치매는 서서히 나타나지만 우울증, 섬망은 갑자기 나타난다.

05 정상적 생활을 하던 사람이 갑자기 동작이 서툴러지고 대소변을 못 가리며, 감정조절에 이상이 생기고, 기억력·계산력·판단력 등 지적 능력이 감소하면 혈관성 치매를 의심해야 한다.

06 대상자가 기억력장애 증상을 보이면 치매안심센터를 통해 조기에 검진받게 한다.

07 대뇌병변은 우울증, 약물 및 알코올 중독, 갑상선기능저하증 등의 대사성질환, 비타민 B_{12} 또는 엽산 결핍 등의 질환, 정상압 뇌 수두증, 경막하혈종, 뇌염 등으로 인해 생긴다.

08 뇌졸중은 음식이나 물을 삼키기 힘든 연하곤란 증상을 동반한다.

09 삼키는 것이 어렵거나 발음이 어눌해진 대상자가 음식을 삼킬 때 폐로 흡입되지 않도록 주의해야 한다.

한줄필기

치 매
정상적이던 사람이 나이가 들어가면서 뇌에 발생하는 여러 가지 질환으로 인하여 인지기능을 상실하게 되고, 이로 인해 일상생활을 수행할 수 없게 되는 상태이다.

인지기능
기억, 인식, 추리, 판단력, 시간·장소·사람을 인식하는 능력

노인 치매의 원인
노인성 치매(알츠하이머병), 혈관성 치매, 기타 퇴행성 질환, 기타(우울증, 뇌염)

한줄필기

뇌졸중
뇌에 혈액을 공급하는 혈관이 막히거나 터져서 뇌 손상이 오고 그에 따른 신체장애가 나타나는 뇌혈관 질환이다.

10 소뇌에 뇌졸중이 발생하면 술에 취한 사람처럼 비틀거리고 자꾸 한 쪽으로 넘어지며, 물건을 정확하게 잡지 못한다.

11 조절이 불가능한 뇌졸중의 위험 요인으로는 고령, 남자(성별), 뇌졸중 가족력 등이 있다.

12 조절이 가능한 뇌졸중의 위험 요인으로는 흡연, 신체활동 부족, 고나트륨식이, 비만, 고혈압, 당뇨병, 이상지질혈증, 심장질환 등이 있다.

13 뇌졸중의 증상으로는 갑작스러운 반신마비, 어지럼증, 심한 두통, 언어장애(말이 어눌해지거나 상대방의 말을 이해하지 못함), 시야장애(앞이 잘 보이지 않음), 쓰러짐 등이 있다.

14 뇌경색 발생 4시간 이내에는 주사제인 혈전용해제로 치료를 받을 수 있다.

15 뇌졸중 환자는 대부분 반신마비, 시야장애, 언어장애, 삼킴장애, 인지장애 등이 남아 장기적인 돌봄이 필요하며 회복은 1개월까지가 가장 빠르므로 조기에 재활치료를 시작해야 한다.

16 뇌졸중, 파킨슨질환 환자는 근육 스트레칭과 관절 운동을 조기에 시작하도록 한다.

17 65세 이상 노인의 약 1~2%는 파킨슨병이 있는 것으로 알려져 있다.

18 파킨슨병 환자에게는 움직임과 관련된 운동증상과 비운동증상이 모두 발생할 수 있다.

한줄문제

01 뇌에 베타아밀로이드 단백이 침착하여 생긴 노인성 신경반과 타우 단백질이 과인산화되면서 결합한 신경섬유다발로 불리는 비정상 물질이 축적되어 발생하는 질환은?
답 알츠하이머병

02 건망증과 치매의 차이점은?
답 건망증은 힌트를 주면 기억하지만, 치매는 힌트를 주거나 나중에 생각해도 거의 기억하지 못한다.

03 말이 어눌해지고 팔, 다리에 마비 증상을 보이는 질환은?
답 뇌졸중

04 뇌졸중 대상자에게 "양손을 머리 위로 올려보세요", "웃어보세요."라고 지시했을 때 확인할 수 있는 것은?
답 운동실조증, 팔과 얼굴의 마비 상태

05 연하곤란이 있는 뇌졸중 대상자에게 생길 수 있는 합병증은?
답 폐 렴

06 무표정한 얼굴, 안정 시의 떨림, 굽은 자세 등의 증상이 나타나는 질환은?
답 파킨슨질환

07 파킨슨질환 가장 초기에 흔히 보이는 증상으로, 움직일 때보다 가만히 있을 때 주로 나타나며, 손과 다리에서 먼저 시작되는 경우가 많은 것은?
답 떨림(진전)

08 노인성 질환 대상자를 대하는 요양보호사의 바람직한 행동은?
답 인내심을 가지고 대상자를 부드럽게 대해야 한다.

한줄필기

파킨슨질환
중추신경계에서 서서히 진행되는 퇴행성 변화로 원인은 불명확하다. 신경전달물질인 도파민을 만들어 내는 신경세포가 파괴되는 질환이다.

제2부 노화와 건강증진

노인의 건강증진 및 질병예방

출제 키워드

영양관리, 수분 섭취 방법, 운동관리, 수면관리, 성생활관리, 약물 사용 방법, 금연, 절주, 예방접종, 온열질환 및 한랭질환

이렇게 공부하세요

노인의 건강을 증진하고 질병을 예방하는 수칙 등에 대해 학습하는 단원입니다. 영양, 운동, 수면, 성생활 등과 관련된 생활방식부터 약물복용, 금연 및 절주까지 다양한 개념을 공부하고, 주의사항도 함께 알아두어야 합니다. 또한, 질병을 예방하기 위한 예방접종, 온열질환 및 한랭질환에 대해서도 정확하게 숙지하도록 합니다.

미리 보는 문제 유형

- 노인 수면의 특성으로 옳은 것은?
- 대상자의 숙면을 돕는 방법으로 옳은 것은?
- 노인이 10년마다 추가로 받아야 하는 예방접종은?

함께 풀어봅시다

질병에 따른 바람직한 수분 섭취 방법은?

① 간경화로 인한 간 기능의 저하가 혈액 속 수분 함량을 줄인다.
    └ 간경화로 인해 간 기능이 저하되면 수분이 각 장기에 고루 배분되지 못하고 혈액에 남아 혈액 속 수분 함량이 높아진다. 따라서 수분 섭취를 제한해야 한다.

② 심부전을 앓고 있는 대상자는 하루 1L 이상의 물을 마셔야 한다.
    └ 심부전을 앓고 있는 대상자는 하루 1L 이내의 물을 마셔야 한다.

③ 염증성 비뇨기 질환 대상자의 경우 수분 섭취량이 많아지면 전신 부종을 야기할 수 있다.
    └ 염증성 비뇨기 질환을 앓고 있는 경우 수분을 많이 섭취해서 염증 유발 물질을 소변으로 배출해야 한다. 노폐물이 배출되지 못하고 농축되면 요로결석으로 변할 수 있다.

출제자의 비밀노트

노인 대상 예방접종의 종류와 횟수
- 인플루엔자 : 매년 1회 접종
- 파상풍, 디프테리아, 백일해 : 1차 기본접종 이후 파상풍과 디프테리아는 10년마다 추가접종
- 폐렴구균 : 65세 이상 1회 접종
- 대상포진 : 50세 이상 1회 접종

④ 갑상선기능저하증은 수분의 흡수를 방해하므로 수분을 충분히 섭취해야 한다.
    └ 갑상선기능저하증은 수분의 배출을 방해하므로 수분 섭취를 제한해야 한다.

⑤ 폐렴에 걸리면 호흡기를 통한 수분 배출이 늘어나므로 충분한 수분 섭취가 중요하다.

정답 ⑤

출제예상문제

정답 및 해설 015쪽

01 ☑ 개념체크 ○△×

대상자의 영양관리 방법으로 옳은 것은?
① 음식이 뜨거울 때 간을 맞춘다.
② 해조류와 채소류는 가급적 피해야 한다.
③ 해 먹기 간편한 인스턴트 음식의 양을 늘린다.
④ 과일류는 하루 1회 이상 간식으로 섭취한다.
⑤ 요실금을 방지하기 위해 수분 섭취를 제한한다.

02 ☑ 개념체크 ○△×

노인 대상자에게 알맞은 운동은?
① 탁 구
② 태권도
③ 테니스
④ 배드민턴
⑤ 풍선 치기

03 ☑ 개념체크 ○△×

노인 대상자의 안전한 운동관리 방법은?
① 여름에는 땀복을 입고 운동한다.
② 준비운동은 5분 이내로 짧게 한다.
③ 낮 운동 시 마무리운동을 생략한다.
④ 운동 금기 질환 및 투약 상황을 확인한다.
⑤ 고강도 운동으로 시작하여 10분 안에 마무리한다.

기출유형문제

노인에게 영양 문제가 발생하는 요인은?
① 미각 향상
② 활동량 증가
③ 인지기능 향상
④ 삼키는 능력 향상
❺ 갈증에 대한 반응 저하

해설
⑤ 체 수분량이 감소하고 갈증을 잘 느끼지 못해 탈수가 발생한다.

문제타파 TIP

적어도 10분 이상 준비운동을 하고 운동을 마친 후에는 안정 시의 심박동 수로 돌아올 때까지 마무리운동을 해주어야 한다.

기출유형문제

노화로 인한 수면의 특성은?
① 수면량이 늘어난다.
❷ 수면 중에 자주 깬다.
③ 낮에 정신이 맑고 활동적이다.
④ 잠들기까지 시간이 오래 걸리지 않는다.
⑤ 수면의 질이 향상되어 기상 시 상쾌하다.

해설
① 수면량이 줄어든다.
③ 낮 동안 졸림증이 많아진다.
④ 잠들기까지 시간이 오래 걸린다.
⑤ 자주 깨거나 수면의 양상이 변화하는 등 수면의 질이 떨어진다.

문제타파 TIP

노화로 인한 수면의 특성
- 수면량이 줄어든다.
- 낮 시간 동안 졸림증이 많아진다.
- 잠들기까지 시간이 오래 걸린다.
- 수면 중에 자주 깬다.

04 개념체크 ○△×

대상자의 숙면을 돕는 방법으로 옳은 것은?
① 밤잠이 부족한 경우 낮잠을 자게 한다.
② 매일 일정한 시간에 잠자리에 들게 한다.
③ 공복감을 피하기 위해 저녁에 과식하게 한다.
④ 취침 전에 높은 집중력이 필요한 작업을 하게 한다.
⑤ 우유는 소화 시간이 길기 때문에 취침 전에는 금한다.

05 개념체크 ○△×

다음 중 수면을 방해하는 요인은?
① 낮 잠
② 족 욕
③ 수면복장
④ 40~60%의 습도
⑤ 15~25℃ 전후의 온도

06 개념체크 ○△×

노인 대상자의 성생활에 대한 설명으로 옳은 것은?
① 여성 노인은 질 분비물이 증가한다.
② 성생활은 뇌졸중 재발과 관련이 있다.
③ 전립선 절제술은 발기하는 데 문제를 유발한다.
④ 노인의 성적 욕구 및 성적 표현은 기본 욕구의 하나이다.
⑤ 항파킨슨 약물치료제는 성생활 수행능력까지 높여준다.

07 ☑ 개념체크 ○ △ ×

절주 방법으로 바람직한 것은?

① 지방질이 많은 음식을 함께 먹는다.
② 음주 전후에는 음식을 먹지 않는다.
③ 한두 잔의 술은 건강에 도움이 된다.
④ 술 끊기 결심은 기억하기 어려운 날 시작한다.
⑤ 술을 대신하여 스트레스를 해소할 수 있는 방법을 찾는다.

기출유형문제

흡연과 금연에 관한 설명으로 옳은 것은?

① 흡연은 중독성이 없다.
② 노인 대상자의 금연은 효과가 없다.
③ 간접흡연은 질병을 유발하지 않는다.
❹ 일시적 금연은 손상된 건강을 증진할 수 있다.
⑤ 현재 건강상 문제가 없으면 금연하지 않아도 된다.

해설
④ 오랫동안 피웠던 담배를 잠깐 끊는 것만으로도 노인의 손상된 건강을 증진할 수 있다.

08 ☑ 개념체크 ○ △ ×

노인이 10년마다 추가로 받아야 하는 예방접종은?

① 백일해
② 파상풍
③ 대상포진
④ 폐렴구균
⑤ 인플루엔자

09 ☑ 개념체크 ○ △ ×

노인 대상자의 온열질환 및 한랭질환에 대응하는 안전수칙으로 바람직한 것은?

① 추운 날에도 야외활동을 생략하지 않는다.
② 폭염 시 식사는 가볍게 하고 물은 20분마다 한 컵씩 마신다.
③ 폭염 시 논밭일 등의 야외 작업을 가급적 낮 동안에 마무리한다.
④ 폭염 시 현기증 증상이 있을 때는 따뜻한 장소에서 휴식을 취한다.
⑤ 동상으로 병원 방문이 어려울 때는 급격한 온도변화를 막기 위해 동상 부위를 차가운 물에 담그는 것이 좋다.

문제타파 TIP

적정 음주
음주량과 음주 습관을 감안하여 자신과 타인에게 해가 되지 않는 수준으로 음주하는 것이다. '건강 음주', '안전 음주', '저위험 음주', '조절 음주' 등의 용어와 혼용하기도 한다.

CHAPTER 08 핵심요약

한줄필기

노인의 주요 영양 문제
- 에너지 과다 섭취와 부족 섭취 문제가 공존한다.
- 75세 이상 고령자 중에는 에너지 섭취가 부족한 경우가 많다.
- 전체 에너지 섭취량 중 탄수화물의 비중이 높다.
- 단백질, 비타민 A, 비타민 C, 나이아신, 엽산(75세 이상 여성), 칼슘, 비타민 D를 필요량보다 부족하게 섭취한다.
- 나트륨은 기준 이상으로 과다 섭취한다.
- 소득수준이 낮은 경우 거의 모든 영양소의 섭취가 부족하다.

한줄요약

01 단백질, 비타민 A, 비타민 C, 나이아신, 엽산(75세 이상 여성), 칼슘, 비타민 D를 필요량보다 부족하게 섭취하므로 충분히 섭취하도록 한다.

02 노인 대상자는 낮은 수준으로 운동을 시작하여 상태를 보면서 점차 강도를 올린다.

03 적어도 10분 이상 준비운동을 하여 유연성을 높이고 근육 손상을 방지한다.

04 안정 시의 심박동 수로 돌아올 때까지 마무리운동을 한다.

05 편안한 수면을 위해서 온도는 15~25℃ 전후, 습도는 40~60%의 쾌적한 환경을 조성한다.

06 시설 종사자들이 노인도 성적 존재임을 인정하고 생활 노인들의 성적 욕구에 대해 인식할 수 있도록 노력한다.

07 성생활은 뇌졸중 재발과 관련이 없다.

08 전립선 절제술은 발기하는 데 문제를 유발하지 않는다.

09 당뇨병이 있는 노인은 발기부전을 경험할 수 있다.

10 일부 항파킨슨 약물치료제는 성적 욕구를 높여주지만, 성생활 수행 능력까지 반드시 높여주는 것은 아니다.

11 백일해 예방접종을 받지 않았거나 잘 모르는 경우, 한 번은 파상풍-디프테리아-백일해 백신(Tdap)을 접종하고, 이후 10년마다 파상풍-디프테리아 백신(Td)을 재접종할 것이 권유된다.

12 폐렴구균 백신은 65세 이상 시 접종이 필요하며, 이전에 예방접종을 한 적이 없고 면역력이 정상이면 23가 다당 백신으로 1회 접종 혹은 13가 단백 백신 접종 후 23가 다당 백신을 접종한다.

13 대상포진 백신은 60세 이상 1회 접종하며, 1회 접종 후 추가접종은 필요하지 않다.

14 분할·분쇄가 불가한 약제에는 장용 코팅제(약효 저하), 서방제(부작용 증가) 등이 있다.

15 자몽주스는 고지혈증약, 혈압약, 수면제 등 여러 약물과 상호작용을 하는 특성이 있어 부작용을 일으킬 가능성이 높다.

16 시금치는 부정맥 등이 있을 때 복용하는 와파린과 함께 먹으면 약의 효과를 줄일 수 있으므로 과량 섭취하지 않는 것이 좋다.

17 신장기능이 좋지 않은 경우나 심부전, 속쓰림 등이 있는 경우에는 소염진통제 복용 전 의사와 상의해야 한다.

18 당뇨병 약을 복용하면서 식사를 불규칙적으로 할 경우, 저혈당이 발생할 수 있다.

19 스테로이드제를 장기적으로 사용 시 체중증가, 정신장애, 섬망, 우울, 소화기 궤양, 당뇨병, 뼈의 대사 이상, 면역 저하로 인한 각종 감염병의 증가, 피부질환, 호르몬 조절 이상으로 인한 전신질환 등 다양한 문제가 발생할 수 있다.

한줄필기

편의점에서 구입 가능한 비상약
해열진통제, 감기약, 소화제, 파스

약물복용 시 주의사항
- 동일한 약품은 한 번에 일정량만 살 수 있다.
- 겉 포장과 약품 설명서를 확인하여 정해진 용량만 복용해야 한다.

> **한줄필기**
>
> 과음하지 않고 술을 적당히 마시기 위한 권장사항
> - 술 대신 알코올이 들어 있지 않은 음료 마시기
> - 술을 마실 때는 알코올 도수가 낮은 종류로 선택하기
> - 작은 잔에 마시기
> - 술을 알코올이 들어 있지 않은 음료와 섞어 마시기
> - 술을 마시면서 물도 함께 마시기
> - 일주일에 술 마시지 않는 날을 정하기
> - 술자리에서 음식(안주)도 함께 먹기

20 수면제 등 신경정신계 약물은 낙상, 배뇨장애, 변비 등의 위험이 있어 복용 후 특히 낙상사고가 나지 않도록 주의해야 한다.

21 담배와 담배연기에는 중독을 일으키는 니코틴을 포함하여 60여 종의 발암물질과 4,000종의 유해화학물질이 포함되어 있다.

22 담배를 끊는 즉시 혈압이 정상으로 돌아오고, 2주~3개월이 지나면 폐 기능이 좋아지며, 1년이 지나면 심장병에 걸릴 위험이 흡연할 때의 절반으로 줄어든다.

23 본인의 의지로만 담배를 끊을 가능성은 3~5%이나, 금연약물을 사용하면 6개월 금연 성공률을 약 23~33%까지 올릴 수 있다.

24 보건복지부에서 금연 상담전화(1544-9030)를 운영하고 있어 무료로 금연 정보 및 상담을 받을 수 있다.

25 음식을 먹고 술을 마시면 알코올의 흡수가 늦어지기 때문에 덜 취한다.

26 음주는 60가지 이상의 질병과 직·간접적으로 연관되어 있다.

27 폭염 시 식사는 가볍게 하고 물은 20분마다 한 컵씩 마신다.

28 폭염 관련 질환으로는 열사병, 열탈진, 열경련 등이 있다.

29 한랭 관련 질환으로는 저체온증, 동상, 심근경색과 뇌졸중, 호흡기 질환, 낙상사고 등이 있다.

한줄문제

01 노인 대상자의 영양관리 방법으로 바람직한 것은?
답 과일류는 하루 1회 이상 간식으로 섭취한다.

02 노인 대상자의 안전한 운동방법은?
답 운동 금기 질환 및 투약 상황을 확인한 후 운동하게 한다.

03 약의 종류가 많아지면서 여러 가지 약을 같이 먹을 때 의도와 다른 부작용을 일으키는 것은?
답 약물 상호작용

04 쪼개거나 분쇄하여 복용할 수 있는 약제는?
답 분할선이 있는 약

05 분쇄가 불가한 약제는?
답 장용 코팅제, 서방제(부작용 증가) 등 분할선이 없는 거의 모든 약제

06 인플루엔자 백신의 정기적인 예방접종 주기는?
답 1년

07 노인이 10년마다 추가로 받아야 하는 예방접종은?
답 파상풍, 디프테리아

08 고온·다습한 환경에 노출될 때 체온조절기능의 이상으로 발생하는 질환은?
답 열사병

09 소수포 등이 난 부위는 건조하게 유지하고 살포제를 사용하는 온열 질환은?
답 열 발진

10 강한 한파에 노출되어 피부 및 피하조직이 손상되는 것은?
답 동 상

한줄필기

노인 약물 상호작용 예방법
- 복용하는 약물의 이름과 효과를 알아야 한다.
- 처방받은 약은 정해진 양을 정해진 시간에 올바른 방법으로 복용하여야 한다.
- 약물에 부작용 등이 있는지 확인한다.
- 건강기능식품 등 비처방약도 복용하기 전에 의사와 상담해야 한다.
- 다른 사람에게 처방된 약은 절대로 먹어서는 안 된다.
- 대상자가 자신의 질병, 과거 약물 부작용 경험, 현재 복용 약물을 기록하여 지갑 등에 가지고 다니며 진료 시 의료진에게 보여주도록 한다.
- 약은 정해진 보관 방법(냉장 보관, 상온 보관, 그늘진 곳에 보관 등)대로 보관한다.

합격의 공식 시대에듀

교육은 많은 책을 필요로 하고,
지혜는 많은 시간을 필요로 한다.

– 레프 톨스토이 –

제3부

요양보호와 생활지원

CHAPTER 09 의사소통과 정서지원
출제예상문제 | 핵심요약

CHAPTER 10 요양보호 기록 및 업무보고
출제예상문제 | 핵심요약

CHAPTER 11 신체활동지원 Ⅰ
출제예상문제 | 핵심요약

CHAPTER 12 신체활동지원 Ⅱ
출제예상문제 | 핵심요약

CHAPTER 13 가사 및 일상생활지원
출제예상문제 | 핵심요약

CHAPTER 09 의사소통과 정서지원

제3부 요양보호와 생활지원

출제 키워드

의사소통, 라포 형성, 공감, 경청, 나-전달법, 말하기, 침묵, 말벗하기, 시각장애, 언어장애, 지남력장애, 여가활동, 바이스텍의 7원칙, 언어적·비언어적 의사소통, 경청, 공감, 말하기, 나-전달법, 노인성 난청

이렇게 공부하세요

이 단원에서는 요양보호사와 대상자 간 의사소통의 필요성과 유형을 알아보고, 의사소통의 원칙과 효과적인 의사소통 방법에 대하여 공부합니다. 또한, 언어적·비언어적 의사소통 방법과 경청·라포 형성·공감 등 효과적인 소통 방법에 대하여 다양한 상황을 예시로 제시하고 적절한 대답을 유추하는 문제가 많이 출제되므로 상황별 의사소통 방법을 잘 알아 두도록 합니다.

미리 보는 문제 유형

- 문제를 해결하기 위한 나-전달법의 내용으로 옳은 것은?
- 주의력결핍장애 대상자와 대화하는 방법으로 옳은 것은?
- 다음 대화에서 요양보호사의 공감적 반응으로 옳은 것은?
- 백일장에서 상을 받은 대상자의 여가활동 유형은?
- 요양보호사의 비언어적 의사소통 기법으로 가장 바람직한 자세는?

함께 풀어봅시다

요양보호사가 대상자와 대화할 때 취해야 할 비언어적 의사소통 방법으로 옳은 것은?

① 손가락으로 지적하며 관심을 보이는 자세로 소통한다.
  └ 손가락으로 지적하는 행위는 바람직하지 않은 태도이다.
② 시선은 대상자보다 낮은 눈높이에 두고, 한곳에 고정한다.
  └ 시선은 대상자와 같은 눈높이에 두고, 적절하게 움직이는 것이 바람직하다.
③ 대상자가 이야기하는 동안 계속 머리를 끄덕여 공감을 표시한다.
  └ 지나친 머리 끄덕임은 바람직하지 않은 태도이다.
④ 자연스럽고 여유있는 입모양으로 생기있는 표정을 짓는다.
⑤ 대상자로부터 비껴 앉아 대상자를 편안하게 해준다.
  └ 대상자로부터 비껴 앉는 자세는 옳지 않다. 대상자를 향해 약간 기울인 자세를 취하도록 한다.

정답 ④

출제자의 비밀노트

바람직하지 않은 비언어적 의사소통

- 얼굴 표정 : 눈썹 치켜세우기, 하품, 지나친 머리 끄덕임 등
- 자세 : 팔짱 끼기, 대상자로부터 비껴 앉는 자세, 몸을 앞으로 구부리는 태도, 손가락으로 지적하는 행위 등
- 눈맞춤 : 대상자보다 높거나 낮은 눈높이, 시선을 한곳에 고정하는 것 등

출제예상문제

정답 및 해설 016쪽

01 ☑ 개념체크 ○ △ ×

비언어적 의사소통 기법 중 바람직한 태도로 옳은 것은?

① 하품하기
② 눈썹 치켜세우기
③ 눈 마주하기를 피하는 것
④ 관심을 보이는 편안한 자세
⑤ 시선을 한곳에 고정하는 것

02 ☑ 개념체크 ○ △ ×

다음 빈칸에 들어갈 말로 옳은 것은?

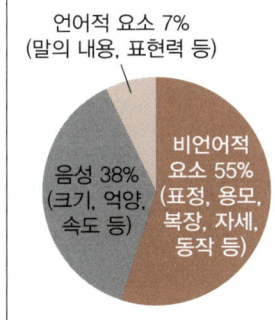

( )에 따르면, 대화를 통하여 상대방에 대한 호감 또는 비호감을 느끼는 데에서 상대방이 하는 말의 내용이 차지하는 비중은 7%로 미미하다. 반면에 말을 할 때의 태도나 목소리 등 말의 내용과 직접적으로 관계가 없는 요소가 93%를 차지하여 상대방으로부터 느끼는 이미지를 좌우한다.

① 나-전달법
② 하임리히법
③ 노인성 난청
④ 메라비언의 법칙
⑤ 언어적 의사소통법

03 ☑ 개념체크 ○ △ ×

여름에 겨울옷을 입고 외출하려는 치매 대상자와의 의사소통 방법으로 가장 옳은 것은?

① "겨울옷을 입으시면 제가 따님께 혼나요."
② "안 돼요! 너무 더워서 몸에 땀띠가 나요."
③ "지금은 여름이라 겨울옷을 입으면 흉해요."
④ "이렇게 말을 듣지 않으면 돌봐드릴 수 없어요."
⑤ "두꺼운 외투는 벗고 얇은 옷을 입고 함께 나가요."

기출유형문제

요양보호사의 비언어적 의사소통 기법으로 가장 바람직한 자세는?

① 팔짱 끼기
② 잦은 헛기침
③ 주저하는 어조
④ 지나친 머리 끄덕임
❺ 대상자를 향해 약간 기울인 자세

해설

요양보호사의 비언어적 의사소통 기법 중 바람직한 자세
- 관심을 보이는 편안한 자세
- 대상자를 향해 약간 기울인 자세
- 팔과 손을 자연스럽게 놓고 상황에 따른 적절한 자세

문제타파 TIP

메라비언 법칙에서 의사소통에 영향을 주는 중요 요소의 순서는 '시각 → 청각 → 말의 내용'이다.

기출유형문제

요양보호사의 말에 반응이 없는 대상자에게 사용할 수 있는 '나-전달법'으로 옳은 것은?

① "보호자와 연락하고 싶어요?"
② "제가 어르신을 화나게 했나요?"
③ "오늘은 아무 말도 하지 않을 건가요?"
❹ "아무 말씀이 없으니 제가 조금 답답하네요."
⑤ "몸이 많이 안 좋으시면 간호사를 부를까요?"

해설

④ '나-전달법'은 상대방의 행동과 상황을 구체적으로 언급하며, 내가 느끼는 바를 진솔하게 말하는 것이다.
- 말씀이 없으니 : 대상자의 행동과 상황을 구체적으로 언급한다.
- 답답하네요 : 내가 느끼는 바를 진솔하게 말한다.

문제타파 TIP

나-전달법으로 대화하면 나의 의사를 진솔하고 명확하게 전달하여 다른 사람(대상자)과의 대화가 더 원활해진다.

04 ☑ 개념체크 ○ △ ✕

문제를 해결하기 위한 나-전달법의 내용으로 옳은 것은?

① 상황에 대해 내가 느끼는 바를 솔직히 말한다.
② 원하는 바를 명확하게 말한 후 상대를 평가한다.
③ 상대방의 행동과 상황을 그대로 전달하지 않는다.
④ 전달할 말을 건넨 후 감정을 폭발적으로 드러낸다.
⑤ 상대방의 행동이 나에게 미치는 영향을 말하지 않는다.

05 ☑ 개념체크 ○ △ ✕

노인성 난청 대상자와 대화하는 방법으로 옳은 것은?

① 빠르게 반복해서 말한다.
② 옆에서 귀에 대고 말한다.
③ 단도직입적으로 본론을 설명한다.
④ 어두운 장소에서 조용하게 말한다.
⑤ 어깨를 다독이거나 눈짓으로 신호를 준다.

06 ☑ 개념체크 ○ △ ✕

시각장애 대상자와 의사소통하는 옳은 방법은?

① 대상자의 옆이나 뒤에서 말한다.
② 사물의 위치를 적당히 얼버무려 말한다.
③ '여기', '이쪽' 등 지시대명사를 사용한다.
④ 신체접촉 전에 먼저 말을 건네어 알게 한다.
⑤ 전달하기 어려운 형태나 사물은 소리를 통해 이해시킨다.

07 ☑ 개념체크 ○ △ ×

지남력장애가 있는 치매 대상자와 이야기할 때의 바람직한 방법은?

① 사물 등에 이름표를 붙이지 않는다.
② 이름과 별명 등을 바꿔가며 부른다.
③ 대상자에게 시간, 날짜, 장소 등을 자주 인식시킨다.
④ 장소와 시간에 따라 대상자를 다르게 대한다.
⑤ 주의사항을 기호나 숫자 등으로 적어놓는다.

08 ☑ 개념체크 ○ △ ×

의사소통의 원칙 중 바이스텍의 7원칙으로 옳은 것은?

① 집단화
② 심판적 태도
③ 비의도적 감정표현
④ 통제된 정서적 관여
⑤ 이용자의 타인결정 존중

09 ☑ 개념체크 ○ △ ×

서로의 마음이 연결된 상태로 '마음의 유대'라는 뜻을 지닌 의사소통 방법은?

① 공 감
② 침 묵
③ 수 용
④ 라 포
⑤ 경 청

기출유형문제

다음 빈칸에 들어갈 적절한 말은 무엇인가?

> ( )이란 상대방이 하는 말을 상대방의 관점에서 이해하고, 감정을 함께 느끼며, 자신이 느낀 바를 전달하는 것을 의미한다.

① 수 용
② 침 묵
❸ 공 감
④ 경 청
⑤ 라포 형성

해설

① 수용 : 상대방의 표현을 비판 없이 있는 그대로 받아들이는 것
② 침묵 : 말을 하지 않음으로써 대상자에게 말할 용기나 생각을 정리할 시간을 주는 것
④ 경청 : 다른 사람의 말을 주의 깊게 들으며 공감하는 능력
⑤ 라포 형성 : 두 사람 사이의 상호신뢰관계를 형성하는 것

문제타파 TIP

효과적인 의사소통 방법으로 라포 형성, 경청, 공감, 침묵, 수용 등의 의미를 알아 둔다.

기출유형문제

다음에서 요양보호사가 제안한 여가활동 유형은?

| 대 상 자 : 예전에 책 읽기를 좋아했는데, 지금은 TV만 보고 있으니 답답해.
| 요양보호사 : TV만 보니 많이 답답하셨군요. 그럼 우리 함께 독서교실에 나가 볼까요?

① 소일 활동
② 종교참여 활동
❸ 자기계발 활동
④ 사교오락 활동
⑤ 가족중심 활동

해설
③ 자기계발 활동으로는 책 읽기, 독서교실, 그림 그리기, 서예교실, 시 낭송, 악기 연주, 백일장, 민요교실, 창작활동 등이 있다.

문제타파 TIP
장기요양 대상자의 여가활동 유형을 묻는 문제가 사례를 통해 출제되므로 각 유형별 내용을 정확하게 정리해 두어야 한다.

10 ☑ 개념체크 ○ △ ✕

장기요양 대상자의 여가활동 유형이 바르게 연결된 것은?

① 소일 활동 – 연극 관람하기
② 자기계발 활동 – 음악회 관람하기
③ 운동 활동 – 가벼운 산책
④ 사교오락 활동 – 외식나들이
⑤ 가족중심 활동 – 교회나 성당 가기

11 ☑ 개념체크 ○ △ ✕

백일장에 참여한 장기요양 대상자의 여가활동 유형은?

① 소일 활동
② 가족중심 활동
③ 종교참여 활동
④ 사교오락 활동
⑤ 자기계발 활동

12 ☑ 개념체크 ○ △ ✕

다음 대화에서 요양보호사가 대상자에게 제안한 여가활동 유형은?

| 대 상 자 : 난 예전에 영화나 연극 보는 것을 매우 좋아했는데, 지금은 볼 수가 없어 우울해.
| 요양보호사 : 그럼 우리 함께 영화 보러 영화관에 갈까요?

① 소일 활동
② 운동 활동
③ 종교참여 활동
④ 사교오락 활동
⑤ 가족중심 활동

13 ☑ 개념체크 ○△×

치매 노인의 망상 대처방법으로 옳은 것은?

① 자존감 지켜주기
② 규칙적인 운동과 산책하기
③ 조용하고 온화한 태도 유지하기
④ 세심한 주의를 기울여 청결 유지하기
⑤ 수치심 감소를 위해 충분히 설명하기

14 ☑ 개념체크 ○△×

배회의 원인으로 옳은 것은?

① 심리적 안정
② 시끄러운 환경
③ 너무 단순한 환경
④ 환경변화나 낯선 환경
⑤ 언어장애로 인한 표현 부족

15 ☑ 개념체크 ○△×

치매 노인에게 공격성이 나타날 때 대처방법으로 옳은 것은?

① 원인을 생각하고 차분히 대처하기
② 격려와 칭찬을 하기보다 불편함 확인하기
③ 거부하는 경우 과도하게 요구하기
④ 세심한 주의를 기울여 청결 유지하기
⑤ 규칙적인 운동과 산책으로 주의 환기시키기

기출유형문제

치매 대상자의 수면을 돕는 방법은?

① 낮잠을 충분히 자게 한다.
② 자기 전에 운동을 시킨다.
③ 자기 전에 알코올을 한 잔씩 준다.
❹ 매일 아침 일정한 시간에 일어나게 한다.
⑤ 저녁식사 후 곧장 잠자리에 들도록 유도한다.

해설

④ 매일 아침 일정한 시간에 일어나면 수면에 도움이 된다.

문제타파 TIP

치매 노인에게 나타나는 망상, 환각, 배설행동, 배회, 공격성, 초조행동 등의 상황에 대한 원인과 대처방법을 반드시 알아 둔다.

기출유형문제

요양보호사가 대상자와 효과적으로 의사소통하는 방법으로 옳은 것은?

① 부족하고 소극적인 태도를 보인다.
② 자신은 보호받아야 한다고 말한다.
③ 자신은 모든 일에 있어서 전문가라고 주장한다.
❹ 나쁜 내용을 회고하거나 상기시키지 않는다.
⑤ 대상자의 말을 자신의 경험에 비추어 해석한다.

해설

④ 효과적인 의사소통을 하기 위해서는 나쁜 내용을 회고하거나 상기시키지 않아야 하며, 비판적인 단어를 사용하지 않고 의사전달을 분명하게 해야 한다.

문제타파 TIP

라포를 형성하기 위해서는 신체언어와 눈, 호흡의 리듬, 언어를 맞추는 것이 필요하다.

16 개념체크 ○ △ ×

요양보호사의 바람직한 비언어적 의사소통 기법으로 옳은 것은?

① 눈썹 치켜세우기
② 큰 소리로 말하기
③ 계속해서 손을 움직이기
④ 시선을 한곳에 고정하기
⑤ 대상자를 향해 약간 기울인 자세 취하기

17 개념체크 ○ △ ×

라포 형성을 위한 요양보호사의 태도로 옳은 것은?

① 대상자의 이야기에 개입할 때 눈은 먼 곳을 응시한다.
② 신체언어를 맞추기보다는 말에 적절한 대꾸를 잘 해주는 것이 중요하다.
③ 대상자가 이야기할 때 몸을 앞쪽으로 기울이며 아무런 대꾸 없이 침묵한다.
④ 대상자의 이야기를 관조하며 들을 때는 몸을 뒤로 젖히며 눈은 먼 곳을 응시한다.
⑤ 대상자의 이야기에 대한 개입 상태에서는 몸을 뒤로 젖히고 대상자보다 높은 눈높이를 한다.

18 개념체크 ○ △ ×

대상자의 이야기를 효과적으로 경청하는 태도로 옳은 것은?

① 미리 대답을 준비한다.
② 듣고 싶지 않은 말을 걸러낸다.
③ 상대방의 이야기를 가로막지 않는다.
④ 상대방의 말을 반박하고 논쟁하기 위해 자세히 듣는다.
⑤ 대상자의 말을 충분히 듣지 않고 대충 미루어 짐작하여 조언한다.

19 ☑ 개념체크 ○△×

대상자가 다음과 같이 말할 때 이에 대한 요양보호사의 공감적 반응으로 옳은 것은?

> "지난번 요양보호사가 훨씬 더 좋아!"

① "전 그분이 아니에요."
② "그분이 좋으시면 그분을 다시 모셔 올까요?"
③ "그 말씀은 제가 일을 잘못한다는 말처럼 들리네요. 제가 어떻게 해야 하죠?"
④ "그렇게 말씀하시니 기분이 별로 안 좋네요. 저한테 그런 말씀을 하시는 건 실례인 것 같아요."
⑤ "지난번 요양보호사님이 어르신 마음에 들게 잘하셨나 봐요. 마음에 안 드시는 부분을 말씀해 주세요."

20 ☑ 개념체크 ○△×

대상자에게 할 효과적인 말하기 방법으로 옳은 것은?

① 의사전달을 분명하게 한다.
② 자신이 보호받아야 한다고 생각한다.
③ 대상자보다 못한 사람과 비교하거나 비판한다.
④ 자신이 모든 일에 있어서 전문가임을 확실히 전달한다.
⑤ 충돌이 생기는 경우, 자신에게 잘못이 없다는 것을 확실히 주장한다.

21 ☑ 개념체크 ○△×

대상자가 식사 후 식탁 위에 그릇을 그대로 두어 음식물이 말라붙어 있을 때, 요양보호사가 사용할 수 있는 '나-전달법'으로 옳은 것은?

① "어르신, 제가 마음에 안 드세요?"
② "정말 이렇게 그릇을 그냥 두셔야겠어요?"
③ "앞으로도 이러시면 아드님께 연락드릴 거예요."
④ "다음부터는 꼭 식사 후에 그릇을 싱크대에 담가 두세요."
⑤ "음식물이 그릇에 말라붙어 있어서 설거지하기가 힘들어요."

기출유형문제

다음 대화에서 요양보호사의 공감적 반응으로 옳은 것은?

> 대상자 : 나를 도와주던 요양보호사는 그만두었나요? 그 사람이 참 잘했었는데….
> 요양보호사 : (　　　　)

① "서로 적응될 때까지 기다리세요!"
② "그런 식으로 말씀하시니 제가 서운하네요."
③ "제가 그 사람보다 경력이 많고 더 잘해드릴 수 있어요."
④ "제가 마음에 들지 않으시면 다른 사람을 소개해 드릴게요."
❺ "그 사람이 일을 참 잘하셨나 보네요. 저도 열심히 노력할게요."

해설
⑤ 대상자가 느끼는 감정을 있는 그대로 이해하고 존중해 주는 것이 공감적 반응이다.

문제타파 TIP

효과적인 말하기를 위해 상대의 말을 수용하고 자신의 생각을 정리하여 의사전달을 분명하게 한다. 부정적이고 위협적인 말, 나쁜 내용을 상기시키는 이야기는 하지 않는다.

기출유형문제

다음 상황에서 '나–전달법'을 적용한 반응으로 옳은 것은?

> 요양보호사 : 어르신, 요즘 계속 누워만 계시니 오늘은 저와 산책하러 나가실래요?
> 대 상 자 : (누워서 텔레비전을 바라보며) 나가기 귀찮아. 그냥 누워 있을래.
> 요양보호사 : (   )

① "그럼 마음대로 하세요."
② "네, 그러면 다음에 나가요."
③ "이렇게 누워만 계시면 큰일 나요."
❹ "누워만 계시니 근력이 떨어질까 봐 걱정돼요."
⑤ "저도 오늘 같은 날은 그냥 누워 있고 싶네요."

해설
④ '나–전달법'은 상대방을 비난하지 않고 상대방의 행동이 나에게 미친 영향에 초점을 맞추어 이야기하는 표현법이다.

문제타파 TIP
효과적인 말하기는 대화에 참여하는 두 사람이 서로를 존중하면서 서로의 진심을 상대방에게 전함으로써 합의점을 찾아가는 것이다. 상대방을 조정·통제하는 것과는 다르다.

22 개념체크 ○ △ ×

대상자의 집에 함께 방문하기 위해 만나기로 한 동료가 약속 시간에 늦었을 때 사용할 수 있는 '나–전달법'의 내용으로 옳은 것은?

① "왜 늦었는지 이유를 말해보세요."
② "앞으로는 약속 시간을 잘 지켜주세요."
③ "기다리는 동안 걱정이 되고 조바심이 났어요."
④ "이렇게 늦으면 같이 일하는 데 지장이 있어요."
⑤ "늦으면 대상자가 기다린다는 것을 모르시나요?"

23 개념체크 ○ △ ×

대상자가 대화를 거부하는 상황에서 요양보호사가 사용할 수 있는 '나–전달법'으로 옳은 것은?

① "제가 마음에 안 드시나요?"
② "왜 말씀을 안 하시는 건가요?"
③ "불만이 있으면 말씀해 보세요."
④ "말씀을 안 하시니 제가 힘드네요."
⑤ "계속 이러시면 아드님께 말씀드릴 수밖에 없어요."

24 개념체크 ○ △ ×

다음 대화에서 요양보호사가 사용할 '감정 공감'의 표현으로 옳은 것은?

> 대 상 자 : 요즘따라 먼저 간 영감이 보고 싶어서 밤에 잠을 설치고 있어.
> 요양보호사 : 할아버지께서 좋은 분이셨나 봐요.
> 대 상 자 : 그럼, 매일 문단속도 해주고 잠자리도 살펴봐 줬는데….
> 요양보호사 : _____

① "산책을 하면 숙면에 도움이 돼요."
② "이제 할아버지도 안 계시니 혼자서 하셔야겠네요."
③ "먼저 떠난 분은 잊고 이제 할머니 생각만 하셔야죠."
④ "따뜻한 물로 발을 씻겨 드릴까요? 잠이 잘 올 거예요."
⑤ "할아버지께서 정말 자상하신 분이셨군요. 저도 한번 뵙고 싶네요."

25 ☑ 개념체크 ○ △ ✕

다음 대화 중 밑줄 친 요양보호사의 말벗하기 방법으로 옳은 것은?

> 박○○ 어르신이 오늘따라 방 안에서 시무룩하게 계신다. 요양보호사가 어르신의 상황을 확인해 보지만 특별한 사항은 없다.
> 요양보호사 : 어르신, 오늘 날씨가 너무 좋아요. 하늘 한번 보세요.
> 대 상 자 : 그런가….
> 요양보호사 : 네, 그럼요. 바람도 없고 날씨가 얼마나 따뜻한데요.

① 감정 공감
② 정보의 제공
③ 존중의 감정 전달
④ 증상 완화의 보조
⑤ 안심과 신뢰감 전달

26 ☑ 개념체크 ○ △ ✕

다음 대화에서 요양보호사가 사용할 '공감하기'의 표현으로 옳은 것은?

> 대 상 자 : 이번에 손녀가 초등학교에 들어가는데, 예쁜 책가방을 사주고 싶어.
> 요양보호사 : _____

① "이미 샀을 것 같아요."
② "책가방을 사주고 싶으시군요."
③ "손녀가 책가방을 좋아할까요?"
④ "손녀는 어떤 책가방을 좋아해요?"
⑤ "먼저 손녀에게 책가방이 괜찮은지 한번 물어보세요."

27 ☑ 개념체크 ○ △ ✕

언어장애 대상자와 이야기하는 방법으로 옳은 것은?

① 실물, 그림 등은 되도록 사용하지 않는다.
② 알아듣고 이해한 경우에는 '예', '아니요' 등으로 짧게 대답한다.
③ 면담할 때는 앉아서 얘기하는 것보다 서서 얘기하는 것이 좋다.
④ 대상자가 잘 표현하였을 때는 언어적으로 긍정적 공감을 표현한다.
⑤ 말하는 능력을 키우기 위해 소리를 내서 의사를 표현하도록 유도한다.

기출유형문제

다음 대화에서 요양보호사가 대상자에게 할 효과적인 '공감하기' 표현으로 옳은 것은?

> 김○○ 어르신은 요즘따라 부쩍 산책도 하지 않고 방 안에서 우울해한다.
> 대 상 자 : 세월이 어떻게 가는지 모르겠어. 이제 주변에 남은 사람도 없으니까 왜 사는지도 모르겠고….
> 요양보호사 : (   )

① "몸이 안 좋으셔서 그래요."
② "그런 이야기는 하지 마세요."
❸ "요즘 많이 힘들고 외로우신가 봐요."
④ "원래 나이가 들수록 시간이 빨리 간대요."
⑤ "식사 많이 하시고 기운 차리시면 괜찮으실 거예요."

해설
③ 상대방의 말에 충분히 귀를 기울이고, 상대방의 관점에서 이해하려고 노력한다.

문제타파 TIP

대상자와 '말벗하기'를 할 때는 대상자의 기분이나 감정에 주의를 기울이고 '공감'해야 한다.

기출유형문제

다음과 같이 의사소통할 때 도움이 되는 대상자로 옳은 것은?

- 이미지 전달이 어려운 사물은 직접 만져보게 한다.
- 대상자를 중심으로 오른쪽, 왼쪽을 설명함으로써 원칙을 정한다.

① 청각장애 대상자
② 언어장애 대상자
❸ 시각장애 대상자
④ 지남력장애 대상자
⑤ 주의력결핍장애 대상자

해설

③ 시각장애 대상자는 형태나 색상을 파악하기 어려워 청각이나 촉각, 후각 등에 의지하여 대상물을 인지한다. 이미지 전달이 어려운 형태나 사물 등은 촉각으로 이해시키고, 대상자를 중심으로 오른쪽, 왼쪽을 설명하여 원칙을 정하여 두는 것이 좋다.

문제타파 TIP

의사소통장애가 있는 대상자의 경우, 각 장애별 특성을 숙지하고 그에 맞는 방법으로 대화하여야 한다.

28 개념체크 ○ △ ×

다음과 같이 의사소통할 때 도움이 되는 대상자는?

- 이해하기 쉬운 단어로 간결하게 전달하기
- 말보다 감정표현 자주 하기
- 스킨십 자주 하기

① 시각장애 대상자
② 청각장애 대상자
③ 언어장애 대상자
④ 시청각장애 대상자
⑤ 치매로 인한 장애 대상자

29 개념체크 ○ △ ×

치매 대상자의 여가활동에 대한 설명으로 옳은 것은?

① 대상자가 젊은 시절에 즐겼던 여가활동은 묻지 않는다.
② 여가활동 후에는 대상자의 말과 행동 등에 대해 기록하지 않는다.
③ 대상자가 선택한 여가활동의 이유와 희망 등은 고려하지 않아도 된다.
④ 여가활동을 하기 위해 대상자가 심신기능 및 환경에 있어서 가지고 있는 강점만 파악한다.
⑤ 정기적으로 여가활동의 결과와 효과 등을 파악하고 향후 방향성을 결정한다.

30 개념체크 ○ △ ×

치매로 인한 지남력장애 대상자와 이야기하는 방법으로 옳은 것은?

① 긴 문장으로 천천히 이야기한다.
② 주의력에 영향을 주는 환경적 자극을 최대한 늘린다.
③ 대상자를 부를 때 이름과 존칭 대신 애칭을 사용한다.
④ 대상자와 눈을 맞춘 후 구체적이고 익숙한 사물을 가지고 대화한다.
⑤ 목표를 인식하고 복잡한 활동을 먼저 제시한 후 단순한 활동은 나중에 제시한다.

31 ☑ 개념체크 ○ △ ✕

남편과의 사별 후 몇 년 동안 다른 사람들과 교류하지 않고 집에만 있었던 김 씨 할머니에게 권할 수 있는 여가활동으로 옳은 것은?

① 책 읽기
② 민요교실
③ 맨손체조
④ 퍼즐놀이
⑤ 텔레비전 시청

32 ☑ 개념체크 ○ △ ✕

다음 대화에서 대상자가 원하는 여가활동 유형으로 옳은 것은?

> 대　상　자 : 배우는 걸 좋아해서 예전에는 서예교실도 다니고 그림 그리기도 배웠는데. 뭔가 재미있는 게 없을까?
> 요양보호사 : 그럼 기타 동호회에서 기타를 배워보시는 건 어떠세요?

① 운동 활동
② 소일 활동
③ 자기계발 활동
④ 사교오락 활동
⑤ 가족중심 활동

33 ☑ 개념체크 ○ △ ✕

거동이 불편한 대상자에게 권할 수 있는 여가활동 중 자기계발 활동으로 옳은 것은?

① 책 읽기
② 퍼즐놀이
③ 맨손체조
④ 전시회 관람
⑤ 텃밭 가꾸기

기출유형문제

대상자의 상태에 따라 권장할 수 있는 여가활동에 관한 설명으로 옳은 것은?

① 섬망 대상자에게 연극을 보게 한다.
❷ 편마비 대상자에게 그림을 그리게 한다.
③ 관절염 대상자에게 배드민턴을 치게 한다.
④ 심근경색증 대상자에게 등산을 하게 한다.
⑤ 치매 대상자에게 처음 가보는 길을 산책하게 한다.

해설

② 대상자의 신체적 기능이나 상태에 맞는 개별적인 프로그램을 지원해야 한다. 편마비 대상자와 같이 거동이 불편한 대상자에게는 그림 그리기, 책 읽기와 같은 정적인 자기계발 활동을 권장하는 것이 좋다.

문제타파 TIP

건강한 노인의 여가활동으로는 활동량이 비교적 많고 동적인 사교오락 활동이나 운동 활동 등이 적절한 반면, 거동이 불편한 장기요양 대상자의 여가활동으로는 정적인 자기계발 활동이나 소일 활동 등이 적절하다.

CHAPTER 09 핵심요약

한줄필기

메라비언 법칙
시각적 요소는 자세, 용모와 복장, 제스처 등 외적으로 보이는 부분을 말하며, 청각적 요소는 목소리의 톤이나 음색 등 언어의 품질을 말하고, 언어적 요소는 말의 내용을 말한다.

라포 형성
- 라포(Rapport)란 '마음의 유대'라는 뜻으로 서로의 마음이 연결된 상태이다.
- 두 사람 사이의 상호신뢰관계이다.
- 라포 형성을 위해서는 신체언어·눈·호흡의 리듬·언어를 맞추는 것이 필요하다.

공감
대상자가 느끼는 감정을 있는 그대로 이해하고 존중하는 것(대상자가 말하는 모든 것에 공감할 수 없더라도 그렇게 말할 이유가 충분히 있다고 믿어주는 것)이다.

바이스텍의 7원칙
- 대상자를 개인으로 파악한다(개별화).
- 대상자의 감정표현을 존중한다(의도적 감정표현).
- 자신의 감정을 자각하고 조절한다(통제된 정서적 관여).
- 받아들인다(수용).
- 대상자를 일방적으로 비난하지 않는다(비심판적 태도).
- 대상자의 자기결정을 돕고 존중한다(이용자의 자기결정).
- 비밀을 유지하여 신뢰를 쌓는다(비밀유지).

한줄요약

01 의사소통은 대상자 및 가족과의 신뢰관계 형성에 도움을 준다.

02 메라비언의 법칙에 의하면 상대방과의 의사소통에 영향을 미치는 요소 중 가장 중요한 것은 비언어적 요소(시각적 요소)이다.

03 언어적 의사소통 시 말의 강도, 억양, 속어, 방언 등에 따라 오해가 생길 수 있다.

04 눈맞춤은 중요한 의사소통 수단이다.

05 눈썹 치켜세우기는 바람직하지 않은 비언어적 의사소통 기법이다.

06 요양보호사와 대상자의 라포 형성은 의사소통의 기본이다.

07 대상자와 논쟁에서는 먼저 상대방의 주장을 들어 주어야 한다.

08 대충 미루어 짐작하는 행동은 경청을 방해한다.

09 공감능력은 '나는 당신의 상황을 알고, 당신의 기분을 이해한다'와 같이 다른 사람의 상황이나 기분을 같이 느낄 수 있는 능력을 말한다.

10 나-전달법으로 대화하면, 본인의 의사를 진솔하고 명확히 전달하여 다른 사람과의 대화가 더 원활해진다.

11 '말벗하기'는 요양보호사와 대상자 간 의사소통의 출발점이다.

12 노인성 난청 대상자와는 눈을 보며 정면에서 이야기한다.

13 인지기능이 저하되었거나 거동이 불편한 대상자를 위한 여가활동 프로그램은 대상자가 흥미를 느낄 수 있어야 하며, 어렵지 않아야 한다.

14 거동이 불편한 장기요양 대상자들의 여가활동으로는 정적인 자기계발 활동이나 소일 활동 등이 적합하다.

15 언어적 의사소통을 할 때는 명확하고 이해하기 쉬운 용어를 사용해야 하며, 비언어적 표현을 적절히 병행하여 사용한다.

16 손과 팔의 움직임은 중요한 의사소통 수단으로, 이야기할 때는 손과 팔을 자연스럽게 놓고 있다가 상황에 따라 적절하게 움직이도록 한다.

17 비언어적 의사소통 방법으로 대상자를 향해 약간 기울인 자세를 취하는 것이 바람직하며, 몸을 앞으로 구부리거나 비껴 앉는 자세는 바람직하지 않다.

18 경청을 잘한다는 것은 상대방이 하려고 하는 말의 의미를 잘 파악하고 이해하는 것이다.

19 미리 대답을 준비하는 것은 경청을 방해한다.

20 상대방이 하는 말에 충분히 귀를 기울이고, 그 말을 자신의 말로 요약하여 다시 반복해 주는 것이 바람직한 공감이다.

21 상대방의 말을 요약하여 다시 반복하는 것은 문제를 가진 당사자가 스스로 해결책을 찾도록 하는 데 효과적이다.

22 효과적인 말하기는 진심을 서로에게 전달하여 합의점을 찾아갈 수 있게 한다.

23 나-전달법은 상대방의 행동이 나에게 미친 영향에 초점을 맞추는 것으로, 상대를 비난하지 않는다.

한줄필기

나-전달법의 내용
- 나의 생각이나 감정을 전달할 때는 '나'를 주어로 말한다.
- 상대방의 행동과 상황을 비난 없이 그대로 말한다.
- 상대방의 행동이 나에게 미치는 영향을 구체적으로 말한다.
- 상황에 대해 내가 느끼는 바를 솔직하게 말한다.
- 원하는 바를 명확하게 말한다.
- 전달할 말을 건넨 후 상대방의 말을 잘 듣는다.

상황별 의사소통
- 장애가 있는 대상자와의 의사소통 시 장애별 특성을 파악한다.
- 노인성 난청 대상자와 이야기할 때는 입모양을 볼 수 있도록 시선을 맞춘다.
- 시각장애 대상자에게는 사물의 위치를 시계 방향으로 설명한다.
- 언어장애 대상자와 이야기할 때는 실물, 그림판, 문자판 등을 이용한다.
- 지남력장애 대상자에게는 시간, 장소, 날짜, 시계 등을 자주 인식시킨다.

경청
- 다른 사람의 말을 주의 깊게 들으며 공감하는 능력이다.
- 상대방이 하려는 말의 의미를 잘 파악하고 상대의 입장에서 이해하려는 노력이다.
- 상대의 말에 항상 동의하지 않더라도 충분한 이해를 위해 마음을 열어 두는 것이다.

효과적인 말하기를 방해하는 경우
- 자신이 전문가임을 주장하며 자신에게는 잘못이 없다고 주장한다.
- 자신은 완벽한 사람이므로 자신이 비난을 받지 않아야 한다고 생각한다.
- 부족하고 자신감 없는 태도를 보이며, 자신은 보호받아야 된다고 생각한다.

한줄필기

장기요양 대상자의 여가활동 유형
- 자기계발 활동 : 책 읽기, 독서교실, 그림 그리기, 서예교실, 시 낭송, 악기 연주, 백일장, 민요교실, 창작활동 등
- 가족중심 활동 : 가족 소풍, 가족과의 대화, 외식나들이 등
- 종교참여 활동 : 교회 · 사찰 · 성당 가기 등
- 사교오락 활동 : 영화 · 연극 · 음악회 · 전시회 관람하기 등
- 운동 활동 : 체조, 가벼운 산책 등
- 소일 활동 : 텃밭 야채 가꾸기, 식물 가꾸기, 신문 보기, 텔레비전 시청, 종이접기, 퍼즐놀이 등

의사소통장애별 대상자의 특징
- 노인성 난청 : 청각기능이 저하되어 잘 듣지 못하며, 목소리 크기나 높이 조절이 잘 안 되어 큰 소리로 이야기한다.
- 시각장애 : 형태나 색상을 파악하기 힘들어 촉각이나 청각, 후각 등에 의지하여 대상물을 인지한다.
- 언어장애 : 말하거나 듣고 이해하는 능력에 이상이 있는 상태로, 알아들으나 말을 할 수 없는 경우와 말을 잊어버린 경우로 나뉜다.
- 치매로 인한 장애
  - 치매로 인한 판단력, 이해력장애는 발생한 일의 성격을 제대로 이해하지 못하는 것으로, 상대방이 하는 말의 의미를 이해하지 못하여 오해하는 경우가 있다.
  - 치매로 인한 지남력장애는 시간, 장소, 환경 등을 정확하게 파악하는 능력에 이상이 생긴 상태로 치매, 의식장애, 낮은 지능 등이 원인이다.

24 대상자가 요양보호사를 말벗으로 받아들일 때 원활한 의사소통이 이루어진다.

25 노인성 난청 대상자와 이야기를 시작할 때는 어깨를 다독이거나 눈짓으로 신호를 준다.

26 시각장애 대상자를 만나면 신체를 접촉하기 전에 먼저 말을 건넨다.

27 언어장애 대상자와 이야기할 때는 대상자의 말이 끝날 때까지 기다리며 고개를 끄덕여 듣고 있다는 것을 알린다.

28 장기요양 서비스 제공 시 대상자나 그 가족과 의사소통을 할 때 바이스텍의 7원칙을 활용한다.

29 치매로 인한 장애가 있는 노인에게는 이해하기 쉬운 단어를 간결하게 전달하고 말보다 감정표현을 자주 한다.

30 침묵은 어떠한 말보다 중요한 역할을 할 때가 있다.

한줄문제

01 비언어적 의사소통 기법에서 바람직한 자세는?
답 대상자를 향해 약간 기울인 자세

02 요양보호사가 언어적 의사소통을 할 때 주의할 사항은?
답 명확하고 이해하기 쉬운 용어를 사용해야 한다.

03 나-전달법으로 이야기할 때의 주의사항은?
답 부정적 정서를 강조하지 않고, 상대를 평가하지 않으며, 감정을 폭발적으로 드러내지 않는다.

04 대상자와 대화할 때 적절한 비언어적 의사소통 방법은?
답 대상자와 눈높이를 같게 한다.

05 상대방이 하는 말을 상대방의 관점에서 이해하고, 감정을 함께 느끼며, 자신이 느낀 바를 전달하는 것은?
답 공 감

06 대상자의 말을 경청하는 방법은?
답 흥분하지 않고 비판적 태도를 버린다.

07 말벗하기 시 요양보호사가 주의할 사항은?
답 대상자와 과도한 의존관계를 형성하지 않도록 한다.

08 효과적인 말하기를 위해 취해야 하는 자세는?
답 편안하고 이완된 자세를 취한다.

09 대상자에게 심리적·정서적 안정감을 제공하기 위한 요양보호사의 말벗하기 방법은?
답 대상자의 기분이나 감정에 주의를 기울이고 공감한다.

10 시각장애 대상자와 의사소통하는 옳은 방법은?
답 먼저 자기소개를 한 후에 악수를 청한다.

11 계절을 느낄 수 있는 여가활동 유형은?
답 가벼운 산책하기

12 치매 노인이 배회할 때 대처방법은?
답 규칙적인 운동과 산책하기

13 치매 노인에게 환각이 나타날 때 그 원인으로 옳은 것은?
답 심리적 불안정

14 치매 노인에게 공격성이 나타날 때 대처방법은?
답 기분전환 유도하기

한줄필기

노인의 여가활동 돕기
- 거동이 불편하거나 인지기능이 저하된 대상자를 위한 여가활동 프로그램은 어렵지 않고 흥미를 느낄 수 있도록 진행한다.
- 대상자 스스로가 적극적으로 여가활동에 참여할 수 있도록 동기를 부여하며 진행한다.
- 대상자의 욕구에 맞는 여가활동을 지속적으로 지원한다.
- 대상자 개인의 욕구에 맞게 프로그램을 선택하고 개별 혹은 소그룹으로 진행한다.
- 대상자의 신체적 기능이나 상태에 맞는 개별적인 프로그램을 선택하여 무리 없이 진행할 수 있도록 한다.
- 대상자의 성격, 선호 등에 따라 개인적 차이를 고려하여 지원한다.
- 대상자에게 여가활동에 대해 충분히 설명하고 동의를 얻어야 한다.

한줄필기

말벗하기 방법
- 대상자의 신체적·심리적·사회적 특성을 이해하고 존중한다.
- 대상자의 삶을 '차이와 다양성'으로 수용하는 마음을 가진다.
- 대상자의 기분이나 감정에 주의를 기울이고 '공감'한다.

15 요양보호사에게 비언어적 의사소통이 중요한 이유는?
  답 대상자는 보통 자신의 의사를 표현하는 데 어려움이 있는 경우가 많으므로, 대상자의 얼굴 표정이나 몸짓 등으로 전달하려는 메시지가 무엇인지 빠르게 파악해야 한다.

16 대화에 영향을 미치는 요소 중 가장 중요한 시각적 요소는?
  답 얼굴 표정

17 다른 사람의 말을 주의 깊게 듣고 공감하는 능력은?
  답 경청

18 '나는 당신의 상황을 알고, 당신의 기분을 이해한다'는 말이 표현하는 능력은?
  답 공감

19 효과적인 말하기 방법은?
  답 비판적인 단어를 사용하거나 상대를 비난하지 않으며, 부정적인 비교를 하지 않는다. 상대방을 위협하는 말을 하거나 감정적으로 공격하지 않으며, 상대의 말을 수용한다.

20 '나-전달법'으로 말하고 나서 취해야 하는 태도는?
  답 다시 수용적 태도(경청)를 취한다.

21 말벗하기 시 대상자를 대하는 적절한 태도는?
  답 아이처럼 대하지 않아야 하며, 대상자와 친밀하다고 반말 혹은 명령조의 언어를 사용하면 안 된다.

22 노인성 난청 대상자와 이야기할 때의 적절한 입모양은?
  답 입을 크게 벌리며 정확하게 말한다.

CHAPTER 10

제3부 요양보호와 생활지원

요양보호 기록 및 업무보고

이렇게 공부하세요

이 단원에서는 요양보호 기록의 목적과 방법 중 기록지에 기록할 수 있는 내용 등이 출제됩니다. 따라서 요양보호 기록의 원칙과 기록 시 주의사항 등을 공부하는 것이 좋습니다. 특히, 요양보호사가 업무 내용을 기록하는 목적, 구두보고·서면보고 등 업무보고 형식, 요양보호 업무보고가 중요한 이유 등이 출제됩니다. 또한, 기록 시 주의해야 할 점에 대해 묻는 문제가 많이 출제되며, 관리자에게 보고하는 방법과 보고내용에 대해서도 종종 출제됩니다.

출제 키워드

기록 목적, 서비스 질, 연속성, 표준화, 상담일지, 장기요양급여 제공기록지, 개인별 장기요양이용계획서, 상태기록지, 사고보고서, 인수인계서, 객관적, 육하원칙, 공식화, 간단명료, 비밀유지, 업무보고, 구두보고, 서면보고, 전산망 보고, 업무회의, 사례회의, 월례회의

미리 보는 문제 유형

- 요양보호 관찰에 대한 설명으로 옳은 것은?
- 요양보호사의 업무보고 방법으로 옳은 것은?
- 요양보호사가 요양보호 기록 시 주의할 사항으로 옳은 것은?
- 요양보호사가 사용하는 기록지의 종류와 기록내용이 옳게 연결된 것은?
- 보고내용이 복잡하거나 자료 보존이 필요할 때 사용하는 업무보고 형식은?

함께 풀어봅시다

요양보호사의 업무보고 중 수시보고를 해야 하는 상황으로 옳은 것은?

① 대상자의 건강상태가 문제없이 지속될 때
  └ 대상자의 상태에 변화가 있을 때 신속하게 보고한다.
② 서비스가 지속적으로 잘 유지될 때
  └ 진행하고 있는 서비스 외에 추가적 서비스가 필요하거나 변경할 필요가 있을 때 보고한다.
③ 새로운 정보를 파악했을 때
④ 업무가 차질 없이 진행되고 있을 때
  └ 업무를 잘못 수행했을 때 관리책임자에게 먼저 보고하고 지시를 받는다.
⑤ 사고 및 큰 문제가 없는 상황일 때
  └ 사고가 발생했거나 발생할 뻔했을 때는 관리책임자에게 신속하게 보고하여 지시를 받는다.

정답 ③

출제자의 비밀노트

업무보고의 방법
- 객관적인 사실 보고
- 육하원칙에 따른 보고
- 신속한 보고
- 내용이 중복되지 않는 보고

기출유형문제

요양보호 기록의 목적으로 옳은 것은?

① 서비스 제공을 제한하는 데 목적이 있다.
② 기관의 예산을 평가하는 데 목적이 있다.
❸ 요양보호사의 책임성을 높이는 데 목적이 있다.
④ 다른 대상자와 정보를 공유하는 데 목적이 있다.
⑤ 문제가 발생할 때 법적 책임을 회피하는 데 목적이 있다.

해설
③ 요양보호 기록은 요양보호서비스의 표준화와 요양보호사의 책임성 제고에 목적이 있다.

문제타파 TIP

요양보호 기록의 목적으로는 질 높은 서비스 제공, 요양보호사 활동 입증, 요양보호서비스 연속성 유지, 중요한 정보 제공, 요양보호서비스의 내용과 방법에 대한 지도·관리에 도움, 원활한 의사소통, 요양보호서비스의 표준화와 요양보호사의 책임감 제고 등이 있다.

출제예상문제

정답 및 해설 020쪽

01 ☑ 개념체크 ○ △ ×

요양보호사의 노인 관찰에 대한 설명으로 옳은 것은?
① 관찰할 때는 작은 변화보다 큰 변화에 반응을 보여야 한다.
② 컨디션의 변화는 표정·동작에 나타나므로 안색을 관찰한다.
③ 주관적인 관점에서 관찰할 수 있도록 노력해야 한다.
④ 대상자가 특별한 모습을 하고 있을 때 관찰해 두는 것이 매우 중요하다.
⑤ 노인의 관찰을 위해서는 우선 주변 환경을 관찰하는 습관이 필요하다.

02 ☑ 개념체크 ○ △ ×

다음 중 요양보호 기록의 목적으로 가장 옳은 것은?
① 시설장의 책임을 제고한다.
② 대상자의 활동을 입증할 수 있다.
③ 서비스의 연속성을 유지할 수 있다.
④ 관련 전문가의 관리를 받을 수 있다.
⑤ 요양보호서비스의 단편성에 기여한다.

03 ☑ 개념체크 ○ △ ×

요양보호사가 관찰한 내용을 기록할 때 가장 옳은 것은?
① "오전에 대변을 여러 번 봄"
② "오후 산책 이후 기분이 좋아짐"
③ "오전 간식인 사과를 먹지 않겠다고 함"
④ "오전에 텔레비전을 오랫동안 시청함"
⑤ "오후에 반려동물과 오랫동안 함께 있음"

04 ☑ 개념체크 ○△✕

요양보호사가 기록하는 기록지의 종류와 기록내용이 바르게 연결된 것은?

① 사례회의록 – 대상자 욕구 사정
② 인수인계서 – 서비스 제공내용 및 시간
③ 상태기록지 – 섭취, 배설, 목욕 등 상태
④ 욕구사정지 – 대상자 상태평가 및 간호처치
⑤ 방문일지 – 서비스의 목표, 내용, 횟수 등

05 ☑ 개념체크 ○△✕

요양보호사가 상태기록지에 쓰는 내용으로 옳은 것은?

① 상담내용 및 결과
② 인수인계업무 내용
③ 사고내용과 대응결과
④ 섭취, 배설, 목욕 등 상태
⑤ 서비스 제공내용 및 시간

06 ☑ 개념체크 ○△✕

요양보호사가 기록하는 기록의 종류 중 국민건강보험공단이 작성하는 서식은?

① 장기요양인정신청서
② 장기요양급여비용 명세서
③ 장기요양급여제공 계획서
④ 개인별 장기요양이용계획서
⑤ 장기요양급여 계약통보서

기출유형문제

요양보호사가 기록하는 기록지의 종류 중 장기요양급여제공기록지에 기록할 내용은?

① 대상자의 욕구사정
② 사고내용과 대응결과
❸ 서비스 제공내용 및 시간
④ 섭취, 배설, 목욕 등 상태
⑤ 서비스의 목표, 내용, 횟수 등

해설

① 대상자의 욕구사정은 욕구사정지에 기록한다.
② 사고내용과 대응결과는 사고보고서에 기록한다.
④ 섭취, 배설, 목욕 등 상태는 상태기록지에 기록한다.
⑤ 서비스의 목표, 내용, 횟수 등은 급여제공계획서에 기록한다.

문제타파 TIP

장기요양급여제공기록지를 작성하는 방법에는 수기 작성과 재가급여전자관리시스템(무선주파수 인식기술 이용)을 이용하는 방법이 있다.

기출유형문제

요양보호사가 기록하는 기록지의 내용으로 적절한 것은?

① "식사량이 조금 줄었다."
② "아침을 먹고 엄청 오랫동안 걸었다."
③ "요양보호사를 엄청 슬프게 쳐다보셨다."
④ "텔레비전을 너무 오래 보셔서 걱정이다."
❺ "오후 4시부터 30분 동안 거실에서 맨손체조를 하셨다."

해설

⑤ 모든 기록에는 정확한 시간과 기록자를 명시해야 하며, 필요한 사항을 빠뜨리지 않고 정확하게 기록하는 것이 중요하다. 또한, 요양보호사의 생각이나 의견 등 주관적인 내용이 아닌 객관적인 사실만을 토대로 기록한다.

문제타파 TIP

기록 시 아래 예시와 같이 애매한 표현은 피하고 구체적인 표현을 사용한다.
- 많이 → ○장, ○잔, ○킬로미터
- 오래전 → ○년 전, ○개월 전
- 오랜만에 → ○년 만에, ○일 만에
- 심하다(상태) → 피부박리 5cm × 8cm

---

07 ☑ 개념체크 ○ △ ×

다음 내용에 해당하는 서식 유형은?

- 수급자를 대상으로 장기요양현장에서 수행하는 모든 업무수행의 기초가 됨
- 이용자와 서비스 제공자 간의 원활한 급여 이용을 돕고, 수급자와 가족의 효율적인 이용계획 수립을 지원하기 위한 목적으로 도입됨

① 급여제공계획 · 기록지
② 상태기록 및 사고보고서
③ 장기요양급여제공기록지
④ 장기요양급여제공계획서
⑤ 개인별 장기요양이용계획서

08 ☑ 개념체크 ○ △ ×

스마트 장기요양 사용법 중 재가급여전자관리시스템 업무 절차로 옳은 것은?

① 스마트장기요양앱(APP) 설치 → 사용자 등록 → 태그신청 및 부착 → 급여내용 전송 → 청구 및 심사
② 사용자 등록 → 태그신청 및 부착 → 스마트장기요양앱(APP) 설치 → 급여내용 전송 → 청구 및 심사
③ 스마트장기요양앱(APP) 설치 → 태그신청 및 부착 → 사용자 등록 → 급여내용 전송 → 청구 및 심사
④ 태그신청 및 부착 → 사용자 등록 → 스마트장기요양앱(APP) 설치 → 급여내용 전송 → 청구 및 심사
⑤ 사용자 등록 → 스마트장기요양앱(APP) 설치 → 태그신청 및 부착 → 급여내용 전송 → 청구 및 심사

09 ☑ 개념체크 ○ △ ×

다음 중 방문요양서비스 기록내용으로 옳은 것은?

① 식사량이 점점 줄고 있다.
② 어젯밤 늦게 주무셨다고 한다.
③ 오후 2시부터 30분 동안 낮잠을 주무셨다.
④ 요즘 들어 잠을 잘 못 주무시는 것 같다.
⑤ 돌아가신 어르신 생각에 많이 힘들어하신다.

10 ☑ 개념체크 ○ △ ✕

요양보호 기록의 원칙으로 옳은 것은?

① 장황하고 우회적으로 표현한다.
② 충분한 시간을 두고 천천히 작성한다.
③ 감사자료나 증거자료로 활용할 수 있다.
④ 요양보호사의 주관적 의견을 그대로 기록한다.
⑤ 대상자의 활동을 입증할 수 있도록 기록한다.

11 ☑ 개념체크 ○ △ ✕

요양보호사의 요양보호 기록 방법으로 옳은 것은?

① 기록 시 육하원칙을 명확하게 지킨다.
② 서비스의 과정보다는 결과를 중심으로 기록한다.
③ 요양보호사의 생각이나 의견을 정리하여 작성한다.
④ 민감한 사항은 직접적으로 표현하지 않고 우회적으로 묘사한다.
⑤ 모든 서비스의 완료 후 결과를 정리하여 작성한다.

12 ☑ 개념체크 ○ △ ✕

요양보호사가 업무내용을 기록하는 이유로 옳은 것은?

① 관련 전문가의 책임성을 높이기 위해
② 예산에 대한 효율적 분배를 위해
③ 시설장에게 중요한 정보를 제공하기 위해
④ 동료 요양보호사로부터 지도 및 관리를 받기 위해
⑤ 시설장과 대상자 간의 의사소통을 원활하게 하기 위해

기출유형문제

육하원칙과 요양보호 기록내용이 옳게 짝지어진 것은?

① 언제 : 자택에서
② 어떻게 : 싸움을 했다.
③ 어디서 : ○월 ○일 ○○시에
④ 무엇을 : 큰 소리로 화를 내면서
❺ 왜 : 어르신이 양치질과 목욕을 거부해서

해설

육하원칙별 기록의 예
- 누가 : 어르신과 장남이
- 언제 : ○월 ○일 ○○시에
- 어디서 : 자택에서
- 무엇을 : 싸움을 했다.
- 어떻게 : 큰 소리로 화를 내면서
- 왜 : 어르신이 양치질과 목욕을 거부해서

문제타파 TIP

요양보호 기록은 누가, 언제, 어디서, 무엇을, 어떻게, 왜 하였는지 육하원칙을 바탕으로 기록한다.

기출유형문제

요양보호사의 업무보고에 관한 방법으로 옳은 것은?

① 주관적인 의견을 보고한다.
② 중요한 보고는 중복해서 한다.
③ 구두보고 시 원인부터 보고한다.
❹ 보고는 가능한 한 신속하게 한다.
⑤ 상황이 급한 경우에는 서면보고를 한다.

해설
① 객관적인 사실을 보고한다.
② 보고내용은 중복되지 않게 한다.
③ 구두보고 시 결론부터 보고한다.
⑤ 상황이 급한 경우에는 구두보고를 한다.

문제타파 TIP

업무보고의 중요성
- 서비스의 질 향상
- 타 전문직과의 원활한 업무 협조 및 의사소통에 도움
- 사고 피해의 최소화

13 ☑ 개념체크 ○ △ ✕

요양보호 업무보고가 중요한 이유로 옳은 것은?

① 효과적인 이용계획 수립
② 요양보호사의 활동 입증
③ 수급자에 적절한 급여제공
④ 대상자의 신체기능 상태 측정
⑤ 사고에 대한 신속한 대응과 피해 최소화

14 ☑ 개념체크 ○ △ ✕

요양보호 업무보고의 기본 원칙으로 옳은 것은?

① 월 단위로 핵심 내용을 보고한다.
② 객관적인 사실을 신속하게 보고한다.
③ 느낀 점을 요약하여 구체적으로 전달한다.
④ 비상상황 시 중요성을 감안하여 중복 보고한다.
⑤ "생각이 들었다", "느꼈다" 등의 표현을 활용하여 개인적인 의견을 첨가한다.

15 ☑ 개념체크 ○ △ ✕

요양보호사의 업무보고 방법으로 옳은 것은?

① 내용이 중복되지 않게 정리하여 보고한다.
② 사실보다는 요양보호사의 의견이 중요하다.
③ '무엇을', '왜' 하였는지만을 중점적으로 보고한다.
④ 보고서 작성 시 요양보호사의 개인적인 판단을 반영한다.
⑤ 사건이 발생하면 경과 추이를 지켜본 후 잘 정리하여 보고한다.

16 ☑ 개념체크 ○ △ ×

월례회의에서 요양보호사가 보고해야 할 정보로 옳은 것은?

① 업무와 관련된 업무 준수사항을 전달한다.
② 제기된 애로사항에 대한 조치 결과를 보고한다.
③ 대상자에 대한 요양보호와 관련된 정보를 전달한다.
④ 기관 운영, 인사, 복리후생에 대한 의견을 취합한다.
⑤ 사고 등 응급상황에 대한 대처방법에 대해 알려준다.

17 ☑ 개념체크 ○ △ ×

장기요양기관의 사례관리자의 역할로 옳은 것은?

① 급여제공계획 작성
② 최초 상담모니터링 담당
③ 급여제공계획의 내용 확인
④ 상담을 통해 욕구사정 실시
⑤ 개인별 장기요양이용계획서 최종 확정

18 ☑ 개념체크 ○ △ ×

장기요양기관 사례관리 과정으로 옳은 것은?

① 접수 및 초기면접 → 욕구사정 → 사례회의 → 급여제공계획서 작성 및 공단 통보 → 서비스 제공 → 기관 및 공단 이용지원팀의 점검 → 평가 및 종결 · 사후관리
② 접수 및 초기면접 → 사례회의 → 욕구사정 → 서비스 제공 → 급여제공계획서 작성 및 공단 통보 → 기관 및 공단 이용지원팀의 점검 → 평가 및 종결 · 사후관리
③ 접수 및 초기면접 → 사례회의 → 욕구사정 → 급여제공계획서 작성 및 공단 통보 → 기관 및 공단 이용지원팀의 점검 → 서비스 제공 → 평가 및 종결 · 사후관리
④ 사례회의 → 욕구사정 → 접수 및 초기면접 → 급여제공계획서 작성 및 공단 통보 → 기관 및 공단 이용지원팀의 점검 → 서비스 제공 → 평가 및 종결 · 사후관리
⑤ 접수 및 초기면접 → 급여제공계획서 작성 및 공단 통보 → 기관 및 공단 이용지원팀의 점검 → 서비스 제공 → 사례회의 → 욕구사정 → 평가 및 종결 · 사후관리

기출유형문제

요양보호사가 반드시 기관에 보고해야 하는 상황은?

❶ 대상자가 넘어져 허리를 다쳤을 때
② 대상자가 하루 종일 멍하니 있을 때
③ 대상자에게 먹일 음식이 떨어졌을 때
④ 대상자가 저녁에 운동을 나가자고 조를 때
⑤ 대상자가 아들이 보고 싶다며 속상해할 때

해설

기관에 반드시 보고해야 하는 상황
- 대상자의 상태에 변화가 있을 때
- 서비스를 추가하거나 변경할 필요가 있을 때
- 새로운 정보를 파악했을 때
- 새로운 업무 방법을 찾았을 때
- 업무를 잘못 수행했을 때
- 사고가 발생했을 때

문제타파 TIP

장기요양급여제공기록지에는 대상자의 장기요양등급과 인정번호 등의 정보, 서비스 제공내용 및 시간 등을 기록한다.

기출유형문제

사안이 가벼울 때 많이 이용하는 업무보고 형식은?

❶ 구두보고
② 대면보고
③ 서면보고
④ 수시보고
⑤ 원격보고

해설

구두보고
- 상황이 급하거나 사안이 가벼울 때 많이 이용한다.
- 구두보고를 할 때는 결론부터 보고하고, 경과와 상태, 원인 등을 보고한다.
- 구두보고는 신속하게 보고할 수 있다는 장점은 있으나 정확한 기록을 남길 수 없다는 단점이 있다.

문제타파 TIP

업무보고 형식에는 구두보고, 서면보고, 전산망 보고가 있는데, 상황이 급한 경우에는 반드시 구두보고를 먼저 한 후 서면보고를 한다.

19 개념체크 ○ △ ×

보고내용이 복잡하거나 숫자나 지표가 필요한 경우에 적절한 업무보고 형식은?

① 구두보고
② 서면보고
③ 주간보고
④ 월례회의보고
⑤ 정기업무보고

20 개념체크 ○ △ ×

대상자의 상황과 제공되는 서비스를 점검·평가하여 대상자의 욕구에 맞는 서비스를 제공하기 위한 회의 형식은?

① 구두보고
② 서면보고
③ 사례회의
④ 월례회의
⑤ 전산망 보고

21 개념체크 ○ △ ×

사례회의에 대한 설명으로 옳은 것은?

① 상황이 급하거나 사안이 가벼울 때 진행한다.
② 요양보호의 목표를 공유하여 서비스의 질을 높인다.
③ 요양보호사의 복리후생에 대해 의견을 듣고 반영한다.
④ 요양보호사들로부터 애로사항을 듣고 정보를 공유한다.
⑤ 정확한 기록을 남기고 자료를 보존하려 할 때 진행한다.

CHAPTER 10 핵심요약

한줄요약

01 관찰은 객관적으로 이루어져야 하며, 노인 관찰은 가설과 증명의 단계를 거친다.

02 요양보호 기록은 질 높은 서비스를 제공하는 데 도움이 된다.

03 요양보호 기록을 통해 요양보호서비스의 연속성을 유지할 수 있다.

04 요양보호사는 상태기록지에 섭취, 배설, 목욕 등 상태를 기록한다.

05 장기요양급여제공기록지는 대상자에게 제공한 서비스의 내용과 시간, 특이사항을 기입한 것이다.

06 요양보호 기록 시 사실을 있는 그대로, 구체적으로 기록하며, 미루지 않고 그때그때 신속하게 작성한다.

07 요양보호 기록 시 객관적인 사실을 토대로 작성하며, 요양보호사의 의견이나 생각 등 주관적인 내용을 기록하는 것은 피한다.

08 모든 기록에는 기록자와 정확한 시간을 명시한다.

09 대상자의 비밀유지를 위해 업무상 알게 된 대상자의 정보에 대해서는 외부에 유출하지 않도록 조심한다.

10 대상자의 기록은 아무나 열람하지 못하도록 철저하게 보관한다.

한줄필기

요양보호 기록의 목적
- 질 높은 서비스 제공
- 요양보호사의 활동 입증
- 서비스의 연속성 유지
- 중요한 정보 제공
- 지도 및 관리에 도움
- 가족과의 원활한 의사소통
- 서비스의 표준화
- 요양보호사의 책임성 제고

요양보호 기록의 원칙
- 사실 그대로 기록
- 육하원칙을 바탕으로 기록
- 서비스의 과정과 결과를 정확히 기록
- 가능한 한 신속하게 기록
- 공식화된 용어 사용
- 간단명료하게 기록
- 기록자는 명확하게 서명
- 애매한 표현은 피하고 구체적으로 기록

요양보호 기록 시 주의할 사항
- 대상자의 개인정보 보호
- 대상자의 정보에 대한 비밀유지
- 대상자의 사생활 존중

한줄필기

요양보호기록 양식의 종류
- 대상자 인정신청 시 작성 기록 양식 : 장기요양인정신청서, 의사소견서
- 국민건강보험공단 작성 기록 양식 : 장기요양인정서, 개인별장기요양이용계획서
- 장기요양기관 작성 기록 양식 : 장기요양급여 계약통보서, 장기요양급여제공 계획서, 장기요양급여비용 명세서
- 장기요양기관이 자체적으로 사용하는 기록 양식 : 상담일지, 욕구사정지, 상태기록지, 사고보고서, 방문일지, 사례회의록, 인수인계서, 간호일지

11 장기요양급여제공기록지에는 수급자 성명, 장기요양등급, 장기요양인정번호, 장기요양기관명과 기호 등이 들어간다.

12 장기요양급여제공기록지의 제공시간에는 시작시간과 종료시간을 분 단위로 기록한다.

13 요양보호사는 업무보고 시 보고내용이 중복되지 않게 한다.

14 요양보호사는 업무보고 시 객관적인 사실을 보고한다.

15 계획된 서비스 외에 추가적인 서비스가 필요하거나 서비스를 변경할 때는 관리책임자에게 보고한다.

16 서면보고는 정확한 기록을 남길 수 있다는 장점은 있으나 신속하게 보고할 수 없다는 단점이 있다.

17 정확히 보고할 필요가 있거나 자료를 보존할 필요가 있을 때는 서면보고를 한다.

18 대상자의 상태 및 상황이 언제든지 급변할 수 있으므로 요양보호사는 평상시에도 보고하는 습관을 들인다.

19 업무를 잘못 수행했을 때나 사고가 발생했을 때는 요양보호사가 스스로 판단하여 해결하지 말고 관리책임자에게 신속하게 보고하여 지시를 받는다.

20 구두보고 시 결론부터 보고하고, 경과와 상태, 원인 등을 보고한다.

21 장기요양 사례관리는 장기요양기관 내 사례관리팀(시설장, 사회복지사, 요양보호사 등)과 공단 노인장기요양보험 운영센터의 이용지원팀이 협업을 통해 운영하여야 한다.

22 대상자의 상황과 제공되는 서비스를 점검·평가하여 대상자의 욕구에 맞는 서비스를 제공하기 위한 회의는 사례회의이다.

23 월례회의는 요양보호사들로부터 애로사항을 듣기 위해 개최하는 회의이다.

24 개인별 장기요양이용계획서는 수급자를 대상으로 장기요양현장에서 수행하는 모든 업무의 기초가 된다.

> **한줄필기**
>
> **업무보고의 중요성**
> - 서비스의 질을 높인다.
> - 타 전문직과의 업무협조를 돕는다.
> - 원활한 의사소통을 가능하게 한다.
> - 사고에 신속히 대응하여 피해를 최소화한다.
>
> **기관에 반드시 보고해야 할 상황**
> - 대상자의 상태에 변화가 있을 때
> - 서비스를 추가하거나 변경할 필요가 있을 때
> - 새로운 정보를 파악했을 때
> - 새로운 업무 방법을 찾았을 때
> - 업무를 잘못 수행했을 때
> - 사고가 발생했을 때

한줄문제

01 요양보호 기록의 목적은?
답 요양보호서비스의 연속성과 표준화

02 요양보호사가 기록하는 기록의 종류는?
답 상태기록지, 사고보고서, 인수계획서, 급여제공기록지

03 요양보호 기록의 원칙은?
답 사실을 있는 그대로 객관적으로 기록한다.

04 요양보호사의 업무기록 방법으로 옳은 것은?
답 서비스의 과정과 결과를 정확하게 기록한다.

05 장기요양급여제공기록지 작성방법은?
답 수기로 작성하거나 무선주파수 인식기술(RFID)을 이용한 재가급여전자관리시스템을 이용한다.

06 방문요양 시 장기요양급여제공기록지에 '엉덩이가 짓물러 파우더를 바름' 등을 기록하는 란은?
답 특이사항란

한줄필기

요양보호사의 업무보고 원칙
- 객관적인 사실을 정확하게 보고
- 육하원칙에 따라 보고
- 신속하게 보고
- 보고내용이 중복되지 않도록 간결하게 보고

업무보고의 종류
- 정기보고 : 일일보고, 주간보고, 월간보고
- 수시보고 : 상황의 변화에 따라 수시로 이루어지는 보고

07 요양보호 기록의 목적은?
답 업무에 대한 책임감 강화

08 요양보호사의 업무 기록 시 사용해야 하는 언어는?
답 공식화된 용어 사용

09 요양보호사가 사용하는 기록지 중 상태기록지의 내용은?
답 섭취, 배설, 목욕 등 상태

10 요양보호사가 기록하는 기록지의 종류는?
답 장기요양급여제공기록지, 상태기록지, 사고보고서, 인수인계서 등

11 사고보고서 기록 방법은?
답 사고가 발생한 시점에서 시간의 흐름에 따라 사고의 내용·경과·결과에 대해 정확하게 기록한다.

12 요양보호 기록이란?
답 요양보호사가 대상자에게 제공한 요양보호서비스의 과정과 결과를 기술한 것이다.

13 요양보호 기록의 보관 방법은?
답 반드시 잠금장치가 되어 있는 장소에 보관하고 관리책임자를 둔다.

14 방문요양 장기요양급여제공기록지 중 '수급자 상태'에 대해 체크하는 것은?
답 시설급여/단기보호 장기요양급여제공기록지

15 방문목욕 장기요양급여제공기록지에 기록되는 것은?
답 차량 이용 및 번호, 목욕서비스 제공내용, 대상자의 상태 확인 등

16 장기요양급여제공기록지에 쓰여 있는 서비스 제공내용은?
답 신체활동지원, 인지활동지원, 인지관리지원, 정서지원, 가사 및 일상생활지원

17 상황이 급하거나 사안이 가벼울 때 많이 이용하는 보고 형식은?
답 구두보고

18 업무보고 방법으로 옳은 것은?
답 사실과 다름없이 정확하게 보고해야 한다.

19 요양보호사가 관리책임자에게 신속하게 보고해야 하는 경우는?
답 새로운 정보를 파악했을 때

20 업무보고가 중요한 이유는?
답 타 전문직과의 업무협조 및 의사소통을 원활하게 해주기 때문이다.

21 요양보호사가 기관에게 보고하지 않아도 되는 경우는?
답 친지가 방문했을 때

22 요양보호사의 업무보고 시 주의해야 할 사항은?
답 보고내용을 중복하지 않는다.

23 시간을 절약할 수 있는 업무보고 원칙은?
답 보고내용이 중복되지 않게 한다.

24 요양보호서비스 제공 시 대상자의 상태에 변화가 있을 때 해야 하는 조치는?
답 관리책임자와 가족에게 신속하게 보고한다.

25 구두보고와 서면보고의 장점을 동시에 가진 보고는?
답 전산망 보고

한줄필기

업무보고를 해야 하는 상황
- 계획된 서비스 외에 서비스를 추가하거나 변경할 필요가 있을 때
- 서비스 제공 과정에서 대상자의 상태에 변화가 있을 때
- 대상자 및 가족에 대한 새로운 정보를 파악했을 때
- 대상자에 대한 새로운 요양보호 방법을 찾았을 때
- 업무를 잘못 수행하였을 때
- 예기치 못한 사고가 발생했거나 발생할 뻔했을 때

업무보고 형식
- 구두보고
  - 상황이 급하거나 사안이 가벼울 때 많이 이용한다.
  - 구두보고 시 결론부터 보고하고 경과와 상태, 원인 등을 보고한다.
  - 신속하게 보고할 수 있다는 장점이 있으나 정확한 기록을 남길 수 없다는 단점이 있다.
- 서면보고
  - 보고내용이 복잡하거나 숫자나 지표가 필요한 경우, 정확히 보고할 필요가 있거나 자료를 보존할 필요가 있을 경우에 이용한다.
  - 정확한 기록을 남길 수 있다는 장점이 있으나 신속하게 보고할 수 없다는 단점이 있다.
- 전산망 보고
  - 시간을 절약할 수 있고 편리하다.
  - 실시간으로 확인할 수 있으며, 기록으로 남길 수 있다.

CHAPTER 11

제3부 요양보호와 생활지원

신체활동지원 Ⅰ

출제 키워드

섭취 요양보호의 일반적 원칙, 노인 영양상태 관찰, 식사의 종류, 식사 자세, 식사 돕기, 편마비 대상자의 식사 돕기, 사례, 경관영양, 투약 돕기, 배설 상태 관찰, 배설 돕기, 기저귀, 유치도뇨관, 구강 관리, 청결 관리, 목욕, 몸 씻기, 침상 정리, 옷 갈아입기

이렇게 공부하세요

이 단원에서는 신체활동지원의 원칙 및 방법에 대해 숙지하고, 대상자의 요구에 적합한 신체활동지원 요양보호를 제공하는 방법에 대하여 공부합니다. 식사와 영양 요양보호, 투약 및 배설 요양보호, 개인위생 및 환경관리 등과 관련하여 요양보호사가 대상자를 돕는 방법을 구체적으로 묻는 질문들이 많이 출제되므로 순서나 방법 등을 확실하게 알아 두는 것이 중요합니다.

미리 보는 문제 유형

- 대상자의 머리 손질을 돕는 방법은?
- 유치도뇨관을 삽입한 대상자를 돕는 방법으로 옳은 것은?
- 오른쪽 편마비 대상자에게 단추가 없는 상의를 입히는 순서로 옳은 것은?

함께 풀어봅시다

요양보호사가 대상자의 화장실 이용을 돕는 방법은?

① 화장실은 물청소를 하여 물기가 남게 한다.
　└ 화장실은 밝고 바닥에 물기가 없게 하여 미끄러지지 않게 해야 한다.

② 화장실 가는 길에 있는 물건을 치워 넘어지지 않게 한다.
　└ 불필요한 물건이나 발에 걸려 넘어질 우려가 있는 물건을 치워 넘어지지 않게 한다.

③ 여성 대상자의 경우 뒤처리 시 뒤쪽에서 앞쪽으로 닦는다.
　└ 항문의 대장균이 침입하지 않도록 앞쪽에서 뒤쪽으로 닦는다.

④ 낙상사고를 예방하기 위하여 처음부터 끝까지 대상자를 돕는다.
　└ 처음부터 끝까지 대상자를 도우면 대상자를 의존하게 만들고 자존감을 저하시킬 수도 있다. 대상자가 스스로 할 수 있는 부분은 최대한 스스로 할 수 있게 한다.

⑤ 대상자의 화장실 이용 시 대상자가 부담이나 수치심을 느낄 수 있으므로 멀리 떨어져 있는다.
　└ 대상자가 화장실에 가다가 주저앉거나 넘어지면 낙상이 발생하므로 항상 대상자를 관찰하고 손을 뻗으면 닿을 수 있는 위치에 있는다.

정답 ②

출제자의 비밀노트

배설 요양보호의 목적
- 적절한 배설활동을 유지하도록 화장실까지의 이동을 돕는다.
- 배설활동이 원활하게 이루어지면 대상자의 생리적 기능이 회복·유지되며, 심리적으로도 만족감을 느낀다.
- 배설기능을 가능한 한 스스로 유지·조절할 수 있게 도움으로써, 삶의 질 향상과 건강 유지 및 관리를 돕는다.

출제예상문제

정답 및 해설 023쪽

01 ✓ 개념체크 ○ △ ×

스스로 식사하는 대상자를 지켜보는 방법은?

① 음식을 한입에 많이 넣도록 한다.
② 빨리 식사하도록 격려한다.
③ 좋아하는 반찬 위주로 권한다.
④ 무엇이든지 스스로 하도록 격려한다.
⑤ 식사하는 동안 사레, 질식 등 불편한 점이 없는지 관찰한다.

02 ✓ 개념체크 ○ △ ×

대상자의 영양관리 방법으로 옳은 것은?

① 입맛을 돋우도록 간을 세게 조리한다.
② 음료수를 제외하고 3~4잔의 물을 섭취한다.
③ 좋아하는 음식은 무엇이든 마음껏 먹게 한다.
④ 식사 때마다 절인 채소 반찬 2~3가지를 먹게 한다.
⑤ 우유 또는 유제품을 하루에 1회 분량으로 섭취한다.

03 ✓ 개념체크 ○ △ ×

경관영양 시 영양액을 너무 빠르게 주입하면 생기는 증상은?

① 오심, 구토
② 오한, 발열
③ 설사, 탈수
④ 의존성 부종
⑤ 변실금, 요실금

기출유형문제

다음 중 노인에게 영양 문제가 발생하는 요인으로 옳은 것은?

① 입맛 상승
② 소화액 분비 증가
③ 칼륨 흡수력 증가
④ 삼키는 능력 증가
❺ 구강 건조증 증가

해설

⑤ 노인이 되면 입안의 침이 부족해지는 등 각종 기능이 저하되고, 맛을 잘 느끼지 못하여 입맛이 떨어지기 쉽기 때문에 식사량이 줄어들면서 영양 문제가 발생할 수 있다.

문제타파 TIP

우유 한 잔(200mL), 호상요구르트(100g), 액상요구르트(150mL), 치즈 2장(40g)은 서로 교환식품군이다.

기출유형문제

대상자가 식사를 할 때 돕는 방법으로 옳은 것은?

① 침대를 약 90°로 높인다.
② 의자는 등받이가 없는 것이 좋다.
③ 침대에 절대 걸터앉지 않도록 한다.
④ 발바닥이 바닥에 닿지 않게 앉힌다.
❺ 편마비 대상자의 경우 건강한 쪽이 밑으로 가게 한다.

해설

① 식사 시 대상자가 침대에서 일어나거나 앉을 수 없을 경우 침대를 30~60°로 높인다.
② 팔걸이나 등받이가 있는 의자는 대상자가 좌우균형을 잡는 데 도움이 된다.
③ 대상자가 어느 정도 균형을 잡을 수 있다면 침대에 걸터앉아 식사할 수 있다.
④ 의자의 높이는 발바닥이 바닥에 닿을 수 있는 정도여야 안전하다.

문제타파 TIP

식사 시 편마비 대상자의 건강한 쪽이 밑으로 가게 하는 것이 주요 포인트!

---

04 ☑ 개념체크 ○ △ ✕

식탁에 앉아 식사를 하는 대상자를 돕는 방법은?

① 팔걸이 없는 의자에 앉힌다.
② 의자에 살짝 걸터앉게 한다.
③ 발바닥이 바닥에 닿지 않아도 괜찮다.
④ 등받이에 기대지 않도록 한다.
⑤ 식탁 윗부분이 대상자 배꼽에 오게 한다.

05 ☑ 개념체크 ○ △ ✕

치아 수가 부족하여 씹는 데 어려움이 있으나 연하곤란은 없는 대상자를 위한 식사로 옳은 것은?

① 일반식
② 경구 유동식
③ 경관 유동식
④ 잘게 썬 음식
⑤ 갈아서 만든 음식

06 ☑ 개념체크 ○ △ ✕

침상에 누워 있는 오른쪽 편마비 대상자의 식사를 돕는 방법은?

① 앙와위 자세를 취하게 한다.
② 오른쪽을 밑으로 하여 옆으로 눕힌다.
③ 영양액은 체온보다 낮은 온도로 준비한다.
④ 똑바로 누인 채 고개를 오른쪽으로 돌린다.
⑤ 숟가락 끝을 왼쪽 입술에 대고 음식물을 넣어 준다.

07 ☑ 개념체크 ○ △ ×

경관영양 시 대상자를 오른쪽으로 눕히는 이유로 옳은 것은?

① 대상자가 오른손잡이이기 때문에
② 편안한 자세를 유지하기 위해
③ 비위관을 고정시키기 위해
④ 영양액 주입 속도를 조절하기 위해
⑤ 기도로의 역류 가능성을 줄이기 위해

08 ☑ 개념체크 ○ △ ×

경관영양을 하는 대상자를 돕는 방법으로 옳은 것은?

① 대상자를 왼쪽으로 눕힌다.
② 영양액의 온도는 차갑게 준비한다.
③ 영양액은 위장보다 높은 위치에 건다.
④ 위관영양액은 1분에 80mL 이상 주입하지 않는다.
⑤ 비위관이 빠졌을 경우 밀어 넣고 시설장이나 관리책임자에게 알린다.

09 ☑ 개념체크 ○ △ ×

대상자가 입맛 없어 할 때 돕는 방법으로 옳은 것은?

① 식사량을 조금 줄인다.
② 혼자서 천천히 식사하게 한다.
③ 단 음식 위주로 준비하여 미각을 자극한다.
④ 식사 후 산책을 하며 운동을 할 수 있게 한다.
⑤ 다양한 음식을 조금씩 준비하여 보기 좋게 담아낸다.

기출유형문제

대상자가 식사를 할 때 사레를 예방하는 방법으로 옳은 것은?

① 침대머리를 내린다.
② 많은 양의 음식을 입에 넣어준다.
❸ 국물로 목을 축이게 한다.
④ 식사 도중 대상자에게 질문한다.
⑤ 턱을 약간 올린 자세를 취하게 한다.

해설
③ 음식을 삼키기 쉽게 국이나 물, 차 등으로 먼저 목을 축이고 음식을 먹게 한다.

문제타파 TIP

사레들렸을 때 요양보호사가 해야 하는 일을 묻는 문제가 자주 출제되므로 꼭 알아 둘 것! 수분이 적은 음식, 신맛이 강한 음식은 사레를 유발하고, 대상자보다 높은 곳에서 음식물을 입에 넣으면 턱을 들게 되어 사레들리기 쉬우니 주의할 것!

기출유형문제

가루약 복용 시 사례에 잘 걸리는 대상자를 돕는 방법은?

① 꿀에 섞여 먹인다.
② 혀 위에 조금씩 뿌려준다.
③ 바늘 주사기를 이용하여 투약한다.
❹ 숟가락을 사용해 물에 녹인 후 투약한다.
⑤ 가루약을 2~3번 분량으로 나누어 투약한다.

해설

④ 가루약은 숟가락을 사용하여 약간의 물에 녹인 후 투약하거나, 바늘을 제거한 주사기를 이용하여 녹인 가루약을 흡인하여 입 안으로 조금씩 주입한다.

문제타파 TIP

금식인 경우에도 혈압약 등 매일 투약해야 하는 약물은 반드시 투약한다.

---

10 ☑ 개념체크 ○ △ ✕

알약 복용 시 대상자를 돕는 방법으로 옳은 것은?

① 알약은 약병에서 손으로 옮긴다.
② 약의 개수가 많더라도 한 번에 투약한다.
③ 삼키기 쉽게 가루로 만들어 물에 섞어 준다.
④ 위장관에서 흡수가 잘 되도록 충분히 물을 준다.
⑤ 알약을 손으로 만졌더라도 다시 약병에 넣어도 된다.

11 ☑ 개념체크 ○ △ ✕

투약을 도울 때 주의사항으로 옳은 것은?

① 처음 나오는 안연고는 거즈로 닦아 버린다.
② 수액 병은 대상자의 심장보다 낮게 유지한다.
③ 안약 용액은 아랫눈꺼풀의 가장 앞쪽에 투여한다.
④ 귀약 투여 후 귀 윗부분을 잡고 앞쪽으로 잡아당긴다.
⑤ 직접 주사 주입 후 약이 정확하게 투여되는지 확인한다.

12 ☑ 개념체크 ○ △ ✕

약을 보관하는 방법으로 옳은 것은?

① 가루약은 햇빛이 잘 드는 상온에 보관한다.
② 알약은 습도가 높고 그늘진 곳에 보관한다.
③ 안약은 상온에서는 상하므로 냉장고에 보관한다.
④ 귀약은 입구를 생리식염수로 닦아 햇빛에 보관한다.
⑤ 시럽제는 직사광선이 들지 않는 서늘한 곳에 보관한다.

13 ☑ 개념체크 ○△✕

이동변기를 사용하는 대상자를 돕는 방법으로 옳은 것은?

① 변기를 따뜻하게 데워 둔다.
② 배설하는 동안 문을 열어 환기한다.
③ 가급적 요양보호사가 뒤처리를 한다.
④ 이동변기의 높이는 침대의 높이보다 높게 한다.
⑤ 안전을 위해 변기 위에 미끄럼방지매트를 깔아준다.

14 ☑ 개념체크 ○△✕

기저귀를 사용하는 대상자를 돕는 방법은?

① 오줌이 새지 않게 기저귀를 단단히 조여 준다.
② 기저귀를 교체하기 전에 창문을 열어 환기한다.
③ 사용했던 기저귀를 햇볕에 말려서 다시 사용한다.
④ 피부 주변을 살펴보고 상처가 생겼는지 확인한다.
⑤ 사용한 기저귀는 안쪽 면이 보이도록 말아 넣는다.

15 ☑ 개념체크 ○△✕

시설장이나 간호사에게 보고해야 하는 배설물 상태는?

① 엷은 노란빛의 소변
② 거품이 조금 있는 소변
③ 맑고 냄새가 없는 소변
④ 점액질이 다량 섞인 대변
⑤ 부드럽고 형태가 있는 대변

기출유형문제

침상에서 배설하는 대상자를 돕는 방법으로 옳은 것은?

① 텔레비전을 끈다.
② 바지를 내린 후 무릎덮개를 덮어준다.
③ 배변할 때까지 변기를 대고 같이 있어준다.
❹ 침상머리를 올리고 아랫배에 힘이 들어갈 수 있게 한다.
⑤ 물티슈로 뒤에서 앞으로 잘 닦아준 후 바로 옷을 입힌다.

해설
④ 침대를 올려주어 대상자가 배에 힘을 주기 쉬운 자세를 취하게 한다.

문제타파 TIP
대상자가 처리할 수 있는 부분을 스스로 하도록 하는 것은 대상자의 자존감을 높여주고 자립심을 키워준다.

기출유형문제

유치도뇨관을 삽입한 대상자의 경우 소변주머니의 관리 방법으로 옳은 것은?

① 소변이 가득 찼을 때 버린다.
❷ 방광보다 아래에 위치하게 한다.
③ 일주일에 한 번 알코올로 소독한다.
④ 대상자가 직접 소변기에 소변을 받게 한다.
⑤ 오전과 오후 두 번 소변량과 색깔을 확인한다.

해설
② 소변주머니가 방광보다 높이 있으면 소변이 역류하여 감염의 원인이 된다.

문제타파 TIP
유치도뇨관이 막히거나 꼬여서 소변이 제대로 배출되지 않으면 방광에 소변이 차서 아랫배에 팽만감과 불편감이 있고 아플 수 있다.

16 개념체크 ○△×

유치도뇨관을 삽입한 대상자 돕기 원칙으로 옳은 것은?

① 수분 섭취를 금한다.
② 소변량과 색깔을 하루에 두 번 확인한다.
③ 소변주머니를 방광보다 높게 두어야 한다.
④ 복부통증이 있다면 요양보호사가 유치도뇨관을 제거한다.
⑤ 연결관이 눌려 소변이 제대로 배출되지 못하는지 살펴본다.

17 개념체크 ○△×

유치도뇨관의 소변주머니 관리법으로 옳은 것은?

① 소변을 비운 후 재사용하지 않는다.
② 소변주머니를 하루에 두 번 비운다.
③ 소변주머니를 아랫배보다 높게 둔다.
④ 소변주머니를 비운 후 배출구는 잠근다.
⑤ 소변주머니를 들고 보행하지 못하게 한다.

18 개념체크 ○△×

유치도뇨관을 삽입한 대상자가 아랫배 통증을 호소할 때 돕는 방법은?

① 수분 섭취를 제한한다.
② 아랫배를 시계 방향으로 마사지한다.
③ 소변이 잘 배출되고 있는지 확인한다.
④ 유치도뇨관을 당겨서 위치를 조정한다.
⑤ 2~3시간 간격으로 간이변기를 대준다.

19 ☑ 개념체크 ○ △ ×

대상자의 양치를 돕는 방법으로 옳은 것은?

① 입안 헹구기는 식후에만 한다.
② 윗니, 입천장, 아랫니 순으로 닦는다.
③ 의치의 경우 아래 의치를 먼저 뺀다.
④ 안면마비 대상자를 위해 구강개구장치를 준비한다.
⑤ 앉은 자세를 할 수 없는 경우 아픈 쪽을 아래로 향하게 한다.

기출유형문제

의식이 없는 대상자의 구강 관리를 돕는 방법은?

① 치실을 사용한다.
② 마른 수건으로 닦는다.
③ 치약으로 칫솔질을 한다.
④ 침대를 수평으로 하고 닦아 준다.
❺ 일회용 스펀지 브러시를 물에 적셔서 닦는다.

해설
⑤ 거즈를 감은 설압자 또는 일회용 스펀지 브러시를 물에 적셔 사용한다.

20 ☑ 개념체크 ○ △ ×

대상자의 의치 관리를 돕는 방법으로 옳은 것은?

① 표백제에 담근다.
② 주방세제로 세척한다.
③ 뜨거운 물로 소독한다.
④ 의치는 건조한 곳에 보관한다.
⑤ 변형을 막기 위해 가급적 빼지 않는다.

21 ☑ 개념체크 ○ △ ×

대상자의 치아를 닦일 경우 칫솔에 치약을 묻히는 방법으로 옳은 것은?

①
②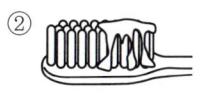
③
④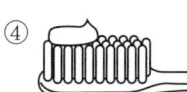
⑤

문제타파 TIP

혈액응고장애가 있는 대상자는 출혈 가능성이 있으므로 치실을 사용하지 않는다.

기출유형문제

대상자의 머리를 감기는 방법으로 옳은 것은?

❶ 귀막이 솜으로 귀를 막는다.
② 두피를 손톱으로 마사지한다.
③ 식사 후나 낮 시간대에 감는다.
④ 모발에서 두피 쪽으로 빗질한다.
⑤ 두피에서 상처를 발견하면 즉시 연고를 바른다.

해설
② 두피를 손톱이 아닌 손가락 끝으로 마사지 후 헹군다.
③ 공복 및 식후에는 머리 감기를 피한다.
④ 두피에서 모발 끝 쪽으로 빗질한다.
⑤ 모발과 두피에서 특이사항을 발견한 경우 시설장이나 간호사 등에게 보고한다.

문제타파 TIP
침대에서 머리를 감길 때는 방수포를 깔아 시트가 젖지 않게 한다.

22 개념체크 ○ △ ×

대상자의 머리 감기를 돕는 방법은?

① 젖은 머리는 수건으로 비벼 말린다.
② 추울 때에는 아침 시간대를 이용한다.
③ 헤어드라이어는 머리 가까이에서 사용한다.
④ 머리 감기 전의 실내온도는 35℃를 유지한다.
⑤ 머리를 앞으로 숙이기 힘든 경우 샤워 캡을 씌운다.

23 개념체크 ○ △ ×

대상자의 머리를 손질하는 방법은?

① 빗질은 필요할 때 한다.
② 머리핀 등을 하지 않는다.
③ 거울은 정리를 마친 후 보여준다.
④ 대상자의 기호를 고려하지 않는다.
⑤ 머리카락이 엉켰을 경우에는 물을 적신 후 빗는다.

24 개념체크 ○ △ ×

스스로 세수할 수 없는 대상자의 세면을 돕는 방법은?

① 눈은 바깥쪽에서 안쪽으로 닦는다.
② 이마는 턱 쪽으로 쓸어내리며 닦는다.
③ 가급적 전기면도기를 사용하지 않는다.
④ 하루에 한 번 이상 안경을 닦거나 씻는다.
⑤ 면봉으로 귓속의 귀지를 깨끗이 제거한다.

25 ☑ 개념체크 ○ △ ×

대상자의 청결 관리를 돕는 방법은?

① 손톱은 일자로, 발톱은 둥글게 깎는다.
② 대상자의 기호에 따라 머리를 정돈한다.
③ 오일은 끈적일 수 있으므로 피부에 사용하지 않는다.
④ 가볍게 짠 물수건으로 회음부를 뒤에서 앞으로 닦는다.
⑤ 물을 사용하기 어려운 상황에서는 머리를 감기지 않는다.

26 ☑ 개념체크 ○ △ ×

대상자의 손발을 청결하게 하는 방법은?

① 주기적으로 로션을 발라준다.
② 발가락은 소독약으로 닦아준다.
③ 피부에 분비물이 있으면 씻어낸다.
④ 체온 유지를 위하여 모직의류를 사용한다.
⑤ 혈액순환을 위해 손발을 시원한 물에 20분간 담근 후 닦는다.

27 ☑ 개념체크 ○ △ ×

대상자의 회음부 청결을 돕는 방법은?

① 앉아서 무릎을 세우게 한다.
② 시원한 물을 음부에 끼얹는다.
③ 남성 대상자의 음경을 손으로 잡고 닦는다.
④ 청결을 위하여 되도록 요양보호사가 닦아준다.
⑤ 목욕 담요의 아랫단 가운데 부분으로 회음부를 덮는다.

기출유형문제

대상자의 발을 관리하는 방법으로 옳은 것은?

① 두꺼운 모직 양말을 신긴다.
② 피부에 자극이 가므로 마사지를 삼간다.
❸ 피부 건조를 예방하기 위해 로션을 발라준다.
④ 발에 상처가 나지 않도록 발톱을 둥글게 자른다.
⑤ 살 안쪽으로 심하게 파고든 발톱은 자르고 소독한다.

해설

① 피부에 자극을 주는 모직 양말보다는 면 양말을 신긴다.
② 건조를 예방하기 위해 로션을 바르며 마사지를 한다.
④ 발톱은 일자로 자른다.
⑤ 대상자의 발에 상처가 있을 경우 시설장이나 간호사 등에게 보고한다.

문제타파 TIP

손발청결을 돕기 전, 대상자의 손발을 따뜻한 물에 10~15분간 담가 온기를 느끼게 한다. 이는 혈액순환을 촉진하고 이물질을 쉽게 제거할 수 있도록 한다.

기출유형문제

대상자의 침상 목욕 방법으로 옳은 것은?

① 허벅지에서 발 쪽으로 씻긴다.
❷ 목욕 실시 전에 용변을 보도록 한다.
③ 복부는 시계 반대 방향으로 마사지한다.
④ 어깨에서 시작해서 손목 쪽으로 씻긴다.
⑤ 엎드리게 한 후 등에서 시작해서 목을 씻긴다.

해설

② 목욕 실시 전에 용변을 보도록 하고, 대상자의 상태를 확인하여 열이 나거나 혈압이 상승했을 때, 기분이 불쾌하거나 몸이 피로할 때, 공복 시, 식사 직전 및 직후에는 목욕을 피한다.

문제타파 TIP

복부는 배꼽을 중심으로 시계 방향으로 닦는다. 이는 장운동을 활발하게 하여 배변에 도움이 된다.

28 개념체크 ○△×

거동이 불편한 대상자를 침상 목욕시킬 때 돕는 방법은?

① 발끝에서 허벅지 쪽으로 닦는다.
② 눈은 바깥쪽에서 안쪽으로 닦는다.
③ 눈 주변은 비누를 이용해 닦는다.
④ 등과 둔부는 엎드리게 한 후 닦는다.
⑤ 몸의 중심부에서 말초 부위로 닦는다.

29 개념체크 ○△×

대상자를 통 목욕시킬 때 돕는 방법으로 옳은 것은?

① 욕조에 있는 시간은 5분 정도로 한다.
② 등에 물을 묻혀 미리 온도를 느껴보게 한다.
③ 회음부 → 다리 → 팔 → 몸통의 순서로 물로 헹군다.
④ 어지럽지 않게 욕실 온도는 18℃ 정도로 유지한다.
⑤ 따뜻한 물로 아래부터 머리 방향으로 비눗기를 씻는다.

30 개념체크 ○△×

침상 목욕 시 얼굴 닦는 순서로 옳은 것은?

① 눈 → 코 → 뺨 → 이마 → 입 주위 → 귀 → 목
② 눈 → 뺨 → 코 → 입 주위 → 이마 → 귀 → 목
③ 눈 → 코 → 뺨 → 입 주위 → 이마 → 귀 → 목
④ 이마 → 귀 → 목 → 눈 → 코 → 뺨 → 입 주위
⑤ 이마 → 귀 → 목 → 눈 → 코 → 입 주위 → 뺨

31 ☑ 개념체크 ○△×

대상자의 옷을 갈아입힐 때 주의사항으로 옳은 것은?

① 노출되는 부분을 적게 한다.
② 되도록 단추가 없는 옷을 고른다.
③ 상의와 하의가 연결된 옷을 고른다.
④ 옷을 벗을 때는 불편한 쪽부터 벗긴다.
⑤ 허리나 소매가 몸에 꽉 맞는 옷을 선택한다.

기출유형문제

왼쪽 편마비 대상자에게 단추 없는 옷을 입히는 순서로 옳은 것은?

① 왼팔 → 오른팔 → 머리
② 오른팔 → 머리 → 왼팔
③ 머리 → 왼팔 → 오른팔
❹ 왼팔 → 머리 → 오른팔
⑤ 오른팔 → 왼팔 → 머리

해설
④ 대상자의 마비된 쪽 팔 → 머리 → 건강한 쪽 팔 순서로 입힌다. 이때 요양보호사는 대상자가 건강한 쪽 팔을 스스로 소매에 넣을 수 있도록 돕는다.

32 ☑ 개념체크 ○△×

앉을 수 있는 편마비 대상자에게 앞이 막힌 상의를 갈아입히는 방법은?

① 목 부분을 잡아당겨 옷을 벗긴다.
② 옷의 소매 부분을 움켜잡아 머리를 끼운다.
③ 옷을 입을 때 건강한 쪽 팔을 먼저 끼운다.
④ 옷을 벗길 때는 배꼽 부위까지 옷을 걷어 올린다.
⑤ 옷을 벗을 때 마비된 쪽 손을 뺄 수 있게 소매를 당겨준다.

33 ☑ 개념체크 ○△×

누워 있는 대상자의 하의를 갈아입힐 때 돕는 방법은?

① 두 다리를 동시에 들어 바지를 벗긴다.
② 입힐 때 무릎을 세우고 둔부를 들어 바지를 허리까지 올린다.
③ 벗길 때 바지의 발목 부분 양끝을 잡고 대퇴부 아래로 내린다.
④ 입힐 때 스스로 둔부를 들지 못하면 둔부를 들어 바지를 끌어올린다.
⑤ 벗길 때 스스로 둔부를 들지 못하면 두 손으로 바지를 움직이며 아래로 내린다.

문제타파 TIP

편마비 대상자의 옷 갈아입히기 순서
- 옷을 입힐 때 : 마비된 쪽 → 건강한 쪽
- 옷을 벗길 때 : 건강한 쪽 → 마비된 쪽

기출유형문제

수액을 맞고 있는 왼쪽 편마비 대상자에게 단추 있는 옷을 입히는 순서로 옳은 것은?

가. 수액을 빼서 건다.
나. 왼쪽 팔을 낀다.
다. 오른쪽 팔을 낀다.
라. 대상자를 오른쪽으로 돌아 눕힌다.

① 가 → 다 → 나 → 라
❷ 나 → 라 → 가 → 다
③ 가 → 나 → 라 → 다
④ 나 → 가 → 라 → 다
⑤ 라 → 나 → 가 → 다

해설
② 마비된 쪽(왼쪽) 팔 → 수액 → 건강한 쪽(오른쪽) 팔 순서로 끼운다.

문제타파 TIP
수액을 맞고 있는 편마비 대상자 옷 입히기 순서
마비된 쪽 → 수액 → 건강한 쪽

34 개념체크 ○△×

체위변경이 필요한 대상자에게 앞이 막힌 상의를 갈아입히는 방법은?

① 옷을 벗길 때 목까지 옷을 걷어 올린다.
② 옷의 몸통 부분을 늘여 머리를 통과시킨다.
③ 옷을 입힐 때는 건강한 쪽 손을 잡고 그쪽부터 입힌다.
④ 등 밑으로 손을 넣어 팔꿈치를 빼고 소매를 벗긴 후 머리 쪽을 벗긴다.
⑤ 팔꿈치가 구부러지지 않으면 양 소매를 통과시키고 머리를 통과시킨다.

35 개념체크 ○△×

다음 그림과 같이 단추 있는 옷을 입혀야 하는 대상자로 옳은 것은?

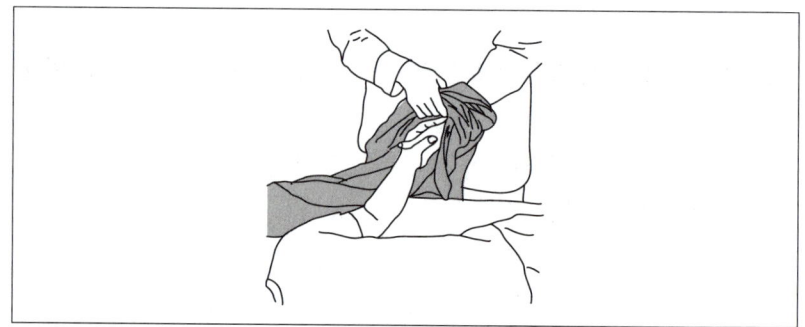

① 왼쪽 편마비 대상자
② 오른쪽 편마비 대상자
③ 왼쪽 발목 골절 대상자
④ 오른쪽 발목 골절 대상자
⑤ 어지럼증이 있는 대상자

36 개념체크 ○△×

체위변경이 필요한 대상자가 수액을 맞고 있을 때 상의를 입히는 방법은?

① 상의의 소매 부분을 펼쳐놓는다.
② 먼저 마비된 쪽 팔에 소매를 낀다.
③ 수액을 빼서 걸 때에는 돌아눕게 한다.
④ 대상자를 마비된 쪽으로 돌아눕게 한다.
⑤ 수액을 마비된 쪽 소매의 안에서 밖으로 빼서 건다.

CHAPTER 11 핵심요약

한줄요약

01 대상자가 저영양에 빠지지 않도록 1일 필수에너지 섭취량을 기준으로 '균형 잡힌 식사'를 제공한다.

02 대상자에게 연하능력이 없고 의식장애가 있을 때 비위관을 통하여 경관 유동식을 제공한다.

03 식사 시 의자의 높이는 대상자의 발바닥이 바닥에 닿을 수 있는 정도여야 안전하다.

04 식사 시 수분이 적은 음식은 삼키기 어렵고 신맛이 강한 음식은 사레를 유발할 수 있다.

05 대상자가 침대에서 식사할 경우 침대머리를 30~60°가량 올려 상반신을 높이고 머리 뒤에 베개를 받쳐 턱을 당긴 자세를 취하게 한다.

06 귀약 투여 후 약물이 귀 안쪽으로 잘 들어가도록 하기 위해서 대상자의 귀 윗부분을 잡고 뒤쪽(후상방)으로 잡아당겨야 한다.

07 유치도뇨관의 소변주머니는 방광보다 낮게 두어야 한다. 소변주머니가 높이 있으면 소변이 역류하여 감염의 원인이 된다.

08 배변 후 뒤처리를 할 시에는 앞에서 뒤로 닦는다.

09 기저귀를 사용할 경우에는 피부 주변을 살펴보고 상처가 생기는지 확인한다.

한줄필기

연하장애
음식물을 삼키기 힘든 상태

비위관
위에 음식물을 넣기 위해 삽입하는 코(鼻)와 위(胃)를 연결하는 인공관

흡인
기도의 분비물을 배출하지 못하거나 연하를 못하여 생기는 코와 입의 가래나 분비물을 제거하는 것

보고가 필요한 배설물
- 소변 : 탁하거나 뿌연 경우, 거품이 많이 나는 경우, 냄새가 심한 경우, 피가 섞여 나오거나 푸른빛인 경우 등
- 대변 : 피가 섞여 나오거나 검붉은 경우, 심하게 묽거나 점액질이 섞인 경우 등

시설장이나 간호사에게 알려야 하는 대상자의 상태
- 사레들리거나 숨쉬기가 어려운 경우
- 비위관이 새거나 영양액이 역류할 경우
- 배설물이 이상한 경우
- 소변이 유치도뇨관 밖으로 새는 경우
- 유치도뇨관을 삽입한 대상자가 불편감을 호소하는 경우
- 입안에 염증이나 상처 등 이상이 있는 경우
- 피부에 상처나 분비물이 있는 경우

한줄필기

사례 및 질식 예방을 위하여 피해야 할 음식
- 마른 음식(김, 뻥튀기)
- 점도가 높은 음식(떡)
- 잘 부서지는 음식(유과, 비스킷)
- 자극적인 음식

의치 관리법
- 의치를 세척할 때는 의치세정제를 사용하고, 주방세제를 대신 사용할 수 있다.
- 의치는 뜨거운 물에 삶거나 표백제에 담그면 안 된다.
- 의치를 보관할 때는 의치세정제나 물이 잠긴 보관용기를 사용한다. 냉수에 담가두면 변형을 막을 수 있다.
- 밤에는 구강 내 압박을 덜기 위해 의치를 빼어 세정제에 담가 오염 물질이 제거되도록 한다.

10 유치도뇨관을 삽입한 대상자가 아랫배 통증을 호소할 때는 소변이 잘 배출되고 있는지 확인한다.

11 소변주머니를 비울 때는 밑에 있는 배출구를 열어 소변기에 소변을 받은 후 배출구를 잠그고, 알코올 솜으로 배출구를 소독한 후 제자리에 꽂는다.

12 입안을 닦아낼 때 혀 안쪽이나 목젖을 자극하면 구토나 질식을 일으킬 수 있으므로 너무 깊숙이 닦지 않는다.

13 의치는 의치세정제나 주방세제로 세척하고, 헹굴 때는 찬물을 사용한다.

14 치약은 칫솔모 위에서 눌러 짜서 칫솔 사이에 끼게 한다.

15 칫솔질을 할 때에는 치약을 묻힌 칫솔을 45° 각도로 치아에 대고 잇몸에서 치아 쪽으로 닦는다.

16 머리를 앞으로 숙이기 힘든 대상자의 머리를 감길 때는 샤워 캡을 씌우고 귀마개나 솜 등으로 양쪽 귀를 막는다.

17 침대에서 머리를 감길 때는 방수포를 깔아 시트가 젖지 않게 한다.

18 물을 사용할 수 없거나 대상자가 움직이기 힘든 경우 드라이샴푸를 사용하여 청결을 유지한다.

19 손톱은 둥글게, 발톱은 일자로 깎는다.

20 면도 시에는 전기면도기를 사용하는 것이 안전하다.

21 침상 목욕 시 손목 쪽에서 팔 쪽, 발끝에서 허벅지 쪽, 말초 부위에서 몸의 중심부로 닦는다.

22 침상 목욕 시 눈 주변에는 비누를 사용하지 않는다.

23 옷을 입힐 때는 마비된 쪽 → 건강한 쪽으로, 옷을 벗길 때는 건강한 쪽 → 마비된 쪽 순으로 한다.

24 수액을 맞고 있는 편마비 대상자에게 단추 있는 옷을 입힐 때는 마비된 쪽 팔 → 수액 → 건강한 쪽 팔 순으로 한다.

25 둔부를 들 수 없는 대상자의 하의를 갈아입힐 경우, 좌우로 체위를 변경하며 바지를 한쪽씩 내린다.

26 침대에 누워 지내는 대상자의 하의를 입힐 때 엉덩이를 들어 올릴 수 있으면 두 다리를 모아(건강한 쪽 다리를 아래로) 무릎을 세우게 한다.

한줄필기

경관영양 시 주의점
영양액의 농도가 너무 진하거나 영양액을 너무 빠르게 주입하면 설사·탈수를 유발할 수 있다. 반대로 너무 천천히 주입하는 경우 음식이 상할 수 있으므로 주의해야 한다.

올바른 식사 자세
- 의자에 앉을 경우(침대에 걸터앉는 경우도 포함) 발바닥이 바닥에 닿아야 안전하다.
- 팔걸이, 등받이가 있는 의자는 대상자가 좌우 균형을 잡는 데 도움이 된다.
- 안쪽 깊숙이 앉게 하고 의자를 충분히 당겨준다.
- 침대에 앉을 수 없는 경우 침대를 30~60° 높인다.
- 편마비대상자 식사 시 건강한 쪽이 밑으로 가야 안정감이 있다.

한줄문제

01 노인의 하루 물 권장량은?
답 물과 당이 첨가되지 않은 음료를 합하여 6~7잔(1,000mL)을 섭취한다.

02 연하능력은 있지만 저작능력이 떨어지는 대상자에게 제공하는 식사는?
답 부드럽게 조리하거나 잘게 썰어 저작하기 편한 형태로 만든 저작 도움식을 제공한다.

03 경관영양을 하는 경우는?
답 대상자가 의식이 없거나 혼수에 빠진 경우

04 편마비대상자의 올바른 식사 자세는?
답 건강한 쪽을 밑으로 하여 약간 옆으로 누운 자세를 취한다.

> **한줄필기**

요양보호사가 해서는 안 되는 것
- 비위관의 삽입·교체
- 임의의 약 조제
- 유치도뇨관의 삽입·교환
- 방광 세척
- 귀지 제거
- 흡인

연하곤란 증상
- 평소 침 흘림이 관찰된다.
- 잘 씹지 못한다.
- 음식을 잘 삼키지 않고 입안에 오래 머금고 있다.
- 입 밖으로 음식을 흘린다.
- 음식을 삼킨 직후 재채기 또는 기침(기도로 흡인되는 현상)을 한다.
- 음식 섭취 후 목에서 쉰 또는 젖은 소리가 난다.
- 음식을 먹을 때 딸꾹질을 한다.
- 구역질하는 모습이 관찰된다.
- 트림하면서 음식물이 나온다(식도역류나 식도 부근에 음식물이 남아 있다가 나오는 증상).

05 대상자의 눈에 안약을 넣을 때 옳은 위치는?
답 하부 결막낭(아랫눈꺼풀, 하안검) 중앙이나 외측으로 1~2cm 높이

06 배설 요양보호의 일반적인 원칙은?
답 도움이 필요한 부분만 돕고 대상자가 처리할 수 있는 부분은 스스로 하게 한다.

07 대상자의 화장실 이용 돕기 방법은?
답 변기 옆에 손잡이를 설치하여 필요시 잡을 수 있게 한다.

08 대상자의 배설물 상태를 보고해야 하는 경우는?
답 소변에서 거품이 많이 나는 경우

09 유치도뇨관을 확인하는 간격은?
답 소변량과 색깔을 2~3시간마다 확인한다.

10 침상 생활 대상자의 양치 방법은?
답 대상자가 누워있는 상태에서 양치질을 도와줄 때는 옆으로 누운 자세를 취해야 안전하다(사레 방지).

11 의식이 없는 대상자의 구강 관리법은?
답 거즈를 감은 설압자 또는 일회용 스펀지 브러시를 물에 적셔 관리한다.

12 의치를 보관하는 방법은?
답 의치세정제나 냉수에 담가 일정한 장소와 용기에 보관한다.

13 식전에 입안을 헹구는 이유는?
답 식전 입안 헹구기는 구강 건조를 막고 타액이나 위액 분비를 촉진하여 식욕을 증진한다.

14 두피 마사지를 하는 방법은?
답 두피를 손톱이 아닌 손가락 끝으로 마사지한다.

15 머리카락이 엉켰을 경우에 빗질하는 법은?
　답 머리카락을 물로 적신 후에 손질한다.

16 헤어드라이어로 머리를 말리는 방법은?
　답 머리로부터 10cm 이상 떨어뜨려 사용한다.

17 여성 대상자의 회음부를 닦는 방법은?
　답 가볍게 짠 물수건을 사용해 앞쪽에서 뒤쪽으로 닦아낸다.

18 편마비 대상자의 하의를 갈아입힐 때 어느 쪽부터 입히는가?
　답 마비된 쪽

19 편마비 대상자에게 단추 없는 옷을 입히는 순서는?
　답 마비된 쪽 팔 → 머리 → 건강한 쪽 팔

20 수액을 맞고 있는 대상자의 단추 있는 옷을 벗기는 순서는?
　답 건강한 쪽 팔(수액을 맞고 있는 팔) → 수액 → 마비된 쪽 팔

한줄필기

배설 요양보호의 목적
- 적절한 배설활동을 유지하도록 화장실까지의 이동을 돕는다.
- 배설활동이 원활하게 이루어지면 대상자의 생리적 기능이 회복·유지되며, 심리적으로도 만족감을 느낀다.
- 배설기능을 가능한 한 스스로 유지·조절할 수 있게 도움으로써, 삶의 질 향상과 건강 유지 및 관리를 돕는다.

CHAPTER 12 신체활동지원 Ⅱ

제3부 요양보호와 생활지원

출제 키워드

침대 이동, 체위변경, 앙와위, 반좌위, 복위, 측위, 욕창, 휠체어 이동, 보행기, 지팡이, 복지용구

이렇게 공부하세요

이 단원에서는 침대 위에서의 이동 돕기, 침대에서의 체위변경, 휠체어 이동 돕기, 보행 돕기 등 구체적으로 대상자를 돕는 방법을 묻는 문제들이 많이 출제됩니다. 또한, 이 단원은 실기편 문제 출제에 주요하게 활용되는 단원이므로, 실제 돕는 방법을 연습하면서 돕는 과정 및 순서 등을 정확히 알아 두는 것이 중요합니다.

미리 보는 문제 유형

- 가파른 내리막길에서 휠체어를 타고 있는 대상자의 이동을 돕는 방법은?
- 편마비 대상자를 휠체어에서 방바닥으로 이동시키는 순서는?
- 보행이 불가능한 대상자가 대여할 수 있는 복지용구는?

함께 풀어봅시다

침상에 누워 있는 편마비 대상자가 화장실에 다녀오도록 휠체어에 앉히는 방법 중 옳은 것은?

① 마비된 쪽에 휠체어를 두고, 휠체어를 침대 난간에 30~45° 비스듬히 붙인다.
  └ 건강한 쪽에 휠체어를 둔다.
② 양팔을 잡고 대상자를 세운다.
  └ 대상자의 겨드랑이 밑으로 양팔을 넣어 등 뒤를 감싸 안아 반동을 이용하여 대상자를 세운다.
③ 마비된 쪽 손으로 휠체어의 팔걸이를 잡게 한다.
  └ 건강한 쪽 손으로 휠체어의 팔걸이를 잡게 한다.
④ 다칠 위험이 있으므로 움직이지 않도록 한다.
  └ 편마비 대상자라면 건강한 쪽 손으로 마비된 쪽 손과 발을 움직여 스스로 자세를 잡도록 격려한다.
⑤ 요양보호사는 무릎을 대상자의 다리 사이에 충분히 넣고 지지면을 확보한다.

정답 ⑤

출제자의 비밀노트

편마비 대상자를 돕는 방법
- 침대와 휠체어는 건강한 쪽에 빈틈없이 붙이거나 30~45° 비스듬히 붙인다.
- 음식은 건강한 쪽에서 넣어 준다.
- 일어나 앉힐 때는 건강한 쪽에 서고, 일으켜 세우거나 옆에서 보조할 때는 마비된 쪽에 선다.

출제예상문제

정답 및 해설 028쪽

01 ☑ 개념체크 ○ △ ✕

침대 위의 대상자를 오른쪽으로 돌려 눕히는 방법으로 옳은 것은?

① 요양보호사가 왼쪽에 선다.
② 왼쪽으로 대상자의 머리를 돌린다.
③ 대상자의 왼쪽 손을 위로 올리거나 양손을 가슴에 포개놓는다.
④ 대상자의 무릎을 굽히거나 왼쪽 발을 오른쪽 발 위에 올려놓는다.
⑤ 대상자를 움직일 때 요양보호사가 대상자의 뒤에서 수행해야 한다.

02 ☑ 개념체크 ○ △ ✕

침대에 걸터앉아 있는 대상자를 앞에서 보조하며 일으켜 세우는 순서는?

> 가. 대상자의 발을 무릎보다 살짝 안쪽으로 옮겨준다.
> 나. 선 자세에서 균형을 잡을 수 있을 때까지 잡아준다.
> 다. 대상자의 상체를 앞으로 숙이며 천천히 일으켜 세운다.
> 라. 요양보호사는 자신의 무릎을 대상자의 마비된 쪽 무릎 앞쪽에 대고 지지하여 준다.

① 가 → 나 → 다 → 라
② 가 → 나 → 라 → 다
③ 가 → 다 → 나 → 라
④ 가 → 라 → 나 → 다
⑤ 가 → 라 → 다 → 나

03 ☑ 개념체크 ○ △ ✕

대상자를 이동시킬 때 요양보호사의 위치로 옳은 것은?

① 대상자를 이동시키고자 하는 반대쪽에 선다.
② 대상자를 돌려 눕히려고 하는 반대쪽에 선다.
③ 편마비 대상자를 일어나 앉힐 때에는 마비된 쪽에 선다.
④ 침대에 앉히고자 하는 반대쪽에서 대상자를 향하여 선다.
⑤ 옆에서 보조하여 일으켜 세울 경우 마비된 쪽 가까이에 선다.

기출유형문제

협조할 수 없는 대상자가 침대 아래(발)쪽으로 미끄러져 내려가 있을 때 두 명의 요양보호사가 침대 양쪽에서 올려 눕히는 방법으로 옳은 것은?

① 팔과 다리를 잡고 당겨 올린다.
② 목과 무릎 밑을 지지하여 올린다.
③ 상의와 바지를 잡고 들어 올린다.
④ 양쪽 겨드랑이를 잡고 당겨 올린다.
❺ 어깨와 대퇴 아래를 지지하여 올린다.

해설

⑤ 침대 양쪽에 한 사람씩 마주 서서 한쪽 팔은 머리 밑으로 넣어 어깨와 등 밑을 지지하고, 다른 팔은 둔부와 대퇴를 지지하여 신호에 맞춰 두 사람이 동시에 대상자를 침대머리 쪽으로 옮긴다.

문제타파 TIP

누워서 엉덩이를 들어 올리는 운동은 휴대용 변기 사용, 침대 위에서의 이동에 도움이 되며, 보행 시 신체를 안정시키는 효과가 있다.

기출유형문제

대상자의 체위변경을 돕는 방법으로 옳은 것은?

① 표면이 거친 쿠션을 받쳐 준다.
❷ 욕창이 있으면 체위변경 횟수를 늘린다.
③ 대상자의 옷을 잡아당겨 체위를 변경한다.
④ 대상자의 가슴 위를 도넛 모양의 베개로 지지한다.
⑤ 휠체어에서는 2시간마다 체위를 바꾸어 준다.

해설

① 표면이 거친 쿠션은 피부를 자극하므로 사용하지 않는다.
③ 대상자를 잡아당기면 피부가 손상되거나 통증이 유발될 수 있다.
④ 도넛 모양의 베개는 압박을 받는 부위의 순환을 저해할 수 있으므로 사용을 삼간다.
⑤ 특정 부위에 압력이 집중되지 않도록 의자나 휠체어에서는 1시간마다 자세를 바꾸어 준다 (침대에서는 2시간마다 바꾼다).

문제타파 TIP

체위변경과 이동을 도울 시에는 한꺼번에 많이 이동하려고 하지 말고 조금씩 나누어 이동시킨다.

04 개념체크 ○△×

하반신마비 대상자의 상체를 일으켜 앉힐 때 돕는 방법은?

① 요양보호사는 대상자의 먼 쪽에 선다.
② 요양보호사는 대상자의 머리를 받쳐준다.
③ 대상자가 일어날 수 있도록 허리를 지지하여 준다.
④ 대상자의 양쪽 무릎을 반드시 굽혀 주도록 한다.
⑤ 갑자기 무릎이 꺾여 넘어지는 것을 주의해야 한다.

05 개념체크 ○△×

침대 위의 대상자를 오른쪽 또는 왼쪽으로 이동시킬 때 돕는 방법은?

① 대상자를 이동하고자 하는 쪽의 반대편에 선다.
② 요양보호사 쪽 침대 난간은 올리고, 반대쪽은 내린다.
③ 요양보호사는 대상자의 두 팔을 가슴 위로 포갠다.
④ 한 손은 머리, 한 손은 어깨를 받치고 상반신을 이동시킨다.
⑤ 하반신은 허벅지와 무릎 아래에 손을 깊숙이 넣고 이동시킨다.

06 개념체크 ○△×

침대에서 이동할 때 요양보호사가 수행해야 하는 일로 옳은 것은?

① 대상자가 힘들어하므로 한꺼번에 옮긴다.
② 요양보호사는 돌려 눕히려고 하는 반대쪽에 선다.
③ 요양보호사는 대상자의 뒤쪽에서 체위변경을 한다.
④ 대상자가 침대 아래쪽에 있을 경우, 침대 매트를 수평으로 한다.
⑤ 대상자가 한쪽으로 쏠려 있어도 난간이 올려져 있으면 이동시키지 않는다.

07 ☑ 개념체크 ○ △ ×

다음에서 설명하는 기본 체위는?

- 등에 상처가 있거나 등 근육을 쉬게 해줄 때의 자세이다.
- 아랫배와 발목 밑에 작은 베개 등을 받치면 허리와 넙다리의 긴장을 완화할 수 있다.

① 복위
② 측위
③ 앙와위
④ 반좌위
⑤ 절석위

08 ☑ 개념체크 ○ △ ×

침대에서의 체위변경 시 측위 자세를 돕는 방법으로 옳은 것은?
① 대상자를 침대 난간 쪽에 눕힌다.
② 대상자의 엉덩관절과 무릎관절은 나란하게 펴준다.
③ 머리 아래 및 위에 있는 다리 밑에 베개를 받쳐준다.
④ 엉덩이를 앞쪽으로 이동시켜 주면 자세는 더욱 편안해진다.
⑤ 대상자의 목 뒤에 베개를 놓아 목 및 어깨가 지지되게 한다.

09 ☑ 개념체크 ○ △ ×

바로 누운 자세에서 잘 발생할 수 있는 욕창 부위는?
① 팔꿈치, 턱, 가슴, 무릎, 발가락
② 뒷머리, 어깨, 엉덩이, 발뒤꿈치
③ 귀, 어깨, 팔꿈치(외측), 고관절부위
④ 머리, 어깨, 천골 부위, 엉덩이, 발뒤꿈치
⑤ 귀, 어깨, 가슴, 엉덩이, 무릎, 발가락

기출유형문제

욕창 발생 위험이 가장 높은 대상자는?
① 뛰기를 즐기는 과체중 대상자
② 운동이 어려운 파킨슨병 대상자
③ 지팡이를 짚고 걷는 관절염 대상자
❹ 체위변경이 어려운 척수 장애 대상자
⑤ 목발을 사용하여 산책하는 편마비 대상자

해설
④ 체중 감소로 인해 완충지대가 감소한 대상자나, 척수 장애 등으로 체위변경이 어려워 거동이 불편한 대상자는 욕창 발생 위험이 높다.

문제타파 TIP

침대에서는 보통 2시간마다 체위를 변경해 준다. 욕창이 이미 발생한 경우에는 더 자주 변경해야 한다.

기출유형문제

휠체어 이동 시 작동법으로 옳은 것은?

❶ 엘리베이터에 탈 때 뒤로 들어간다.
② 문턱을 내려갈 때 뒷바퀴를 들어 올린다.
③ 오르막길을 갈 때 자세를 가급적 높인다.
④ 내리막길을 갈 때 휠체어를 앞으로 한다.
⑤ 울퉁불퉁한 길을 갈 때 휠체어를 뒤로 돌려 이동한다.

해설

① 엘리베이터에 타고 내릴 때는 뒤로 들어가서 앞으로 밀고 나온다. 이는 엘리베이터 층 버튼에 쉽게 접근할 수 있게 하며, 엘리베이터에서 나갈 때 휠체어를 돌려야 하는 불편함을 피할 수 있도록 돕기 때문이다.

10 ☑ 개념체크 ○△×

휠체어를 접는 순서로 옳은 것은?

> 가. 시트를 들어 올린다.
> 나. 양쪽 팔걸이를 접는다.
> 다. 잠금장치를 잠그고, 발 받침대를 올린다.

① 가 → 나 → 다   ② 가 → 다 → 나
③ 나 → 가 → 다   ④ 나 → 다 → 가
⑤ 다 → 가 → 나

11 ☑ 개념체크 ○△×

다음 그림에 해당하는 휠체어 이동 상황은?

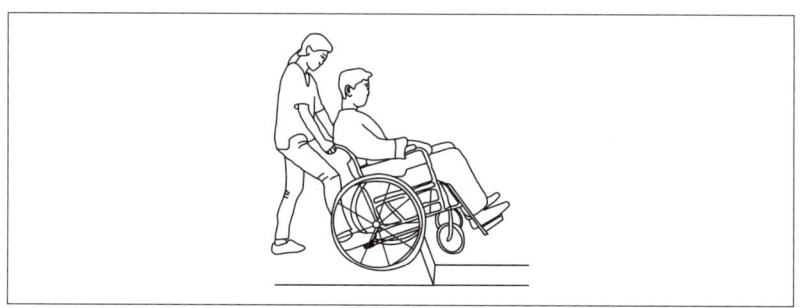

① 오르막길을 갈 때
② 내리막길을 갈 때
③ 도로 턱을 오를 때
④ 도로 턱을 내려갈 때
⑤ 울퉁불퉁한 길을 갈 때

12 ☑ 개념체크 ○△×

편마비 대상자를 바닥에서 휠체어로 앉힐 때 가장 먼저 돕는 방법은?

① 엉덩이를 들어 허리를 펴게 한다.
② 대상자의 어깨와 허리를 받쳐준다.
③ 바퀴를 고정하고 발 받침대를 접는다.
④ 휠체어를 대상자의 건강한 쪽에 비스듬히 놓는다.
⑤ 건강한 쪽 무릎을 세우게 하여 천천히 휠체어에 앉힌다.

문제타파 TIP

휠체어를 움직이지 않을 때는 반드시 브레이크를 잠가야 한다.

13 ☑ 개념체크 ○ △ ✕

휠체어에 타고 있는 편마비 대상자를 침대로 옮기는 순서는?

> 가. 대상자의 둔부를 휠체어 의자 앞쪽으로 이동시킨다.
> 나. 휠체어를 건강한 쪽에 놓은 후, 브레이크를 잠근다.
> 다. 발 받침대를 올리고, 마주 서서 대상자의 발을 바닥에 붙인다.
> 라. 건강한 쪽 손으로 침대를 잡고, 무릎을 구부려 침대에 걸터앉게 한다.
> 마. 요양보호사의 무릎으로 대상자의 불편한 쪽 무릎을 눌러 일으켜 세운다.

① 나 → 가 → 다 → 마 → 라
② 가 → 라 → 나 → 다 → 마
③ 가 → 다 → 나 → 마 → 라
④ 나 → 라 → 가 → 다 → 마
⑤ 나 → 다 → 가 → 마 → 라

기출유형문제

왼쪽 편마비 대상자를 휠체어에서 바닥으로 옮길 때 돕는 방법은?

① 휠체어의 잠금장치를 푼다.
② 대상자는 양손을 가슴에 놓는다.
③ 요양보호사는 대상자의 오른쪽에 선다.
❹ 오른손으로 바닥을 짚게 한다.
⑤ 발 받침대를 내려 발을 놓는다.

해설
④ 대상자는 건강한 쪽 팔을 뻗어 바닥을 짚고, 건강한 쪽 다리에 힘을 주어 바닥에 내려앉는다.

14 ☑ 개념체크 ○ △ ✕

편마비 대상자를 휠체어에서 바닥으로 이동시키는 순서는?

> 가. 대상자가 건강한 쪽 팔을 뻗어 바닥을 짚게 한다.
> 나. 대상자의 마비된 쪽 옆에서 어깨와 몸통을 지지해 준다.
> 다. 대상자가 건강한 쪽 다리에 힘을 주어 바닥에 내려앉게 한다.
> 라. 휠체어의 잠금장치를 잠그고 발 받침대를 올려 대상자의 발을 바닥에 내려놓는다.

① 나 → 가 → 라 → 다
② 나 → 다 → 라 → 가
③ 라 → 가 → 나 → 다
④ 라 → 나 → 가 → 다
⑤ 라 → 다 → 나 → 가

문제타파 TIP

휠체어에서 바닥으로 이동하거나 바닥에서 휠체어로 이동할 때 요양보호사는 대상자의 마비된 쪽에 서서 돕는다.

기출유형문제

좌측 편마비 대상자를 휠체어에서 이동변기로 옮길 때 휠체어의 위치로 옳은 것은?

① 왼쪽 30~45°
❷ 오른쪽 30~45°
③ 오른쪽 90°
④ 왼쪽 15~20°
⑤ 오른쪽 15~20°

해설

② 건강한 쪽(오른쪽)에 30~45°로 놓는다.

문제타파 TIP

대상자를 옮길 때에는 먼저 대상자에게 이동하는 동작에 대해 설명한다.

15 ☑ 개념체크 ○ △ ×

두 명의 요양보호사가 대상자를 휠체어에서 침대로 옮길 때 돕는 방법은?

① 휠체어의 잠금장치를 푼다.
② 휠체어는 침상과 수직으로 붙여 놓는다.
③ 대상자가 요양보호사의 팔을 잡게 한다.
④ 키가 크고 힘센 사람이 대상자 뒤쪽에 선다.
⑤ 다리 쪽에 선 요양보호사는 대상자의 발목을 잡는다.

16 ☑ 개념체크 ○ △ ×

편마비 대상자를 휠체어에서 이동변기로 옮길 때 돕는 방법은?

① 요양보호사는 대상자의 뒤에 선다.
② 이동변기를 대상자의 마비된 쪽에 놓는다.
③ 요양보호사는 대상자의 팔과 어깨를 지지한다.
④ 대상자의 건강한 손으로 변기의 먼 쪽 손잡이를 잡게 한다.
⑤ 대상자의 발을 휠체어의 발 받침대 위에 올린 상태로 이동시켜 앉힌다.

17 ☑ 개념체크 ○ △ ×

휠체어에서 자동차로 대상자를 이동시킬 때 돕는 방법은?

① 휠체어를 자동차와 90°로 놓는다.
② 대상자의 건강한 무릎을 지지한다.
③ 대상자의 머리부터 들어가게 한다.
④ 휠체어를 접어 자동차 트렁크에 싣는다.
⑤ 요양보호사는 대상자의 앞자리에 앉도록 한다.

18 ☑ 개념체크 ○ △ ✕

대상자와 따라 걸으며 보행을 도울 때 요양보호사의 행동으로 옳은 것은?

① 가능한 한 보행차, 지팡이 등을 이용하도록 격려한다.
② 비스듬히 약 50cm 앞에서 속도를 맞춰 걷는다.
③ 지팡이를 사용할 경우 건강한 쪽 손으로 잡게 한다.
④ 발 앞 30cm, 바깥쪽 옆 30cm 지점에 지팡이 끝을 내밀게 한다.
⑤ 체중이 지팡이와 두 다리에 실려 있는 동안 건강한 쪽 다리를 내딛게 한다.

19 ☑ 개념체크 ○ △ ✕

대상자가 지팡이 없이 계단을 오르내릴 때 돕는 방법은?

① 되도록 미끄럼방지양말과 신발을 신게 한다.
② 왼쪽 편마비 대상자의 경우 왼쪽 손으로 계단 손잡이를 잡게 한다.
③ 올라갈 때 불편한 쪽 다리부터 계단을 딛게 한다.
④ 올라갈 때 불편한 쪽 다리에 체중을 실어 건강한 쪽 다리를 올린다.
⑤ 내려갈 때 건강한 쪽 다리부터 계단 아래로 내리게 한다.

20 ☑ 개념체크 ○ △ ✕

한쪽 다리만 약한 대상자의 보행기 사용을 돕는 방법으로 옳은 것은?

① 보폭을 넓게 하여 걷도록 한다.
② 미끄럼방지양말은 착용하지 않아도 된다.
③ 건강한 다리와 보행기를 함께 옮긴다.
④ 팔꿈치가 약 30°로 구부러지도록 손잡이를 엉덩이 높이로 조절한다.
⑤ 혼자 보행기를 사용할 수 있어도 손이 닿는 곳에 보행기를 두지 않는다.

기출유형문제

왼쪽 편마비 대상자가 지팡이를 이용하여 평지를 걸을 때 이동 순서는?

❶ 지팡이 → 왼쪽 다리 → 오른쪽 다리
② 지팡이 → 오른쪽 다리 → 왼쪽 다리
③ 왼쪽 다리 → 지팡이 → 오른쪽 다리
④ 오른쪽 다리 → 지팡이 → 왼쪽 다리
⑤ 왼쪽 다리 → 오른쪽 다리 → 지팡이

해설
① 편마비 대상자가 지팡이를 이용하여 평지를 걸을 때는 지팡이 → 마비된 쪽 다리 → 건강한 쪽 다리 순으로 돕는다.

문제타파 TIP

지팡이를 이용하여 보행 시 이동 순서
- 계단을 오를 때 : 지팡이 → 건강한 쪽 다리 → 마비된 쪽 다리
- 평지를 이동할 때 또는 계단을 내려갈 때 : 지팡이 → 마비된 쪽 다리 → 건강한 쪽 다리

기출유형문제

보행이 힘든 대상자가 대여할 수 있는 복지용구는?

❶ 수동휠체어
② 이동변기
③ 미끄럼 방지용품
④ 욕창예방 방석
⑤ 안전손잡이

해설

① 수동휠체어는 보행이 힘든 대상자를 위한 대여 품목에 속한다.

21 ☑ 개념체크 ○ △ ×

노인장기요양보험급여 복지용구 중 구입 품목에 해당되는 것은?

① 수동휠체어
② 전동침대
③ 목욕리프트
④ 수동침대
⑤ 목욕의자

22 ☑ 개념체크 ○ △ ×

다음 복지용구의 용도로 옳은 것은?

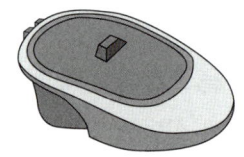

① 침대에서 용변 해결하기
② 누운 자세에서 머리 감기기
③ 압력을 분산하여 욕창을 예방하기
④ 기댈 필요가 있을 때 균형을 잡아주기
⑤ 잠시 휴식할 때 체중을 지지하고 앉기

문제타파 TIP

이동변기
• 화장실까지 이동하기 어려운 경우 용변을 안전하게 볼 수 있도록 도와주는 용품이다.
• 이동변기는 의자처럼 사용하고 사용한 변기통은 소독하거나 뜨거운 물로 세척한 후 건조시킨 다음, 본체와 함께 서늘한 곳에 보관한다.

23 ☑ 개념체크 ○ △ ×

복지용구 중 수동 휠체어 사용 시 주의사항으로 옳은 것은?

① 휠체어는 접은 상태로 보관한다.
② 타이어 공기압은 최대한 높게 해 놓는다.
③ 타이어 공기압은 잠금장치 작동과 관계가 없다.
④ 휠체어를 사용하지 않을 때는 잠금장치를 열어 둔다.
⑤ 타이어의 적정 공기압은 엄지손가락으로 힘껏 눌렀을 때 0.3cm 정도 들어가는 상태이다.

24 ☑ 개념체크 ○ △ ✕

그림과 같은 성인용 보행기가 적합한 대상자는?

① 손잡이에 체중을 실어야 하는 대상자
② 하체에 힘이 없어 보행이 어려운 대상자
③ 뇌졸중으로 오른쪽 편마비가 있는 대상자
④ 어느 정도 균형감각과 보행능력이 있는 대상자
⑤ 이동 중 보행보조차에 기대어 쉬어야 하는 대상자

기출유형문제

안정성이 높고, 다리의 체중부하 없이 이동할 수 있는 보행보조기구는?
① 한발 지팡이
❷ 일반 보행기
③ 보행보조차(실버카)
④ 겨드랑이 목발
⑤ 안전손잡이

해설

② 일반 보행기는 대체로 안정성이 높고, 팔과 손을 이용하므로 다리의 체중부하 없이 이동할 수 있다. 단, 느린 걸음으로 걸어야 한다.

25 ☑ 개념체크 ○ △ ✕

지팡이의 종류를 바르게 연결한 것은?

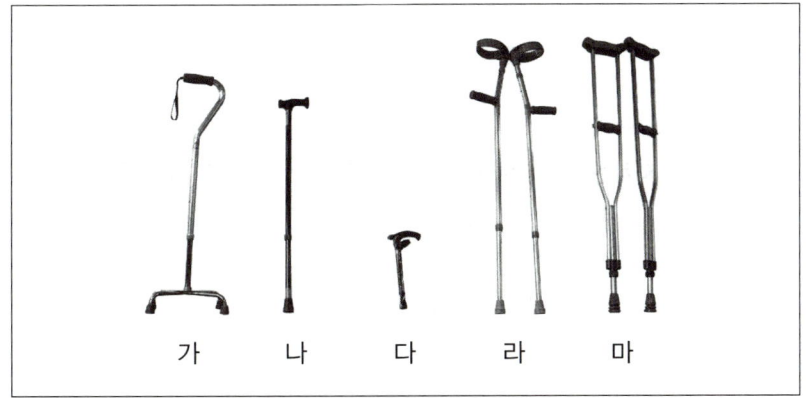

가 나 다 라 마

① 가 - 네발 지팡이
② 나 - 접이형 지팡이
③ 다 - 사점 지팡이
④ 라 - 겨드랑이 목발
⑤ 마 - 캐나디안 팔꿈치 신전목발

문제타파 TIP

지팡이 선정 시 고려사항
• 지팡이가 너무 짧을 경우, 지팡이 잡는 쪽 어깨가 내려가 상대적으로 골반과 다리에 무리가 간다.
• 지팡이가 너무 길 경우, 어깨와 옆구리에 무리가 가며 손목이 직각으로 꺾여 통증이 올 수 있다.

기출유형문제

다리가 불편한 대상자를 목욕시킬 때 사용하면 편리한 복지용구는?

① 자세변환용 시트
② 자세변환용 쿠션
③ 목욕의자
❹ 목욕리프트
⑤ 안전손잡이

해설
④ 목욕리프트는 입욕 시 높낮이를 조절하여 목욕을 보조하는 용품으로, 특히 다리가 불편한 대상자를 목욕시킬 때 편리하다.

문제타파 TIP
이동욕조에는 날카로운 돌출부 및 가장자리가 없어야 하며, 변형, 흠, 결손, 잔금 등도 없어야 한다. 또한, 인체에 접촉하는 면은 매끄럽고 사용상 해로운 결점이 없어야 한다.

26 ☑ 개념체크 ○ △ ×

목욕의자를 이용하기 불편한 대상자의 목욕을 시키거나 머리를 감기는 방법은?

① 목욕의자에 있는 구멍을 막는다.
② 목욕의자 바퀴의 잠금장치를 푼다.
③ 목욕의자 사용 시 반드시 팔걸이를 편다.
④ 대상자가 의자를 붙잡고 서게 한 뒤 샤워시킨다.
⑤ 등받이가 낮고, 앉는 면이 높은 목욕의자에 앉힌다.

27 ☑ 개념체크 ○ △ ×

대상자의 이동욕조 사용 시 돕는 방법은?

① 욕조를 잡고 일어나게 한다.
② 사용 후 뜨거운 물로 씻어 보관한다.
③ 한 번에 두 사람까지 사용 가능하다.
④ 응급상황 발생 시 배수밸브를 잠근다.
⑤ 평평하고 이물질이 없는 장소에서 사용한다.

28 ☑ 개념체크 ○ △ ×

그림과 같은 자세변환용 쿠션 복지용구를 선택할 때 고려사항으로 옳은 것은?

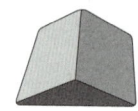

① 충전재는 딱딱해야 한다.
② 커버는 분리되지 않아야 한다.
③ 변색과 탈색이 되지 않아야 한다.
④ 마찰이 적은 소재로 잘 미끄러져야 한다.
⑤ 지퍼는 사용하기 쉽게 노출되어 있어야 한다.

29 ☑ 개념체크 ○ △ ×

욕창예방 매트리스 사용 시 주의사항으로 옳은 것은?

① 한 달에 한 번은 기구의 정상 동작을 확인한다.
② 욕창예방 매트리스는 찜질기와 함께 사용해도 된다.
③ 요양보호사도 매트리스 위로 올라가 대상자를 돕는다.
④ 매트리스 셀은 공기를 빼고 욕조에 담가 두었다가 말린다.
⑤ 공기가 일정 간격으로 교대 주입되었다가 배기되는지 확인한다.

30 ☑ 개념체크 ○ △ ×

대상자의 침대 사용 시 요양보호사가 돕는 방법은?

① 부착된 식탁은 펼쳐놓는다.
② 침대 난간을 잡고 침대를 움직인다.
③ 대상자 가까이에는 물건을 두지 않는다.
④ 대상자를 태우고 침대 이동 시 측면 난간을 내린다.
⑤ 대상자가 침대 위에 있을 때 침대 난간은 항상 올려놓는다.

31 ☑ 개념체크 ○ △ ×

배회감지기에 대한 설명 중 옳은 것은?

① 치매 대상자의 실종을 방지하는 장치이다.
② GPS형은 매트가 밀리거나 매트에 걸려서 넘어질 수 있다.
③ 매트형은 분실의 위험이 있고, 물에 젖으면 오작동될 수 있다.
④ GPS형의 경우 밟거나 센서 통과 시 작동이 잘 되는지 수시로 점검하여야 한다.
⑤ 매트형은 위치추적 서비스로, 매트를 벗어나면 빛 또는 소리·알림으로 가족에게 통보한다.

기출유형문제

시설에 입소한 치매 대상자가 배회할 때 필요한 것은?

① 경사로
❷ 배회감지기
③ 요실금 팬티
④ 미끄럼방지 매트
⑤ 안전손잡이

해설
② 배회감지기는 치매 증상이 있거나 배회 또는 길 잃음 등 문제행동을 보이는 대상자의 실종을 미연에 방지하는 장치이다.

문제타파 TIP

배회감지기의 종류
- GPS형 : 치매 증상이 있는 대상자의 위치를 컴퓨터 및 핸드폰으로 가족·보호자에게 알려주는 장치이다(목걸이형, 손목밴드형).
- 매트형 : 침대 또는 바닥에 설치하여 치매 대상자가 매트를 벗어날 경우 가족이나 보호자에게 소리 또는 빛, 문자 등으로 알림을 보내는 장치이다.

CHAPTER 12 핵심요약

한줄필기

돌아눕기 정상반응
- 시선이 먼저 향하고 얼굴, 어깨, 엉덩이 순으로 돌아눕게 된다. 엉덩이를 뒤로 엉덩관절과 무릎관절 모두 굽혀진다.
- 마비된 대상자도 이러한 자세를 취하게 해야 자세가 안정되고 편안하다.

한줄요약

01 옆으로 눕히기

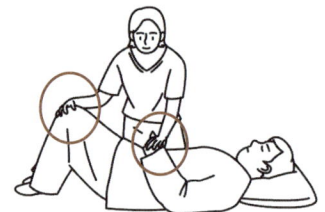

양손을 가슴에 포개놓고 무릎을 굽힌다.

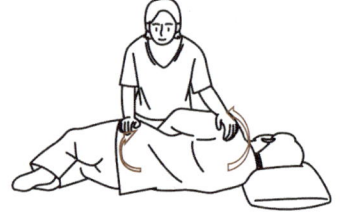

반대쪽 어깨와 엉덩이에 손을 대고, 옆으로 돌려 눕힌다.

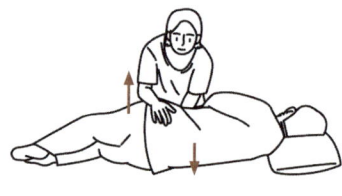

엉덩이를 움직여 뒤로 이동시킨다.

어깨를 움직여 편안하게 하여 준다.

02 편마비 대상자의 상체 일으키기

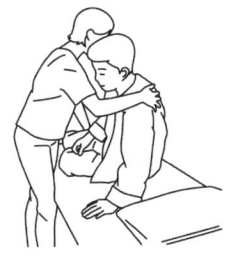

요양보호사의 팔을 대상자의 목 밑에 깊숙하게 넣어 손바닥으로 등과 어깨를 지지하고, 반대쪽 손은 엉덩이 또는 넙다리를 지지하여 일으켜 앉힌다. 이때 대상자가 건강한 쪽 손으로 짚고 일어날 수 있게 한다.

03 침대에 걸터앉히기

대상자를 돌려 눕힌 자세에서 목과 어깨, 무릎을 지지한다.

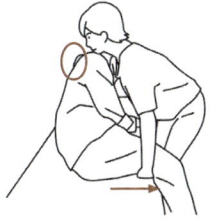

다리를 침대 아래로 내리면서 어깨를 들어 올린다.

양쪽 발이 바닥에 닿도록 지지하여 자세가 안정되게 한다.

04 앞에서 보조하며 일으켜 세우기

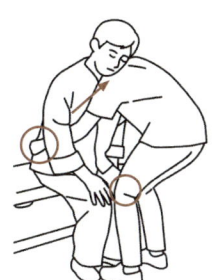

요양보호사의 무릎으로 대상자의 마비된 쪽 무릎 앞쪽을 지지해 주며, 양손으로 허리를 잡아 천천히 일으켜 세운다.

한줄필기

요양보호사의 위치
- 체위변경 시 대상자의 앞쪽
- 옆에서 보조하여 일으켜 세울 경우 대상자의 마비된 쪽 가까이
- 대상자를 이동하고자 하는 쪽
- 대상자를 돌려 눕히려고 하는 쪽
- 편마비 대상자를 일어나 앉힐 경우 대상자의 건강한 쪽
- 침대에 걸터앉힐 경우 앉히고자 하는 쪽
- 휠체어에서 바닥, 바닥에서 휠체어로 이동시키는 경우 대상자의 마비된 쪽

한줄필기

지팡이의 바른 위치

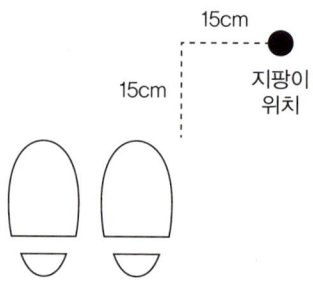

앞으로 비스듬하게(발 앞 15cm, 바깥쪽 옆 15cm 지점) 지팡이 끝을 내민다.

05 옆에서 보조하며 일으켜 세우기

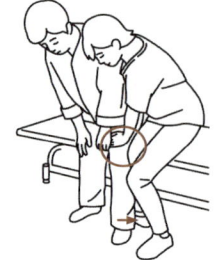

대상자의 마비된 쪽 가까이에 서서 발을 대상자의 마비된 쪽 발 바로 뒤에 놓는다. 요양보호사는 한 손으로 대상자의 마비된 쪽 대퇴부를 지지하고, 다른 한 손으로는 대상자의 반대쪽 허리를 부축하여 천천히 일으켜 세운다.

06 지팡이를 이용하여 계단 오르내리기

- 계단을 오를 때 : 지팡이 → 건강한 쪽 다리 → 마비된 쪽 다리
- 평지를 이동하거나 계단을 내려갈 때 : 지팡이 → 마비된 쪽 다리 → 건강한 쪽 다리

07 지팡이의 종류

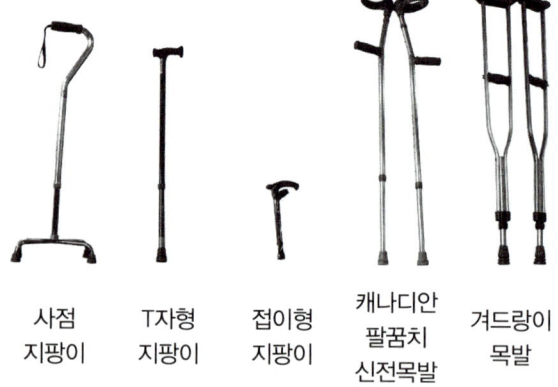

사점 지팡이   T자형 지팡이   접이형 지팡이   캐나디안 팔꿈치 신전목발   겨드랑이 목발

08 성인용 보행기의 종류

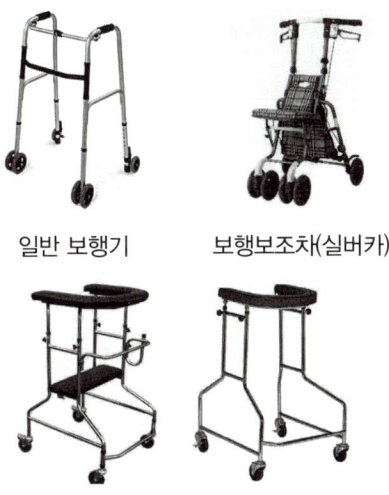

일반 보행기　　보행보조차(실버카)

보행차

> **한줄필기**
>
> **성인용 보행기 사용 시 주의사항**
> 성인용 보행기를 사용하기 전에는 볼트 고정 상태를 확인하고, 휴식 시에는 반드시 잠금장치를 잠가야 낙상을 예방할 수 있다.

한줄문제

01 보행 시 신체 안정의 효과가 있는 운동은?
　답 누워서 엉덩이 들어 올리기

02 욕창발생 예방을 위한 침대에서의 체위변경 주기는?
　답 2시간마다 체위를 변경하며, 욕창이 이미 발생한 경우 더 자주 변경한다.

03 휴식이나 잠을 잘 때의 자세는?
　답 앙와위(바로 누운 자세)

04 침상 생활 대상자가 숨차거나 얼굴을 씻을 때, 또는 식사 시나 위관 영양을 할 때 취해주어야 할 체위는?
　답 반좌위

05 휠체어를 접는 순서는?
　답 잠금장치를 잠근다. → 발 받침대를 올린다. → 시트를 들어 올린다. → 팔걸이를 접는다.

한줄필기

앙와위(바로 누운 자세)
휴식하거나 잠을 잘 때의 자세

복위(엎드린 자세)
등에 상처가 있거나 등 근육을 쉬게 해줄 때의 자세

측위(옆으로 누운 자세)
둔부의 압력을 피하거나 관장할 때의 자세

06 오른쪽 편마비 대상자가 휠체어에서 이동변기로 이동할 때 이동변기의 위치는?
답 건강한 쪽(왼쪽)에 휠체어와 약 30~45°로 비스듬히 놓는다.

07 대상자를 자동차에 태울 때 어떤 부위부터 자동차시트에 앉게 해야 하는가?
답 엉덩이

08 편마비 대상자가 지팡이를 이용하여 평지를 걸을 때 순서는?
답 지팡이 → 마비된 쪽 다리 → 건강한 쪽 다리

09 쉴 수 있는 의자와 간단한 물건을 담을 수 있는 바구니가 달린 보행기는?
답 보행보조차(실버카)

10 지팡이 길이를 결정하는 방법은?
답 지팡이를 한 걸음 앞에 놓았을 때 팔꿈치가 20~30° 구부러지는 정도

11 다리가 불편한 대상자를 목욕시킬 때 사용하는 복지용구는?
답 목욕리프트

12 침대 또는 바닥에 설치하여 대상자가 영역을 벗어날 경우 가족이나 보호자에게 소리 또는 빛, 문자 등으로 알림을 보내어 사전에 대상자의 움직임을 확인하게 하는 장치는?
답 매트형 배회감지기

CHAPTER 13 가사 및 일상생활지원

제3부 요양보호와 생활지원

이렇게 공부하세요

이 단원에서는 노인장기요양보험 표준서비스 중 하나인 일상생활지원에 대해 설명합니다. 여러 가지 만성질환에 따른 식사준비 및 영양관리 방법, 식품 및 식기의 위생 관리방법과 주방 관리방법을 자세히 알아 두어야 합니다. 또한, 침상 및 의복관리와 세탁방법, 외출 동행 및 일상업무 대행방법 등 다양한 생활지원법도 꼼꼼히 알아 두는 것이 중요합니다.

출제 키워드

일상생활지원, 노인을 위한 식사준비·조리방법, 노인의 영양관리, 질환별 식사준비, 식품 보관방법, 주방 위생관리, 의복관리, 침상관리, 세탁하기, 외출 동행 및 일상업무 대행, 주거환경 관리

미리 보는 문제 유형

- 식사준비 및 식재료 구매에 대한 기본 원칙으로 옳은 것은?
- 대상자의 침구를 관리하는 방법으로 옳은 것은?
- 대상자의 일상업무를 대행하는 방법으로 옳은 것은?

함께 풀어봅시다

노인 식사관리 원칙에 대해 설명한 내용으로 옳은 것은?

① 고혈압을 막고 살이 찌지 않도록 영양요구량보다 살짝 부족하게 제공한다.
　└ 영양요구량에 과잉됨이나 부족함이 없도록 한다.
② 단백질 섭취는 최대한 자제하고 식이섬유 위주의 식사를 제공한다.
　└ 나이가 들어도 단백질 필요량은 크게 변하지 않으므로 두부나 생선 등 소화가 잘 되는 양질의 단백질을 제공한다.
③ 식이섬유나 전분이 풍부한 채소, 잡곡밥 등을 제공한다.
④ 지방 섭취를 막기 위해 지질은 섭취하지 않도록 한다.
　└ 소화기능이 저하되므로 지방의 섭취량을 제한하되, 필수지방산이 부족하지 않게 한다.
⑤ 지용성 비타민 흡수를 위해 콜레스테롤 함량이 많은 식품을 제공한다.
　└ 지용성 비타민 흡수를 돕기 위해 적당량의 지질을 섭취하되, 동물성 포화지방산이나 콜레스테롤 함량이 많은 식품은 제한한다.

정답 ③

출제자의 비밀노트

노인 식사관리의 원칙
- 연령보다는 개개인의 특성을 고려하여 그때 맞는 영양소를 제공하기
- 나이가 들수록 단맛과 짠맛을 감지하는 기능이 떨어지므로 싱겁게 조리하기
- 침 분비가 감소되므로 구강 건조증 대비를 위해 약간의 국물이 있는 조리법을 선택하기
- 장 운동 감소로 인한 변비 예방을 위해 식이섬유가 풍부한 음식 섭취하기

기출유형문제

노인장기요양보험에서 제공하는 일상생활지원 표준서비스로 옳은 것은?

① 몸단장
② 세면 도움
③ 목욕 도움
④ 체위변경 도움
❺ 식사 재료 구입 및 세탁

해설

노인장기요양보험의 표준서비스 중 요양보호사가 제공하는 서비스는 크게 신체활동지원과 일상생활지원으로 구분할 수 있다.

- 신체활동지원 : 세면 도움, 머리 감기기, 몸단장, 배설 도움, 식사 도움, 목욕 도움, 체위변경 도움 등과 같이 대상자의 신체에 관한 직접적인 도움을 의미한다.
- 일상생활지원 : 신체활동을 지원하는 데 필요한 조건이나 수단을 마련하기 위한 간접적인 활동이다. 예를 들어, '식사 도움'이라는 신체활동지원을 위해서는 필요한 재료를 구입하고 조리하는 일상생활지원이, '배설 도움'이라는 신체활동지원을 위해서는 배설물로 더러워진 옷을 세탁하고 방이나 욕실, 화장실을 깨끗하게 청소하는 일상생활지원이 필요하다.

문제타파 TIP

노인의 식사를 준비할 때는 지방과 나트륨 섭취를 줄이고 두부·생선 등 소화가 잘 되는 양질의 단백질 식품을 선택하며, 식이섬유가 많은 복합당질을 이용한다.

출제예상문제

정답 및 해설 033쪽

01 ☑ 개념체크 ○ △ ×

일상생활지원의 기본 원칙으로 옳은 것은?

① 대상자의 욕구보다는 대상자의 상태만 고려한다.
② 대상자와 신뢰관계를 형성하고 대상자의 안전을 최우선시한다.
③ 대상자의 생활방식보다는 요양보호사의 방식을 따르도록 권고한다.
④ 대상자가 스스로 하지 않아도 되도록 요양보호사가 최대한 많은 것을 지원한다.
⑤ 서비스에 대해서는 요양보호사의 판단을 우선시하여 결정한다.

02 ☑ 개념체크 ○ △ ×

일상생활지원 시 주의사항으로 옳은 것은?

① 서비스 제공에 대한 내역은 상세히 기록한다.
② 청결과 편의를 위해 일회용품 사용을 권장한다.
③ 동거 가족의 취사, 청소, 세탁 요구도 지원한다.
④ 불필요한 물품일 경우 대상자의 동의가 없어도 바로 처리하도록 한다.
⑤ 인지능력이 없는 대상자의 경우 보호자의 동의가 없어도 서비스 진행을 할 수 있다.

03 ☑ 개념체크 ○ △ ×

영양관리 시 고려해야 할 노인의 특성으로 옳은 것은?

① 영양불균형보다 비만 예방이나 관리에 더욱 신경 쓴다.
② 소화가 잘 되는 식품으로 조금씩 자주 섭취한다.
③ 미각, 후각 등의 기능을 자극하기 위해 간을 세게 조리한다.
④ 구강 청결을 위해 국물이 있는 음식보다는 건조한 음식 위주로 조리한다.
⑤ 다양한 질감의 음식을 맛볼 수 있도록 딱딱한 식재료도 적극 활용한다.

04 ☑ 개념체크 ○ △ ×

요양보호 대상자의 영양관리 방법으로 옳은 것은?

① 나트륨이 적은 식품으로 식단을 구성한다.
② 칼슘 섭취를 위해 과일과 채소를 많이 제공한다.
③ 단백질의 경우 동물성 단백질 위주로 하루 세 끼 제공한다.
④ 식이섬유와 비타민 섭취를 위해 하루 한 끼는 과일로 제공한다.
⑤ 변비가 발생하지 않도록 동물성 포화지방과 콜레스테롤이 많이 함유된 식품을 제공한다.

05 ☑ 개념체크 ○ △ ×

식사준비 및 식재료 구매에 대한 기본 원칙으로 옳은 것은?

① 대상자와 구매 내역을 상의할 필요는 없다.
② 구매 장소는 편의를 위해 한곳으로 제한한다.
③ 식단은 대상자의 질환에 따라 요양보호사가 정한다.
④ 현재 있는 식재료와 상관없이 대상자의 질환에 따라 구매목록을 조정한다.
⑤ 혼자 사는 대상자의 경우, 한 번에 섭취할 수 있는 양만큼씩 나누어 준비해 둔다.

06 ☑ 개념체크 ○ △ ×

대상자를 위한 식재료 조리방법으로 옳은 것은?

① 고기는 살균을 위해 오랫동안 굽는다.
② 채소는 한 차례 푹 익힌 후 볶는다.
③ 생선은 부드러워지도록 오래 푹 삶는다.
④ 무침을 할 때 식초나 소스의 사용은 지양한다.
⑤ 찔 때는 먼저 센 불로 가열하다가 약한 불로 가열한다.

기출유형문제

노인 식사관리의 원칙에 대해 설명한 내용으로 옳은 것은?

① 소화능력이 약화된 경우 하루 두 끼 식사를 제공한다.
❷ 목이 마르지 않더라도 물(수분)을 많이 마실 수 있게 한다.
③ 가공식품을 최대한 이용하며, 조리하기 쉬운 식품을 선택한다.
④ 노인은 미각을 잃어 짠맛과 단맛에 둔하므로 간은 세게 한다.
⑤ 개인차보다는 해당 연령에 맞는 영양을 섭취할 수 있게 한다.

해설

① 하루 규칙적인 세 끼 식사를 따르도록 한다.
③ 신선한 제철 식재료를 사용하며 가공식품은 가능한 한 피한다.
④ 짜고 단 음식은 피하고 최대한 싱겁게 조리한다.
⑤ 연령도 중요한 요소이지만, 개인마다 영양요구량에 차이가 있으므로 개인별 특성에 맞는 영양을 섭취할 수 있도록 돕는다.

문제타파 TIP

염분을 줄이기 위해 국과 찌개 등의 국물, 젓갈류, 장아찌, 햄, 소시지, 소금에 절인 생선 등을 되도록 적게 섭취하도록 한다. 채소 조리 시 소스는 신맛 소스를 이용한다.

기출유형문제

고혈압 대상자의 식단으로 옳은 것은?

❶ 보리밥, 두부조림
② 찹쌀밥, 꼬막무침
③ 잡곡밥, 청국장찌개
④ 쌀밥, 삼겹살구이
⑤ 콩밥, 무장아찌

해설

① 고혈압 대상자는 혈압을 조절하기 위해 저염식 식사를 해야 한다. 또한, 흰 쌀밥보다는 보리밥과 같은 복합당질을 섭취하고, 기름이 많은 쇠고기나 돼지고기보다는 두부와 같은 양질의 단백질을 섭취하도록 한다.

문제타파 TIP

가족력, 흡연, 음주, 비만, 짜게 먹는 습관, 스트레스 등이 있는 경우 고혈압이 잘 발생하므로 소금과 동물성 지방, 카페인 섭취를 줄이고, 칼륨과 섬유소를 충분히 섭취한다.

07 개념체크 ○ △ ×

당뇨병 대상자의 식사관리로 옳은 것은?

① 복합당질 식품보다는 단순당질 식품을 섭취하도록 한다.
② 채소와 과일을 통해 비타민과 무기질을 충분히 섭취하도록 한다.
③ 혈당관리가 중요하므로 혈당지수가 높은 식품을 선택한다.
④ 소화가 잘 되도록 생과일을 과일주스로 만들어 제공한다.
⑤ 지방을 보충하기 위해 튀기거나 볶는 조리법을 자주 이용한다.

08 개념체크 ○ △ ×

고혈압 대상자의 식사관리로 옳은 것은?

① 카페인 섭취를 늘린다.
② 동물성 지방 섭취를 권장한다.
③ 혈압을 낮추기 위해 칼륨을 충분히 섭취하도록 한다.
④ 염분 섭취를 줄이기 위해 국물을 많이 먹인다.
⑤ 식이섬유가 풍부한 채소 및 과일의 섭취는 줄인다.

09 개념체크 ○ △ ×

변비가 있는 대상자가 되도록 섭취를 줄여야 할 식재료로 옳은 것은?

① 김, 미역, 파래
② 커피, 녹차, 홍차
③ 양배추, 상추, 오이
④ 강낭콩, 호두, 땅콩
⑤ 보리, 고구마, 감자, 통밀

10 ☑ 개념체크 ○ △ ×

안전한 식품 섭취를 위한 위생관리로 옳은 것은?

① 생선은 최대 일주일까지 냉장 보관이 가능하다.
② 식품을 다루기 전과 식품 조리를 완료한 후에만 손을 씻는다.
③ 음식물을 조리할 때는 중심부 온도가 50℃가 될 때까지 익힌다.
④ 채소와 과일은 물에 최소 1~2분 담근 후 흐르는 물에 3회 이상 씻는다.
⑤ 도마가 한 개만 있을 경우 닭고기류 → 과일·채소류 → 생선류 → 육류 순으로 사용한다.

11 ☑ 개념체크 ○ △ ×

식품의 보관 방법으로 옳은 것은?

① 생선을 장기 보관할 경우 냉장 보관한다.
② 감자는 신문지에 하나씩 포장하여 냉장실에 보관한다.
③ 파인애플, 멜론 등 열대과일은 냉장실의 채소실에 보관한다.
④ 달걀은 신선도 유지를 위해 뾰족한 부분을 위로 향하게 보관한다.
⑤ 육류를 보관할 때 변색 등을 방지하기 위해 표면에 식용유를 살짝 바르면 좋다.

12 ☑ 개념체크 ○ △ ×

식기 및 주방의 위생관리 방법으로 옳은 것은?

① 씻은 식기는 행주로 깨끗하게 닦아놓는다.
② 수세미는 스펀지형보다 그물형이 위생적이다.
③ 찬장은 습기가 들어가지 않도록 늘 잘 닫아 놓는다.
④ 행주는 소독제에 담근 채로 하루 정도 두었다가 사용한다.
⑤ 냉장고 보관 시 오래 보관할 식품은 안쪽보다 문 쪽에 보관한다.

기출유형문제

음식을 조리한 후 올바른 세척 방법으로 옳은 것은?

① 기름기가 많은 그릇부터 설거지한다.
② 기름기가 많은 그릇은 락스에 담가 두면 냄새가 사라진다.
❸ 기름기가 많은 그릇은 설거지 전에 휴지로 기름을 제거한다.
④ 겨울에는 식중독 발생 위험이 높으므로 식기와 주방 위생에 신경 쓴다.
⑤ 프라이팬 → 반찬그릇 → 국그릇·밥그릇 → 수저류 → 유리컵 순으로 설거지한다.

해설

① 기름기가 적은 그릇부터 설거지한다.
② 기름기가 많은 음식물을 넣었던 용기는 쌀뜨물이나 녹차티백에 담가 두면 냄새가 사라진다.
④ 여름에는 온도와 습도가 높아 식중독 발생 위험이 높아지므로 식기와 주방 위생에 각별히 신경 써야 한다.
⑤ 유리컵 → 수저류 → 국그릇·밥그릇 → 반찬그릇 → 프라이팬 순으로 설거지한다.

문제타파 TIP

기름기가 적고 음식물이 덜 묻은 그릇부터 설거지한다.

기출유형문제

대상자의 이불을 선택하고 정리하는 방법으로 옳은 것은?

① 안정감을 위해 두껍고 무거운 이불을 선택한다.
❷ 이불을 걷을 때는 가볍게 두드려 솜을 펴준다.
③ 이불커버는 감촉이 좋은 레이온이나 나일론 제품이 좋다.
④ 자외선은 천을 상하게 하므로 응달에서 말리는 것이 좋다.
⑤ 담요나 이불 등은 최소한 두 달에 한 번은 세탁하여 교체한다.

해설

① 이불의 경우 두껍고 무거운 것은 피한다. 따뜻하고, 가볍고, 부드러우며 보습성이 있는 것을 선택한다.
③ 이불커버는 감촉이 좋은 면 제품이 좋다.
④ 햇볕에 말리면 자외선에 의한 살균 효과가 있다.
⑤ 담요나 이불 등은 적어도 한 달에 한 번씩은 세탁·교체한다.

문제타파 TIP

베개 선정 시 고려사항
• 푹신한 베개는 머리와 목이 파묻히게 해 경추의 곡선을 유지하는 데 방해된다.
• 목침처럼 딱딱한 베개는 목 근육과 골격에 무리를 주고 혈액순환을 방해한다.

13 개념체크 ○△×

대상자의 의복을 선택할 때 주의할 사항으로 옳은 것은?

① 양말은 미끄럼방지 처리가 되어 있어야 한다.
② 신발은 벗기 쉽게 뒤가 트여 있는 것이 좋다.
③ 외출 시에는 오염 방지를 위해 어두운 색의 옷을 입는 것이 좋다.
④ 적당히 무게감이 있고 몸에 자연스럽게 붙는 옷을 입는 것이 좋다.
⑤ 속옷은 분비물이 노출되지 않도록 땀과 공기가 잘 통하지 않는 재질로 선택한다.

14 개념체크 ○△×

의복 및 침상 청결관리의 기본원칙으로 옳은 것은?

① 매트리스는 부드럽고 푹신한 것을 선택한다.
② 베개는 습기를 흡수하지 않는 것으로 선택한다.
③ 양모, 오리털 등의 이불은 햇볕에서 바싹 말려 살균한다.
④ 평소에 늘 입는 옷은 세탁하지 않고 옷걸이에 항상 걸어둔다.
⑤ 대상자의 몸에서 쉽게 탈의되지 않도록 단추가 많은 옷이 좋다.

15 개념체크 ○△×

요양보호사가 대상자의 침상을 관리하는 경우 주의할 점으로 옳은 것은?

① 베개는 솜처럼 푹신한 것이 좋다.
② 시트는 소재가 두껍고 풀을 먹인 것을 선택한다.
③ 더러워진 시트는 최소한 두 달에 한 번은 교환해 준다.
④ 시트의 소재는 흡습성이 좋은 짙은 색의 면으로 선택한다.
⑤ 모포와 베개에 커버를 씌워 커버만 매일 교환한다.

16 ☑ 개념체크 ○ △ ✕

대상자의 오염된 세탁물을 세탁하는 방법으로 옳은 것은?

① 파운데이션이 묻은 세탁물은 비눗물로 세탁한다.
② 얼룩이 묻었을 때는 최대한 빨리 비벼서 깨끗하게 지운다.
③ 튀김기름이 묻은 세탁물은 찬물로 닦은 후 더운물로 헹군다.
④ 커피가 묻었을 때는 탄산수에 10분 정도 담가둔 후에 세탁한다.
⑤ 겨드랑이와 같이 얼룩이 심한 부위는 칫솔로 얼룩을 살살 문질러 제거한다.

17 ☑ 개념체크 ○ △ ✕

대상자의 세탁물에서 냄새가 심하게 날 때 세탁하는 방법으로 옳은 것은?

① 먼저 소금물에 담가두었다가 깨끗하게 헹군다.
② 세제를 쓰지 말고 물로만 헹궈야 냄새가 사라진다.
③ 냄새 나는 세탁물을 모아 한꺼번에 세탁기에 돌린다.
④ 냄새가 심하면 솥에 넣은 후 솥뚜껑을 연 채로 푹 삶는다.
⑤ 먼저 헹군 후 붕산수에 담가두었다가 헹구지 않고 탈수한다.

18 ☑ 개념체크 ○ △ ✕

대상자의 세탁물에 다음과 같은 기호가 붙어 있다. 세탁하는 방법으로 옳은 것은?

① 드라이클리닝 불가능
② 드라이클리닝 가능, 물빨래 가능
③ 석유계용제로 드라이클리닝 가능
④ 드라이클리닝 불가능, 물빨래 가능
⑤ 석유계용제로 드라이클리닝 가능, 물빨래 가능

기출유형문제

의류를 뉘어서 그늘에서 건조하라는 세탁 표시기호로 옳은 것은?

①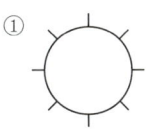

②

③

④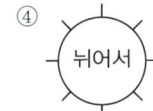

❺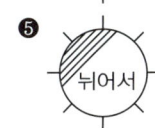

해설
② 햇볕에서 건조, 옷걸이에 걸어서 건조
③ 그늘에서 건조, 옷걸이에 걸어서 건조
④ 햇볕에서 건조, 뉘어서 건조

문제타파 TIP

세탁물에 얼룩이 생기면 얼룩의 종류와 성질을 정확하게 파악하고 이에 알맞게 처리해야 한다. 얼룩을 잘못 비비면 얼룩의 범위가 퍼지고 옷감이 손상된다.

기출유형문제

그림의 다림질 표시기호에 대한 설명으로 옳은 것은?

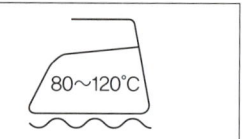

① 다림질할 수 없음
② 세탁물에 직접 80~120℃로 다림질
③ 물로 천을 적신 후 80~120℃로 다림질
❹ 원단 위에 천을 덮고 80~120℃로 다림질
⑤ 원단 아래에 천을 깔고 80~120℃로 다림질

해설
④ 해당 기호는 원단 위에 천을 덮고 80~120℃로 다림질하라는 내용이다.

문제타파 TIP
세탁과 건조 시 기호가 지시하는 방법을 따르지 않으면 옷감이 손상되거나 옷 모양이 변형될 수 있다.

19 ☑ 개념체크 ○ △ ×

대상자의 의류에 다음 표시가 있을 때 세탁방법으로 옳은 것은?

① 세탁기는 사용할 수 없고 손으로만 약하게 짜야 함
② 손으로는 약하게 짬, 세탁기에서는 단기간에 짜야 함
③ 손으로는 세게 짤 수 있으나 세탁기에서는 단기간에 짜야 함
④ 손으로는 약하게 짬, 세탁기에서는 장기간 천천히 짜야 함
⑤ 손으로는 세게 짤 수 있으나 세탁기에서는 장기간 천천히 짜야 함

20 ☑ 개념체크 ○ △ ×

다음의 물세탁 기호 중 그 설명이 옳은 것은?

① 물세탁 가능
② 30℃ 물로 세탁, 약하게 손세탁 가능, 중성세제 사용
③ 30℃ 물로 세탁, 세탁기 사용 불가, 세제 종류 제한 없음
④ 40℃ 물로 세탁, 중성세제 사용
⑤ 95℃ 물로 세탁, 삶을 수 없음, 세탁기·손세탁 가능

21 ☑ 개념체크 ○△×

대상자의 의류를 건조하는 방법으로 옳은 것은?
① 합성섬유로 된 옷은 햇볕에서 바짝 말린다.
② 무늬가 있는 화려한 옷은 햇볕에서 말린다.
③ 면 티셔츠는 바람이 잘 통하는 그늘에서 말린다.
④ 청바지류는 뒤집어서 지퍼를 열어 둔 채로 말린다.
⑤ 니트나 스웨터는 햇볕이 잘 비치는 곳에서 빨랫줄에 걸어 둔다.

22 ☑ 개념체크 ○△×

세탁과 건조를 마친 대상자의 옷 보관방법으로 옳은 것은?
① 여러 종류의 방충제를 함께 사용하면 효과가 증대된다.
② 방충제는 공기보다 무거우므로 보관용기 아래쪽 구석에 둔다.
③ 양복장이나 서랍장에 방충제를 넣으면 습기 차는 것을 방지할 수 있다.
④ 옷이 눅눅해지면 건조하고 맑은 날 바람이 잘 통하는 그늘에서 바람을 쐰다.
⑤ 방습제로 사용하는 실리카겔은 흡습하면 청색, 다시 건조시키면 분홍색으로 변한다.

23 ☑ 개념체크 ○△×

대상자와 외출동행을 하는 경우 주의할 점으로 옳은 것은?
① 차량 이용 시 대상자 스스로 차량에 오를 수 있도록 지원한다.
② 외출 장소 및 교통정보는 대상자와 외출하면서 차차 파악한다.
③ 대상자가 이동보조기구를 사용하기보다 스스로 움직일 수 있도록 유도한다.
④ 예기치 못한 외부 요인이 발생하면 외출을 중단하고 시설장에게 보고한다.
⑤ 계단을 오를 때는 몇 걸음에 한 번씩, 혹은 걸음마다 두 다리를 한 곳에 모아 쉬면서 천천히 이동한다.

기출유형문제

대상자와 병원동행을 하는 경우 주의할 점으로 옳은 것은?
❶ 필요시 기저귀, 여벌옷, 약, 물 등을 준비한다.
② 시간 낭비 없이 진료시간에 딱 맞춰 도착하도록 집을 나선다.
③ 대상자 스스로 병원의 위치, 교통편, 소요시간에 대한 계획을 세우게 한다.
④ 진료 시 대상자가 증상을 잘 설명하지 못하더라도 요양보호사가 나서지 않는다.
⑤ 다음 진료를 위해 대상자의 신분증, 진료비 영수증과 거스름돈은 요양보호사가 보관한다.

해설
② 미리 준비하여 진료시간에 여유 있게 도착하도록 집을 나선다.
③ 병원의 위치, 교통편, 소요시간에 대한 계획은 요양보호사와 대상자가 함께 세운다.
④ 진료 시 대상자가 증상을 구체적으로 설명하지 못하는 경우에는 요양보호사가 나서서 증상을 설명하여 준다.
⑤ 집에 돌아와서는 대상자의 신분증, 진료비 영수증과 거스름돈을 확인시키고 돌려드린다.

문제타파 TIP

일상업무 대행 전 준비 자료나 정보를 미리 점검하고, 대행 중에는 원활하게 되고 있음을 대상자에게 수시로 확인시킨다. 요양보호사 자신의 사적 업무는 병행하지 않는다.

기출유형문제

실내습도가 15%일 때 대상자에게 나타날 수 있는 일차적인 건강상의 문제는?

① 욕 창
② 고체온증
③ 야간 수면장애
❹ 호흡기 점막 건조
⑤ 겨드랑이 피부발진

해설
④ 실내습도가 낮을 때 호흡기 점막이 건조해진다.

24 ✓ 개념체크 ○ △ ✕

요양보호사가 대상자의 일상업무 대행 시 주의할 사항으로 옳은 것은?

① 업무 대행 중 시간을 내어 사적인 업무도 같이 처리한다.
② 업무 대행 후 대상자에게 진행 결과를 서면으로 전달한다.
③ 업무 대행을 위해 준비해야 할 정보나 자료는 대상자에게 일임한다.
④ 업무 대행 중에는 진행사항을 대상자에게 따로 보고할 필요가 없다.
⑤ 대행 후 대상자가 불만족하여 재요청할 경우 충분히 상의하여 진행한다.

25 ✓ 개념체크 ○ △ ✕

대상자를 위한 쾌적한 환경 유지 방법으로 옳은 것은?

① 실내습도는 60~80%가 적합하다.
② 야간에 넘어질 위험이 있는 장소에는 조명을 켜둔다.
③ 매일 한 번씩, 최소 한 시간 동안 창문을 열어 환기한다.
④ 여름에는 가습기, 겨울에는 제습기를 사용하여 습도를 조절한다.
⑤ 실내온도의 경우 일반적으로 여름은 22~25℃, 겨울은 18~22℃가 쾌적하므로, 무조건 맞추도록 한다.

문제타파 TIP

대상자의 주거환경관리
• 대상자와 가족의 희망사항을 우선적으로 고려한다.
• 대상자의 일상생활 동작에 맞게 기능적이며 자립성을 높일 수 있는 환경을 조성한다.
• 대상자의 사생활을 존중하며 사람들과 교류할 수 있는 공간을 조성한다.

26 ✓ 개념체크 ○ △ ✕

대상자의 주거환경에 대한 설명으로 옳은 것은?

① 장기요양 대상자는 생활환경에 큰 영향을 받지 않는다.
② 대상자의 사생활을 위해 격리 위주의 공간으로 구성되어야 한다.
③ 요양보호사가 서비스를 제공하기 위한 편리성이 우선되어야 한다.
④ 대상자가 자신이 지닌 신체적·정신적·사회적 능력을 줄여나갈 수 있어야 한다.
⑤ 가능한 한 독립적으로 자신의 선호와 사생활을 지키며 살아갈 수 있는 물리적, 기능적 환경 조성이 필요하다.

27 ☑ 개념체크 ○ △ ✕

안전한 주거환경을 조성하기 위한 관리방법으로 옳은 것은?

① 방에 햇볕이 잘 들도록 커튼은 얇은 것을 선택한다.
② 대상자의 방은 햇볕이 잘 드는 남향이나 남동향이 좋다.
③ 식탁보는 오염물이 눈에 띄지 않는 짙은 색을 사용한다.
④ 이동 시 도움이 되도록 집 안의 한곳은 다른 곳보다 훨씬 밝은 조명을 설치한다.
⑤ 현관과 복도에는 따뜻하고 자연친화적인 분위기를 위해 화분을 많이 배치해 둔다.

28 ☑ 개념체크 ○ △ ✕

대상자의 주거환경을 청결히 유지하기 위한 청소방법으로 옳은 것은?

① 화장실 배수구 청소 시 물때를 씻어낸 후 식초를 부어준다.
② 쓰레기통에서 냄새가 날 경우에는 햇볕에 바짝 말린다.
③ 대상자가 자주 사용하는 물건은 옮긴 후 가족에게 알린다.
④ 실내 청소를 할 때는 먼지털이로 구석구석 먼지를 제거한다.
⑤ 소독제 사용 시 다른 소독제와 혼합하거나 병행하여 사용하지 않는다.

29 ☑ 개념체크 ○ △ ✕

노인 대상자의 청결한 주거환경 관리로 옳은 것은?

① 음식물 쓰레기는 모아 두었다가 한 번에 치운다.
② 잦은 환기는 기관지에 좋지 않으므로 너무 많이 하지 않는다.
③ 불필요한 물건을 치울 때 대상자의 의견까지 물을 필요는 없다.
④ 실내 청소를 할 때는 진공청소기나 젖은 걸레로 먼지를 제거한다.
⑤ 화장실을 사용하지 않는 낮 시간에는 화장실의 문을 닫아 냄새가 새어 나오지 않도록 한다.

기출유형문제

대상자를 위해 안전한 주거환경을 조성하려 할 때 그 관리방법으로 옳은 것은?

❶ 출입문과 계단은 서로 대비되는 색을 사용한다.
② 대상자의 방은 햇볕이 잘 들도록 서향을 선택한다.
③ 요양보호사가 대상자를 관리하기 편한 환경으로 조성한다.
④ 현관 조명은 머리를 비출 수 있게 설치한다.
⑤ 싱크대 및 가스레인지는 위험하므로 대상자의 손이 닿지 않는 곳에 설치한다.

해설

② 습기가 차지 않고 밝은 남향이나 남동향으로 한다.
③ 대상자와 가족의 희망사항을 우선적으로 고려한다.
④ 현관 조명은 현관 밖과 발밑을 비출 수 있게 설치한다.
⑤ 싱크대 및 가스레인지는 대상자의 손이 닿는 높이로 조정하여 설치한다.

문제타파 TIP

안전하고 쾌적한 주거환경 조성
- 화장실 및 욕실의 안전손잡이는 대상자가 쓰기 편한 쪽이나 마비가 없는 쪽, 양변기 옆과 세면대 옆 등에 설치한다.
- 하루에 2~3시간 간격으로 3번, 최소한 10~30분 창문을 열어 환기하며, 환기할 때는 바람이 대상자에게 직접 닿지 않도록 주의한다.

CHAPTER 13 핵심요약

한줄필기

음식 조리 시 고려해야 할 노인의 특성
- 에너지 요구량 감소
- 소화능력 감소 및 식욕 저하
- 치아 손실 및 씹기장애
- 감각기능저하
- 침 분비 감소
- 장 운동성 감소

한줄요약

01 일상생활지원 시 대상자의 생활방식과 가치관을 존중하며, 요양보호사의 방식을 따르도록 강요하지 않는다.

02 서비스 시 반드시 대상자에게 충분히 설명하고 동의를 얻으며, 대상자의 인지능력이 없을 경우 보호자에게 설명하고 동의를 얻는다.

03 노인 식사관리의 기본원칙은 규칙적인 세 끼 식사이다.

04 식재료 구매 시 식단을 작성한 후 구매목록을 만들어 필요량만 구매한다.

05 채소는 살짝 데쳐서 볶으면 색깔이 선명해지고 기름도 적게 든다.

06 채소와 육류는 삶으면 부드러워지나 생선은 오래 삶으면 딱딱해지고 질겨진다.

07 노인 식사를 준비할 때는 짜거나 달지 않도록 싱겁게 조리하고, 기름지지 않은 담백한 음식을 제공한다. 또한, 대상자에게 물을 많이 마시도록 한다.

08 혈당지수가 높은 식품으로는 찹쌀밥, 떡, 찐감자, 수박, 흰빵, 쌀밥 등이 있고, 혈당지수가 낮은 식품으로는 현미밥, 보리밥, 사과, 우유, 양배추, 콩, 미역, 당면 등이 있다.

09 질환상 허용되는 범위 내에서 최대한 다양한 조리법과 재료를 사용한다.

10 당뇨병 대상자는 과식하지 않고, 혈당지수를 고려하여 복합당질의 식품을 선택하며, 지방 섭취를 줄인다.

11 고혈압 대상자는 소금과 동물성 지방 섭취를 줄이고, 칼륨을 충분히 섭취한다.

12 골다공증 대상자는 뼈 건강을 위해 칼슘을 충분히 섭취하며, 커피나 탄산음료는 칼슘의 흡수를 방해하므로 줄인다.

13 변비 대상자는 식이섬유를 충분히 섭취하고 하루 8잔 이상의 물을 마시며, 매일 적절한 운동을 한다.

14 부패·변질된 음식 폐기 시 반드시 대상자에게 설명한 후 폐기한다.

15 생선류, 어패류, 닭고기 등 육류는 하루 이내에 사용할 경우에만 냉장 보관하고, 더 오래 보관해야 하는 경우에는 모두 냉동 보관한다.

16 우유, 달걀, 두부, 어묵 등은 항상 냉장 보관한다.

17 조개류는 신문지에 싸서 냉장 보관이나 냉동 보관하며, 하루 이상 보관하려면 무조건 냉동 보관한다.

18 감자와 고구마는 냉장 보관을 피하며 서늘하고 어두운 곳에 둔다.

19 달걀은 신선도 유지를 위해 숨구멍이 있는 동그란 부분을 위로, 뾰족한 부분을 아래로 둔다.

20 수세미는 그물형이 스펀지형보다 위생적이다.

21 마른 행주와 젖은 행주를 구분하여 용도에 알맞게 사용한다.

22 칼이나 도마는 가열 식품용·비가열 식품용, 어류용·육류용·채소 과일용으로 구분하여 사용한다.

한줄필기

노인을 위한 음식 조리 시 주의사항
- 삶거나 끓이거나 찌거나 데치는 등 부드럽고 넘기기 쉽게 조리한다.
- 딱딱하고 자극적인 음식은 피한다.
- 짜고 달지 않게 조리한다.

한줄필기

혈당지수(GI ; Glycemic Index)
- 포도당 100을 기준으로 음식이 혈당을 빠르게 올리는 정도를 알려주는 수치이다.
- 혈당지수가 낮은 식품을 섭취하는 것이 당뇨병 대상자의 혈당 조절 및 비만의 치료와 예방에 도움을 준다.
- 혈당지수가 낮은 식품도 섭취하는 양이나 조리법에 따라 혈당 상승 정도가 달라지므로 많은 양을 섭취하지 않도록 주의해야 한다.

저염식사 방법
- 채소는 생으로 조리한다.
- 소스는 식초·레몬즙·오렌지즙 등 신맛 소스를 이용한다.
- 생선 조리 시 소금 대신 카레가루나 향미채소, 나트륨 함량이 적은 양념을 이용한다.
- 젓갈, 장아찌, 간장류 등 짠 음식을 식탁에 놓지 않는다.
- 찌개, 국 등 국물을 줄인다.

---

23 씻은 식기는 행주로 닦지 않으며, 물기 건조를 위해 어긋나게 엎어 놓는다.

24 매트리스(요)는 단단하고 탄성과 지지력이 뛰어난 것이 좋으며, 너무 푹신한 것을 사용하면 오히려 자세가 나빠지고 피로해지기 쉽다.

25 외출 시에는 목적지에 대한 정보를 미리 파악하고 장소, 교통정보, 준비물 등을 미리 점검하고 숙지한다.

26 안전한 주거환경을 조성하기 위해 거실 출입구의 문턱을 없애고, 휠체어나 보행기 등의 이동 경로에 불편함이 없도록 거실의 넓이를 확보한다.

27 계단을 오르내릴 때는 그림자가 생기지 않도록 조명을 발밑에 설치한다.

한줄문제

01 저작능력이 저하된 대상자를 위한 식재료 준비는?
   답 부드러운 재료를 선택하며, 잘게 썰어서 작은 크기로 준비한다.

02 소화가 잘되는 양질의 단백질 식품은?
   답 생선, 지방을 제거한 육류, 두부, 우유 등

03 뼈의 건강에 중요한 칼슘이 많이 든 음식은?
   답 우유, 치즈, 요구르트, 두부, 미역, 멸치 등

04 찜을 담백하고 부드럽게 하기 위한 조리방법은?
   답 먼저 센 불에서 가열하다가 약한 불로 오래 가열한다.

05 고온에서 단기간에 조리하여 수용성 성분의 용출이 적은 조리방법은?
   답 볶 기

06 노인을 위한 음식 조리 시 가장 바람직하지 않은 조리방법은?
답 튀기기

07 혈당지수가 높은 식품은?
답 쌀밥, 떡, 빵, 면, 찐감자, 수박, 흰식빵 등

08 혈당지수가 낮은 식품은?
답 우유, 사과, 당면, 보리밥, 현미, 배, 콩 등

09 실온 보관이 좋은 과일은?
답 파인애플, 멜론, 오렌지, 바나나, 무화과, 망고, 키위 등 후숙과일

10 실온 보관이 좋은 채소는?
답 파, 양파, 감자, 고구마, 토마토, 마늘, 생강, 무, 바질 등

11 도마와 칼이 1개씩밖에 없을 경우 사용 순서는?
답 과일 → 육류 → 생선류 → 닭고기 순

12 가장 효과적이고 손쉬운 감염 예방법은?
답 손 씻기

13 의복과 옷감에 커피 얼룩이 생겼을 때 제거방법은?
답 식초와 주방세제를 1:1 비율로 섞어 얼룩 부분을 칫솔로 살살 문질러 제거한 후 헹군다.

14 파운데이션이 옷에 묻었을 때 제거방법은?
답 알코올이 들어간 스킨이나 화장수를 화장솜에 적셔 얼룩을 톡톡 두드려 준다.

15 감염대상자의 베개와 모포 관리법은?
답 베개와 모포에 커버를 씌워 커버만 매일 교체한다.

16 흰색 면직물, 합성섬유, 니트류를 말리는 방법은?
답 흰색 면직물은 햇볕에서, 합성섬유는 그늘에서, 니트류는 통기성이 좋은 곳에서 펴서 말린다.

한줄필기

의복에 생긴 얼룩을 제거하는 방법
- 땀 : 땀이 묻은 부위를 두 장의 수건 사이에 끼우고 두드려 땀이 수건으로 옮겨 가게 한 다음, 세제로 세탁한다. 겨드랑이와 같이 얼룩이 심한 부위는 온수에 과탄산소다와 주방세제를 1:1로 넣어 2~3시간 담가둔 후 헹군다.
- 립스틱 : 클렌징 폼으로 얼룩을 살살 문질러 따뜻한 물로 헹군다. 립스틱 자국 위에 버터를 살짝 묻혀 톡톡 두드린 후 화장솜에 아세톤을 묻혀 버터와 얼룩을 지운 후 중성세제로 세탁해도 된다.
- 튀김기름 : 얼룩이 묻은 부위에 주방세제를 몇 방울 떨어뜨리고 비벼서 기름을 제거한다.
- 혈액이나 체액 : 찬물로 닦고 더운물로 헹군다.

침구의 선택
- 이불 : 가볍고 따뜻하며 보온성 있는 것이 좋다. 커버는 면 제품으로 건조시키면 면이 팽창하여 보온성 증가한다. 건조시간은 오전 10시~오후 2시가 적당하다.
- 요 : 탄력성과 지지력이 뛰어나며 단단한 것, 습기를 배출할 수 있는 것이 좋다.
- 시트와 커버 등 리넨류 : 튼튼하고 흡습성이 좋으며, 옅은 색의 면으로 선택한다. 시트는 길이와 폭 모두 매트리스 밑에 접어넣을 수 있는 크기를 사용한다. 두껍고 풀을 먹이거나 재봉선이 있는 것은 욕창의 원인이 되므로 피한다.
- 베개 : 습기를 흡수하지 않고 열에 강하며 촉감이 좋은 재질을 사용한다. 적당히 형태가 유지되는 것이 좋으며, 높이는 척추와 머리가 수평이 되는 높이, 폭은 어깨 폭에 20~30cm를 더한 폭이 적당하다.

한줄필기

외출 동행
- 대상자의 욕구나 필요에 의해 요양보호사가 대상자와 함께 외출하는 것을 의미한다.
- 장보기, 병원, 물품구매, 은행, 나들이 등이 있다.

17 노인을 위한 이불을 선택하는 방법은?
답 두껍고 무거운 것은 피한다. 보습성이 있는 가볍고 부드러운 것을 선택하며, 커버는 면 제품이 좋다.

18 다리미 다리는 법은?
답 다리미가 앞으로 나갈 때는 힘을 뒤쪽으로, 다리미를 뒤로 보낼 때는 힘을 앞쪽으로 준다.

19 혈액이나 체액이 묻은 경우 지우는 방법은?
답 찬물로 닦고 더운물로 헹군다.

20 외출 동행으로 도보 이동 시 대상자와 계단을 이동하는 방법은?
답 몇 걸음에 한 번씩, 혹은 매 걸음마다 두 다리를 한곳에 모아 쉬면서 천천히 이동한다.

21 여름과 겨울의 쾌적한 실내온도는?
답 여름 : 22~25℃, 겨울 : 18~22℃

22 실내습도는 몇 %가 적당한가?
답 40~60%

23 방충제를 두기에 적절한 장소는?
답 방충제는 공기보다 무거우므로 보관용기의 위쪽 구석에 둔다.

24 노인 환자의 방을 환기시키는 방법은?
답 하루에 2~3시간 간격으로 3번 환기하며, 창문을 최소한 10~30분 정도 열어 둔다.

25 노인 대상자의 침실 청소방법은?
답 진공청소기나 젖은 걸레로 먼지를 제거하며, 쓰레기가 많은 경우 빗자루에 물을 묻혀 조심스럽게 쓴다. 유리창 청소기의 고무로 밀어낸 후 걸레로 닦아낸다.

제4부

상황별 요양보호 기술

CHAPTER 14   치매 요양보호
출제예상문제 | 핵심요약

CHAPTER 15   임종 요양보호
출제예상문제 | 핵심요약

CHAPTER 16   응급상황 대처 및 감염관리
출제예상문제 | 핵심요약

CHAPTER 14

제4부 상황별 요양보호 기술

치매 요양보호

출제 키워드

치매, 안전사고, 식사, 배설, 목욕, 운동, 사고 예방, 반복 행동, 수면장애, 여가활동, 배회, 나-메시지 전달법, 공감, 의심, 망상, 환각, 파괴적 행동, 흥분, 석양증후군, 노출, 의사소통, 인지자극 훈련

이렇게 공부하세요

이 단원에서는 독립적인 생활이 어려운 치매 대상자의 지원방법과 행동심리증상에 따른 요양보호사의 적절한 대처방법에 대해 학습합니다. 식사, 개인위생, 배설, 여가활동 등의 일상생활지원방법과 수면장애, 배회, 망상, 석양증후군 등을 보이는 대상자를 요양보호할 때 지켜야 할 기본원칙이 출제되며, 치매의 정도에 따른 의사소통 방법과 인지자극 훈련 프로그램에 대해 알아 두는 것이 중요합니다.

미리 보는 문제 유형

- 치매 대상자가 누워만 있을 때 대처방법은?
- 야간에 배회하는 치매 대상자를 돕는 방법은?
- 치매 대상자의 식사를 돕는 방법으로 옳은 것은?
- 망상이 있는 치매 대상자가 다음과 같이 말할 때 적절한 반응은?

함께 풀어봅시다

치매 대상자의 식사를 돕는 기본원칙으로 옳은 것은?

① 초조해하는 경우에는 식사를 조금씩 준다.
  └ 졸려하거나 초조해하는 경우 식사를 제공하지 않는다.
② 의치가 잇몸을 조이지 않도록 느슨하게 해 둔다.
  └ 의치가 맞지 않으면 음식과 같이 식도로 넘어가거나 기도를 막을 수 있으므로 의치가 느슨한 경우에는 끼지 못하게 한다.
③ 소금을 대상자 가까운 곳에 두어 이용하게 한다.
  └ 소금이나 간장 같은 양념은 식탁 위에 두지 않는다.
④ 딱딱한 사탕이나 땅콩 등은 반으로 잘라 제공한다.
  └ 딱딱한 사탕이나 땅콩, 팝콘 등은 질식의 위험이 있으므로 제공을 삼간다.
⑤ 투명한 유리 제품보다 색깔이 있는 플라스틱 제품을 사용한다.

정답 ⑤

출제자의 비밀노트

일상생활 돕기 기본원칙
- 따뜻하게 응대하고 치매 대상자를 존중한다.
- 규칙적인 생활을 하게 한다.
- 대상자에게 남아있는 기능을 최대한 살린다.
- 상황에 맞는 요양보호를 한다.
- 항상 안전에 주의한다.

출제예상문제

정답 및 해설 037쪽

01 ☑ 개념체크 ○ △ ✕

치매 대상자의 식사를 도울 때 고려사항으로 옳은 것은?
① 즐겨 먹던 반찬이나 간식을 제공한다.
② 별다른 식사방법을 알려주지 않아도 된다.
③ TV를 보면서 자유롭게 식사할 수 있게 한다.
④ 치매 초기에는 음식을 갈아서 제공한다.
⑤ 서둘러서 빠르게 식사할 수 있는 분위기를 조성한다.

02 ☑ 개념체크 ○ △ ✕

치매 약물의 부작용은?
① 잠이 많아진다.
② 식욕이 증가한다.
③ 체중이 증가한다.
④ 고혈압이 발생한다.
⑤ 과도한 진정 작용이 있다.

03 ☑ 개념체크 ○ △ ✕

다음 대화에서 '나-메시지 전달법'을 활용한 요양보호사의 반응으로 옳은 것은?

| 대 상 자 : "요즘 입맛이 없어서 아무것도 먹고 싶지가 않아."
| 요양보호사 : (   ) |

① "제 요리가 마음에 안 드세요?"
② "다른 음식이 드시고 싶으신가요?"
③ "밥을 안 드셨다니 제 마음이 안 좋네요."
④ "입맛이 없을 정도로 걱정이 있으신가요?"
⑤ "이렇게 밥을 안 드시면 건강이 더 나빠져요."

기출유형문제

음식이 아닌 것을 먹으려고 하는 치매 대상자를 돕는 가장 좋은 방법은?
① 장난감이나 교구 등으로 유인한다.
② 시설장이나 간호사 등에게 보고한다.
❸ 대상자가 평소 좋아하는 간식 등과 교환한다.
④ 화를 내거나 물건을 뺏어서 먹지 못하게 한다.
⑤ 일단 맛을 보게 하여 음식이 아님을 스스로 깨닫게 한다.

해설
③ 치매 대상자가 음식이 아닌 것을 먹으려고 할 때는 대상자가 좋아하는 다른 간식과 교환한다.

문제타파 TIP

치매 대상자의 식사 돕기를 할 때는 규칙적인 식사시간을 지키고, 안정된 분위기를 조성한다. 또한, 치매 대상자의 기호를 적극적으로 반영해야 한다.

기출유형문제

치매 대상자의 일상생활을 돕는 방법으로 옳은 방법은?

① 생활환경을 자주 바꿔준다.
② 정면에서 야단치거나 무시한다.
❸ 습관적으로 하던 일들을 하게 한다.
④ 대상자가 하기 전에 모든 일을 먼저 도와준다.
⑤ 안전을 위해서 가능하면 모든 일을 해준다.

해설
① 생활환경을 소중히 여기고 환경을 바꾸지 않는다.
② 정면에서 야단치거나 부정하거나 무시하지 않는다.
④ 할 수 있는 일은 스스로 하도록 한다.
⑤ 치매가 있다고 해서 모든 것을 못하는 것은 아니라고 안내한다.

문제타파 TIP

치매 대상자에게 규칙적인 운동이 중요한 이유
• 체력 유지와 숙면, 위장 운동에 도움이 된다.
• 안정적이고 운동기능이 오래 보존된다.
• 치매 진행으로 인해 관절이 굳는 것을 예방한다.

04 ☑ 개념체크 ○ △ ×

치매 대상자의 배설 돕기의 기본원칙으로 옳은 것은?

① 바퀴가 달린 변기를 사용한다.
② 낮에는 가능하면 기저귀를 사용한다.
③ 벨트나 단추로 조이는 바지를 선택한다.
④ 실금한 경우에는 점잖게 타이러 반복하는 것을 막는다.
⑤ 배설기록지를 기록하여 배설시간과 양 등의 습관을 파악한다.

05 ☑ 개념체크 ○ △ ×

치매 대상자의 운동을 돕는 방법으로 옳은 것은?

① 산책 시 매번 걷는 길을 달리하여 자극을 준다.
② 즐겁게 할 수 있는 운동을 한다.
③ 타인의 지시에 의한 운동이 좋다.
④ 운동은 심장에서 가까운 곳부터 시작하여 천천히 진행한다.
⑤ 운동 도중 문제가 발생하면 응급처치 후 직접 병원에 데리고 간다.

06 ☑ 개념체크 ○ △ ×

치매 대상자가 석양증후군 행동을 보일 때 돕는 방법으로 옳은 것은?

① 신체적 제한을 한다.
② TV나 밝은 조명을 켜준다.
③ 시원한 커피나 음료를 준다.
④ 대상자의 생활에 변화를 준다.
⑤ 조용한 침대에서 낮잠을 자게 한다.

07 ✅ 개념체크 ○△×

치매 대상자와 비언어적인 의사소통을 하는 방법으로 옳은 것은?

① 구체적으로 질문한다.
② 대상자가 좋아하는 존칭을 사용한다.
③ 대상자가 이해할 수 있는 표현을 활용한다.
④ 낮은 음조로 천천히, 상냥하게 말한다.
⑤ 고개를 끄덕여서 대상자의 기분에 공감한다.

08 ✅ 개념체크 ○△×

치매 대상자와의 의사소통 방법으로 옳은 것은?

① 큰 소리로 말한다.
② 친구처럼 정답게 반말을 사용한다.
③ TV나 라디오 소리를 작게 한다.
④ 치매 대상자가 없는 것처럼 말한다.
⑤ 어려운 표현을 사용해서 빠르게 말한다.

09 ✅ 개념체크 ○△×

부적절한 성적 행동을 보이는 치매 대상자의 요양보호 기본원칙으로 옳은 것은?

① 부적절한 성적 행동 요인은 방관한다.
② 행동교정은 전혀 도움이 되지 않는다.
③ 성 자체에 많은 관심을 갖고 있다고 인식한다.
④ 노출증을 감소시키기 위해 벌칙을 주로 사용한다.
⑤ 복용 중인 약물이 이상한 성행위를 유발할 수 있음을 이해한다.

기출유형문제

치매 대상자가 부적절한 성적 행동을 할 때 돕는 방법으로 옳은 것은?

① 부적절한 성적 행동이 심할 경우 병원으로 이송한다.
② 옷을 벗거나 성기를 노출할 경우 화장실로 데려간다.
❸ 의복으로 인한 불편감이나 대소변 욕구가 있는지 확인한다.
④ 대상자가 성적 관심을 보이면 공공장소로 가서 진정시킨다.
⑤ 성적으로 부적절한 행동을 할 때에는 우선 자리에서 피한다.

해설
① 시설장이나 간호사 등에게 알리고 상의한다.
② 당황하지 말고 옷을 입혀준다.
④ 공공장소에 가는 것을 삼가고, 방문객을 제한하여 사고를 예방한다.
⑤ 좋아하는 물건이나 활동을 통해 관심을 전환하도록 유도한다.

문제타파 TIP

치매 대상자 의사소통 능력의 이해와 기본원칙
치매 초기에는 다소 언어적 실수가 있지만 의사소통이 가능하고, 중기에는 의사소통에 일관성이 없어지고 혼돈이 증가하며, 말기에는 의사소통의 유지가 어려워지고 언어를 자주 사용하지 않게 된다. 치매 대상자의 다양한 특성에 맞춘 의사소통의 기본원칙을 이해한다.

기출유형문제

경증 인지기능 장애 대상자의 언어의 유창성과 자발성을 높이기 위한 인지자극 훈련 프로그램은?

① 점선으로 옮겨 그리기
② 손 모양 똑같이 만들기
❸ 여러 가지 단어 말하기
④ 물건 보며 과거 회상하기
⑤ 그림과 숫자 짝지어 기억하기

해설

③ 여러 가지 단어 말하기는 언어의 유창성과 자발성을 높이기 위한 프로그램이다. 게임을 잘하는 사람의 어깨나 손을 주물러 주는 등의 간단한 규칙을 정하거나, 진행자 혹은 대상자가 질문을 선택하게 할 수도 있다.

문제타파 TIP

우리나라에서는 현재 보건복지부, 중앙치매센터, 국민건강보험공단 등에서 치매 인지자극 훈련 프로그램을 개발·보급하고 있다.

10 개념체크 ○△×

'언어·기억·관리능력'을 향상할 수 있는 중증 인지기능 장애 대상자 훈련 프로그램은?

① 이름 맞히기
② 악기 연주하기
③ 인사말 연결하기
④ 선 따라 그리고 찢기
⑤ 흩어진 낱글자로 단어 만들기

11 개념체크 ○△×

치매 단계별 가족부양 특성에 따른 가족 부담 변화가 바르게 연결된 것은?

① 진단 단계 – 치매 증상 수용 노력 단계
② 실금 단계 – 치매 증상의 점진적 진행
③ 병원 입원 단계 – 치매 말기 단계
④ 시설 입원 단계 – 부양 위기 단계
⑤ 섭식 곤란 단계 – 부양 고비 단계

12 개념체크 ○△×

다음 사례에서 치매 가족에 대한 요양보호사의 의사소통 방법으로 옳은 것은?

- 상대의 말을 주의 깊게 듣고 있음을 전해준다.
- 고개를 끄덕이거나 손을 잡아주는 등 비언어적인 행동으로도 표현한다.
- '~ 때문에 그러시는 거군요.'와 같은 표현은 가장 흔한 방법 중 하나이다.
- 치매 가족이 표현한 내용을 나의 관점에서 다른 언어로 말해준다.

① 격 려
② 나-메시지 전달법
③ 공 감
④ 정보 제공
⑤ 조 언

13 ☑ 개념체크 ○ △ ×

치매 대상자와 의사소통할 때 지켜야 하는 기본 원칙으로 옳은 것은?

① 톤을 높여 큰 소리로 이야기한다.
② '네', '아니요'로 답하게 질문한다.
③ 긍정형 질문보다 부정형 질문을 한다.
④ 대화 시 여러 사람이 함께 참여하게 한다.
⑤ 과거의 이야기는 피하여 현실을 지각할 수 있게 한다.

14 ☑ 개념체크 ○ △ ×

수저를 사용할 수 없는 치매 대상자의 식사를 돕는 방법으로 옳은 것은?

① 식사를 마칠 때까지 먹여준다.
② 잘게 썬 음식을 빨대로 먹게 한다.
③ 경관 삽입으로 영양액을 제공한다.
④ 손으로 수저를 잡고 혼자 먹게 한다.
⑤ 손으로 먹을 수 있는 음식을 준비한다.

15 ☑ 개념체크 ○ △ ×

목욕을 거부하는 치매 대상자의 경우 옳은 대처방법은?

① 요양보호사의 안전을 위해 혼자 목욕하게 한다.
② 목욕을 도와줄 때는 단호하게 대하는 것이 좋다.
③ 목욕이 즐거운 일임을 알게 하기 위해 목욕의 과정을 복잡화한다.
④ 미리 욕조에 물을 가득 받아 둔 후, 치매 대상자를 욕조에 들어가게 한다.
⑤ 물에 대한 거부반응을 보이는 경우 작은 그릇에 물을 떠서 장난하게 한다.

기출유형문제

치매 대상자의 약물복용을 돕는 방법은?

① 인지장애가 나타날 때만 약물을 제공한다.
❷ 약물부작용이 나타나면 메모하여 병원에 가져간다.
③ 환자의 증상 변화에 따라 약물의 양을 조절해 준다.
④ 약물을 복용한 후에는 침상에서 절대안정을 취하게 한다.
⑤ 약물의 복용량을 줄일 때는 기관장의 허락을 받는다.

해설

② 약을 바꾸거나 용량을 늘린 경우에는 부작용이 나타나는지 면밀히 관찰하고, 만약 부작용이 나타나면 메모하여 병원에 갈 때 가져가야 한다.

문제타파 TIP

여러 가지 상담기법(공감하기, 관심 전달하기, 조언 및 정보 제공, 나-전달법, 힘 돋우기 등)은 치매 대상자의 가족과 의사소통을 통해 신뢰를 쌓아갈 수 있게 하고, 긍정적인 관계를 형성하는 데 도움을 준다.

기출유형문제

치매 대상자가 다음과 같은 행동을 할 때 대처 방법은?

- 서랍 안의 물건을 꺼내어 헝클어 놓는 것을 반복한다.
- 휴지를 찾아다니며 주머니에 모은다.
- 짐을 싸다가 다시 풀어 놓기를 반복한다.

① 옷을 갈아입혀 준다.
② 화장실로 데리고 간다.
③ 기저귀를 갈아 준다.
❹ 크게 손뼉을 쳐서 관심을 바꾼다.
⑤ 반복되는 행동을 반드시 고쳐준다.

해설
④ 크게 손뼉을 쳐서 소음을 내는 등 대상자의 관심을 다른 곳으로 돌린다.

문제타파 TIP

대상자가 반복적인 질문이나 반복적인 행동을 할 때 기본 원칙
- 치매 대상자의 주의 환기하기
- 반복적인 행동이 해가 되지 않으면 무리하게 중단시키지 말기
- 치매 대상자가 심리적 안정과 자신감을 갖도록 도와주기
- 질문에 답을 하기보다 치매 대상자를 다독거리며 안심시켜 주기
- 반복되는 행동을 억지로 고치려고 하지 않기

16 ☑ 개념체크 ○ △ ✕

실금을 하는 치매 대상자를 돕는 방법은?

① 민감하게 반응하여 주의하도록 한다.
② 배뇨 후, 몸을 앞으로 구부리게 한다.
③ 충분한 수분을 섭취할 수 있도록 한다.
④ 평소 몸에 꼭 끼는 옷을 입도록 한다.
⑤ 옷을 갈아입히고 항상 기저귀를 착용하도록 한다.

17 ☑ 개념체크 ○ △ ✕

시설에서 생활하는 치매 대상자가 휠체어에 앉아 있는 다른 대상자에게 화를 내며 휠체어에서 끌어내리려고 할 때 대처방법은?

① 휠체어를 타고 싶은지 물어본다.
② 다른 휠체어를 갖다주겠다며 찾으러 간다.
③ 더 좋은 휠체어를 타러 가자며 데리고 나간다.
④ 위험한 행동을 하면 집으로 돌려보낸다고 말한다.
⑤ 두 사람이 모두 다칠 수 있다고 말하며 힘으로 제압한다.

18 ☑ 개념체크 ○ △ ✕

배변 활동에 문제가 있는 치매 대상자를 돕는 옳은 방법은?

① 화장실에서 먼 쪽에 대상자의 방을 배정한다.
② 대상자가 알기 쉽게 화장실의 위치를 표시해 둔다.
③ 옷을 쉽게 벗을 수 있도록 단추가 달린 바지를 입게 한다.
④ 배변 뒤처리는 반드시 치매 대상자 스스로 하게 한다.
⑤ 실금한 경우에는 민감하게 반응하거나 대상자를 질책한다.

19 ☑ 개념체크 ○ △ ✕

치매 대상자가 큰 소리로 악을 쓰며 물건을 던지려고 할 때 대처방법은?

① 빨리 자리를 피한다.
② 힘으로 대상자를 제압하며 진정시킨다.
③ 방 안에 혼자 두고 행동을 반성하게 한다.
④ 화가 난 것을 이해한다고 부드럽게 말한다.
⑤ 폭력적인 행동을 계속하면 퇴소시킨다고 말한다.

20 ☑ 개념체크 ○ △ ✕

목욕을 시키기 위해 치매 대상자의 옷을 벗기려 하자 대상자가 거칠게 거부할 때 대처방법은?

① 혼자서 목욕하라고 한다.
② 신속하게 행동을 제지한다.
③ 목욕하기 싫은 이유를 물어본다.
④ 다수의 요양보호사와 함께 목욕을 시킨다.
⑤ 목욕을 중지하고 조용한 방에서 쉬게 한다.

21 ☑ 개념체크 ○ △ ✕

시설 치매 대상자가 "내가 대장이다! 나를 따르라!"라고 소리를 지르며, 따르지 않는 다른 대상자에게 화를 낼 때의 대처방법은?

① 좋아하는 텔레비전 프로그램을 틀어준다.
② 왕처럼 위엄이 있다고 칭찬해 준다.
③ 행동이 수그러들 때까지 자리를 피해준다.
④ 모든 치매 대상자들을 군대놀이에 참여시킨다.
⑤ 다른 대상자들에게 치매 대상자를 이해하라고 한다.

기출유형문제

다음 상황에서 요양보호사의 대처방법으로 옳은 것은?

> 시설 치매 대상자가 낮잠을 자다가 깨서 "이 방에 있는 사람은 모두 나가라."라며 큰소리를 지른다.

① 집단 프로그램에 참여하게 한다.
② 무서운 꿈을 꾸었는지 물어본다.
③ 모두 함께 밖으로 나가 산책을 한다.
④ 다른 대상자들에게 사과하라고 요청한다.
❺ 천천히 치매 대상자의 관심 변화를 유도한다.

해설

⑤ 대상자가 파괴적 행동을 보일 시, 파괴적 행동은 치매에 의한 증상임을 이해하고, 천천히 치매 대상자의 관심 변화를 유도해야 한다.

문제타파 TIP

파괴적 행동의 사례
'운다', '분통을 터뜨린다', '욕설한다', '지나치게 안절부절 못한다', '때리거나 주먹으로 친다', '물거나 침 뱉는다', '꼬집는다' 등이 있다.

기출유형문제

재가 치매 대상자의 안전사고 예방을 위한 방법으로 옳은 것은?

① 방에 큰 거울을 두어 자신의 모습을 인식하게 한다.
❷ 고체비누보다 펌프식의 손세정제를 이용한다.
③ 냉장고에 과일이나 채소 모양의 자석을 붙인다.
④ 욕실 사용 세제는 눈에 잘 띄는 곳에 둔다.
⑤ 난간, 출입구 주변은 어두운 색의 야광테이프를 붙인다.

해설

② 고체비누를 입에 넣는 경우가 있으므로 펌프식의 손세정제를 이용하도록 한다.

문제타파 TIP

치매 대상자가 보이는 파괴적 행동의 특징
- 난폭한 행동이 자주 일어나지 않는다.
- 난폭한 행동이 오래 지속되지 않는다.
- 보통 초기에 분노로 시작하며, 에너지가 소모되면 지쳐서 중지한다.
- 난폭한 행동은 질병 초기에 나타나서 수개월 내에 사라진다.

22 ☑ 개념체크 ○ △ ✕

치매 대상자의 안전한 생활을 위한 대처방법은?

① 요와 이불보다 침대를 사용한다.
② 방 안에 잠금장치를 설치한다.
③ 욕조에 미끄럼방지 매트를 설치한다.
④ 음식물 쓰레기는 가급적 부엌 안쪽에 둔다.
⑤ 화장실 전등을 밤에는 반드시 꺼놓도록 한다.

23 ☑ 개념체크 ○ △ ✕

치매 대상자의 방을 안전하게 관리하는 방법으로 옳은 것은?

① 따뜻하게 방 안에 난로를 켜두고 대상자 혼자 있게 한다.
② 침대 밑 방바닥에 두꺼운 요를 깔아 둔다.
③ 큰 유리창은 투명하게 하여 밖의 경치가 잘 보이게 한다.
④ 비슷한 색깔을 구분하기 힘들므로 밤에도 밝게 해둔다.
⑤ 다른 사람의 눈에 잘 띄지 않는 구석진 방으로 배정한다.

24 ☑ 개념체크 ○ △ ✕

치매 대상자가 비누를 입에 넣으려고 할 때 옳은 대처방법은?

① 무슨 맛이 날지를 질문한다.
② 비누를 먹지 못하게 강제로 뺏는다.
③ 대상자가 좋아하는 간식과 비누를 바꾼다.
④ 비누라고 설명하고 냄새를 맡아 보게 한다.
⑤ 음식이 아니라고 말하며 잘 확인하게 한다.

25 ☑ 개념체크 ○ △ ✕

치매 대상자가 반복적인 행동을 하거나 반복적인 질문을 할 때 대처방법은?

① 억지로라도 못하도록 막는다.
② 좋아하는 노래를 함께 부른다.
③ 해가 되는 행동이라도 그냥 둔다.
④ 질문 하나하나에 논리적으로 답한다.
⑤ 복잡하게 할 수 있는 일거리를 제공한다.

기출유형문제

치매 대상자가 시설에서 반복적으로 "집에 언제 가요?"라고 할 때 대처방법으로 옳은 것은?

① 대상자의 질문을 못 들은 척한다.
② 대상자에게 시설의 규칙을 설명한다.
❸ 마당에 꽃을 보러 나가자고 한다.
④ 복잡한 일거리를 주어 집중하게 한다.
⑤ 가족을 기다릴 수 있도록 문 앞에 의자를 놓아준다.

해설
③ 대상자의 관심을 다른 곳으로 돌린다.

26 ☑ 개념체크 ○ △ ✕

치매 대상자가 고향 집에 가겠다고 짐을 쌌다가 풀기를 반복하는 경우 대처 방법은?

① 고향에 누가 살고 계시는지 확인한다.
② 고향이 어디인지 보호자에게 확인한다.
③ 고향 가기 전에 콩나물 다듬기를 도와달라고 한다.
④ 행동을 멈출 때까지 아무 말도 하지 않고 기다린다.
⑤ 짐을 쌌다가 푸는 행동에 무관심하게 대처한다.

27 ☑ 개념체크 ○ △ ✕

시설 치매 대상자가 "우리 아들이 나를 언제 데리러 오냐"라고 반복적으로 물을 때 대처방법은?

① 물을 때마다 아들과 통화를 연결한다.
② 다녀갔다고 하며 기억을 더듬어 보게 한다.
③ 언제 아들이 오면 좋을지 되물어 본다.
④ 아들이 바빠서 못 오니 기다리지 말라고 한다.
⑤ 달력에 적힌 아들의 방문 일정을 보여준다.

문제타파 TIP

치매 대상자가 반복적인 행동이나 반복적인 질문을 할 때 대처방법
주의를 환기시키기, 콩 고르기, 나물 다듬기, 빨래 개기 등 단순한 일거리 제공, 좋아하는 음식을 주거나 좋아하는 노래를 같이 부르기

기출유형문제

치매 대상자가 제공된 음식을 못 먹고 쳐다보고만 있을 때 대처방법은?

① 식사할 때까지 옆에 계속 있어준다.
② 계속 먹지 않으면 음식을 치운다고 한다.
❸ 식사하는 방법을 순서대로 가르쳐 준다.
④ 식사를 거르면 건강에 해롭다고 설명한다.
⑤ 스스로 먹을 때까지 음식을 그대로 둔다.

해설
③ 치매 대상자는 식사하는 방법을 잊어버릴 수도 있으므로 이때는 식사하는 방법을 자세히 가르쳐 준다.

문제타파 TIP

치매 대상자가 금방 밥을 먹었는데 또 달라고 하는 경우에는 화를 내거나 대립하지 않도록 한다. 금방 식사한 것을 알 수 있도록 식기를 그대로 두거나 매 식사 후 달력에 표시한다.

28 개념체크 ○ △ ✕

치매 대상자가 음식을 지나치게 많이 먹으려고 할 경우의 대처 방법은?

① 항상 음식을 넉넉하게 제공한다.
② 많이 먹는 것은 건강에 해롭다고 반복해서 설명한다.
③ 그릇의 크기를 조절하여 식사량을 조정한다.
④ 스스로 음식량을 줄일 때까지 기다린다.
⑤ 목이 막히지 않게 음식을 잘게 썰어 제공한다.

29 개념체크 ○ △ ✕

손에 잡히는 대로 먹으려고 하는 이식증상을 보이는 치매 대상자 관리로 옳은 것은?

① 먹기 편하도록 음식을 으깨어서 제공한다.
② 위험한 물건을 미리 치워 먹지 못하도록 한다.
③ 식사량을 줄여 위험한 행동을 하지 못하도록 한다.
④ 같은 종류의 반찬만 제공한다.
⑤ 식사시간을 넉넉히 주어 충분한 식사를 하도록 한다.

30 개념체크 ○ △ ✕

치매 대상자의 음식 섭취를 돕는 방법으로 옳은 것은?

① 배회가 있는 대상자는 섭취 열량을 줄인다.
② 특정 음식을 좋아하면 계속 그 음식을 준다.
③ 배고픔을 호소할 때마다 음식을 충분히 준다.
④ 손잡이가 작고 가벼운 숟가락을 사용하게 한다.
⑤ 치매 말기에는 갈거나 으깬 걸쭉한 음식을 준다.

31 ☑ 개념체크 ○ △ ✕

다음과 같은 사례의 증상을 겪는 치매 대상자를 돕는 방법은?

> 박 씨 할아버지는 2~3일간 잠을 자지 않다가 2~3일 뒤에 계속 잠을 자는 행동을 반복해서 보인다.

① 신체적 욕구를 먼저 해결해 준다.
② 저녁에 커피와 술을 한 잔 준다.
③ 점심 식후 1시간 이상의 낮잠 시간을 준다.
④ 소음을 최대한 없애고 적정 실내온도를 유지한다.
⑤ 스스로 편한 시간에 기상과 취침하도록 돕는다.

32 ☑ 개념체크 ○ △ ✕

다음의 사례에서 요양보호사의 적절한 대처방법은?

> 최 씨 할머니가 갑자기 울음을 터뜨리면서 다른 대상자를 때리고 욕설을 하고 있다.

① 억제대를 사용하여 방에 격리한다.
② 대상자의 폭력적인 행동을 따라 한다.
③ 다른 것에 신경을 쓰도록 관심을 돌린다.
④ 단호한 목소리로 행동을 멈추도록 경고한다.
⑤ 화가 난 이유에 대해서 구체적으로 물어본다.

33 ☑ 개념체크 ○ △ ✕

다음의 사례에서 요양보호사의 대응으로 옳은 것은?

> 치매를 앓고 있는 김 씨 할머니는 아무도 없는 창밖을 보면서 "아들이 왔다."라고 말하며 손짓하고 마치 아들과 대화하듯 혼잣말을 하신다.

① "······."(무응답)
② "아드님이 보고 싶으신가 봐요."
③ "무슨 말도 안 되는 말씀을 하세요?"
④ "정말 아드님이 왔다고 생각하세요?"
⑤ "밖에 아무도 없으니 식사를 마저 하세요."

기출유형문제

밤에 숙면할 수 있도록 낮에 졸고 있는 치매 대상자를 돕는 방법으로 옳은 것은?

① 실내를 어둡게 한다.
② 침대로 가서 눕게 한다.
③ 조용한 음악을 틀어준다.
❹ 주기적으로 말을 걸어준다.
⑤ 어깨를 흔들며 큰 소리로 깨운다.

해설

④ 치매 대상자는 시간 감각이 없어 낮과 밤이 바뀔 수 있으며, 외부환경이 불편하거나 안정감이 없을 때 잠을 못 이룬다. 밤낮이 바뀌어 낮에 꾸벅꾸벅 조는 치매 대상자에게는 말을 걸어 자극을 준다.

문제타파 TIP

치매 대상자의 수면장애 사례
- 2~3일간 잠을 자지 않고, 2~3일 뒤에 계속 잠을 잔다.
- 밤에 일어나서 돌아다니다가 낮에 잠을 잔다.

기출유형문제

치매 대상자가 야간에 실내에서 계속 배회할 때 대처 방법으로 옳은 것은?

① 밖으로 나가 시설 주변을 걷게 한다.
② 배회하지 못하게 주의를 준다.
❸ 출입이 가능한 창문은 잠근다.
④ 복잡한 일을 주어 집중하게 한다.
⑤ 실내조명을 끄고 침대에 눕게 한다.

해설

③ 창문 등 출입이 가능한 모든 곳의 문을 잠그고, 대상자가 배회하는 것을 예방하기 위해 현관이나 출입문에 벨을 달아 관찰한다.

문제타파 TIP

치매 대상자의 경우, 시간개념의 상실로 인하여 식사한 것을 잊거나 심리적인 불안감을 느끼기도 한다. 이것이 원인이 되어 과식하거나 배고픔을 호소하게 만든다. 또한, 음식물을 구별하지 못하기 때문에 손에 만져지는 것은 무엇이든 입에 넣어 먹으려고 하는 이식증상을 보이기도 한다.

---

34 개념체크 ○ △ ×

초조한 표정으로 집 안을 돌아다니는 치매 대상자를 돕는 방법은?

① 복잡한 일거리를 제공한다.
② 산책이나 쇼핑 등의 외출을 금지한다.
③ 텔레비전이나 라디오를 크게 틀어 놓는다.
④ 집 안을 어둡게 하여 심리적인 안정을 준다.
⑤ 집 안에서 배회하는 경우 배회 코스를 만들어 둔다.

35 개념체크 ○ △ ×

치매 대상자가 흥분하여 주위 사람들을 위협할 때 대처방법은?

> 가. 자극하지 말고 조용한 장소에서 쉬게 한다.
> 나. 신체적으로 억압하여 격리시킨다.
> 다. 이해하지 못한 말은 다른 형태로 설명하지 말고 같은 말로 반복한다.
> 라. 무엇이 대상자를 흥분하게 했는지 반복적으로 질문한다.
> 마. 천천히 치매 대상자의 관심 변화를 유도한다.

① 가, 마
② 나, 라
③ 나, 다, 라
④ 가, 다, 마
⑤ 가, 나, 다, 라, 마

36 개념체크 ○ △ ×

해 질 녘만 되면 집 안을 왔다 갔다 하며 불안해하는 치매 대상자를 돕는 방법은?

① 애완동물과 함께 즐거운 시간을 갖게 한다.
② 억제대를 사용하거나 방에 가두어 둔다.
③ 텔레비전을 끄고 조명을 어둡게 한다.
④ 커피와 간식을 제공하여 포만감을 느끼게 한다.
⑤ 대상자 혼자 조용히 쉴 수 있는 공간을 마련해 준다.

37 ☑ 개념체크 ○ △ ✕

다음의 사례에서 요양보호사의 적절한 대처방법은?

> 82세 한 씨 할머니는 자신의 물건을 장롱과 트렁크에 번갈아 가며 바꾸어 넣어 두었다. 트렁크로 옮긴 후 장롱에 물건이 없는 것을 발견했을 때 "내 물건을 도둑맞았다."라며 같은 방의 김 씨 할머니를 가리키며 "도둑이다." 라고 소리를 질렀다.

① 다른 대상자가 물건을 가져갔는지 확인한다.
② 요양보호사가 물건을 직접 찾아서 건네준다.
③ 도둑을 잡기를 고집하면 밖으로 끌어낸다.
④ 그 물건은 애초에 없었다고 강하게 말한다.
⑤ 장롱과 트렁크를 열어 대상자와 함께 찾아본다.

38 ☑ 개념체크 ○ △ ✕

치매 대상자가 바지를 벗으면서 성적 행동을 할 때 대처방법은?

① 불쾌하다고 말하고 행동을 멈추도록 한다.
② 행동을 그만둘 때까지 다른 방에 격리한다.
③ 몸에 딱 붙는 옷으로 갈아입히고 쉬게 한다.
④ 큰 소리를 질러 행동을 즉각 멈추도록 한다.
⑤ 당황하지 말고 대상자에게 다가가서 옷을 입혀 준다.

39 ☑ 개념체크 ○ △ ✕

다음과 같은 사례의 치매 대상자를 돕는 방법은?

> 최 씨 할머니는 밤에는 일어나서 돌아다니다가 낮에 잠을 자는 수면 양상을 반복해서 보인다.

① 단순하게 할 수 있는 일거리를 제공한다.
② 낮에 꾸벅꾸벅 조는 경우 말을 걸어 자극을 준다.
③ 공복감을 피하기 위해 취침 전 간식과 커피를 준다.
④ 심리적 안정감을 위해 방에 불을 끄고 음악을 틀어준다.
⑤ 체력 유지를 위해 하루 일과 중에 낮잠 시간을 포함시킨다.

기출유형문제

치매 대상자가 해 질 녘이 되면 신발을 신고 집에 가려고 할 때 대처 방법은?

❶ 마당을 함께 거닐며 산책한다.
② 신발을 보이지 않는 곳에 치운다.
③ 커튼을 걷어서 저녁이 되었음을 알게 한다.
④ 조용한 거실에서 혼자 휴식을 취하게 한다.
⑤ 억제대를 사용하여 돌아다니지 못하게 한다.

해설
① 외부의 맑은 공기는 정신을 맑게 하므로 요양보호사가 대상자를 밖으로 데려가 산책을 시킨다.

문제타파 TIP

치매 대상자가 도둑망상을 보일 때는 잃어버린 물건에 대한 의심을 부정하거나 설득하지 말고 함께 찾아본다.

기출유형문제

치매 대상자가 잠에서 깨어 옷을 다 벗고 방 밖으로 나왔을 때 대처방법은?

① 벗기 어려운 옷을 입힌다.
② 빨리 옷을 입으라고 말한다.
❸ 실내 온도가 높은지 확인한다.
④ 옷을 벗은 채로 다시 잠을 자게 한다.
⑤ 스스로 체온을 재어 열이 나는지 체크하게 한다.

해설

③ 고온다습한 실내 환경 등으로 대상자에게 의복의 불편감이나 대소변을 보고 싶은 욕구가 생겼는지 확인하고 도와준다.

문제타파 TIP

경청의 기술
- 인정 : 대상자의 말을 알아들었으며 제대로 파악했다는 것을 알린다.
- 동의 : 대상자의 요구를 받아들이고 행하겠다고 결정하면 동의하고, 합당하지 않다면 반드시 따를 필요는 없다. 이럴 땐 대상자의 관심을 전환하거나 대안 행동으로 유도한다.

40 개념체크 ○△✕

대상자의 상태에 따라 권장할 수 있는 여가 활동으로 옳은 것은?

① 섬망 대상자에게 영화를 보게 한다.
② 편마비 대상자에게 그림을 그리게 한다.
③ 관절염 대상자에게 배드민턴을 치게 한다.
④ 심근경색증 대상자에게 등산을 하게 한다.
⑤ 치매 대상자에게 처음 가보는 길을 산책하게 한다.

41 개념체크 ○△✕

치매 대상자를 위한 인지자극 훈련에 관한 설명으로 옳은 것은?

① 가족의 수발 부담을 증가시킨다.
② 치매의 진행을 늦추는 약물요법에 해당한다.
③ '맨손체조 하기'는 지남력을 향상시키는 활동이다.
④ 인지자극 훈련은 혼자서 움직일 수 있는 대상자에 한한다.
⑤ 인지기능에 대한 기본적인 인식이 있는 숙련된 요양보호사가 담당한다.

42 개념체크 ○△✕

다음의 사례에서 요양보호사의 적절한 대처방법은?

> 최 씨 할머니는 낮에는 유순하다가도 저녁 8~9시만 되면 갑자기 침대 밖으로 뛰쳐나와 방을 서성이다 문을 덜거덕거리거나, 바닥을 뒹굴고 침대 위로 뛰어오르는 등의 행동을 한다.

① 대상자를 밖으로 데려가 산책시킨다.
② 조용히 혼자 있는 시간을 갖게 해준다.
③ 매일 규칙적으로 낮잠을 충분히 자게 한다.
④ 조명을 어둡게 하고 음악을 틀어 마음의 안정을 준다.
⑤ 증상을 보이면 즉시 신체적 제한을 가하여 증상을 억제한다.

43 ☑ 개념체크 ○ △ ✕

대상자와 이야기할 때 사용할 수 있는 비언어적 의사소통 방법으로 바람직한 것은?

① 대화하면서 자극적으로 웃는다.
② 대상자의 눈높이에서 이야기한다.
③ 계속해서 손을 움직이면서 말한다.
④ 시선은 한곳에 고정하면서 말한다.
⑤ 입을 꼭 다물고 입술을 깨물면서 이야기한다.

44 ☑ 개념체크 ○ △ ✕

치매 대상자와의 바람직한 의사소통 방법은?

① 목소리 톤을 높여서 큰 소리로 대화한다.
② 시간 단축을 위해 한 번에 여러 가지를 설명한다.
③ 새로운 자극을 위해 유행어나 신조어를 사용한다.
④ 대상자가 혼자 걷고 있을 때 뒤에서 친근하게 말을 건다.
⑤ 요양보호사 자신을 밝힌 후, 치매 대상자의 이름을 부르면서 대화를 시작한다.

45 ☑ 개념체크 ○ △ ✕

중기 치매 대상자와의 바람직한 의사소통 방법은?

① 대상자의 방에 있는 물건마다 이름표를 붙인다.
② 대상자가 다른 곳을 볼 때도 이야기를 이어간다.
③ 대상자가 응답하지 않더라도 계속해서 이야기한다.
④ 대상자의 이름보다는 '그'와 같은 인칭대명사를 사용한다.
⑤ 대상자에게 생소한 물건을 활용하여 새로운 자극을 준다.

기출유형문제

치매 대상자와 효과적으로 의사소통하는 방법은?

❶ 대상자의 표정을 관찰하며 대상자의 이야기를 듣는다.
② 대상자가 상황에 맞지 않는 말을 하면 지적한다.
③ 대상자와 의견이 다를 때는 대화 주제를 바꾼다.
④ 대상자가 말하는 동안 대답을 준비한다.
⑤ 대상자의 말을 요양보호사의 경험에 비추어 판단한다.

해설

② 상황에 맞지 않은 말에도 흥분하지 않고, 비판적 태도를 버린다.
③ 의견이 다르더라도 일단 수용한다.
④ 대상자가 말하는 동안 경청하고 있다는 것을 표현한다.
⑤ 대상자가 하는 말의 의미를 이해하려고 노력한다.

문제타파 TIP

"양치하신 후 신발을 신고 외출하세요."보다는 "양치하세요.", "신발을 신으세요.", "외출하세요."라고 한 번에 한 가지씩 차례로 이야기한다.

기출유형문제

지남력장애 대상자와 이야기하는 방법으로 옳은 것은?

① 대상자의 정면에서 이야기한다.
② 말을 천천히, 조용히 반복한다.
③ 대화에 주의를 기울이고, 소음이 있는 곳을 피한다.
④ 어려운 표현을 사용하지 않고 짧은 문장으로 천천히 이야기한다.
❺ 모든 물품에 이름표를 붙이고 주의사항을 그림이나 문자로 적어서 제시한다.

해설
① 시각장애 대상자
② 주의력 결핍장애 대상자
③ 언어장애 대상자
④ 판단력·이해력장애 대상자

문제타파 TIP

치매 대상자와 의사소통을 할 때는 대상자와 같은 눈높이에서 이야기를 한다. 또한, 웃는 표정으로 천천히 말해야 한다. 대상자가 없는 것처럼 혼자 이야기하는 것은 실례이며, '어르신' 등 대상자가 좋아하는 존칭을 사용한다.

46 개념체크 ○△×

밝은 방에서 입모양을 볼 수 있게 시선을 맞추며 말해야 하는 대상자는?

① 언어장애 대상자
② 시각장애 대상자
③ 지남력장애 대상자
④ 노인성 난청 대상자
⑤ 판단력장애 대상자

47 개념체크 ○△×

다음에서 설명하는 대상자와 의사소통을 할 때 고려해야 하는 기본원칙으로 옳은 것은?

> 이 대상자의 요구를 파악하기 위해서는 막연하게 "어디 불편한 곳이 있으세요?"라고 말하기보다 신체 부위를 짚어가며 "어깨가 아프세요?"와 같이 구체적으로 질문하여야 한다.

① 대상자의 속도에 맞춘다.
② 이해할 수 있도록 말한다.
③ 어린아이 대하듯 하지 않는다.
④ 존중하는 태도와 관심을 갖는다.
⑤ 대상자의 신체적 상태를 파악한다.

48 개념체크 ○△×

대상자와 대화할 때 사용해야 하는 비언어적 의사소통 방법으로 바람직한 것은?

① 신체적 접촉을 피한다.
② 손짓이나 발짓 등의 행동은 피한다.
③ 앉아 있는 대상자 옆에 서서 대화한다.
④ 언어 이외의 다른 신호는 사용하지 않는다.
⑤ 필요한 경우에는 글을 사용해서 의사소통한다.

49 ☑ 개념체크 ○ △ ×

치매 대상자에게 신문을 읽다가 숫자와 음이 같은 글자가 나오면 손가락으로 숫자를 나타내도록 하는 인지자극 훈련을 할 때 향상될 수 있는 인지기능으로 가장 적절한 것은?

① 공감력
② 계산력
③ 지남력
④ 주의집중력
⑤ 친화력

50 ☑ 개념체크 ○ △ ×

초기 치매 단계의 대상자에게 나타나는 의사소통 문제는?

① 말이 없어진다.
② 대화의 주제가 제한된다.
③ 물건이나 사람의 이름을 부르는 것이 어렵다.
④ 올바른 이름을 사용하는 것이 더욱 어려워진다.
⑤ 불특정 다수를 지칭하는 용어(이것, 그들, 그것)의 사용이 증가한다.

51 ☑ 개념체크 ○ △ ×

인지자극 훈련(A)과 대상자(B)의 연결이 옳은 것은?

	인지자극 훈련(A)	대상자(B)
①	뇌 건강 일기 쓰기	중증 인지기능 장애 대상자
②	따라 그리기	경증 인지기능 장애 대상자
③	흩어진 낱글자로 단어 만들기	경증 인지기능 장애 대상자
④	탬버린 연주하기	중증 인지기능 장애 대상자
⑤	손 모양 똑같이 만들기	인지기능이 문제없는 대상자

기출유형문제

인지기능에 문제가 없는 대상자에게 가장 적합한 인지자극 훈련은?

❶ 뇌 건강 일기 쓰기
② 여러 가지 단어 말하기
③ 그림과 숫자 짝지어 기억하기
④ 악기 연주하기
⑤ 물건 보며 과거 회상하기

해설

① 뇌 건강 일기 쓰기는 간단한 일기 내용에 대한 대화를 통해 다양한 인지기능을 자극할 수 있다.
② · ③ · ⑤ 경증 인지기능 장애 대상자에게 적합한 인지자극 훈련이다.
④ 중증 인지기능 장애 대상자에게 적합한 인지자극 훈련이다.

문제타파 TIP

인지기능 수준별 훈련 종류에 대해서 숙지한다. 특히, '중증 인지기능 장애 대상자' 훈련 중 '악기 연주하기'는 '탬버린 흔들기', '피아노 치기' 등으로 변형되어 출제될 수 있다.

기출유형문제

다음 상황에서 요양보호사가 '나-전달법'을 활용해 반응한 것은?

| 대 상 자 : 오늘 아침은 먹기 싫어서 안 먹었어.
| 요양보호사 : 어르신이 좋아하시는 청국장찌개였는데요.
| 대 상 자 : ….
| 요양보호사 : (   ) |

① "배가 고프지 않으세요?"
② "청국장찌개에 싫증 나셨어요?"
③ "제가 가져온 고구마를 드릴게요."
④ "청국장찌개는 건강에 좋은 음식이에요."
❺ "식사를 안 하셨다니 마음이 안 좋네요."

해설

⑤ '나-전달법'은 상대방을 비난하지 않고 상대방의 행동이 나에게 미친 영향에 초점을 맞추어 이야기하는 표현법이다. 위의 내용에서 대상자가 아침을 거르신 행동이 내 마음에 영향을 미쳐서 마음이 좋지 않으므로 요양보호사는 대상자가 아침을 꼭 먹었으면 하는 바람을 대상자에게 표현해야 한다.

문제타파 TIP

'나-전달법'은 출제율이 매우 높은 개념이므로, 나-전달법을 활용해 대상자의 행동과 그 행동으로 인한 영향을 설명하고, 나의 느낌·바람 등을 표현하는 방법을 알아 두어야 한다.

52 개념체크 ○△✕

대상자가 "지난번 요양보호사가 더 잘했다."라고 할 때 요양보호사의 공감적 반응으로 옳은 것은?

① "그런 말씀은 되도록 하지 않았으면 좋겠어요."
② "저는 전 요양보호사의 일들은 신경 쓰고 싶지 않아요."
③ "저는 전 요양보호사와는 일하는 방식이 많이 달라요."
④ "그런 식으로 요양보호사들을 비교해서 말하지 마세요."
⑤ "지난번 요양보호사는 참 잘했나 봐요. 맘에 안 드는 게 있으면 말씀해 주세요."

53 개념체크 ○△✕

설거지를 하지 않으려는 대상자에게 '나-전달법'으로 옳게 의사소통한 것은?

① "그릇을 설거지하는 것이 귀찮으시군요."
② "설거지를 하고 저와 밖에 나가서 산책해요."
③ "매번 설거지를 하지 않으니 정말 짜증이 나요."
④ "설거지를 하고 깨끗한 그릇을 보면 기분이 좋아질 거예요."
⑤ "설거지를 하지 않으니 지저분한 그릇이 건강을 해칠까 걱정이 되네요."

54 개념체크 ○△✕

외로움을 느끼는 대상자와 말벗을 하는 방법으로 옳은 것은?

① 반말이나 명령조의 언어도 친밀하면 상관없다.
② 대상자의 감정과 기분은 살피지 않는다.
③ 개인적 특성, 질병, 생활력 등을 존중한다.
④ 대상자와 과도한 의존관계를 형성한다.
⑤ 대상자 삶의 옳고 그름이나 좋고 싫음을 판단한다.

CHAPTER 14 핵심요약

한줄요약

01 치매 대상자에게 행동심리증상이 나타나는 단계, 실금이 나타나는 단계, 장기요양시설 입소를 결정하게 되는 단계는 가족들이 가장 큰 어려움을 느끼는 단계이다.

02 치매 대상자가 나아질 것 같지 않다는 생각에 가족은 무기력감을 느끼고 증상에 효과적으로 대처하지 못한다.

03 치매 대상자를 돌보는 일로 가족들은 사회적 관계와 접촉이 줄어들어 소외감을 경험한다.

04 치매 약물을 바꾸었을 때 전에 없던 증상이 나타나는지 관찰·메모하여 병원에 갈 때 가져가야 한다.

05 치매 대상자에게 손잡이에 고무를 붙인 약간 무거운 숟가락을 주어서 숟가락을 쥐고 있다는 사실을 잊어버리지 않게 해준다.

06 치매 대상자의 그릇은 접시보다는 큰 사발을 사용하여 덜 흘리게 한다.

07 치매 대상자가 식탁에 앉으면 바로 식사할 수 있도록 생선 가시는 미리 발라서 제공한다.

08 치매 대상자가 음식을 먹지 못하고 쳐다만 보는 경우 식사하는 방법을 자세히 가르쳐 드린다.

한줄필기

치매 대상자와의 효과적인 대화의 예
- 요양보호사 자신을 밝힌 후, 치매 대상자 이름을 부르면서 대화를 시작한다.
  - 예 "좋은 아침입니다. ○○○님. 저는 요양보호사 ○○○입니다."
- 간결하고 구체적인 문장을 사용한다.
  - 예 "저는 ○○○입니다. 할머니 목욕을 도와드리러 왔습니다."

> **한줄필기**
>
> **치매 대상자가 반복적인 질문이나 반복적인 행동을 하는 이유**
> - 주변 상황을 인식할 수 없어서 자신의 안전을 확인하고 싶기 때문이다.
> - 논리적으로 생각하는 데 문제가 있어 자신이 가진 의문에 대한 답을 구하지 못했다고 생각하기 때문이다.
> - 관심을 얻기 위해서이다.

09 치매 대상자의 배설을 돕기 위해 요양보호사가 뒤처리 손동작 시범을 보여 대상자 스스로 행동에 옮기게 한다.

10 치매 대상자가 옷을 순서대로 입지 못하는 경우 속옷부터 입는 순서대로 옷을 정리해 놓는다.

11 치매 대상자의 안전과 사고 예방을 위하여 욕실에서 사용하는 세제는 치매 대상자의 눈에 띄지 않는 곳에 보관한다.

12 치매 대상자가 사용하는 욕실의 온수가 나오는 수도꼭지는 빨간색으로 표시한다.

13 수면장애가 있는 치매 대상자는 야외활동을 통해 신선한 공기를 접하며 운동하도록 한다.

14 배회 증상을 보이는 치매 대상자의 낙상 방지를 위해 안전한 주변 환경을 조성한다.

15 치매 대상자는 시력과 청력에 장애가 있는 경우가 많으므로 1m 이내의 가까운 곳에서 얼굴을 마주 보고 말한다.

한줄문제

01 변비가 있는 치매 대상자의 식사관리는?
답 섬유질이 많은 음식과 충분한 수분을 섭취하도록 한다.

02 차 안에서 치매 대상자의 안전사고를 예방하기 위해 고려해야 할 사항은?
답 차가 달리는 도중에 안에서 문을 열지 못하도록 잠금장치를 한다.

03 치매 대상자를 위한 안전한 환경을 유지하는 방법은?
답 유리문이나 큰 유리창에 그림을 붙인다.

04 치매 대상자의 수면장애 특성은?
답 2~3일간 잠을 자지 않고, 한 번에 몰아서 잔다.

05 치매 대상자가 초조해하며 배회할 때 돕는 방법은?
답 신체적 욕구를 우선적으로 해결해 준다.

06 치매 대상자의 옷 입기를 돕는 방법은?
답 시간이 걸려도 혼자 입도록 격려한다.

07 치매 대상자가 고향 집에 가겠다고 짐을 쌌다 풀었다를 반복하는 경우 대처방법은?
답 콩 고르기, 나물 다듬기, 빨래 개기 등 단순한 일거리를 제공한다. 또한, 치매 대상자가 좋아하는 텔레비전 프로그램을 함께 보자고 제안한다.

08 치매 대상자가 식사를 하고 난 후 얼마 지나지 않아 계속 밥을 달라고 하는 경우 대처방법은?
답 "지금 준비하고 있으니까 조금만 기다리세요."라고 친절하게 얘기한다. 금방 식사한 것을 알 수 있도록 먹고 난 식기를 그대로 두거나 매 식사 후 달력에 표시하게 한다.

한줄필기

대상자가 변비인 경우 돕는 방법
- 섬유질이 많은 음식과 하루 1,500~2,000cc의 충분한 수분을 섭취한다.
- 일정한 시간 간격으로 변기에 앉혀 배변을 유도한다.
- 손바닥으로 배를 마사지하여 불편감을 감소시킨다.
- 의료인과 충분히 상의하여 필요 시 변비약 복용 및 관장(의료행위이므로 간호사가 수행)을 할 수 있도록 돕는다.

한줄필기

바람직한 의사소통 방법
- 통증 호소 대처 : (신체 부위를 짚어 가며) "여기가 아프세요?"
- 도둑망상 대처 : "서랍 속은 찾아보셨어요? 저랑 같이 찾아봐요."
- 독극물망상 대처 : "제가 한번 먹어볼까요?"
- 환각 대처 : "아드님이 많이 보고 싶으신가 봐요."
- 한 번에 한 가지씩 설명하기 : "식사하세요.", "양치하세요.", "외출해요."

---

09 치매 대상자가 도둑망상을 보이며 다른 대상자를 의심할 때 요양보호사의 대처방법은?
답 "서랍 속은 찾아보셨어요?"라고 말하며 같이 찾아본다.

10 1년 전에 죽은 아들이 왔다며 손짓과 혼잣말을 하는 치매 대상자에게 적절한 답변은?
답 "아드님이 많이 보고 싶으신가 봐요."

11 치매 대상자가 음식물에 독극물이 들었다며 식사를 거부할 때 요양보호사의 적절한 대답은?
답 "제가 한번 먹어 볼까요?"

12 복통을 호소하는 치매 대상자와의 바람직한 의사소통 방법은?
답 통증 부위를 가리키며 "여기가 아프세요?"라고 이야기한다.

13 '개구리 울음소리'와 같이 청각을 활용한 인지자극 훈련으로 기대할 수 있는 효과는?
답 지남력 강화

CHAPTER 15

제4부 상황별 요양보호 기술

임종 요양보호

이렇게 공부하세요

이 단원에서는 임종 적응 단계, 임종 대상자와 가족들에 대한 상담기술, 임종 징후, 사전연명의료의향서 작성 등을 공부합니다. 또한, 임종 대상자의 신체적·정신적 변화와 요양보호에 있어 돕는 방법 등을 중요하게 다루고 있습니다. 특히 임종 징후와 임종 적응 단계, 임종에 대한 가족의 반응에 대한 내용이 출제되므로 기본 개념을 확실하게 알아두는 것이 중요합니다.

미리 보는 문제 유형

- 임종을 앞둔 대상자에게 나타나는 신체적 변화는?
- 임종을 앞둔 대상자가 동일한 동작을 반복하며 불안정한 상태를 보일 때 대처방법은?
- 무호흡과 깊고 빠른 호흡이 교대로 나타나는 임종 대상자를 돕는 방법으로 옳은 것은?
- 사전연명의료의향서에 관한 설명으로 옳은 것은?

함께 풀어봅시다

대상자가 "그래, 내게 이런 일이 벌어졌어. 인정해. 그래도 우리 아이가 결혼할 때까지만 살게 해 주세요."라는 반응을 보이는 단계는?

① 부 정
  └ 자신에게 일어난 일을 사실로 받아들이려 하지 않고, 다시 회복될 수 있다고 믿고 싶어 한다.

② 분 노
  └ 자신의 감정을 반항과 분노로 표출한다.

③ 타 협
  └ 죽음을 인정하고 타협을 시도한다.

④ 우 울
  └ 자신이 더 이상 회복 가능성이 없다고 느끼면서 침울해한다.

⑤ 수 용
  └ 죽는다는 사실을 체념하고 받아들인다.

정답 ③

출제 키워드

임종, 임종 대상자, 임종 가족, 부정, 분노, 타협, 우울, 수용, 임종 징후, 감각 저하, 통증 조절, 호흡 조절, 소화, 신장, 환경관리, 정서적 지원, 영적 지원, 피부색, 호흡, 실금, 불안, 가족 요양보호, 권리, 사전연명의료의향서, 연명의료, 말기환자, 호스피스, 완화의료

출제자의 비밀노트

임종 적응 단계별 반응
- 부정 : "아니야. 나는 믿을 수 없어."
- 분노 : "왜 하필이면 나야.", "왜 지금이야."
- 타협 : "그래. 내게 이런 일이 벌어졌어. 하지만…"
- 우울 : "말하고 싶지 않아."
- 수용 : "나는 지쳤어."

기출유형문제

다음은 임종의 적응 단계 중 어디에 해당하는가?

> "나는 이제 지쳤어. 지금껏 살면서 해야 할 일도 다 했고 애들도 다 결혼시켰지. 이렇게 많은 것을 해서 괜찮아."

① 부 정
② 분 노
③ 타 협
④ 우 울
❺ 수 용

해설
⑤ '수용'의 단계는 임종 전까지 찾아올 수도 있고 그렇지 않을 수도 있다. 이 단계의 대상자는 평화로운 마음속에서 마지막 정리의 시간을 보내기도 하고, 가족들과 함께 종교적 예식을 준비하기도 한다.

문제타파 TIP
'우울'의 단계에 있는 사람들은 증상 악화, 체력 소진을 경험하며 정서적으로 깊은 슬픔에 빠져 근심과 슬픔을 말로 표현하지 않고 조용히 울거나 고립을 선택하여 최소한의 행동(말하기, 먹기, 움직이기 등)을 하지 않기도 한다. 이때 신체적·정서적 지원을 충분히 제공하는 것이 중요하다.

출제예상문제

정답 및 해설 044쪽

01 ☑ 개념체크 ○ △ ×

임종 적응의 일반적인 단계로 옳은 것은?
① 부정 → 분노 → 타협 → 수용 → 우울
② 부정 → 분노 → 타협 → 우울 → 수용
③ 분노 → 부정 → 타협 → 수용 → 우울
④ 분노 → 부정 → 수용 → 우울 → 타협
⑤ 수용 → 우울 → 분노 → 부정 → 타협

02 ☑ 개념체크 ○ △ ×

임종 적응 단계 중 부정 단계에 있는 대상자의 반응으로 옳은 것은?
① "나는 받아들일 수 없어."
② "왜 나야? 왜 하필 나인 거냐고."
③ "아이 결혼할 때까지만 살게 해주세요."
④ "우울하고 짜증 나고, 눈물이 나오네요."
⑤ "내가 할 일은 다 했습니다. 나는 지쳤어요."

03 ☑ 개념체크 ○ △ ×

임종 적응 단계와 특성으로 옳은 것은?
① 우울 – 근심과 슬픔에 빠짐
② 수용 – 회복될 수 있다고 믿고 싶어함
③ 타협 – 자신의 감정을 반항과 분노로 표출함
④ 분노 – 비이성적인 요구가 줄고 삶이 연장되길 희망함
⑤ 부정 – 자신의 병을 인식하면서 마지막 정리의 시간을 가짐

04 ☑ 개념체크 ○ △ ×

임종 대상자의 신체적 변화로 옳은 것은?

① 점점 잠자는 시간이 짧아진다.
② 체내 수분 배출을 위한 소변량이 증가한다.
③ 의사소통이 어렵지만 적절하게 반응은 한다.
④ 시간, 장소는 혼돈하나 자기 주위에 있는 사람은 알아본다.
⑤ 대상자의 가슴에서 돌 구르는 것 같은 가래 끓는 소리가 들린다.

05 ☑ 개념체크 ○ △ ×

임종이 가까운 대상자에게 나타나는 신체적 변화는?

① 혈압이 높아진다.
② 근육 긴장이 증가한다.
③ 음식과 수분 섭취가 늘어난다.
④ 손발이 파랗게 변하기도 한다.
⑤ 시력은 마지막까지 유지되는 기능이다.

06 ☑ 개념체크 ○ △ ×

임종기 대상자에게 죽음이 임박하였음을 예측할 수 있는 상태는?

① 대소변 실금
② 규칙적인 호흡
③ 붉고 따뜻한 피부
④ 근육 긴장도 증가
⑤ 동공 축소

기출유형문제

임종 대상자가 동일한 동작을 반복하며 불안정한 상태일 때 대처방법은?

❶ 손을 잡고 옆에 있어준다.
② 진정제를 투여한 후 지켜본다.
③ 임종 대상자의 신체를 꼭 잡아준다.
④ 작은 얼음 조각을 입에 넣어준다.
⑤ 찬 수건으로 얼굴과 목을 닦아준다.

해설

① 임종 대상자가 정신기능의 변화로 불안정한 행동을 보일 때 대상자의 손을 잡고 조용히 곁에 있어주는 것은 대상자에게 깊은 편안함을 준다.

문제타파 TIP

임종과 임종기
- 임종 : 사망 또는 죽음, 생명의 정지 또는 생체기능의 영구적인 정지
- 임종기 : 회생 가능성이 없고, 치료에도 불구하고 회복되지 않으며, 급속도로 증상이 악화되어 사망이 임박한 상태

기출유형문제

임종이 가까운 대상자를 돕는 방법으로 옳은 것은?

① 보온을 위해 전기담요를 사용한다.
❷ 입술과 코 주변에 윤활제를 발라준다.
③ 호흡기 보호를 위해 가습기를 강하게 틀어준다.
④ 숨을 편히 쉬게 하기 위해 상체와 머리를 낮춰준다.
⑤ 미각은 마지막까지 남아있으므로 음식 섭취를 강요한다.

해설
① 보온을 하되 전기기구는 사용하지 않는다.
③ 가습기는 연하게 켜둔다.
④ 숨 쉬는 것을 돕기 위해 상체와 머리를 높여준다.
⑤ 마지막까지 남아있는 기능은 청각이고, 임종 대상자에게 음식을 억지로 먹이지 않는다.

문제타파 TIP

임종이 임박하면 대상자의 신체적 증상 변화는 비교적 빠르게 나타나므로 변화를 이해하고 각 상황에 알맞게 지원하여야 한다. 대상자에게 무슨 일이 일어나고 있는지, 어떤 돌봄을 제공할지 부드럽고 분명한 어조로 말하고, 가족들이 계속해서 일상의 이야기를 나누도록 격려한다.

---

07 ☑ 개념체크 ○ △ ×

임종 대상자의 몸이 점차 싸늘해지면서 파랗게 변할 때 대처방법은?

① 의치를 제거해 둔다.
② 벌어진 턱과 입을 닫아준다.
③ 이마에 찬 수건을 올려 준다.
④ 담요를 덮어서 따뜻하게 해준다.
⑤ 보온을 위해서 전기기구를 켜둔다.

08 ☑ 개념체크 ○ △ ×

임종을 앞둔 대상자의 호흡이 불규칙할 때 돕는 방법은?

① 상체와 머리를 높여 준다.
② 이마에 찬 수건을 얹어 준다.
③ 작은 얼음을 입안에 넣어준다.
④ 베개를 제거하여 머리를 낮춰준다.
⑤ 젖은 거즈로 입안을 부드럽게 닦아준다.

09 ☑ 개념체크 ○ △ ×

임종 대상자 가족의 사별 전 요양보호로 옳은 것은?

① 대상자가 의사소통이 될 때 가족사진을 촬영한다.
② 대상자가 삶을 정리할 수 있도록 조용히 혼자 둔다.
③ 집안의 행사는 번거로울 수 있으므로 모두 취소시킨다.
④ 대상자 옆에서 끝까지 함께하면 대상자가 우울할 수 있으므로 피한다.
⑤ 가급적 많은 친지들이 방문하게 하여 대상자를 외롭지 않게 한다.

10 ☑ 개념체크 ○△×

다음에서 설명하는 내용의 정의로 옳은 것은?

> 임종과정에 있는 환자에게 하는 심폐소생술, 혈액 투석, 항암제 투여, 인공호흡기 착용 등 치료 효과 없이 임종과정의 기간만을 연장하는 의학적 시술을 말한다.

① 연명의료
② 호스피스
③ 완화의료
④ 응급처치
⑤ 요양보호

11 ☑ 개념체크 ○△×

사전연명의료의향서에 관한 설명으로 옳은 것은?

① 작성한 것은 변경하거나 철회할 수 없다.
② 15세 이상의 청소년이면 누구나 등록 가능하다.
③ 가족과 상담 후 가까운 병원에서 작성할 수 있다.
④ 작성 후 등록하면 아무 때나 치료를 거부할 수 있다.
⑤ 자신이 임종과정이 되었을 때를 대비해 연명의료에 대한 본인의 의사를 남기는 법적 문서이다.

12 ☑ 개념체크 ○△×

사전연명의료의향서에 등록한 대상자가 임종을 앞두고 제공받을 수 있는 것은?

① 혈액 투석
② 심폐소생술
③ 항암제 투여
④ 인공호흡기 착용
⑤ 산소의 단순 공급

기출유형문제

사전연명의료의향서 작성에 관한 설명으로 옳은 것은?

① 가족이 대리로 작성해도 된다.
② 작성한 후에는 절대 수정할 수 없다.
③ 작성자가 향후 임종과정에서 의사능력이 없다면 문서의 적법성을 가족이 확인한다.
④ 작성자가 향후 임종과정이 되면, 지체 없이 담당의사가 연명의료의 중단을 결정한다.
❺ 요양보호사는 대상자의 질병 상태가 악화되었을 때를 대비하여 '연명의료결정제도'를 안내할 수 있다.

해설

① 본인이 스스로 작성해야 한다.
② 작성·등록 이후에도 작성자의 의사에 따라 언제든지 변경하거나 철회할 수 있다.
③ 의사능력이 없는 상태라면 의사 2인이 환자의 상태와 사전연명의료의향서가 적법하게 작성된 문서임을 확인하게 된다.
④ 작성자가 향후 임종과정이 되었을 때, 의사능력이 있는 상태라면 담당의사는 작성된 내용을 다시 한번 작성자에게 확인하게 된다. 또한, 연명의료의 유보나 중단에 관한 결정과 이행은 의료기관윤리위원회가 설치된 의료기관에서 가능하다.

문제타파 TIP

임종 대상자의 품위 있는 삶과 죽음의 권리
- 치료를 거부할 권리
- 원하는 사람을 만날 수 있는 권리
- 사생활을 침해받지 않을 권리

CHAPTER 15 핵심요약

한줄필기

임종 징후
- 눈동자 초점이 흐려지고 시력 감소한다.
- 말이 어눌해지고 촉각이 감소한다.
- 움직임이 약해지고 근육 긴장이 감소한다.
- 체온 상승 또는 저하 및 혈압 감소가 나타난다.
- 맥박이 약해지고 빨라지거나 느려진다.
- 숨을 가쁘고 깊게 몰아쉬며 가래가 끓다가 점차 숨을 깊고 천천히 쉰다.
- 가슴에서 돌 구르는 듯한 가래 끓는 소리가 들린다.
- 피부가 차갑고 창백해진다.
- 혈액순환 부전에 의한 피부반점이 나타난다.
- 식은땀, 의식저하가 나타난다.
- 실금 또는 실변을 할 수 있다.

한줄요약

01 임종의 적응 단계는 부정 → 분노 → 타협 → 우울 → 수용이다.

02 죽음의 경험, 성격 특성, 종교적 신념, 문화적 배경에 의해 임종에 대한 태도가 달라질 수 있다.

03 임종 대상자의 가슴에서 돌 구르는 것 같은 가래 끊는 소리가 들린다.

04 임종 대상자에게 최소 두 시간 간격으로 구강관리를 실시하고, 필요 시 윤활제를 바른다.

05 임종 대상자에게 담요를 덮어주는 것은 좋으나 전기기구는 사용하지 않는다.

06 임종 대상자가 심한 통증을 호소하면 가족들과 연락하여 의사에게 약물 처방을 받는다.

07 임종 대상자는 시간, 장소, 주위 사람에 대해 혼돈을 느낄 수 있다.

08 임종 대상자가 식욕부진, 울렁거림, 심한 구토증상을 보일 시 작은 얼음 조각, 주스 얼린 것을 입에 넣어준다.

09 임종 대상자는 수분 섭취가 줄고 혈액순환이 충분하지 않아 소변량이 줄어들게 된다.

10 임종 대상자가 종교 지도자와의 만남을 통한 영성 지원을 요청하면 가족들과 상의하고 면담을 안내한다.

11 임종 시 가족이 임종 대상자를 직접 돕게 한다.

12 임종 대상자 가족이 자신의 감정을 표현할 수 있도록 돕는다.

13 임종 시 가족의 태도와 행동을 판단하지 말고 중립적 자세를 유지한다.

14 사전연명의료의향서를 작성할 수 있는 사람은 임종과정 전 19세 이상인 사람으로 한다.

15 호스피스·완화의료는 말기 환자와 가족의 고통을 완화하고 삶의 질을 향상시키고자 한다.

한줄필기

연명의료
- 임종과정에 있는 환자에게 하는 심폐소생술, 혈액 투석, 항암제 투여, 인공호흡기 착용 등 치료 효과 없이 임종과정의 기간만을 연장하는 의학적 시술을 말한다.
- 연명의료 중단을 명시해도 통증 완화용 의료행위, 영양분·물·산소의 단순 공급은 이루어진다.

호스피스·완화의료
- 치료가 어려운 말기 환자, 가족을 대상으로 고통을 완화하여 삶의 질을 향상시키는 전문 의료서비스이다.
  - 입원형 : 병동·시설의 전문 인력에 의해 임종관리 서비스가 제공되며, 암질환에 한하여 이용 가능하다.
  - 가정형 : 전문인력(의사, 간호사, 사회복지사)의 가정방문을 통한 의료서비스이다.
  - 자문형 : 환자 방문의 형태로, 「연명의료결정법」에 규정된 암, 후천성면역결핍증, 만성폐쇄성 호흡기 질환, 만성 간경화 환자에 한하여 이용 가능하다.

한줄문제

01 임종 적응 단계 중 사실로 받아들이지 않고 다시 회복할 수 있다고 믿고 싶어 하는 단계는?
답 부정 단계

02 임종 적응 단계 중 죽음을 받아들이는 단계는?
답 수용 단계

03 임종 적응 단계 중 딸이 시집갈 때까지 살았으면 하는 단계는?
답 타협 단계

04 임종 대상자의 신체적 변화로 옳은 것은?
답 피부색이 점차 하얗게 혹은 파랗게 변해간다.

05 임종 대상자의 수면 양상의 변화로 옳은 것은?
답 잠자는 시간이 점점 길어진다.

한줄필기

사전연명의료의향서 작성
사전연명의료의향서는 19세 이상 성인이면 누구나 보건복지부 지정 등록기관에서 상담사의 상담을 받고 작성할 수 있으며, 등록증을 신청하여 우편으로 수령할 수 있다. 작성한 사전연명의료의향서는 연명의료정보처리시스템에 등록되며, 등록 이후에도 작성자의 의사에 따라 언제든지 변경하거나 철회할 수 있다.

06 임종이 임박하였을 때의 변화로 옳은 것은?
답 호흡수와 깊이가 불규칙해지거나 소변량이 평소보다 현저하게 줄어든다.

07 임종 시에 마지막까지 남아있는 기능은?
답 청각

08 임종 대상자의 가족에 대한 요양보호의 목적은?
답 대상자의 죽음을 받아들일 수 있도록 하는 것이다.

09 임종 대상자의 호흡이 깊고 빠를 때 대처방법은?
답 상체와 머리를 높여주고 필요시 가습기를 연하게 켜둔다.

10 임종 대상자가 정서적으로 고립되고 싶어 하지 않을 때 돕는 방법은?
답 대상자가 만나고 싶어 하는 사람을 만날 수 있도록 한다.

11 요양보호사가 임종을 준비하는 가족들을 돕는 방법은?
답 임종과정을 자연스럽게 겪어나갈 수 있도록 지지하고 돕는다.

12 임종 대상자가 혼자 있을 때 돕는 방법은?
답 불안해할 수 있으므로 가족들이 교대로 대상자 곁에 함께 있을 수 있도록 한다.

13 자신이 임종과정에 처했을 때를 대비하여 연명의료를 시작하지 않거나(유보) 중단하고 싶다는 본인의 의사를 남기는 법적 문서는?
답 사전연명의료의향서

14 사전연명의료의향서 등록기관과 의료기관윤리위원회가 설치된 의료기관을 확인하는 방법은?
답 국립연명의료관리기관 홈페이지(www.lst.go.kr)에서 확인한다.

CHAPTER 16 응급상황 대처 및 감염관리

제4부 상황별 요양보호 기술

이렇게 공부하세요

이 단원에서는 위험 및 위기대응 대처방법, 감염 예방을 위한 원칙, 올바른 손 씻기, 마스크 착용 등에 대한 내용이 출제됩니다. 또한, 질식, 경련, 화상, 골절, 출혈, 약물 오남용 및 중독으로 응급상황이 발생했을 때 돕는 방법 등과 심폐소생술 단계, 가슴압박, 기도 유지, 자동심장충격기 사용 방법 등에 대한 문제도 많이 출제됩니다.

미리 보는 문제 유형

- 올바른 손 씻기 방법은?
- 대상자가 질식 상태일 때 주요 증상은?
- 대상자에게 부작용이 나타날 수 있는 약물복용 방법은?
- 자동심장충격기를 이용하는 방법으로 옳은 것은?

출제 키워드

감염 예방, 응급처치, 하임리히법, 질식, 뇌전증, 열사병, 경련, 호흡곤란, 골절, 부목, 출혈, 약물 오남용, 철분제, 화상, 개미산, 페놀, 트리클로르초산, 기도 확보, 흡인손상, 심폐소생술의 목적, 심폐소생술 단계, 가슴압박, 반응확인, 인공호흡, 가슴압박소생술, 자동심장충격기, 심실세동

함께 풀어봅시다

심폐소생술을 실시할 때 자동심장충격기(자동제세동기)의 사용법으로 옳은 것은?

① 충격이 전달되고 2분 후에 가슴압박을 시작한다.
  ↳ 충격이 전달된 즉시 가슴압박을 시작한다.
② 전원을 켜고 심장리듬 분석 후에 두 개의 패드를 부착한다.
  ↳ 전원을 켜고 두 개의 패드 부착 후 심장리듬을 분석한다.
③ 심장리듬 분석 중 물러나라는 신호가 나오면 대상자에게서 손을 뗀다.
④ 심폐소생술 시행 중 자동심장충격기가 도착하고 2분 후에 전원을 켠다.
  ↳ 심폐소생술 시행 중 자동심장충격기가 도착하면 지체 없이 전원을 켠다.
⑤ 자동심장충격기는 반응은 없지만 정상적인 호흡을 하는 대상자에게도 사용한다.
  ↳ 반응과 정상적인 호흡이 없는 심정지 대상자에게만 사용한다.

정답 ③

출제자의 비밀노트

자동심장충격기 사용 방법
- 심정지 대상자에게만 사용한다.
- 전원 켜기 → 패드 부착하기 → 심장리듬 분석하기 → 심장충격 시행하기 → 심폐소생술 재시행하기 순으로 실시한다.
- 심장리듬 분석 중에는 대상자에게서 손을 뗀다.
- 2분 간격으로 심장리듬 분석을 자동 반복한다.
- 전기충격이 전달된 즉시 가슴압박을 시작(30:2의 비율로 가슴압박과 인공호흡 반복)한다.

기출유형문제

화재 예방방법으로 옳은 것은?
① 난로 곁에 세탁물을 널어놓는다.
❷ 소화기의 위치를 편의에 따라 바꾸지 않는다.
③ 사용하지 않는 콘센트는 빼놓지 않아도 된다.
④ 한 콘센트에 다른 콘센트를 연결하여 사용해도 된다.
⑤ 가스를 껐는지 확인했으면 가스밸브를 잠글 필요가 없다.

해설
② 기억하기 쉬운 장소에 소화기를 비치하고 위치를 변경하지 않도록 하며, 사용법을 숙지한다.

문제타파 TIP
실내에서의 소화기 사용법
1. 안전핀을 뽑는다.
2. 노즐을 잡고 불 쪽을 향한다.
3. 손잡이를 움켜쥔다.
4. 분말을 고루 쏜다.

출제예상문제

정답 및 해설 045쪽

01 ☑ 개념체크 ○ △ ×

다음 중 전문적인 치료가 필요한 이상징후는?
① 약한 통증
② 소량의 출혈
③ 호흡의 안정
④ 피부색의 변화
⑤ 정상적인 의식

02 ☑ 개념체크 ○ △ ×

화재 예방을 위한 안전수칙으로 옳은 것은?
① 전선을 잡고 플러그를 뽑는다.
② 경량칸막이 주변을 막아 놓는다.
③ 기름(식용유 등)을 사용하여 조리할 때는 주방이 아닌 다른 곳에서 조리가 완료될 때까지 기다린다.
④ 난로 곁에는 세탁물을 널어놓지 않는다.
⑤ 소화기의 안전핀을 뽑아 놓는다.

03 ☑ 개념체크 ○ △ ×

화재 시 대피요령으로 옳은 것은?
① 계단을 이용해 빨리 이동한다.
② 최대한 자세를 높이고 이동한다.
③ 마른 수건 등으로 코와 입을 감싼다.
④ 대피한 경우에는 불길을 마주 보고 구조를 기다린다.
⑤ 연기가 들어오지 못하도록 문틈을 테이프나 마른 옷으로 막는다.

04 ☑개념체크 ○△×

응급 상황 시 요양보호사의 옳은 대처방법은?

① 대상자의 증거물이나 소지품을 보존한다.
② 골절대상자의 부종 부위에 온찜질을 한다.
③ 시간이 다소 지연되더라도 꼼꼼하게 처치한다.
④ 의약품이나 외용약품은 절대 사용하지 않는다.
⑤ 대상자 상태를 파악하고, 병원으로 빨리 이송한다.

05 ☑개념체크 ○△×

지진이 발생했을 때 대비방법으로 옳은 것은?

① 욕조에 물을 받아 둔다.
② 탁자 위에 올라가 몸을 보호한다.
③ 운동장 같은 넓은 공간으로 대피한다.
④ 흔들림이 멈추면 바로 전기를 사용한다.
⑤ 엘리베이터를 사용하여 신속히 밖으로 나간다.

06 ☑개념체크 ○△×

전기사고의 예방 및 대처방법으로 옳은 것은?

① 대상자가 전기쇼크를 입으면 들어서 옮긴다.
② 정전으로 녹아버린 냉동식품은 재냉동한다.
③ 누전차단기 이상이 발견되면 직접 수리한다.
④ 정전이 되면 누전차단기의 이상 유무를 확인한다.
⑤ 하나의 콘센트에 여러 개의 전열기기를 연결한다.

기출유형문제

대상자가 전기코드를 잡고 감전됐을 때 대처방법으로 옳은 것은?

① 침대로 옮긴다.
❷ 전류를 차단한다.
③ 팔다리를 주무른다.
④ 손에 화상이 있는지 만져본다.
⑤ 어깨를 두드려 의식 상태를 확인한다.

해설
② 전기 쇼크를 입으면 전류가 차단될 때까지 다른 사람과 닿지 않도록 해야 한다.

문제타파 TIP

119 신고 시 구급대원에게 알려야 할 정보
- 상황이 발생한 곳의 정확한 주소
- 대상자의 상태(나이, 성별, 주요 상황, 필요시 간략한 질병력)
- 신고 이유(요양보호사로서 가까이에서 관찰했음을 밝힐 것)
- 응급처치를 실시한 내용이 있다면 이를 밝힐 것

기출유형문제

다음에서 설명하는 감염성 질환은?

- 익히지 않은 해산물, 염소 소독되지 않은 물 등 오염된 음식을 통해 감염된다.
- 구토, 메스꺼움, 오한, 복통, 설사, 근육통, 두통, 발열 등의 증상이 발생한다.
- 계절적으로 11월부터 다음 해 4월까지 발생률이 높다.

① 독 감 ② 결 핵
③ 머릿니 ④ 코로나-19
❺ 노로바이러스 장염

해설

⑤ 노로바이러스는 감염력이 강하며, 장염을 일으키는 대표적인 미생물이다. 주로 오염된 음식을 통해 감염되며 이차감염도 흔하다. 노로바이스러스에 노출되면 구토, 메스꺼움, 오한, 복통, 설사, 근육통, 권태, 두통, 발열 등의 증상이 나타난다. 이를 예방하려면 평소 개인위생을 철저히 하고 어패류 등을 반드시 익혀 먹어야 한다.

문제타파 TIP

오염된 물질 처리법
- 장갑을 착용한다.
- 혈액이나 체액이 바닥에 떨어지면 표백제(락스)와 물을 1:9로 혼합한 용액으로 닦아낸다.
- 혈액이나 체액이 옷이나 침구류에 떨어지면 표백제(락스)는 사용하지 않는다.
- 심각하게 오염된 옷이나 침구류는 삶거나 살균 표백제를 사용하여 세탁한다.
- 깨진 유리는 장갑을 끼고 치우고, 혈액이나 체액이 묻었을 경우 일반쓰레기로 처리해서는 안 된다.

---

07 개념체크 ○ △ ×

다음 중 요양보호사의 손을 보호하기 위하여 착용하는 보호장구는?

① 마스크
② 보안경
③ 멸균장갑
④ 안면보호구
⑤ 일회용 방수성 가운

08 개념체크 ○ △ ×

감염 예방을 위하여 요양보호사가 지켜야 할 수칙은?

① 손 씻기 대신 손소독제를 바른다.
② 종일 장갑을 착용한 상태로 지낸다.
③ 대상자의 상처는 맨손으로 접촉한다.
④ 근무 중 반지나 팔찌 착용을 권장한다.
⑤ 대상자의 집에 도착한 직후 손을 씻는다.

09 개념체크 ○ △ ×

다음과 같은 특징이 있는 감염성 질환은?

- 인플루엔자 바이러스에 의한 급성 호흡기 질환이다.
- 갑작스러운 발열, 두통, 전신 쇠약감, 마른 기침, 근육통 등의 증상이 발생한다.
- 우리나라에서는 통상 12월부터 이듬해 5월까지 유행한다.
- 증상이 생긴 후 5일 이상 병을 퍼트릴 수 있다.

① 옴
② 결 핵
③ 독 감
④ 코로나-19
⑤ 노로바이러스 장염

10 ☑ 개념체크 ○ △ ×

질식 증상을 보이는 대상자에 대한 응급처치로 옳은 것은?

① 의식이 없는 경우, 하임리히법을 시행한다.
② 대상자의 입에 요양보호사의 손가락을 넣어 구토를 유발한다.
③ 하임리히법은 반복해서 시행하면 위험할 수 있다.
④ 의식이 있다면 등을 두드리거나 물을 먹여 편안하게 한다.
⑤ 이물질이 육안으로 보이면 강하게 기침을 하여서 뱉어내게 한다.

11 ☑ 개념체크 ○ △ ×

하임리히법으로 도와주어야 하는 대상자는?

① 경련이나 발작을 일으키는 대상자
② 넘어져 손목 골절이 의심되는 대상자
③ 목에 이물질이 껴서 기침을 하는 대상자
④ 약물의 남용으로 인해 의식을 잃은 대상자
⑤ 뜨거운 열로 노출된 피부가 손상을 입은 대상자

12 ☑ 개념체크 ○ △ ×

기도폐색이 발생했을 때 하임리히법을 하는 방법으로 옳은 것은?

① 스스로 기침을 하게 한다.
② 대상자의 앞에 선다.
③ 배꼽 아랫부분에 주먹 쥔 손을 감싼다.
④ 손가락을 대상자의 입에 넣어 음식물을 찾는다.
⑤ 양손으로 복부의 아랫부분을 힘차게 밀어내린다.

기출유형문제

대상자가 질식 상태일 때 주요 증상은?

① 몸을 거꾸로 하는 자세를 한다.
② 빠르게 말을 하며, 도움을 요청한다.
③ 가슴 부위의 호흡운동이 보이지 않는다.
❹ 숨을 쉴 때 목에서 이상한 소리가 난다.
⑤ 갑자기 기침을 하려 해도 나오지 않는다.

해설

① 목을 조르는 듯한 자세를 한다.
② 말을 하지 못하며 괴로운 얼굴 표정을 한다.
③ 가슴 부위의 호흡운동이 보이지만, 공기의 흐름이 적거나 없다.
⑤ 갑자기 기침을 한다.

문제타파 TIP

질식은 폐에 산소가 공급되지 않는 상황이며, 이로 인해 인체 조직의 손상이 발생할 수 있다.

기출유형문제

대상자가 경련을 하며 쓰러졌을 때 응급처치 방법으로 옳은 것은?

① 입에 손수건 등을 물린다.
② 호흡곤란이 올 시 머리를 뒤로 젖힌다.
③ 대상자에게 경련을 멈추는 약을 먹인다.
④ 경련이 끝날 때까지 팔다리를 붙잡아둔다.
❺ 몸에 꽉 끼는 옷의 단추나 넥타이를 풀어준다.

해설
⑤ 대상자가 경련을 했을 때는 몸에 꽉 끼는 옷의 단추나 넥타이를 풀고, 편하게 호흡하게 한다.

문제타파 TIP
하임리히법은 의식이 있는 질식 대상자에게 실시한다.

13 ☑ 개념체크 ○ △ ×

대상자의 피부색이 파랗게 변하고 혈압이 90/60mmHg 이하로 낮아질 때 대처방법은?

① 출혈 발생 시 관찰한다.
② 옆으로 누운 자세를 취하게 한다.
③ 토사물이 나온다면 고개를 위로 올리게 한다.
④ 발아래 베개를 받쳐 다리가 올라가게 한다.
⑤ 따뜻한 물을 주어 혈액이 순환되도록 돕는다.

14 ☑ 개념체크 ○ △ ×

경련성 질환이 없던 대상자가 경련을 일으킬 경우 올바른 대처방법은?

① 가장 먼저 구토를 유발한다.
② 즉시 하임리히법을 시행한다.
③ 입에 부드러운 수건을 물린다.
④ 가장 가까운 병원으로 이송한다.
⑤ 119에 신고하여 즉시 도움을 청한다.

15 ☑ 개념체크 ○ △ ×

대상자가 의식을 잃고 온몸을 떨 때 대처방법은?

① 떨지 않게 상의를 꽉 조인다.
② 얼굴이 천장을 바라보도록 한다.
③ 머리 아래에 부드러운 것을 대준다.
④ 시원한 물을 주어서 정신을 차리게 한다.
⑤ 경련을 멈추기 위하여 억제를 시도해 본다.

16 ☑ 개념체크 ○ △ ✕

저혈당으로 경련을 일으킨 대상자를 돕는 방법으로 옳은 것은?

① 이마에 부드러운 것을 대준다.
② 꽉 붙잡아 발작을 멈추게 한다.
③ 입에 손수건을 물게 하여 기도를 유지한다.
④ 경련을 일으킨 대상자 주변의 위험한 물건을 치운다.
⑤ 대상자의 발작이 10분 이상 지속되면 119에 신고한다.

17 ☑ 개념체크 ○ △ ✕

출혈 증상 및 응급처치에 관한 설명으로 옳은 것은?

① 출혈량이 많으면 멸균거즈 등으로 압박한다.
② 정상 성인의 몸 안에는 10L의 혈액이 있다.
③ 대상자의 혈액을 접촉할 때에는 반드시 장갑을 낀다.
④ 출혈 시 가장 먼저 출혈 부위에 약을 발라야 한다.
⑤ 5L 이상의 출혈은 생명의 위험을 초래할 수 있다.

18 ☑ 개념체크 ○ △ ✕

대상자가 날카로운 것에 찔려 피를 흘릴 때 대처방법은?

① 출혈 부위를 벌려 피를 빼낸다.
② 출혈량이 너무 많으면 패드를 교체하며 압박한다.
③ 출혈 부위를 멸균거즈로 힘을 가해 누르며 지혈한다.
④ 출혈이 발생한 즉시 상처 부위에 드레싱을 실시한다.
⑤ 쇼크가 의심되는 상황이면 머리를 높이는 자세로 눕힌다.

기출유형문제

대상자가 경련 발작을 지속할 때 대처방법은?

❶ 즉시 119에 신고한다.
② 대상자를 꽉 잡아준다.
③ 병원으로 곧바로 이송한다.
④ 이마에 젖은 수건을 얹어 준다.
⑤ 기도확보를 위해 입안에 손수건을 물린다.

해설
① 대상자가 경련 발작을 지속하면 즉시 119에 신고한다.

문제타파 TIP

경련 대상자를 꽉 붙잡거나 억지로 발작을 멈추게 하려고 하지 말고 조용히 기다린다.

기출유형문제

대상자가 넘어져 손목 골절이 의심될 때 대처방법은?

① 손상 부위에 온찜질을 해준다.
② 손목이 움직이는지 돌려 보게 한다.
③ 손을 심장 위치보다 낮게 내리게 한다.
④ 튀어나온 뼈가 있으면 압박붕대로 꽉 조여준다.
❺ 개방된 상처가 있는 경우 멸균거즈로 상처를 덮어준다.

해설
⑤ 개방된 상처가 있거나 출혈이 있는 경우 멸균거즈를 이용하여 상처를 덮어준다.

19 ☑ 개념체크 ○ △ ×

대상자가 라면을 먹다 팔에 화상을 입었을 때 대처방법은?

① 환부에 된장을 발라 열기를 식힌다.
② 끼고 있던 반지는 최대한 빨리 뺀다.
③ 통증이 없어지도록 환부를 미지근한 물에 담근다.
④ 손상이 심각할 경우 멸균 드레싱을 실시한다.
⑤ 즉시 차가운 얼음을 환부에 대고 문질러 준다.

20 ☑ 개념체크 ○ △ ×

계단에서 넘어진 대상자의 팔이 붓고 출혈이 있을 때 대처방법은?

① 붓는 위치에 냉찜질을 해준다.
② 팔을 조금씩 움직이게 해본다.
③ 통증 부위를 마사지로 풀어준다.
④ 출혈 부위에 드레싱을 실시한다.
⑤ 튀어나온 뼈는 거즈로 직접 압박한다.

문제타파 TIP
시간이 지체될수록 부종이 심해지기 때문에 화상 대상자가 착용하고 있는 반지, 귀고리 등은 최대한 빨리 뺀다.

21 ☑ 개념체크 ○ △ ×

발목 골절로 보이는 대상자를 위한 응급처치로 옳은 것은?

① 발목을 돌려 보게 한다.
② 일어서서 걸어 보게 한다.
③ 통증이 가시도록 온찜질을 한다.
④ 대상자를 안정시키고 움직이지 않게 한다.
⑤ 골절 여부를 판단하기 어려우면 집에서 쉬게 한다.

22 ☑ 개념체크 ○ △ ✕

노인이 약물 부작용으로 의식을 잃었을 때 대처방법은?

① 의자 등으로 옮겨 상체를 바로 세운다.
② 호흡과 맥박을 확인하고 구급차를 부른다.
③ 들것을 이용하여 즉시 병원으로 이송한다.
④ 복용한 것으로 의심되는 약을 바로 버린다.
⑤ 입에서 거품이나 토사물이 나오면 등을 두드린다.

23 ☑ 개념체크 ○ △ ✕

대상자가 빵을 먹고 질식 상태에 있을 때 대처방법은?

① 손가락을 입 깊숙이 넣어 토하게 한다.
② 의식이 없는 경우 하임리히법을 시행한다.
③ 의식이 있는 경우 즉시 심폐소생술을 실시한다.
④ 배를 바닥에 붙이게 한 후 등 가운데를 세게 친다.
⑤ 의식이 있다면 강하게 기침하여 뱉어내도록 격려한다.

24 ☑ 개념체크 ○ △ ✕

심폐소생술 단계 중 가슴압박에 대한 설명으로 옳은 것은?

① 분당 50~60회 속도로 압박을 시행한다.
② 압박된 가슴은 완전히 이완되도록 한다.
③ 심정지 초기에는 인공호흡을 동반하여 시행한다.
④ 가슴이 약 3cm 눌릴 수 있게 체중을 실어 압박한다.
⑤ 대상자의 가슴뼈 가운데 부위에 두 손을 깍지 끼고 올린다.

기출유형문제

대상자가 약을 복용한 후에 복통, 구토, 흉통 증상을 보이며 쓰러졌을 때 대처방법은?

① 구토를 유도한다.
② 따뜻한 물을 먹게 한다.
③ 조용한 곳에서 쉬게 한다.
④ 복용량이 적으면 응급처치만 한다.
❺ 토사물을 모아 두었다가 의료진이 분석할 수 있게 한다.

해설
⑤ 구토했을 경우 토사물을 모아 두었다가 의료진이 분석할 수 있게 한다.

문제타파 TIP

약물 부작용으로 대상자가 의식이 없는 경우 마실 것을 주지 않아야 하며, 구토 유도 지시사항이 없으면 구토시키지 않는다.

기출유형문제

대상자에게 심폐소생술을 할 때 가슴을 압박하는 방법으로 옳은 것은?

① 분당 70~80회의 속도로 압박한다.
② 매 압박 시 압박 위치가 바뀌게 한다.
③ 등 밑에 낮은 베개를 고인 후 실시한다.
❹ 압박:이완의 시간비율이 50:50이 되게 한다.
⑤ 가슴이 3cm 정도의 깊이로 눌리게 압박한다.

해설

① · ⑤ 100~120회/분의 속도로 대상자의 가슴이 약 5cm 눌릴 수 있게 체중을 실어 '깊고', '강하게' 압박한다.
② 매 압박 시 압박 위치가 바뀌지 않게 한다.
③ 바닥이 단단한 곳에 등을 대고 눕혀 실시한다.

문제타파 TIP

심폐소생술 순서와 기도 유지 자세는 매우 중요하므로 꼭 알아 두자!

---

25 개념체크 ○ △ ×

의식을 잃은 대상자에게 시행하는 심폐소생술 순서로 옳은 것은?

① 반응확인 → 119 신고 → 호흡확인 → 가슴압박 시행 → 회복자세
② 119 신고 → 반응확인 → 가슴압박 시행 → 호흡확인 → 회복자세
③ 119 신고 → 호흡확인 → 반응확인 → 가슴압박 시행 → 회복자세
④ 반응확인 → 119 신고 → 가슴압박 시행 → 회복자세 → 호흡확인
⑤ 반응확인 → 호흡확인 → 가슴압박 시행 → 회복자세 → 119 신고

26 개념체크 ○ △ ×

반응이 없는 대상자에게 심폐소생술을 시행하는 옳은 방법은?

① 흉골의 가장 하단에 위치한 칼돌기를 압박한다.
② 불규칙적으로 강하고 빠르게 가슴압박을 시행한다.
③ 대상자의 양쪽 어깨를 잡고 세차게 흔들어 반응을 확인한다.
④ 대상자의 얼굴과 가슴을 1분 정도 관찰하여 호흡을 확인한다.
⑤ 매번 압박한 직후 압박된 가슴은 원래 상태로 완전히 이완되게 한다.

27 개념체크 ○ △ ×

의식이 없는 대상자의 기도 유지를 위한 자세로 옳은 것은?

①
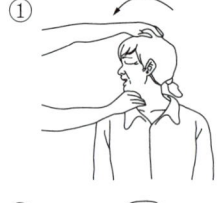

②
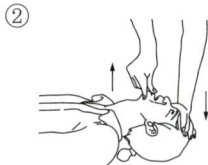

③
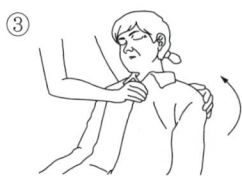

④
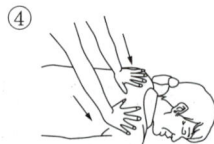

⑤
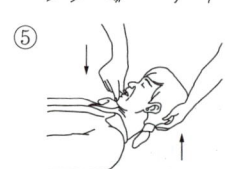

28 ☑ 개념체크 ○△×

자동심장충격기를 사용할 때 패드 부착 위치로 옳은 것은?

①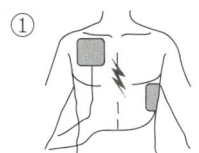
②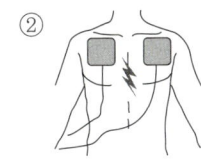
③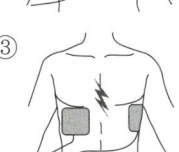
④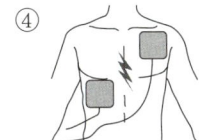
⑤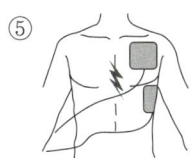

29 ☑ 개념체크 ○△×

자동심장충격기의 사용 단계로 옳은 것은?

① 전원을 켬 → 패드 부착 → 심장리듬 분석 → 심장충격 시행 → 심폐소생술 재시행
② 전원을 켬 → 패드 부착 → 심장리듬 분석 → 심폐소생술 재시행 → 심장충격 시행
③ 전원을 켬 → 패드 부착 → 심장충격 시행 → 심장리듬 분석 → 심폐소생술 재시행
④ 전원을 켬 → 심장리듬 분석 → 패드 부착 → 심장충격 시행 → 심폐소생술 재시행
⑤ 전원을 켬 → 심장리듬 분석 → 심장충격 시행 → 패드 부착 → 심폐소생술 재시행

30 ☑ 개념체크 ○△×

자동제세동기(자동심장충격기)를 사용하는 올바른 방법은?

① 반응이 조금씩 보이는 대상자에게 사용한다.
② 119 구급대가 현장에 도착할 때까지 계속 사용해야 한다.
③ "분석 중"이라는 음성 지시가 나오면 가슴압박을 시작한다.
④ "심폐소생술을 계속하라"라는 음성 지시가 나오면 1분 후 심폐소생술을 한다.
⑤ 패드 하나는 왼쪽 빗장뼈 밑에, 나머지는 오른쪽 중간 겨드랑선에 붙인다.

기출유형문제

자동심장충격기를 사용하는 방법으로 옳은 것은?

① 충전 중에는 가슴압박을 멈추고 기다린다.
② 심장리듬 분석 중에도 가슴압박을 지속한다.
③ 20회의 가슴압박을 마친 후에 전원을 켠다.
❹ 반응과 정상 호흡이 없는 대상자에게 사용한다.
⑤ 쇼크 버튼을 누르고 3분이 지난 후 가슴압박을 시작한다.

해설

④ 자동심장충격기는 반응과 정상적인 호흡이 없는 심정지 환자에게만 사용해야 한다.

문제타파 TIP

자동심장충격기 사용 시 오른쪽 패드는 오른쪽 빗장뼈 밑, 왼쪽 패드는 왼쪽 중간 겨드랑선에 위치해야 함을 꼭 알기!

CHAPTER 16 핵심요약

한줄필기

반드시 손을 씻어야 하는 경우
- 대상자의 집에 도착한 직후
- 눈으로 보기에 손이 더러워진 경우
- 대상자를 만지기 전과 후
- 장갑을 끼기 전과 벗은 후
- 체액, 점막, 상처 등을 만지거나 드레싱을 실시한 후
- 오염된 배설물 등을 처리한 이후
- 식사를 준비하거나 주방 일을 하기 전과 후
- 대상자에게 식사를 제공하기 전과 후
- 세탁된 침구류를 만지기 전
- 멸균제품을 개봉하기 전
- 쓰레기를 버리고 돌아오기 전
- 바닥에 떨어진 물건을 집은 후
- 화장실을 사용하기 전과 후
- 손을 가리고 기침이나 재채기를 한 후
- 식사를 하기 전과 후
- 담배를 피우기 전과 후
- 화장을 하기 전과 후
- 대상자의 입, 얼굴, 눈, 머리카락, 귀, 코 등을 만진 후
- 애완동물 또는 애완용품을 만진 후
- 대상자의 집을 떠나기 전

한줄요약

01 응급처치는 의료행위를 대신하는 것이 아니다.

02 응급처치 시 가급적 대상자를 옮기지 말고, 119 등의 안내를 받는다.

03 응급처치를 실시하기 전 기관장과 가족에게 연락한다.

04 대상자의 의식이 명료하고 경미한 상황이면 반드시 119에 신고하지 않아도 된다.

05 재난상황이 발생하면 기관장에게 연락하여 행동지침을 전달받도록 한다.

06 요양보호사는 감염 예방을 위해 방역지침을 따르고 손 씻기와 마스크 착용을 생활화한다.

07 올바른 손 씻기 6단계

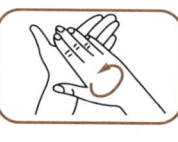
제1단계
손바닥과 손바닥을 마주 대고 문지른다.

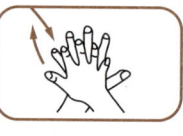
제2단계
손등과 손바닥을 마주 대고 문지른다.

제3단계
손바닥을 마주 대고 손깍지를 끼고 문지른다.

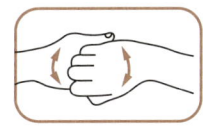
제4단계
손가락을 마주 잡고 문지른다.

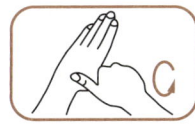
제5단계
엄지손가락을 다른 편 손바닥으로 돌려주면서 문지른다.

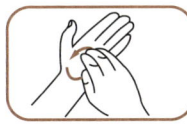
제6단계
손가락을 반대편 손바닥에 놓고 문지르며 손톱 밑을 깨끗하게 한다.

> **한줄필기**
>
> **응급처치**
> 응급처치는 응급상황에서 행해지는 기도의 확보, 심장박동의 회복, 기타 생명의 위험이나 증상 악화 방지를 위해 긴급히 수행된다.
>
> **하임리히법 실시 자세**
>
>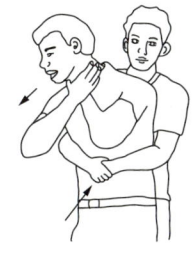

08 흔한 감염성 질환에는 결핵, 독감, 코로나-19, 노로바이러스 장염, 옴, 이 등이 있다.

09 하임리히법은 반드시 기도폐색이 확인되는 경우에만 실시한다.

10 기도폐색이 발생한 대상자의 입에 손가락을 넣으면 안 된다.

11 혈압이 90/60mmHg 이하로 낮아지거나 맥박 수가 100회 이상으로 오르면 쇼크를 의심할 수 있다.

12 대상자에게 급성 저혈압이 오면 다리를 30cm 정도 올리게 한다.

13 지혈을 시도할 경우 장갑을 낀 후 부위와 접촉하도록 한다.

14 출혈 부위는 압박하면서 심장보다 높게 위치하도록 한다.

15 경련은 뇌세포가 비정상적으로 자극되어 나타난다.

16 경련 대상자의 발작 시 발작을 멈추게 하려고 대상자의 몸을 억지로 붙잡아서는 안 되며, 가만히 기다린다.

한줄필기

심폐소생술
심장이 뛰지 않고 호흡을 하지 않는 대상자에게 인공적으로 혈액을 순환시키고 폐에 산소를 공급하는 행위이다.

기도 유지 자세

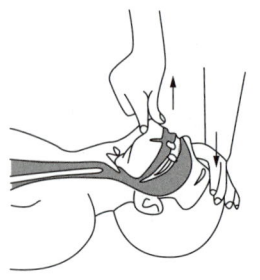

17 대상자에게 약물중독이 나타나면 복용한 것으로 의심되는 물질을 구급대원에게 전달한다.

18 화상 시 벗기기 힘든 의복은 잘라내고, 장신구는 최대한 빨리 뺀다.

19 화상 부위를 만지거나 물집을 터뜨리면 안 된다.

20 골절 대상자를 절대로 스스로 움직이게 해서는 안 된다.

21 가슴압박 소생술은 환자가 회복하거나 구급대가 도착할 때까지 지속한다.

22 가슴압박 소생술을 할 때 압박된 가슴은 완전히 이완되도록 한다.

23 자동심장충격기는 반응과 정상적인 호흡이 없는 심정지 대상자에게만 사용한다.

24 자동심장충격기에서 심장리듬을 분석 중이라는 음성 지시가 나오면 대상자에게서 손을 뗀다.

한줄문제

01 화재 발생 시 대피 방법은?
  답 계단을 사용하여 최대한 자세를 낮추면서 움직인다.

02 옷이나 침구류에 오염된 물질이 묻었을 때 처리하는 방법은?
  답 심각하게 오염된 옷이나 침구류는 삶거나 살균 표백제로 세탁한다.

03 익히지 않은 굴 등 오염된 음식을 통하여 감염되는 바이러스는?
  답 노로바이러스

04 질식 대상자의 의식이 없는 경우 대처방법은?
  답 119에 신고하고 심폐소생술을 실시할 준비를 시작한다.

05 질식 대상자의 의식이 있는 경우 대처방법은?
  답 양손으로 복부의 윗부분을 후상방으로 힘차게 밀어올린다(하임리히법 시행).

06 대상자가 떡을 먹다 목에 걸렸는데, 떡이 육안으로 보일 때 가장 먼저 해야 하는 대처방법은?
  답 큰기침을 하여 떡을 뱉어내게 한다.

07 쇼크가 온 대상자가 구토를 할 때 대처 방법은?
  답 고개를 옆으로 돌린다.

08 대상자가 날카로운 것에 찔려 피가 날 때 돕는 방법은?
  답 출혈량이 적으면 멸균거즈 등을 활용하여 상처를 압박한다.

09 피부에 출혈이 있는 대상자를 돕는 방법은?
  답 반드시 장갑을 끼고 응급조치를 한다.

10 출혈이 있는 환자에게 드레싱을 해야 하는 시기는?
  답 출혈이 멈춘 이후

한줄필기

화재 시 대피요령
- 계단으로 이동하기
- 최대한 자세 낮추기
- 시야가 확보되지 않으면 한 손으로 벽을 짚고 이동하기
- 아래층으로 대피할 수 없는 경우 옥상으로 대피하기

하임리히법
대상자의 뒤에 서서 대상자의 배꼽과 명치 중간에 주먹 쥔 손의 엄지손가락이 배에 닿도록 놓는다. → 다른 한쪽 손으로는 주먹 쥔 손을 감싼 다음 양손으로 복부의 윗부분을 후상방으로 힘차게 밀어 올린다. → 한 번으로 이물질이 빠지지 않으면 반복하여 시행한다.

가슴압박 시 유의사항

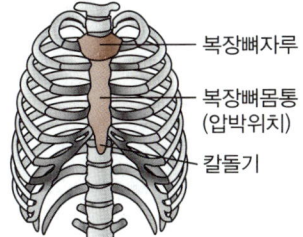

복강 내 장기의 손상을 방지하기 위해 흉골의 가장 하단에 위치한 칼돌기를 압박하지 않도록 주의한다.

11 대상자가 입에 거품을 내면서 경련을 일으킬 때 돕는 방법으로 옳은 것은?
답 고개를 가만히 옆으로 돌린다.

12 대상자가 경련을 일으킬 때의 응급처치 방법으로 옳은 것은?
답 주변의 위험한 물건을 치운다.

13 대상자가 갑자기 의식을 잃고 온몸을 떨 때 대처방법은?
답 119에 신고하고 경련을 멈추거나 구급대원이 도착할 때까지 온전히 기다린다.

14 대상자가 약물을 과량 복용하여 의식이 없을 때 대처방법은?
답 119에 신고하고 천장을 바라보는 자세로 눕힌다.

15 약물중독이 나타난 대상자의 약물 처리방법은?
답 용기째 구급대원에게 전달한다.

16 대상자가 화상을 입었을 때 화상 부위를 찬물에 담그는 시간은?
답 15분 이상

17 대상자가 화상을 입었을 때의 대처방법은?
답 화상 부위의 장신구를 신속하게 미리 벗겨낸다.

18 손목 골절이 의심되는 대상자를 돕는 방법은?
답 스스로 움직이지 않게 하고 장신구를 벗겨낸다.

19 심폐소생술 시 심장 압박을 하는 이유는?
답 뇌에 산소를 공급하기 위하여

20 의식을 잃은 대상자의 심폐소생술 단계는?
답 반응확인 → 도움 요청(119 신고) → 호흡확인 → 가슴압박 → 회복자세

21 가슴압박 시 압박의 위치는?
   답 대상자의 가슴 중앙인 가슴뼈(흉골)의 아래쪽 절반 부위에 깍지를 낀 두 손의 손바닥 뒤꿈치를 댄다.

22 심폐소생술 후 대상자가 반응은 없으나 정상적인 호흡과 효과적인 순환을 보이고 있는 경우 회복자세는?
   답

23 심폐소생술 때 가슴압박의 속도는?
   답 분당 100~120회의 속도

24 자동심장충격기의 일반적 단계는?
   답 전원 켜기 → 패드 부착 → 심장리듬 분석 → 심장충격 시행 → 즉시 심폐소생술 다시 시행

25 자동심장충격기 사용 시 심장리듬 분석 간격은?
   답 2분 간격

26 제세동기 사용 시 패드 부착 위치는?
   답 오른쪽 패드는 오른쪽 빗장뼈 밑에, 왼쪽 패드는 왼쪽 중간 겨드랑선에 붙인다.

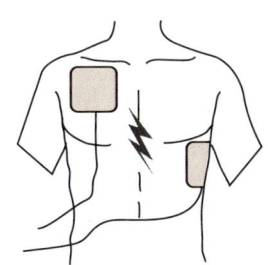

27 올바른 자동심장충격기 사용방법은?
   답 분석 중이니 물러나라는 음성 지시가 나오면, 심폐소생술을 멈추고 대상자에게서 손을 뗀다.

한줄필기

자동심장충격기
자동으로 심전도를 분석하여 심실세동(또는 무맥성 심실빈맥)을 제거할 수 있는 장비이다.

심폐소생술 회복 자세
대상자가 반응은 없으나 정상적인 호흡과 효과적인 순환을 보이면, 대상자의 몸 앞쪽으로 한쪽 팔을 바닥에 대고 다른 쪽 팔과 다리를 구부린 채로 대상자를 옆으로 돌려 눕힌다. 이것은 구토물로 인해 기도가 막히는 것을 예방하고 흡인의 위험성을 줄이기 위함이다.

행운이란 100%의 노력 뒤에 남는 것이다.

– 랭스턴 콜먼 –

모의고사

제1회	요양보호사 모의고사
제2회	요양보호사 모의고사
제3회	요양보호사 모의고사

문항수 및 시험시간

평가영역	문항수	시험시간
필 기	35문항	
실 기	45문항	

제1회
요양보호사 모의고사

응시번호	
성 명	

문제유형
홀수형

〈응시자 주의사항〉

1. 본 시험은 교시 시작과 종료에 대한 안내방송이 없이 진행되오니 모니터에 보이는 남은 시간 및 시작, 종료 시간 안내를 확인하여 시험시간 내에 모든 문제를 풀이하시기 바랍니다.

2. 응시자는 응시표와 신분증(주민등록증, 운전면허증, 여권, 외국국적 동포 국내거소신고증, 외국인등록증, 영주증, 청소년증, 주민등록번호가 기재된 장애인등록증)을 지참하여 지정된 시간까지 해당 시험실에 입실하여야 합니다.

3. 응시자는 시험의 진행에 대하여 시행본부 및 감독관의 지시에 따라야 하며, 시험을 완료하였더라도 시행본부 및 감독관 승인 없이 시험시간 도중에 퇴실하실 수 없습니다.

4. 시험 중 통신기기 및 전자기기(휴대폰, MP3, 전자사전, 계산기 등) 사용 또한 소지 적발 시 "부정행위자 등으로 간주하여 처리"될 수 있습니다.

제1회 요양보호사 모의고사

필기 35문항
실기 45문항

정답 및 해설 050쪽

필기편

다음 문제에서 가장 적절한 정답을 고르시오.

01 노년기의 특성으로 옳은 것은?
① 유대감 회복
② 가역적 진행
③ 경직성의 증가
④ 잔존능력의 상승
⑤ 새로운 사물에 대한 애착심

02 다음 중 등급판정위원회에 대한 설명으로 옳은 것은?
① 시·군 단위로 설치된다.
② 직권으로 등급을 조정하거나 재판정할 수는 없다.
③ 위원장 1인을 포함하여 12인의 위원으로 구성된다.
④ 의사 또는 한의사는 1인 이상 각각 필수 포함된다.
⑤ 등급판정 등을 심의하기 위하여 보건복지부에 두는 회의기구이다.

03 대상자로부터 본인부담금을 줄여달라는 요청을 받을 때 대처방법은?
① 대상자의 이야기를 들어주되 판단을 유보한다.
② 가족에게 말하고 주의시킨다.
③ 쇼핑 등을 함께 하자고 하면서 화제를 돌린다.
④ 아무런 대꾸를 하지 않는다.
⑤ 불법행위임을 설명하고 거절한다.

04 장기요양보험급여 대상자로 옳은 것은?
① 혈관성 치매로 신체활동이 어려운 40세 여성
② 일상생활이 가능한 64세 독거노인
③ 입원 중인 60세 노인
④ 결핵으로 신체활동이 어려운 55세 남자
⑤ 당뇨병으로 고생하는 58세 여성

05 대상자의 불편함을 경감하기 위해 필요한 식사, 청소 등 서비스를 지원하는 요양보호사의 역할은?
① 옹호자
② 정보 전달자
③ 동기 유발자
④ 숙련된 수발자
⑤ 말벗과 상담자

06 요양보호사 업무내용 중 개인활동지원서비스에 해당하는 것은?

① 청소 및 주변 정돈
② 진료를 위한 보건소 동행
③ 말벗, 격려, 위로
④ 생활상담
⑤ 화장실 이용 돕기

07 시설대상자가 다음과 같은 서비스를 받아야 함을 보장하는 기본 권리는?

- 연하장애 노인에게는 연하곤란 식사 제공 방안에 따라 적절한 음식물을 제공한다.
- 잔존능력 유지와 기력 향상을 위해 하체 근육 재활 및 밀착 돌봄에 힘쓴다.

① 사생활과 비밀보장에 대한 권리
② 개별화된 서비스를 제공받고 선택할 수 있는 권리
③ 건강한 생활을 위한 질 높은 생활서비스 및 보건의료서비스를 받을 권리
④ 시설 내·외부 활동 및 사회적 관계에 참여할 권리
⑤ 존엄한 존재로 대우받을 권리

08 다음 내용에 해당하는 학대 유형은?

- 경제적 능력이 없는 노인의 생활 관련 업무(세금 및 각종 요금 납부)를 방치한다.
- 심각한 질환(치매 등)이 있는 노인을 홀로 거주하게 한다.
- 안정된 주거공간을 제공하지 않고 떠돌게 한다.
- 필요한 보장구(틀니, 보청기, 돋보기, 지팡이, 휠체어 등)를 제공하지 않는다.

① 유기
② 방임
③ 경제적 학대
④ 신체적 학대
⑤ 정서적 학대

09 노인학대 사실을 알게 되었을 때의 대처법으로 옳은 것은?

① 노인보호전문기관이나 경찰서에 신고한다.
② 남의 집 일이니 모른 척한다.
③ 동료 요양보호사와 상의한다.
④ 노인을 직접 병원에 데려간다.
⑤ 학대 사실을 SNS에 알리고 언론에 제보한다.

10 감각기계 질환 중 수정체가 혼탁해지는 질환은?

① 녹내장
② 백내장
③ 망막박리
④ 수정각막증
⑤ 유정각막체증

11 노인 대상자의 피부 건조를 막는 방법으로 옳은 것은?

① 가습기 사용을 금지한다.
② 자주 목욕한다.
③ 비누를 사용하지 않는다.
④ 목욕 후에 물기는 두드려서 건조시킨다.
⑤ 파우더를 바른다.

12 다음 중 언어적 성희롱에 해당하는 것은?

① 뒤에서 껴안기
② 특정 신체부위를 만지기
③ 음란한 사진 보여 주기
④ 자신의 특정 신체부위 보여주기
⑤ 외모에 대한 성적인 비유나 평가

13 당뇨병 대상자의 발 관리 방법으로 옳은 것은?

① 꽉 끼는 신발을 즐겨 신는다.
② 발톱은 둥글게 잘라준다.
③ 항상 주의 깊게 발을 관찰한다.
④ 발을 씻은 후 물기는 남겨 둔다.
⑤ 발에 열패드를 대어 늘 보온한다.

14 다음 대상자의 반응으로 확인할 수 있는 것은?

> • "말해 보세요." : 말할 때 발음이 분명치 않거나, 말을 잘 못한다.
> • "웃어 보세요." : 입의 좌우 모양이 대칭이 아니다.
> • "걸어 보세요." : 일어서거나 걸으려 하면 자꾸 한쪽으로 넘어진다.

① 치 매
② 고혈압
③ 뇌졸중
④ 심부전
⑤ 파킨슨질환

15 대상자가 변비일 경우 치료 및 예방법으로 옳은 것은?

① 비타민 C를 섭취한다.
② 사과 샐러드를 먹는다.
③ 고단백질 음식을 섭취한다.
④ 피부가 건조해지지 않게 한다.
⑤ 굽거나 찌는 조리법을 이용한 음식을 주로 섭취한다.

16 고혈압 대상자의 식단으로 옳은 것은?

① 베이컨, 젓갈류
② 두부조림, 새우튀김
③ 현미밥, 생선조림
④ 감자볶음, 조개류
⑤ 시금치무침, 간장게장

17 요양보호 기록의 목적으로 옳은 것은?
① 대상자와 위계적 관계 유지
② 복지용구에 대한 필요성 확인
③ 문제 발생 시 법적 책임 회피
④ 요양보호서비스의 표준화와 연속성 유지
⑤ 기관 중심의 서비스 계획 수립과 대상자 개인정보 공유

18 다음에서 설명하는 업무보고 형식으로 옳은 것은?

- 장점 : 정확한 기록을 남길 수 있다.
- 단점 : 신속하게 보고할 수 없다.

① 서면보고
② 구두보고
③ 전산보고
④ 월례회의보고
⑤ 사례회의보고

19 팔꿈치 외측상과염 스트레칭을 할 때 옳은 것은?
① 손가락을 깍지 끼고 손바닥을 밖으로 향해 팔꿈치 펴기
② 손가락이 몸 바깥쪽을 향하게 하고 네발기기 자세를 한 뒤 팔꿈치 펴기
③ 한 손을 다른 쪽의 겨드랑이에 끼고 팔꿈치 굽히기
④ 두 손바닥을 마주 붙인 후 하늘을 향해 팔꿈치 펴기
⑤ 양손을 양쪽 겨드랑이에 끼고 팔꿈치 굽히기

20 노화에 따른 호흡기계 특성은?
① 기관지 내 분비물이 감소하여 호흡기계 감염이 쉽게 발생한다.
② 신체조직 내 수분 함유량의 증가로 콧속의 분비물이 감소한다.
③ 섬모운동 저하로 인하여 미세물질들을 제대로 걸러내지 못한다.
④ 폐활량이 늘어나면서 숨쉬기가 쉬워진다.
⑤ 호흡근육의 위축과 근력의 강화로 호흡증가 시 피로해지지 않는다.

21 요실금을 관리하는 방법으로 옳은 것은?
① 물 섭취를 줄인다.
② 꽉 조이는 옷을 입는다.
③ 골반근육강화 운동을 한다.
④ 호르몬제를 복용하지 않는다.
⑤ 육류 등의 고단백식품을 주로 먹는다.

22 수두 바이러스에 의하여 피부와 신경에 염증이 생기는 질환은?
① 대상포진
② 옴
③ 파킨슨질환
④ 피부 건조증
⑤ 욕창

23 욕창이 생기기 쉬운 경우는?
① 비누와 세정제, 알코올 등의 잦은 사용
② 자가 면역질환 및 면역 억제제 복용
③ 과로와 스트레스
④ 영양부족과 근육 위축
⑤ 백혈병, 골수나 기타 장기 이식

24 골다공증이 있는 대상자에 대한 적절한 대처법은?
① 저체중을 유지한다.
② 칼슘 섭취를 제한한다.
③ 피부가 건조해지지 않게 한다.
④ 음식으로 비타민 D를 섭취한다.
⑤ 온·냉요법, 마사지, 물리치료를 한다.

25 다음 사례에 대한 공감적 반응으로 옳은 것은?

> 대상자 : "요양보호사님은 나를 어린애 취급하는 것 같은데, 나를 성인으로 대해 주세요. 양치질하라, 속옷 갈아입어라, 머리 빗어라 명령하고 하지 않으면 신경질 내잖아요."

① "그런 식으로 말하지 마세요."
② "어린아이처럼 굴지 마세요."
③ "말씀하시는 게 옳을지도 몰라요."
④ "사실 저도 신경 쓰고 싶지 않아요."
⑤ "제가 일일이 간섭하는 듯해서 성가셨군요."

26 치매 대상자가 배회할 때 의사소통 방법으로 가장 옳은 것은?
① 수치심 감소시키기
② 친근한 환경 만들기
③ 주의를 환기시키지 않기
④ 화장실을 알기 쉽게 표시하기
⑤ 감정에 초점을 맞추고 마음 안정시키기

27 중요한 전화를 기다리고 있는데 동료 요양보호사가 대상자와의 통화를 길게할 때, 나-전달법으로 옳은 것은?
① "화가 나요."
② "신경질이 나요."
③ "그만 끊으세요."
④ "조바심 나고 걱정돼요."
⑤ "시간 없어요. 다음에 하세요."

28 질병(A)에 대한 영양관리 방법(B)이 옳은 것은?

	(A)	(B)
①	당뇨병	지방 섭취 권장
②	대장암	육가공품 섭취 제한
③	심부전	수분 섭취 권장
④	폐렴	수분 섭취 제한
⑤	고혈압	소금 섭취 권장

29 정면에서 사물의 위치를 시계 방향으로 설명해 주어야 하는 대상자는?

① 난청 대상자
② 언어장애 대상자
③ 시각장애 대상자
④ 지남력장애 대상자
⑤ 판단력, 이해력장애 대상자

30 장기요양 복지용구 중 대여 품목은?

① 목욕의자
② 안전손잡이
③ 성인용 보행기
④ 미끄럼방지 양말
⑤ 욕창예방 매트리스

31 다음 중 세탁방법이 적절한 것은?

① 혈액이나 체액은 더운물로 빨고 찬물로 헹군다.
② 커피 얼룩은 탄산수에 10분 정도 담가 둔 후 세탁한다.
③ 땀 얼룩은 주방용 세제를 몇 방울 떨어뜨리고 비벼서 제거한다.
④ 립스틱 얼룩은 스킨을 화장솜에 적셔 톡톡 두드려 준다.
⑤ 파운데이션 얼룩은 클렌징폼으로 살살 문질러 따뜻한 물로 헹군다.

32 방문요양서비스를 제공한 후 기록 방법으로 옳은 것은?

① 오전에 물을 다 드셨다.
② 식사량이 조금 줄었다.
③ 오랜만에 기분이 좋아 보인다.
④ 옆집에 마실 갔다 한참 만에 오셨다.
⑤ 오전 10시에 바나나 한 개를 다 드셨다.

33 노인에게 10년마다 추가해야 하는 예방접종은?

① 홍역
② 파상풍
③ 대상포진
④ 폐렴구균
⑤ 인플루엔자

34 사전연명의료의향서에 관한 설명으로 옳은 것은?

① 의향서 작성과 동시에 효력이 발생한다.
② 본인이 의식이 없는 경우에는 가족이 대신 작성한다.
③ 연명의료중단의향을 명시해도 심폐소생술은 실시한다.
④ 사전연명의료의향서를 작성한 후에는 수정이 불가능하다.
⑤ 작성한 사전연명의료의향서를 등록기관에 등록해야 효력이 발생한다.

35 대상자가 "그래, 내게 이런 일이 벌어졌어. 인정해. 그래도 우리 아이가 시집갈 때까지만 살게 해주세요."라는 반응을 보이는 임종 적응 단계는?

① 부 정
② 분 노
③ 우 울
④ 수 용
⑤ 타 협

실기편

다음 문제에서 가장 적절한 정답을 고르시오.

01 대상자 중심 요양보호의 원칙을 잘 준수한 경우는?

① "그만 자고 일어나 보세요. 기저귀가 젖었나 확인해야 해요."
② "지금 저녁식사를 하셔야 제가 빨리 정리하고 퇴근할 수 있어요."
③ "걸어가시면 우리 둘 다 힘드니까 그냥 휠체어 타고 가요."
④ "기분 좋아지게 따뜻한 물로 목욕하는 건 어때요? 지금 해도 될까요?"
⑤ "자꾸 소변줄, 콧줄을 잡아 뽑아요. 어쩔 수 없이 묶어 놔야 해요."

02 치매 대상자가 배회할 때 돕는 방법은?

① 텔레비전이나 라디오를 크게 틀어놓는다.
② 집 안에서 배회하는 경우 배회코스를 만들어 둔다.
③ 낮잠을 재워 배회하지 못하도록 한다.
④ 집 안을 최대한 어둡게 해놓는다.
⑤ 치매 대상자의 신체적 욕구를 모두 들어주면 안 된다.

03 당뇨병 대상자의 식사관리법으로 옳은 것은?

① 대상자의 욕구가 우선이므로 먹고 싶은 만큼 먹게 한다.
② 체력 증진을 위해 고칼로리 식단으로 섭취하게 한다.
③ 비타민과 무기질은 당뇨에 좋지 않으므로 피한다.
④ 일정한 시간에 규칙적으로 식사하는 것이 중요하다.
⑤ 복합당질 식품 섭취를 피하고 단순당질 식품 섭취를 늘린다.

04 편마비 대상자를 휠체어에서 방바닥으로 이동시키는 순서로 옳은 것은?

> 가. 대상자에게 휠체어에서 방바닥으로 옮겨 앉는 방법에 대해 설명한다.
> 나. 휠체어의 잠금장치를 잠그고 발 받침대를 올려 발을 방바닥에 내려놓는다.
> 다. 요양보호사는 대상자의 마비된 쪽 옆에서 어깨와 몸통을 지지해 준다.
> 라. 대상자는 건강한 손으로 방바닥을 짚고 건강한 다리에 힘을 주어 방바닥에 내려 앉는다.
> 마. 요양보호사는 대상자가 이동하는 동안 상체를 지지하여 준다.

① 가 → 나 → 다 → 라 → 마
② 나 → 라 → 다 → 마 → 가
③ 라 → 가 → 나 → 다 → 마
④ 라 → 나 → 가 → 마 → 다
⑤ 라 → 마 → 나 → 가 → 다

05 삼키지 못하는 대상자의 경관영양을 돕는 방법은?

① 영양액은 금방 차가워지므로 약간 뜨거운 온도로 준비한다.
② 일어나지 못하는 대상자는 왼쪽으로 눕힌다.
③ 비위관이 새거나 영양액이 역류되면 요양보호사가 직접 처리한다.
④ 경관영양 주입 후 대상자의 상체를 높이고 30분 정도 앉아 있도록 한다.
⑤ 대상자가 무의식적으로 비위관을 뺄 경우 요양보호사가 다시 밀어 넣는다.

06 단추 있는 옷을 입고 수액을 맞고 있는 편마비 대상자가 옷을 갈아입는 순서는?

> 가. 마비된 쪽 팔을 낀다.
> 나. 바로 누운 자세에서 수액을 먼저 건강한 쪽 소매의 안에 밖으로 빼서 건다.
> 다. 대상자를 건강한 쪽으로 돌아눕게 하고 등 뒤쪽에 펼쳐져 있는 상의의 소매 부분을 계단식으로 접어놓는다.
> 라. 건강한 쪽 팔을 끼우고 단추를 잠근다.

① 가 → 나 → 라 → 다
② 나 → 라 → 다 → 가
③ 다 → 가 → 나 → 라
④ 가 → 다 → 나 → 라
⑤ 라 → 나 → 가 → 다

07 의식이 없는 대상자의 구강관리법은?

① 가능하면 누워 있는 자세 그대로 유지한다.
② 미지근한 물로 입안을 적시고 충분히 헹군 후 뱉게 한다.
③ 일회용 스펀지 브러시를 물에 적셔 입안을 닦아 낸다.
④ 칫솔이나 치실을 이용해 요양보호사가 잘 닦아준다.
⑤ 마른 수건으로 입안을 쓸 듯이 살살 닦는다.

08 대상자에게 욕창이 생기지 않도록 관리하는 방법은?

① 하루에 한 번 대상자의 체위를 바꿔 준다.
② 피부는 물기가 약간 있는 상태를 유지하는 것이 좋다.
③ 도넛 모양의 베개를 사용하여 통풍이 잘 되도록 돕는다.
④ 시트에 주름이 가지 않도록 잘 편다.
⑤ 파우더를 사용하여 피부를 관리해 준다.

09 엎드린 환자의 등 근육과 넙다리 근육의 휴식을 위해 타월·베개를 받쳐 줘야 하는 위치로 옳은 것은?

① 아랫배와 발목
② 아랫배와 무릎
③ 무릎과 발목
④ 가슴 아래와 아랫배
⑤ 가슴 아래와 발목

10 지팡이를 이용하는 대상자의 보행을 돕는 방법으로 옳은 것은?

① 대상자의 옆에서 보조할 경우 지팡이를 쥔 쪽 겨드랑이에 손을 넣어 잡고 함께 보행한다.
② 체중이 지팡이와 두 다리에 실려 있는 동안 건강한 쪽 다리를 내딛게 한다.
③ 계단을 올라갈 경우 지팡이 → 마비된 쪽 다리 → 건강한 쪽 다리의 순서로 이동한다.
④ 계단을 내려갈 경우 지팡이 → 건강한 쪽 다리 → 마비된 쪽 다리의 순서로 이동한다.
⑤ 평지를 이동할 경우 지팡이 → 마비된 쪽 다리 → 건강한 쪽 다리의 순서로 이동한다.

11 신체정렬의 기본원칙으로 옳은 것은?

① 대상자 이동 시 허벅지의 큰 근육으로 척추의 안정성을 유지한다.
② 대상자를 요양보호사의 무릎 높이에서 잡고 보조한다.
③ 대상자와의 사이가 멀어지면 요양보호사의 신체 손상 위험이 증가한다.
④ 안정성과 균형을 위해 요양보호사의 두 발은 일자로 붙이고 선다.
⑤ 무릎을 곧게 펴고 중심을 위로 이동시키는 것이 안전하다.

12 대상자의 회음부 청결을 돕는 방법으로 옳은 것은?
① 대상자를 앉히고 무릎을 펴게 한다.
② 자극이 될 수 있으므로 가능하면 물로만 닦아낸다.
③ 회음부는 뒤쪽에서 앞쪽의 순서로 닦는다.
④ 회음부를 닦을 때에는 전용수건이나 거즈 등을 사용한다.
⑤ 회음부에 염증 등의 이상이 있을 때에는 요양보호사가 직접 처치한다.

13 골다공증 대상자의 식사관리 방법으로 옳은 것은?
① 저체중을 유지한다.
② 칼슘 섭취를 제한한다.
③ 비타민 D가 풍부한 식품의 섭취를 제한한다.
④ 칼슘 배출을 촉진하는 카페인, 알코올 섭취를 피한다.
⑤ 나트륨은 칼슘 배설을 억제하므로 절임음식을 많이 섭취한다.

14 체위변경의 목적으로 옳은 것은?
① 관절의 움직임이 제한된다.
② 피부욕창과 괴사를 일으킨다.
③ 혈액순환이 되지 않아 혈전이 생길 수 있다.
④ 호흡기능이 원활해지고 폐확장이 촉진된다.
⑤ 고정된 자세로 인해 불편함을 느낀다.

15 오른쪽 편마비 대상자를 단추가 없는 옷으로 갈아입힐 경우, 올바른 순서는?
① 오른쪽 팔 → 왼쪽 팔 → 머리
② 머리 → 오른쪽 팔 → 왼쪽 팔
③ 머리 → 왼쪽 팔 → 오른쪽 팔
④ 오른쪽 팔 → 머리 → 왼쪽 팔
⑤ 왼쪽 팔 → 머리 → 오른쪽 팔

16 당뇨 환자의 올바른 운동요법은?
① 매일 하지 못하더라도 어느 정도 강도 있는 운동이 도움이 된다.
② 혈압이 높은 경우에는 즉시 운동을 시작해야 한다.
③ 혈당이 300mg/dL 이상인 경우에는 당을 끌어올린 후에 운동을 시작한다.
④ 식후 30분~1시간경 혈당이 오르기 시작할 때 운동하는 것이 좋다.
⑤ 하루에 최소 2시간 이상 운동을 해야 한다.

17 대상자의 손발 청결을 돕는 방법으로 옳은 것은?
① 건조한 상태를 유지하기 위해 보습기능이 적은 클렌저를 사용한다.
② 각질이 심해질 수 있으므로 오일이나 로션은 피한다.
③ 피부의 색이나 상처에 대한 것은 시설장 등에게 보고하지 않아도 된다.
④ 따뜻한 물을 담은 대야에 손과 발을 10~15분간 담근다.
⑤ 손톱은 일자로, 발톱은 둥글게 깎아야 대상자가 불편하지 않다.

18 다음 중 관장할 때의 자세로 옳은 것은?

①
②
③
④
⑤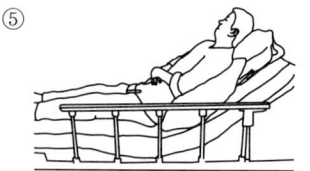

19 대상자와 대면하여 말하는 방법으로 옳은 것은?
① 대상자에게서 멀리 떨어진 상태로 이야기한다.
② 위에서 내려다보는 시선으로 대상자를 바라본다.
③ 눈을 맞추고 나서 2초 이내에 인사하거나 말을 건넨다.
④ 대상자의 몸을 요양보호사 자신에게 돌린 후 질문을 한다.
⑤ 대상자가 말을 할 때까지 아무것도 하지 않고 쳐다만 본다.

20 당뇨병이 있는 대상자가 다음과 같은 증상을 보일 때 대처법은?

> 몸에 힘이 없고 식은땀을 흘리며 어지럼증을 호소한다.

① 일으켜 앉힌 후에 등을 두드린다.
② 차가운 물수건으로 얼굴과 몸을 닦아 준다.
③ 따뜻한 물을 마시게 한다.
④ 가벼운 운동을 하도록 한다.
⑤ 과일, 주스, 설탕, 꿀 등을 섭취하게 한다.

21 사레를 예방하는 방법으로 옳은 것은?
① 상체를 뒤로 기댄 자세로 식사한다.
② 자세를 고정하기 위해 배 부위를 압박한다.
③ 수분이 많은 음식보다는 마른 음식이 좋다.
④ 음식을 삼키기 쉽게 국으로 먼저 목을 축인다.
⑤ 등받이 없는 의자에 등을 굽히고 앉는 것이 좋다.

22 대소변을 잘 가리지 못하는 대상자의 기저귀 사용을 돕는 방법은?
① 기저귀의 안쪽 면이 보이도록 말아 넣는다.
② 대상자가 몇 번 실금을 하면 바로 기저귀를 사용한다.
③ 허리를 들 수 없는 대상자는 바로 눕혀 기저귀를 교환한다.
④ 허리를 들 수 있는 대상자는 옆으로 돌려 눕혀 기저귀를 교환한다.
⑤ 기저귀를 사용했던 대상자라도 허리를 들어 올릴 수 있으면 간이변기 사용을 시도한다.

23 의치 관리법에 대한 설명으로 옳은 것은?

① 의치를 뺄 때는 아래쪽 의치를 먼저 뺀다.
② 손에 의치세정제를 묻혀 닦아야 의치가 상하지 않는다.
③ 잇몸에 대한 압박자극에 적응하도록 잘 때도 의치는 계속 껴야 한다.
④ 위생을 위해 의치는 일주일에 한 번 뜨거운 물에 삶는다.
⑤ 의치세정제나 물이 담긴 용기에 보관하여 의치의 변형을 막는다.

24 노인성 난청 대상자와 이야기하는 방법으로 옳은 것은?

① 정면보다는 측면에서 말하는 것이 좋다.
② 몸짓, 얼굴 표정 등으로 의미 전달을 돕는다.
③ 대상자의 귀에 가까이 다가가서 크게 이야기한다.
④ 대상자의 기분이 상하지 않도록 반복하여 말하지 않는다.
⑤ 보청기를 착용할 때는 입력은 작게, 출력은 크게 조절한다.

25 오른쪽 편마비 대상자의 식사를 돕는 방법은?

① 건강한 쪽을 위로 하고, 옆으로 누운 자세를 취한다.
② 사레에 들리지 않도록 엎드린 상태에서 음식을 제공한다.
③ 마비된 쪽을 밑으로 하여 쿠션으로 몸을 지지한다.
④ 건강한 쪽을 밑으로 하고 마비된 쪽을 쿠션으로 지지한다.
⑤ 침대에 걸터앉은 상태에서 음식을 먹도록 한다.

26 다음 기호가 가리키는 세탁법은?

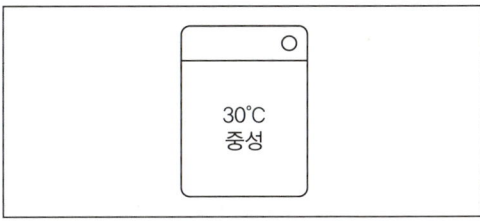

① 손세탁만 허용된다.
② 물세탁은 할 수 없다.
③ 드라이클리닝만 가능하다.
④ 중성세제를 사용할 수 있다.
⑤ 30℃ 이상의 물로만 세탁해야 한다.

27 대상자에게 안약을 넣어줄 때 돕는 방법은?
① 대상자에게 아래쪽을 보게 한다.
② 물티슈로 눈 바깥쪽에서 안쪽으로 닦아준다.
③ 장갑은 눈을 찌를 수 있으므로 끼지 않는다.
④ 각막을 보호하기 위해 결막에 점안한다.
⑤ 아랫눈꺼풀 외측의 4cm 높이에서 안약용액을 투여한다.

28 다음과 같은 지팡이의 특징은?

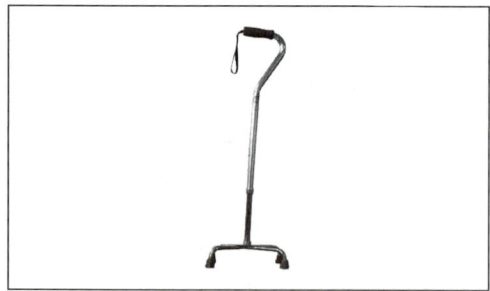

① 거드랑이 목발이라고도 부른다.
② 작고 간단하고 가볍다.
③ 기저면이 넓어 체중을 지지하는 데 도움을 줄 수 있다.
④ 생긴 모양에 따라 T자형 지팡이라고도 한다.
⑤ 균형감각을 향상시키는 데 좋다.

29 대상자의 목욕을 돕는 방법으로 옳은 것은?
① 가능하면 식사 직전·직후에 목욕을 하는 것이 좋다.
② 대상자가 할 수 있는 부분은 스스로 하도록 독려한다.
③ 치매 노인이 목욕을 거부할 경우 어느 정도는 강제로 할 수밖에 없다.
④ 편마비 대상자의 통 목욕을 도울 때 욕조턱 높이를 높게 해야 한다.
⑤ 침상 목욕의 경우 팔 쪽에서 손목 쪽, 허벅지에서 발끝 쪽의 순서로 닦는다.

30 유치도뇨관 삽입 대상자를 돕는 방법으로 옳은 것은?
① 소변주머니는 방광 위치보다 높게 두어야 한다.
② 소변량과 색깔은 하루에 한 번씩 확인해야 한다.
③ 삽입한 관이 빠질 수 있으므로 대상자가 움직이지 않도록 한다.
④ 가능하면 수분 섭취를 제한하는 것이 좋다.
⑤ 요양보호사는 유치도뇨관의 교환 또는 삽입은 하지 않는다.

31 옴에 걸린 대상자의 관리 방법으로 옳은 것은?

① 내의 및 침구류를 하루 종일 끓는 물에 삶는다.
② 내의 및 침구류는 세탁 후 일주일 이상 사용하지 않는 것이 좋다.
③ 반려동물이 옴에 걸렸다고 해서 옮지는 않는다.
④ 대상자와 접촉한 사람은 모두 증상 유무와 상관없이 치료한다.
⑤ 옴벌레들이 가장 활동적인 낮에 약을 바르고 밤에 자기 전에 닦아 낸다.

32 다음 그림이 설명하는 응급처치 방법으로 옳은 것은?

① 이물질에 의한 식도 손상을 치료할 때 사용한다.
② 기침을 하면 이물질이 더 깊이 들어갈 수 있으므로 하지 못하게 한다.
③ 대상자의 앞에 서서 주먹 쥔 손의 엄지손가락이 척추에 닿도록 감싸 안는다.
④ 한쪽 손으로 주먹 쥔 손을 감싼 다음 지그시 꾹 누른다.
⑤ 이물질이 한 번에 빠지지 않으면 과정을 반복 시행한다.

33 씹기장애와 삼킴장애가 있는 대상자의 식사 관리법으로 옳은 것은?

① 밥은 먹기 쉽도록 국이나 물에 말아 먹는다.
② 국수류는 젓가락이나 숟가락에 돌돌 말아 먹는다.
③ 유제품류는 떠먹는 형태보다 마시는 형태가 좋다.
④ 입에 넣은 음식은 한 번에 삼키는 연습을 한다.
⑤ 과일류는 과육을 숟가락으로 조금씩 긁어 먹는다.

34 대상자의 머리 감기를 돕는 방법으로 옳은 것은?

① 환기를 위해 문과 창문을 연다.
② 머리 감기 전의 실내온도는 18~20℃를 유지한다.
③ 편안하고 안정된 상태로 목욕의자에 앉아 가능한 한 뒤쪽으로 머리를 숙이게 한다.
④ 35℃ 정도의 따뜻한 물로 머리를 적신다.
⑤ 머리와 두피를 손톱으로 마사지한다.

35 대상자와의 바람직한 비언어적 의사소통 방법은?

① 대상자를 바라보며 눈썹을 치켜세운다.
② 대상자가 말할 때 팔짱을 끼고 쳐다본다.
③ 대상자와 눈높이를 맞추고 마주 보며 이야기한다.
④ 대상자에게 크고 빠른 목소리로 이야기한다.
⑤ 대상자의 측면에서 작은 목소리로 이야기한다.

36 다음 상황에서 요양보호사의 공감적 반응으로 옳은 것은?

> "아이고, 여기 저기 너무 아파. 왜 갈수록 더 아파지는지 모르겠어."

① "연세가 있으시니 당연하죠. 별수 있나요."
② "건강하게 사시고 싶은데 아프시니까 많이 힘드시죠."
③ "아프면 병원에 가셔야죠. 이러고 계셔도 나아지는 건 없어요."
④ "그런 식으로 말하지 마세요. 어린아이도 아닌데 그 정도는 참으세요."
⑤ "그것보다 빨리 옷부터 갈아입으세요. 저 정리하고 빨리 퇴근해야 해요."

37 왼쪽 편마비 대상자의 지팡이 끝을 놓는 위치로 옳은 것은?

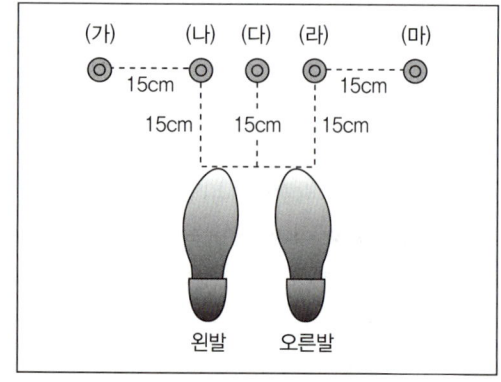

① (가) ② (나)
③ (다) ④ (라)
⑤ (마)

38 다음 활동이 포함되는 장기요양 대상자의 여가 활동 유형은?

> 책 읽기, 그림 그리기, 백일장

① 소일 활동
② 운동 활동
③ 사교오락 활동
④ 가족중심 활동
⑤ 자기계발 활동

39 치매 대상자의 식사를 돕는 방법으로 옳은 것은?

① 몸에 열이 나는지 확인한다.
② 앞치마보다는 턱받이를 입힌다.
③ 여러 음식을 한 번에 내어놓는다.
④ 생선 뼈 제거를 스스로 하도록 돕는다.
⑤ 수저를 쥐고 있다는 것을 잊지 않게 해준다.

40 지남력장애 대상자와 대화하는 방법으로 옳은 것은?

① 짧은 문장을 빠르게 이야기한다.
② 비언어적 의사소통 방법을 주로 활용한다.
③ 대상자의 기분을 맞춰 주면서 행동한다.
④ 주의력에 영향을 주는 환경적 자극을 최대한 줄인다.
⑤ 시간, 장소, 사람, 날짜, 달력, 시계 등을 자주 인식시킨다.

41 이동변기 사용을 돕는 방법으로 옳은 것은?

① 배변 시간을 정해 두고 대상자가 반드시 준수하도록 한다.
② 대상자가 스스로 배설하기 어려우므로 요양보호사가 모든 과정을 돕는다.
③ 변기는 너무 차갑지 않도록 미리 따뜻한 물이나 수건 등으로 데워 둔다.
④ 이동변기의 높이는 침대 높이보다 높게 하는 것이 좋다.
⑤ 변기 아래가 젖는 것을 방지하기 위해 매트는 깔지 않는다.

42 두발 청결을 돕는 방법으로 옳은 것은?

① 요양보호사의 안전을 위해 대상자가 졸린 밤 시간대에 머리를 감긴다.
② 실내온도는 약간 춥게 하는 것이 좋다.
③ 귀에 물이 들어가지 않도록 귀막이 솜으로 양쪽 귀를 막는다.
④ 머리카락이 상할 수 있으므로 빗질은 따로 하지 않는다.
⑤ 침대에서 머리를 감기면 이불이 젖으므로 하지 않는다.

43 세수를 돕는 방법으로 옳은 것은?

① 눈은 눈곱이 낀 쪽부터 닦는다.
② 귀지가 쌓이지 않도록 요양보호사가 직접 관리한다.
③ 대상자를 옆으로 눕힌 상태에서 씻긴다.
④ 코, 뺨을 시작으로 눈 밑 쪽으로 닦는다.
⑤ 한 번 사용한 수건의 면은 사용하지 않는다.

44 침대 위에서의 대상자 이동을 돕는 방법으로 옳은 것은?

① 반드시 대상자 앞쪽에서 이동을 돕는다.
② 대상자의 능력 유무와 관계없이 스스로 움직이지 않도록 주의한다.
③ 침대머리 쪽으로 이동할 때는 침대 매트를 직각으로 하고 옮겨야 한다.
④ 침대의 오른쪽이나 왼쪽으로 이동할 때는 상반신과 하반신을 동시에 이동한다.
⑤ 옆으로 돌려 눕힐 때는 요양보호사가 돌려 눕히려고 하는 반대쪽에 서서 어깨와 엉덩이를 밀어준다.

45 휠체어를 접는 순서로 옳은 것은?

가. 발 받침대를 올린다.
나. 팔걸이를 접는다.
다. 잠금장치를 잠근다.
라. 시트를 들어 올린다.

① 가 → 나 → 다 → 라
② 나 → 다 → 가 → 라
③ 다 → 가 → 라 → 나
④ 다 → 나 → 라 → 가
⑤ 라 → 가 → 다 → 나

문항수 및 시험시간

평가영역	문항수	시험시간
필 기	35문항	
실 기	45문항	

제2회
요양보호사 모의고사

응시번호	
성 명	

문제유형
홀수형

〈응시자 주의사항〉

1. 본 시험은 교시 시작과 종료에 대한 안내방송이 없이 진행되오니 모니터에 보이는 남은 시간 및 시작, 종료 시간 안내를 확인하여 시험시간 내에 모든 문제를 풀이하시기 바랍니다.

2. 응시자는 응시표와 신분증(주민등록증, 운전면허증, 여권, 외국국적 동포 국내거소신고증, 외국인등록증, 영주증, 청소년증, 주민등록번호가 기재된 장애인등록증)을 지참하여 지정된 시간까지 해당 시험실에 입실하여야 합니다.

3. 응시자는 시험의 진행에 대하여 시행본부 및 감독관의 지시에 따라야 하며, 시험을 완료하였더라도 시행본부 및 감독관 승인 없이 시험시간 도중에 퇴실하실 수 없습니다.

4. 시험 중 통신기기 및 전자기기(휴대폰, MP3, 전자사전, 계산기 등) 사용 또한 소지 적발 시 "부정행위자 등으로 간주하여 처리"될 수 있습니다.

제2회 요양보호사 모의고사

필기 35문항
실기 45문항

정답 및 해설 062쪽

필기편

다음 문제에서 가장 적절한 정답을 고르시오.

01 노년기의 특성에 대한 설명으로 옳은 것은?
① 내향성이 증가한다.
② 조심성이 감소한다.
③ 의존성이 감소한다.
④ 역할을 상실하지는 않는다.
⑤ 친밀감 대 고립감을 경험한다.

02 요양보호사가 대상자로부터 감염될 수 있는 흔한 질환은?
① 결 핵   ② 천 식
③ 대상포진 ④ 빈 혈
⑤ 심부전

03 노인부양 문제의 해결방안으로 옳은 것은?
① 사회와 가족이 협력하여 부양해야 한다.
② 아들과 며느리가 전적으로 부양을 책임져야 한다.
③ 1차적으로 국가가 노년의 삶을 책임지도록 노력해야 한다.
④ 가사일을 분담하기보다는 성역할의 차이를 인정하고 유지해 간다.
⑤ 세대 분리를 촉진한다.

04 노인을 위한 유엔의 5가지 원칙 중에서 다음과 관계있는 것은?

> 최적의 신체적·정신적·정서적 안녕을 유지하거나 되찾도록 도움을 받고, 질병을 예방하거나 지연하는 건강보호 서비스를 이용할 수 있어야 한다.

① 독립의 원칙
② 참여의 원칙
③ 보호의 원칙
④ 존엄의 원칙
⑤ 자아실현의 원칙

05 노인복지사업 유형 중 치매 사업 및 건강보장 사업에 대한 설명으로 옳은 것은?
① 치매안심센터는 지역 병원이 사업의 주체이다.
② 치매공공후견사업은 시·군·구 보건소가 사업의 주체이다.
③ 노인실명예방사업 대상은 만 65세 이상 노인 중 선정기준에 해당하는 자이다.
④ 노인 무릎인공관절 수술지원 대상은 만 65세 이상 노인 중 선정기준에 해당하는 자이다.
⑤ 노인 건강진단으로 보건복지부 지정 의료기관에서 일반 건강검진, 국가암조기검진을 진행한다.

06 요양보호사 업무내용 중 신체활동지원서비스에 해당하는 것은?

① 산책 시 동행
② 기본동작 훈련
③ 신체기능의 훈련
④ 입욕 시 이동 보조
⑤ 신체기능의 유지·증진

07 다음 사례에서 요양보호사의 역할에 해당하는 것은?

> 가정에서 학대를 당하는 대상자를 위해 대상자의 입장에서 편들어 주고 지켜주었다.

① 숙련된 수발자
② 정보 전달자
③ 관찰자
④ 옹호자
⑤ 동기 유발자

08 다음 사례에서 나타난 시설 생활 노인이 보장받아야 할 권리는?

> "저 노인네는 자식들이 자주 오고, 여기 직원들 먹을 것도 자주 사와. 그래서 그런지 요양보호사들이 말 한마디를 해도 다른 사람한테 하는 것보다 고분고분하게 해. 아무래도 기분이 좋지는 않지."

① 신체구속을 받지 않을 권리
② 존엄한 존재로 대우받을 권리
③ 사생활과 비밀보장에 대한 권리
④ 차별 및 노인학대를 받지 않을 권리
⑤ 시설 내·외부 활동 및 사회적 관계에 참여할 권리

09 다음 사례에 해당하는 노인학대 유형은?

> • 친구나 친지들과 만나거나 연락하는 것을 방해한다.
> • 비방이나 유언비어로 노인의 경제활동을 저해한다.
> • 거취 결정에서 노인을 배제한다.

① 방 임
② 유 기
③ 신체적 학대
④ 정서적 학대
⑤ 경제적 학대

10 학대로 인하여 피해를 입은 노인을 일정 기간 동안 보호하고 심신 치유 프로그램을 제공하는 기관은?

① 노인복지회관
② 학대피해노인 전용쉼터
③ 노인일자리지원기관
④ 주민자치센터
⑤ 관할 경찰서

11 다음 중 시각적 성희롱 행위에 해당하는 것은?

① 입맞춤, 포옹 등의 신체접촉을 한다.
② 이상한 눈초리로 쳐다보며 안마를 해달라고 한다.
③ 자신의 특정 신체 부위를 고의적으로 노출한다.
④ 음탕하고 상스러운 이야기를 자주 한다.
⑤ 외모에 대한 성적인 비유 또는 평가를 한다.

12 다음 중 녹내장의 증상은?

① 안구통증
② 동공의 백색 혼탁
③ 갑작스러운 안면하부 마비
④ 통증이 없으면서 점차 흐려지는 시력
⑤ 한 개의 물체가 두 개로 보이는 복시

13 당뇨병을 관리하는 방법으로 옳은 것은?

① 인슐린 주사약을 입으로 복용한다.
② 고콜레스테롤 식이를 기본으로 한다.
③ 식후에 주스, 사탕을 제공하여 혈당을 유지한다.
④ 식사량과 영양소 등을 고려한 식단을 세워 실행한다.
⑤ 매일 아침 공복에 운동하여 고혈당에 대비한다.

14 다음 반응에 해당하는 임종 적응 단계는?

"평생 일과 가족밖에 모르고 살았는데, 왜 지금 나한테 이런 일이 생기는 거야!"

① 우 울
② 타 협
③ 수 용
④ 부 정
⑤ 분 노

15 다음과 같은 증상을 보이는 질환은?

- 팔다리, 안면하부에 갑작스러운 마비가 온다.
- 음식이나 물을 삼키기 힘든 연하곤란이 온다.
- 술 취한 사람처럼 비틀거리고 한쪽으로 자꾸 쓰러진다.

① 뇌졸중
② 심부전
③ 우울증
④ 파킨슨질환
⑤ 알츠하이머병

16 퇴행성 관절염에 관한 설명으로 옳은 것은?

① 서혜부와 대퇴부의 통증을 호소한다.
② 등산은 관절에 부담이 적은 운동이다.
③ 골밀도가 낮아져 골절이 발생하기 쉬운 상태이다.
④ 통증이 악화되지 않는 범위 내에서 관절운동을 자주 한다.
⑤ 치료를 위해 음식, 약물 등으로 비타민 D를 섭취한다.

17 건망증에 관한 설명으로 옳은 것은?

① 젊은 시절의 기억부터 잊어버린다.
② 경험한 사건 전체나 중요한 일도 잊는다.
③ 힌트를 주거나 시간이 지나 곰곰이 생각하면 기억이 난다.
④ 인지기능을 상실하여 일상생활을 수행할 수 없게 되는 상태이다.
⑤ 자살에 대해 반복으로 생각하고 증세가 심해지면 자살을 시도하기도 한다.

18 다음의 상황에서 요양보호사의 대처방법은?

> 장기요양 3등급 대상자가 아들이 실직하면서 경제적으로 어려워졌으니 본인부담금을 감면해 주지 않으면 다른 기관으로 옮기겠다고 협박하였다.

① 장기요양등급을 조정해 준다.
② 기관장에게 알리고 본인부담금을 감면해 준다.
③ 고용노동부와 연계하여 아들의 구직을 도와준다.
④ 「노인장기요양보험법」 위반이라고 설명하고 거절한다.
⑤ 1년 이상을 이용하는 조건으로 본인부담금을 면제해 주겠다고 타협한다.

19 노인 대상자의 약물사용 방법으로 바람직한 것은?

① 증상이 좋아졌다고 판단되면 약 복용을 중단한다.
② 삼키기 어려운 코팅제는 분쇄하여 복용한다.
③ 약 복용 시간을 놓쳤다면 다음 복용 시간에 2배로 복용한다.
④ 증상이 유사하다면 다른 대상자에게 처방된 약을 복용해도 된다.
⑤ 약을 자몽주스와 함께 복용하면 고혈압, 고지혈증의 부작용이 증가하므로 함께 복용하지 않는다.

20 고혈압의 치료와 예방법에 관한 설명으로 옳은 것은?

① 고염식이, 고지방식이를 한다.
② 혈압이 조절되면 약을 먹지 않아도 된다.
③ 두통 등의 증상이 발생할 때만 약을 먹는다.
④ 심각한 증상이 없다면 치료하지 않아도 된다.
⑤ 일주일에 3~5회 30분 이상 땀이 날 정도로 운동을 한다.

21 요실금의 원인과 치료 방법에 관한 설명으로 옳은 것은?

① 골반근육강화 운동을 한다.
② 체력을 유지하기 위해 체중을 늘린다.
③ 호르몬 불균형이 요실금의 대표적인 원인이다.
④ 식이섬유소가 적은 음식 위주로 식단을 구성한다.
⑤ 소변이 흐르는 것을 방지하기 위해 수분 섭취를 제한한다.

22 65세 이상 노인인 경우, 인플루엔자의 예방접종 주기는?

① 2년에 1회
② 매년 1회
③ 매년 2회
④ 매년 3회
⑤ 5년마다

23 대상포진의 증상은?
① 새벽 1~2시에 속쓰림이 발생한다.
② 기침을 할 때 쌕쌕거리는 호흡음, 호흡 곤란이 있다.
③ 아침에 일어나면 관절이 뻣뻣해져 있는 경직 현상이 발생한다.
④ 피부와 점막의 감각신경말단 부위에 수포, 통증, 작열감이 있다.
⑤ 오후에 고열이 있다가 늦은 밤에 식은땀과 함께 열이 내리는 증상이 반복된다.

24 거동이 불편한 노인 대상자의 자기계발 활동에 속하는 것은?
① 가족과 대화하기
② 좋아하는 책 읽기
③ 배우자와 교회 가기
④ 텃밭에서 야채 가꾸기
⑤ 아침마다 가벼운 산책하기

25 노화에 따른 피부계의 변화를 설명한 것으로 옳은 것은?
① 머리카락이 굵어진다.
② 발톱이나 손톱이 얇아진다.
③ 모근의 멜라닌생성 세포가 증가한다.
④ 입가와 뺨 등 얼굴에 털이 증가한다.
⑤ 노인의 각질층에는 수분 함유량이 많아서 소양증은 밤과 겨울철에 더욱 심해진다.

26 욕창이 생겼을 때 대처방법은?
① 완전히 마르도록 파우더를 발라준다.
② 천골에 도넛 모양의 베개를 사용한다.
③ 이동시킬 때 피부가 밀리지 않도록 주의한다.
④ 젖은 침대 시트는 바로 교체하기보다는 주름을 펴준다.
⑤ 침대에서는 4시간마다, 의자에서는 1시간마다 자세를 바꾸어준다.

27 노화에 따른 미각의 변화로 옳은 것은?
① 미뢰의 개수가 증가한다.
② 구강 건조증상이 감소한다.
③ 입술 근육의 탄력성이 증가한다.
④ 후각이 발달하고 미각이 둔화된다.
⑤ 단맛과 짠맛을 감지하는 기능이 점차 떨어진다.

28 대상자의 수면을 돕는 방법으로 옳은 것은?
① 저녁에 과식하지 않는다.
② 낮에 졸고 있으면 낮잠을 자게 한다.
③ 잠이 안 오면 알코올을 섭취하게 한다.
④ 카페인이 함유된 음료는 오후에는 마셔도 상관없다.
⑤ 자기 전에 좋아하는 TV 프로그램을 시청하게 한다.

29 다음 증상이 나타나는 장애는?

- 시간에 대한 개념이 떨어져 날짜, 요일, 시간을 자주 착각하여 실수한다.
- 심하면 낮과 밤을 구분하는 것도 어려워한다.
- 가족의 얼굴을 보고 알아보지 못한다.

① 섬망
② 청각장애
③ 인지장애
④ 지남력장애
⑤ 석양증후군

30 기저귀피부염의 치료 및 예방으로 옳은 것은?

① 도넛 모양의 베개를 사용한다.
② 가습기를 사용하여 습윤하게 관리한다.
③ 밤에 약을 바르고 다음 날 아침에 씻어낸다.
④ 통풍하게 되면 감기에 걸리므로 하지 않는다.
⑤ 진균 치료를 위한 항진균제나 스테로이드 연고를 처방받아 바른다.

31 지루성 피부염에 대한 설명으로 옳은 것은?

① 손등과 팔에 경계가 뚜렷하며 다양한 크기와 모양이 나타난다.
② 피부가 붉게 변하며 마치 생선 비늘과 같은 흰색 인설이 동반된다.
③ 피부와 점막에 있는 감각신경 말단 부위에 수포, 통증, 작열감 등의 증상이 있다.
④ 비누, 세정제와 알코올, 목욕 중의 뜨거운 물 사용으로 피부가 거칠어지는 현상이다.
⑤ 피부가 분홍색이나 푸른색을 띠고 누르면 색깔이 일시적으로 없어져 하얗게 보이고 열감이 있다.

32 근골격계 손상을 방지하기 위한 전신스트레칭 방법을 바르게 설명한 것은?

① 통증을 느낄 때까지 계속한다.
② 같은 동작을 15~20회 반복한다.
③ 상하좌우 균형 있게 교대로 한다.
④ 동작과 동작 사이에 5분 정도 쉰다.
⑤ 스트레칭된 상태에서는 호흡을 최대한 참는다.

33 대상자가 설사 증세를 보일 때 바람직한 처치법은?

① 우유를 섭취한다.
② 요양보호사의 판단하에 지사제를 복용한다.
③ 장운동을 증가시키는 음식의 섭취를 피한다.
④ 음식물 섭취량을 줄이되 수분 섭취도 금지한다.
⑤ 유산균이 포함된 음식물과 다량의 물을 섭취한다.

34 대상자의 외출동행 방법에 대한 설명은?

① 외출에 필요한 준비물과 개인소지품을 확인한다.
② 병원진료 시 보호자의 신분증을 준비하며, 대상자의 건강상태, 복약상태를 확인한다.
③ 차량을 이용할 때는 대상자가 요양보호사에게 의지하지 않고 스스로 승하차하도록 한다.
④ 도보 시 보폭을 크게 하고, 계단을 오를 때는 몇 걸음에 한 번씩 쉬면서 천천히 이동한다.
⑤ 외출에서 돌아오면 먼저 충분히 휴식을 취하고 난 후에 평상복으로 갈아입도록 한 후 환기한다.

35 임종을 앞둔 대상자의 피부관리 방법으로 옳은 것은?

① 체위를 고정한다.
② 둔부 아래에 방수포를 깐다.
③ 담요를 덮어서 따뜻하게 해준다.
④ 보온을 위한 전기매트를 사용한다.
⑤ 침구류는 주름이 있는 제품을 사용한다.

실기편

다음 문제에서 가장 적절한 정답을 고르시오.

01 수액을 맞고 있는 왼쪽 편마비 대상자에게 단추 있는 옷을 입힐 때 돕는 방법은?

① 맨 처음 건강한 쪽(오른쪽)의 팔을 낀다.
② 대상자를 마비된 쪽(왼쪽)으로 돌아눕게 한다.
③ 등 뒤쪽에 펼쳐져 있는 상의의 소매 부분을 계단식으로 접어놓는다.
④ 바로 누운 자세에서 수액을 먼저 마비된 쪽(왼쪽) 소매 안에서 밖으로 빼서 건다.
⑤ 마지막으로 마비된 쪽(왼쪽) 팔을 끼우고 단추를 잠근다.

02 왼쪽 편마비 대상자를 옆으로 눕히고자 할 때, 돕는 방법은?

① 요양보호사는 돌려 눕히려고 하는 반대쪽에 선다.
② 돌려 눕히려고 하는 쪽으로 머리를 돌린다.
③ 시선이 먼저 향하고 엉덩이, 어깨, 얼굴 순으로 돌아눕게 된다.
④ 엉덩이를 움직여 앞으로 이동시키고, 어깨를 움직여 편안하게 한다.
⑤ 필요하다면 베개를 다리와 필요 부위에 받쳐준다.

03 대상자가 지팡이를 이용하여 평지를 보행하는 경우, 올바른 이동 순서는?

① 지팡이 → 마비된 쪽 다리 → 건강한 쪽 다리
② 지팡이 → 건강한 쪽 다리 → 마비된 쪽 다리
③ 마비된 쪽 다리 → 지팡이 → 건강한 쪽 다리
④ 건강한 쪽 다리 → 지팡이 → 마비된 쪽 다리
⑤ 지팡이 → 건강한 쪽 다리 → 지팡이 → 마비된 쪽 다리

04 오른쪽 편마비 대상자를 침대에서 휠체어로 옮길 때 돕는 방법은?

① 이동할 쪽의 침대 난간을 올린다.
② 오른쪽 손으로 침대 바닥을 지지하도록 한다.
③ 건강한 쪽 다리를 축으로 삼아 휠체어 쪽으로 몸을 돌린다.
④ 휠체어는 대상자의 오른쪽에 비스듬히 놓는다.
⑤ 허리를 펴게 한 뒤, 구호에 맞춰 몸을 끌어 올려 깊숙이 앉힌다.

05 대상자의 경관영양을 돕는 방법으로 옳은 것은?

① 영양액은 뜨거울 정도로 따뜻하게 준비한다.
② 대상자에게 식사시간임을 알리고 침상머리를 올리지 않은 상태에서 돕는다.
③ 대상자가 일어나지 못하면 오른쪽으로 눕힌다.
④ 경관영양 주입 후 대상자가 상체를 높이고 10분 정도 앉아 있도록 돕는다.
⑤ 영양액이 천천히 흘러 내려와 위장에 들어가도록 위장과 비슷한 위치에 건다.

06 대상자가 휠체어로 오르막길을 갈 때 돕는 방법은?

① 휠체어를 뒤로 돌려 뒷걸음으로 올라간다.
② 경사도가 큰 경우 직선으로 밀고 올라간다.
③ 휠체어를 뒤쪽으로 기울이고 앞바퀴를 들어서 올라간다.
④ 가급적 자세를 낮추고 다리에 힘을 주어 밀고 올라간다.
⑤ 휠체어를 뒤로 돌린 후, 대상자와 얼굴을 맞대고 올라간다.

07 수시로 체위변경을 하지 않았을 때 대상자에게서 나타날 수 있는 증상은?

① 폐확장이 촉진된다.
② 호흡기능이 원활해진다.
③ 부종과 혈전이 예방된다.
④ 피부욕창과 괴사를 일으킨다.
⑤ 허리와 다리의 통증 등 불편감이 해소된다.

08 대상자의 구강 관리를 돕는 방법은?

① 칫솔질은 식사 후에만 하도록 한다.
② 의치는 의치세정제를 사용하여 세척한다.
③ 치약을 묻힌 칫솔을 치아에 대고 치아에서 잇몸 쪽으로 닦는다.
④ 혈액응고장애가 있는 대상자는 치실만 사용한다.
⑤ 입안을 닦아낼 때 윗니, 아랫니, 혀, 입천장, 잇몸 등의 순서로 닦는다.

09 대상자가 화장실이 추워 가기 싫다며 기저귀를 채워달라고 할 때 돕는 방법은?
① 잠을 재우도록 한다.
② 기저귀를 바로 사용한다.
③ 물이나 음료를 덜 마시게 한다.
④ 이동변기를 사용하도록 돕는다.
⑤ 대상자를 설득하여 화장실에 데리고 간다.

10 대상자가 이동변기를 사용할 때 돕는 방법은?
① 이동변기로 이동할 때 침대의 높이보다 이동변기의 높이가 낮도록 맞춘다.
② 변기가 너무 따뜻하지 않고 시원한 상태가 되도록 시원한 수건으로 닦아 준다.
③ 이동변기에 앉힐 때 대상자의 다리를 내려 두 발이 바닥에 닿게 한다.
④ 요양보호사가 밖에서 기다려주기를 원하는 대상자의 경우 위험할 수 있다고 말하며 곁을 지킨다.
⑤ 편마비 대상자의 경우, 이동변기는 마비된 쪽으로 침대 난간에 빈틈없이 붙인다.

11 대상자가 다음과 같은 보행기를 사용할 때 돕는 방법은?

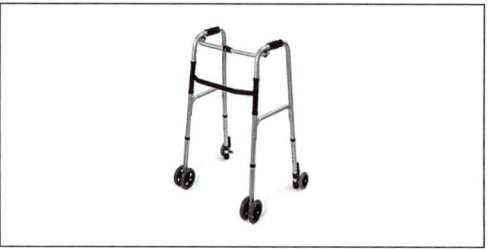

① 대상자의 보행기 사용 후 볼트 고정 상태를 확인한다.
② 항상 대상자의 기능이 불안정한 쪽에 서서 돕는다.
③ 대상자 옆에 보행기를 두고 바퀴를 잠근 후 대상자가 일어서도록 돕는다.
④ 보행기는 대상자의 팔꿈치가 약 50°로 구부러지도록 대상자의 허리 높이로 조절한다.
⑤ 한쪽 다리만 약한 대상자는 보행기를 먼저 내딛고 약한 다리는 나중에 앞으로 한 걸음 정도 옮긴다.

12 가정에서 대상자의 낙상을 예방하기 위한 주의사항으로 옳은 것은?
① 모든 방과 현관에 문턱을 설치한다.
② 변기 옆과 욕조 벽에는 손잡이를 설치하지 않는다.
③ 낮고 좁은 굽의 신발, 고무바닥으로 된 신발, 발에 넉넉한 신발을 신게 한다.
④ 부엌 싱크대나 가스레인지 근처의 바닥에는 가능하면 고무매트를 깔지 않는다.
⑤ 계단 주위에는 물체나 장해물이 없도록 깨끗이 치우고 LED등과 같은 밝은 조명으로 교체한다.

13 대상자가 식사 도중 사레에 걸리지 않도록 돕는 방법은?

① 배 부위와 가슴을 압박하지 않는 옷을 입힌다.
② 상체를 약간 뒤로 하고, 턱을 뒤로 젖혀서 식사하도록 한다.
③ 의자에 앉을 수 없는 경우 몸의 윗부분을 낮게 해준다.
④ 물을 먼저 섭취하면 소화에 방해될 수 있으므로 가급적 주지 않는다.
⑤ 대상자에게 편안함을 주기 위해 식사 도중에도 질문을 한다.

14 침상에 누워있는 오른쪽 편마비 대상자의 식사를 돕는 방법은?

① 숟가락 끝을 오른쪽 입술에 대고 음식물을 넣어준다.
② 누워있는 상태로 고개를 오른쪽으로 돌린 후 음식물을 넣어준다.
③ 숟가락 손잡이를 턱 쪽으로 약간 내려 음식을 먹인다.
④ 음식을 삼키기 어려워 사레들릴 수 있으므로 식사 전에 입안을 물로 헹군다.
⑤ 특히 왼쪽 뺨 부위에 음식물 찌꺼기가 남아 있는지 확인한다.

15 대상자가 대화를 거부할 때, 요양보호사의 나-전달법으로 옳은 것은?

① "보호자분 불러다 드려요?"
② "불만이 있으면 말씀을 해보세요."
③ "하는 일이 마음에 들지 않으세요?"
④ "말씀을 안 하시니 제가 힘드네요."
⑤ "말씀을 안 하시면 간식 안 드릴 거예요."

16 안전한 침대 사용 방법으로 옳은 것은?

① 대상자가 쉴 때 침대 난간에 기댈 수 있게 한다.
② 대상자가 자고 있을 때는 침대 난간을 내려놓는다.
③ 낙상 예방을 위해 자주 사용하는 물건일수록 침대의 먼 곳에 둔다.
④ 침대를 사용하지 않을 때에는 높낮이를 가장 높은 위치에 오도록 한다.
⑤ 침대 바퀴는 항상 고정시켜 흔들려 발생하는 낙상사고를 방지한다.

17 남성 대상자의 면도를 돕는 방법은?

① 전기면도기 사용은 자제하는 것이 좋다.
② 면도 전 찬 물수건을 덮어 청량감을 유지한다.
③ 피부가 주름져 있으면 위 방향으로 당겨 면도한다.
④ 콧수염 → 턱밑 → 목, 입 주위 → 얼굴 가장자리 → 볼 부위 순서로 진행한다.
⑤ 따뜻한 수건을 이용해 얼굴에 남아있는 거품을 제거하고 로션이나 크림을 바른다.

18 치매 대상자가 금방 식사를 하고 난 후에도 배고픔을 호소하는 경우 대처방법은?

① 좋아하는 노래를 함께 부른다.
② 과거의 경험 또는 고향과 관련된 이야기를 나눈다.
③ 치매 대상자를 다독거리며 안심시켜 주는 것이 중요하다.
④ 콩 고르기, 나물 다듬기, 빨래개기 등 단순하게 할 수 있는 일거리를 제공한다.
⑤ 금방 식사했다는 것을 알 수 있도록 먹고 난 식기를 그대로 두거나 매 식사 후에는 달력에 표시하도록 한다.

19 망상이 있는 치매 대상자를 대할 때의 대처방법은?

① 망상이 심한 경우 무관심으로 대응한다.
② 잃어버린 물건에 대한 의심을 부정하고 잘 설득한다.
③ 치매 대상자가 물건을 두는 장소를 잘 파악해 놓는다.
④ 치매 대상자 앞에서 다른 사람과 조용히 귓속말로 대화한다.
⑤ 물건을 지킨다고 방 안에 있기를 고집하면 강압적으로라도 밖으로 나오게 한다.

20 시각장애 대상자와 이야기할 때 돕는 방법은?

① '여기', '이쪽' 등 지시대명사를 사용한다.
② 말을 건네기 전에 신체접촉을 먼저 한다.
③ 사물의 위치를 정확히 시계 방향으로 설명한다.
④ 이미지를 전달하기 어려운 사물은 청각으로 이해시킨다.
⑤ 보행 시 옆에서 대상자의 팔짱을 끼고 걷는 자세가 좋다.

21 침대에서 대상자의 머리를 감길 때 돕는 방법은?

① 방수포를 허리 밑까지 깔아 시트가 젖지 않게 한다.
② 솜으로 귀를 막고, 눈에 수건을 올려놓는다.
③ 소량의 샴푸를 머리와 두피에 묻혀 손톱으로 마사지하여 따뜻한 물로 헹군다.
④ 젖은 머리를 수건으로 건조할 때는 머리카락을 비벼 물기를 제거한다.
⑤ 공복에 감기는 것이 좋으며, 추울 때에는 비교적 덜 추운 낮 시간대에 감긴다.

22 가파른 도로의 내리막길에서 휠체어를 타고 이동해야 할 대상자를 돕는 방법은?

① 휠체어 앞바퀴를 들어 올려 뒤로 젖혀 내려간다.
② 가급적 자세를 낮추고 다리에 힘을 주어 내려간다.
③ 휠체어를 뒤로 돌려 뒷걸음으로 지그재그로 내려간다.
④ 뒤에 서서 뒷바퀴를 내려놓고 앞바퀴를 들어 올려 내려간다.
⑤ 휠체어를 뒤로 돌리고 앞바퀴를 들어 올려 뒤로 젖혀 내려간다.

23 다음 상황에서 요양보호사의 공감방법으로 옳은 것은?

> 대상자가 열이 나는데도 마트에 가서 손자 생일선물을 사겠다고 고집을 부리고 있다.

① "열이 날 때 외출하면 큰일 나요."
② "열이 나서 마트에 들어갈 수 없어요."
③ "손자 생일선물은 열 내리면 사도록 하세요."
④ "열이 있으니 가족에게 연락을 해볼까요?"
⑤ "열이 있으니 제가 대신 다녀오는 건 어떨까요?"

24 바로 누운 자세일 때 욕창이 잘 발생하는 부위로 옳은 것은?

① 무릎
② 가슴
③ 엉덩이
④ 생식기
⑤ 천골 부위

25 대상자에게 생긴 욕창 증상의 초기 대처방법은?

① 3시간마다 자세를 바꿔준다.
② 시원한 물수건으로 찜질한다.
③ 주위를 나선형을 그리듯 마사지한다.
④ 차갑고 시원한 바람으로 건조시킨다.
⑤ 춥지 않을 때에는 1시간 정도 햇볕을 쪼인다.

26 휠체어를 펴는 순서로 옳은 것은?

> 가. 시트를 눌러 완전히 편다.
> 나. 팔걸이를 바깥쪽으로 펼친다.
> 다. 잠금장치를 잠근다.

① 가 → 나 → 다
② 나 → 가 → 다
③ 나 → 다 → 가
④ 다 → 나 → 가
⑤ 다 → 가 → 나

27 대상자의 가루약 복용 시 돕는 방법은?

① 숟가락을 사용하여 약간의 물에 녹인 후 투약한다.
② 가루약을 2~3번 나누어 복용하게 한 후 물을 먹인다.
③ 물을 먼저 먹인 후 가루약을 입에 털어 넣어 삼키게 한다.
④ 가루약이 손에 닿지 않도록 계량컵에 옮긴 후 복용하게 한다.
⑤ 쏟을 염려가 있기 때문에 봉지째 입에 털어 넣고 물을 먹인다.

28 대상자를 위한 식사준비 시 조리 방법은?
① 기름기가 많은 조리 방법을 선택한다.
② 생선은 오래 삶아 부드럽게 만들어 준비한다.
③ 저작능력이 저하된 대상자에게는 재료를 믹서에 갈아서 준비한다.
④ 연하능력이 저하된 대상자의 식사준비 시 재료를 작은 크기로 잘게 썰어서 준비한다.
⑤ 질환상 허용되는 범위 내에서 가능한 한 다양한 식품과 조리법을 사용한다.

29 대상자의 약 보관 방법으로 옳은 것은?
① 가루약은 어디에 보관해도 상관없다.
② 안약은 볕이 잘 드는 곳에 보관한다.
③ 귀약은 상온의 그늘진 곳에 보관한다.
④ 알약은 휴대하기 편한 용기에 담아 냉장 보관한다.
⑤ 물약은 차가워지면 안 되므로 따뜻한 곳에 보관한다.

30 다음의 방법으로 의사소통할 때 도움이 되는 대상자는?

- 대상자의 이름과 존칭을 함께 사용한다.
- 시간, 장소, 사람, 날짜, 달력, 시계 등을 자주 인식시킨다.

① 언어장애
② 시각장애
③ 지남력장애
④ 노인성 난청
⑤ 주의력결핍장애

31 치매 대상자의 일상생활을 돕는 방법으로 옳은 것은?
① 요양보호사의 일정에 맞춰 생활하도록 돕는다.
② 대상자에게서 사라지는 기능을 집중 재활한다.
③ 치매로 인해 모든 것을 할 수 없음을 인정하도록 한다.
④ 대상자의 기분을 전환하기 위해 환경을 적절히 바꾼다.
⑤ 할 수 있는 일은 스스로 하도록 하여 남아 있는 기능을 유지하게 한다.

32 욕창예방 매트리스를 사용하는 대상자를 돕는 방법으로 옳은 것은?
① 매트리스 밑에 찜질기를 깔아 놓는다.
② 매트리스 커버는 햇빛을 쬐어 소독한다.
③ 대상자 외 1인 이상이 동시에 사용한다.
④ 일주일에 한 번은 기구의 정상 동작을 확인한다.
⑤ 등과 엉덩이 밑에 손을 넣어 매트리스가 대상자를 부양하는지 확인한다.

33 대상자의 휠체어 이동 시 턱을 오를 때 돕는 방법은?
① 뒷바퀴를 든 상태로 휠체어를 힘껏 민다.
② 뒤로 돌려 뒷걸음으로 한 번에 올라간다.
③ 바퀴 한쪽씩 지그재그로 앞으로 올라간다.
④ 뒤로 돌려 앞쪽으로 기울이며 턱을 올라간다.
⑤ 뒤쪽으로 기울이고 앞바퀴를 들어 턱을 올라간다.

34 대상자의 손발 청결을 돕는 방법은?

① 보습을 고려해 클렌저나 비누를 선택한다.
② 손가락, 발가락 사이까지는 씻기지 않는다.
③ 오일이나 로션의 사용은 되도록 자제한다.
④ 손톱깎이로 손톱은 일자로, 발톱은 둥글게 자른다.
⑤ 따뜻한 물을 대야에 담은 후 손과 발을 30분 이상 담가 온기를 느끼게 한다.

35 다음에 제시된 다림질 표시기호에 적합한 다림질 방법은?

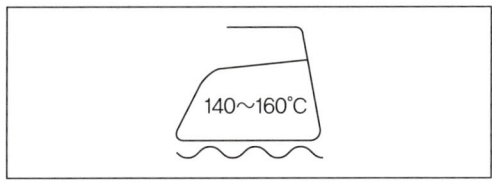

① 다림질을 할 수 없음
② 140~160℃로 다림질
③ 180~210℃로 다림질
④ 원단 위에 천을 덮고 140~160℃로 다림질
⑤ 원단 위에 천을 덮고 180~210℃로 다림질

36 임종을 앞둔 대상자에게 나타나는 징후는?

① 말이 빨라진다.
② 혈압이 높아진다.
③ 촉각이 예민해진다.
④ 근육 긴장이 증가한다.
⑤ 가슴에서 가래 끓는 소리가 난다.

37 치매 대상자가 석양증후군 증상을 나타낼 때 대처방법은?

① 조명을 최대한 어둡게 해준다.
② 조용히 혼자 있는 시간을 갖게 해준다.
③ 소음을 차단하기 위해 텔레비전을 끈다.
④ 따뜻한 음료를 제공하여 잠드는 데 도움을 준다.
⑤ 소리를 지르거나 몸부림치지 못하도록 신체적 제한을 가한다.

38 대상자가 침대에서 내려오다 넘어져 팔이 골절된 경우 대처방법은?

① 상처 부위를 온찜질한다.
② 붓기 전에 반지, 팔찌 등을 뺀다.
③ 대상자 스스로 움직이게 해 본다.
④ 손상 부위에 절대로 부목을 대지 않는다.
⑤ 출혈이 있는 경우 다치지 않은 쪽 손으로 지혈시킨다.

39 냄새가 심한 세탁물의 세탁방법으로 옳은 것은?

① 삶을 때 뚜껑을 열고 삶는다.
② 햇볕에 24시간 이상 말린다.
③ 붕산수에 담갔다가 헹구지 않고 탈수한다.
④ 물로만 헹궈야 냄새가 더 심해지지 않는다.
⑤ 냄새나는 세탁물끼리 모아 두었다가 한꺼번에 세탁한다.

40 다음 그림과 같은 방법으로 대처해야 하는 상황은?

① 뜨거운 물에 의한 화상
② 이물질로 야기된 질식
③ 뇌종양이 원인인 간질
④ 고온으로 인한 열사병
⑤ 위경련으로 인한 가슴통증

41 다음의 기호가 의미하는 건조방법을 따라야 하는 세탁물은?

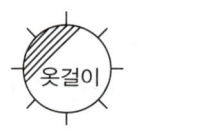

① 파란색 니트
② 빨간색 울 스웨터
③ 분홍색 나일론 블라우스
④ 흰색 면 티셔츠
⑤ 하얀색 침대 커버

42 편마비 대상자를 앞에서 일으켜 세우는 순서는?

> 가. 요양보호사의 무릎을 대상자의 마비된 쪽 무릎 앞쪽에 대고 지지하여 준다.
> 나. 침대에 걸터앉은 대상자의 발을 무릎보다 살짝 안쪽에 뻗게 한다.
> 다. 양손은 허리를 잡아 지지하고 대상자의 상체를 앞으로 숙이며 천천히 일으켜 세운다.
> 라. 더 많은 보조가 필요하다면 요양보호사의 어깨로 대상자의 가슴을 지지하여 상체를 펴는 데 도움을 준다.
> 마. 대상자가 앞쪽으로 넘어지지 않도록 선 자세에서 균형을 잡을 수 있을 때까지 잡아준다.

① 가 → 나 → 다 → 라 → 마
② 가 → 나 → 라 → 다 → 마
③ 가 → 다 → 나 → 라 → 마
④ 나 → 가 → 다 → 라 → 마
⑤ 나 → 다 → 가 → 라 → 마

43 다음 그림과 같이 기도유지를 할 때의 주의사항으로 옳은 것은?

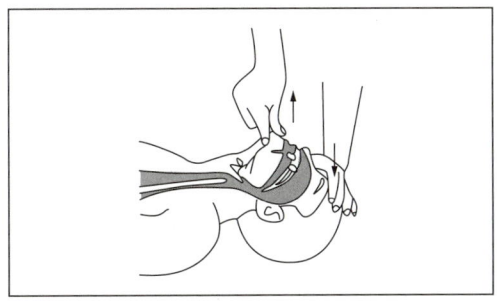

① 대상자가 반응을 하고 의식이 있을 때 시행한다.
② 한 손을 이마에 올려놓고 손가락으로 대상자의 머리를 뒤로 젖힌다.
③ 다른 한 손으로 턱 아래 뼈 부분을 머리 쪽으로 당겨 턱을 위로 들어준다.
④ 기도가 폐쇄되지 않도록 턱 아래의 연부조직을 누른다.
⑤ 대상자의 입은 닫혀 있게 한다.

44 자동심장충격기 사용 순서로 옳은 것은?

> 가. 전원을 켠다.
> 나. 심장리듬을 분석한다.
> 다. 두 개의 패드를 부착한다.
> 라. 심장충격을 시행한다.
> 마. 즉시 심폐소생술을 다시 시행한다.

① 가 → 나 → 다 → 라 → 마
② 가 → 다 → 나 → 라 → 마
③ 가 → 나 → 다 → 마 → 라
④ 다 → 가 → 나 → 라 → 마
⑤ 다 → 나 → 가 → 마 → 라

45 임종을 앞둔 대상자를 요양보호할 때 돕는 방법은?

① 대상자에게 곧 회복할 수 있다고 격려한다.
② 대상자가 만나고 싶어 하는 사람을 만날 수 있도록 돕는다.
③ 대상자가 부담스러워하므로 관심을 갖지 않도록 한다.
④ 임종을 대비해 요양보호사가 희망하는 종교의식을 알아본다.
⑤ 대상자가 장례식, 유언 등에 대해 대화하고자 할 때 외면한다.

문항수 및 시험시간

평가영역	문항수	시험시간
필 기	35문항	
실 기	45문항	

제3회
요양보호사 모의고사

응시번호	
성 명	

문제유형
홀수형

〈응시자 주의사항〉

1. 본 시험은 교시 시작과 종료에 대한 안내방송이 없이 진행되오니 모니터에 보이는 남은 시간 및 시작, 종료 시간 안내를 확인하여 시험시간 내에 모든 문제를 풀이하시기 바랍니다.

2. 응시자는 응시표와 신분증(주민등록증, 운전면허증, 여권, 외국국적 동포 국내거소신고증, 외국인등록증, 영주증, 청소년증, 주민등록번호가 기재된 장애인등록증)을 지참하여 지정된 시간까지 해당 시험실에 입실하여야 합니다.

3. 응시자는 시험의 진행에 대하여 시행본부 및 감독관의 지시에 따라야 하며, 시험을 완료하였더라도 시행본부 및 감독관 승인 없이 시험시간 도중에 퇴실하실 수 없습니다.

4. 시험 중 통신기기 및 전자기기(휴대폰, MP3, 전자사전, 계산기 등) 사용 또한 소지 적발 시 "부정행위자 등으로 간주하여 처리"될 수 있습니다.

제3회 요양보호사 모의고사

필기 35문항
실기 45문항

정답 및 해설 072쪽

필기편

다음 문제에서 가장 적절한 정답을 고르시오.

01 노인성 질환의 특성으로 옳은 것은?
① 증상이 확실하므로 정상적인 노화과정과 구분하기 쉽다.
② 경과가 길고 재발이 빈번하며, 합병증이 생기기 쉽다.
③ 노인이 위험 요인에 노출된다고 해서 쉽게 질병에 걸리지는 않는다.
④ 하나의 질병에 걸리면 다른 질병을 동반하지는 않는다.
⑤ 대부분의 질병은 원인이 명확하며 조기에 발견하면 치료가 쉽다.

02 가족관계 변화와 노인부양에 대한 설명으로 옳은 것은?
① 노년기에는 형제자매가 사회적 지지가 되지 못한다.
② 요양보호 과정에 배우자와 자녀가 참여해서는 안 된다.
③ 노인 부양은 사회보다 자식이 책임져야 하는 문제라는 비중이 높다.
④ 세대 차이로 인해 장모와 사위 간의 장서 갈등도 늘고 있다.
⑤ 조손가정이란 조부모, 부모, 자녀가 함께 사는 가정을 말한다.

03 다음 중 개인별 장기요양이용계획서에 대한 설명으로 옳은 것은?
① 등급판정위원회가 작성한다.
② 대상자의 정신심리 상태, 사회 환경을 파악한다.
③ 등급에 따른 한도액과 본인부담률이 포함되어 있다.
④ 장기요양서비스를 제공받을 때 필요한 안내사항 등이 있다.
⑤ 보건복지부에서 제시하는 급여의 종류와 횟수, 이에 따른 비용이 기재되어 있다.

04 다음 증상이 모두 나타나는 질환은?

- 주의집중력이 매우 떨어진다.
- 초기에 사람을 못 알아본다.
- 수면 양상이 매우 불규칙하다.
- 신체 생리적 변화가 심하고 의식의 변화도 있다.
- 갑자기 나타나는 급성질환이지만 대체로 회복된다.

① 섬 망
② 중 풍
③ 치 매
④ 만성신부전증
⑤ 알츠하이머병

05 장기요양서비스를 받기 위해 장기요양기관에 제출해야 할 서류는?

① 주민등록등본
② 가족관계증명서
③ 의료보험증
④ 욕구평가서
⑤ 장기요양인정서

06 노인장기요양보험제도에 대한 설명으로 옳은 것은?

① 요양병원 간병비는 수급자가 요양병원에 입원했을 때 지급되는 현금 급여이다.
② 노인장기요양보험제도는 2010년 7월부터 시행되었다.
③ 노인장기요양보험의 보험자는 보건복지부이다.
④ 노인장기요양보험의 가입자는 국내에 거주하는 국민만 대상으로 한다.
⑤ 등급판정위원회의 판정은 신청서를 제출한 날로부터 15일 이내에 완료한다.

07 다음과 같은 상태를 나타내는 것은?

- 여러 신체기관의 기능이 노화에 따라 감소하여 나타난다.
- 질병, 영양 결핍, 운동 부족 등에 의해 근력이 약해지고 걸음걸이가 느려지며 기운이 없어지는 상태이다.

① 노 쇠
② 간찰진
③ 우정문신
④ 지남력 저하
⑤ 노인성 증후군

08 노인학대 유형 중 신체적 학대는?

① 왕래하지 않거나 연락을 두절한다.
② 거취를 결정할 때 노인을 배제한다.
③ 일상생활에서 돈을 마음대로 사용하지 못하게 한다.
④ 혼자 힘으로 식사하기 어려운 노인을 돌보지 않는다.
⑤ 거주지 출입을 통제하거나 제한된 공간에 강제로 가둔다.

09 요양보호사의 서비스(A)와 해당 업무(B)가 옳게 연결된 것은?

	(A)	(B)
①	인지지원	작업치료
②	신체활동지원	물리치료
③	가사 및 일상생활지원	세탁물 관리
④	정서지원·의사소통	인지자극 활동
⑤	시설환경관리	침구·린넨 정리

10 다음과 같은 원인으로 인해 발생하는 질병은?

- 갑상선 관련 질환
- 저체중과 운동 부족
- 흡연이나 음주 및 카페인 섭취
- 칼슘 부족 및 영양 흡수장애
- 폐경으로 인한 여성 호르몬 부족

① 옴
② 뇌졸중
③ 백내장
④ 심부전
⑤ 골다공증

11 노인에게서 발생하는 탈수의 원인으로 옳은 것은?

① 갈증에 대한 반응이 떨어지고 수분의 양이 감소하기 때문에
② 만성질환으로 인한 치료 식이로 식욕이 떨어지기 때문에
③ 심리적 이유로 식욕이 감소하기 때문에
④ 후각 및 미각이 크게 저하되어 음식을 짜게 섭취하기 때문에
⑤ 의치가 맞지 않거나 치아가 없어서 음식 섭취가 힘들기 때문에

12 노년기에 배우자와 사별했을 경우 그 적응 단계 중 2단계에 대한 설명으로 옳은 것은?

① 비탄에 빠지기 쉬우며 우울해한다.
② 혼자된 사람으로서의 정체감을 지닌다.
③ 배우자 없는 생활을 받아들이지 못한다.
④ 사회적 역할을 상실함으로써 심리적 위축을 느낀다.
⑤ 배우자의 죽음을 현실적으로 깨달으며 절망감을 느낀다.

13 다음 증상이 나타나는 증후군은?

- 낮에는 유순하다가도 저녁 8~9시만 되면 옷을 벗고, 방을 서성인다.
- 집중 기간이 짧아지며 충동적으로 행동한다.

① 석양증후군
② 빈둥지증후군
③ 코타르증후군
④ 피터팬증후군
⑤ 무드셀라증후군

14 당뇨병 대상자가 다음의 증상을 보일 때 대처법으로 옳은 것은?

- 식은땀을 흘리며 심장박동이 빨라진다.
- 혈당이 급격히 낮아져 힘이 빠지고, 어지럽다고 한다.

① 즉시 칼륨을 적당히 섭취할 수 있게 해야 한다.
② 즉시 카페인이 함유된 음료를 섭취할 수 있게 해야 한다.
③ 즉시 기름이 많은 음식을 섭취할 수 있게 해야 한다.
④ 즉시 설탕이나 꿀 1~2수저를 섭취할 수 있게 해야 한다.
⑤ 즉시 피토케미컬이 함유된 채소, 과일을 섭취할 수 있게 해야 한다.

15 요양보호사 실습자의 실습일지 작성 요령으로 옳은 것은?

① 대상자에 대한 모든 정보를 아주 세세히 기록한다.
② 실습 자가평가에 건의사항 등을 기입해서는 안 된다.
③ 누구나 알아볼 수 있다면 글씨는 흘려 써도 상관없다.
④ 실습 내용은 알기 쉽고 충실하게 작성한다.
⑤ 일주일에 한 번 작성하여 제출실습기관의 방침에 따라 제출한다.

16 초고령 사회의 기준은?

① 전체인구 대비 65세 이상 노인인구가 7% 이상 14% 미만인 국가
② 전체인구 대비 65세 이상 노인인구가 14% 이상 20% 미만인 국가
③ 전체인구 대비 65세 이상 노인인구가 14% 이상 25% 미만인 국가
④ 전체인구 대비 65세 이상 노인인구가 20% 이상인 국가
⑤ 전체인구 대비 65세 이상 노인인구가 30% 이상인 국가

17 다음 내용에 해당하는 시설 생활 노인의 기본 권리는?

- 개인정보 수집·활용 시 그 목적을 충분히 설명하고 동의를 구해야 한다.
- 입소상담 등에서 얻은 개인적 정보를 당사자의 허락 없이 타인에게 알리면 안 된다.

① 신체구속을 받지 않을 권리
② 존엄한 존재로 대우받을 권리
③ 사생활과 비밀 보장에 관한 권리
④ 안락하고 안전한 생활환경을 제공받을 권리
⑤ 이성교제, 성생활, 기호품 사용에 관한 자기결정의 권리

18 다음 증상 중 그 원인이 나머지와 다른 하나는?

① 생리적인 뇌의 현상이다.
② 힌트를 주면 기억이 난다.
③ 깊이 생각하면 기억이 난다.
④ 납기일이나 공휴일 등 연, 월, 일을 잊어버린다.
⑤ 경험 일부 중 덜 중요하거나 사소한 일을 잊어버린다.

19 임종 대상자들의 심리 변화에 대한 요양보호 방법으로 옳은 것은?

① 대상자가 희망하는 종교의식을 알아본다.
② 곧 회복하게 될 것이라는 말을 하는 등 기운을 북돋운다.
③ 마음을 단단히 먹게 해야 하므로 임종 대상자에게 관심을 두지 않는다.
④ 주변인에게 도움을 받아야 하는 상태이므로 가급적 의사결정은 피하게 한다.
⑤ 손을 잡아주는 등의 접촉은 요양보호사가 아니라 가족들이 할 수 있게 해야 한다.

20 전립선비대증에 대한 설명으로 옳은 것은?

① 소변줄기가 넓어진다.
② 소변을 보고 나면 잔뇨감은 사라진다.
③ 소변이 자주 마렵고 소변을 참기 힘들다.
④ 소변을 눌 때 힘을 주지 않아도 소변이 나온다.
⑤ 비대된 전립선이 요도를 눌러 요도가 넓어짐에 따라 발생한다.

21 다음에서 설명하는 요양보호사의 역할은?

> 맥박, 호흡, 체온, 혈압 등의 변화와 투약 여부, 질병의 변화에 대한 증상뿐만 아니라 심리적인 변화까지 관찰한다.

① 옹호자
② 관찰자
③ 정보 전달자
④ 동기 유발자
⑤ 숙련된 수발자

22 시각이 노화함에 따라 나타날 수 있는 특성으로 옳은 것은?

① 공막에 검은색 점이 생긴다.
② 결막이 두꺼워지면서 누렇게 변한다.
③ 각막반사가 증가하면서 손상이나 감염에 민감해진다.
④ 눈물 양이 감소하면서 눈이 건조해져 뻑뻑해지고 불편감이 생긴다.
⑤ 눈부심의 증가, 빛 순응의 어려움 등이 있지만 이것이 안질환의 원인은 아니다.

23 지남력장애에 대한 설명으로 옳은 것은?

① 낮과 밤을 구분하는 것도 어려워한다.
② 2~3일간 잠을 자지 않고, 2~3일 뒤에 계속 잠을 잔다.
③ 의식장애를 일으키는 발작증상이 반복적으로 나타난다.
④ 말을 못하거나 남의 말을 이해하지 못하는 실어증이 발생한다.
⑤ 안압(눈의 압력)의 상승으로 시신경이 손상되어 시력이 점차 약해지는 질환이다.

24 대상자의 외출 시 동행하는 방법으로 옳은 것은?

① 대상자와 함께 걸을 때는 천천히 걷는 대신 보폭을 크게 한다.
② 외출에서 돌아오면 힘든 상태이므로 대상자를 외출했던 상태 그대로 약 30분간 쉬게 한다.
③ 병원 진료를 갈 때에는 대상자의 건강상태, 복약상태 등을 대상자에게 확인하도록 한다.
④ 대상자와 함께 계단을 오를 때는 몇 걸음에 한 번씩 혹은 걸음마다 두 다리를 한곳에 모아 쉬면서 천천히 이동한다.
⑤ 차량 이용 시 대상자의 몸을 요양보호사와 약간 떨어지게 한 후 안전하게 오르내릴 수 있도록 하면서 승차하는 것을 도와주어야 한다.

25 누워서 지내야 하는 치매 대상자의 구강위생 관리방법으로 옳은 것은?

① 칫솔이나 면봉으로 이와 이 사이 및 잇몸을 닦아준다.
② 대상자의 입을 닦을 때에는 맨손으로 닦는다.
③ 의치는 어떤 용기든 식염수에 담가 두어야 변형을 막을 수 있다.
④ 의치는 이틀에 6~7시간 정도 제거하여 잇몸에 무리가 없게 한다.
⑤ 대상자가 청량감을 느낄 수 있도록 가능한 한 많은 양의 치약을 사용한다.

26 노인을 위한 유엔의 5가지 원칙 중 다음과 관계 깊은 원칙은?

> - 언제, 어떻게 직장을 그만둘 것인지를 결정할 때 참여할 수 있어야 한다.
> - 적절한 교육과 훈련 프로그램에 참여할 수 있어야 한다.
> - 가능한 한 오랫동안 가정에서 살 수 있어야 한다.

① 보호의 원칙
② 독립의 원칙
③ 존엄의 원칙
④ 참여의 원칙
⑤ 자아실현의 원칙

27 난청 대상자와의 의사소통 방법으로 옳은 것은?

① 입모양이 중요하므로 시선은 맞추지 말아야 한다.
② 일단 한 번 말하고 말의 의미를 이해했는지 확인한다.
③ 보청기를 착용할 때는 입력은 낮게, 출력은 크게 조절한다.
④ 얼굴 표정이나 몸짓 등을 이용하지 말고 오직 입모양만 보게 한다.
⑤ 입모양을 통해 말을 이해할 수 있도록 입을 크게 벌리면서 정확하게 말한다.

28 치아가 없는 대상자의 입안을 닦을 때 혀 안쪽 깊은 곳까지 닦지 않는 이유는?

① 출혈의 위험 때문이다.
② 대상자가 힘들어하기 때문이다.
③ 입안이 건조해질 수 있기 때문이다.
④ 대상자가 사레들릴 수 있기 때문이다.
⑤ 구토나 질식을 일으킬 수 있기 때문이다.

29 스트레칭과 관련된 사항으로 옳은 것은?

① 다소 불안정하더라도 빠르게 해야 한다.
② 통증을 느끼면서 시원하다고 느낄 때까지 계속한다.
③ 느린 운동에 반응할 수 있도록 운동신경을 촉진시킨다.
④ 같은 동작을 5~10회 반복하고 상하좌우 균형 있게 교대로 한다.
⑤ 오랫동안 서 있었을 때는 안 해도 되지만 앉아 있었던 후에는 꼭 해야 한다.

30 쾌적한 환경 유지에 대한 설명으로 옳은 것은?

① 60~70%의 쾌적한 습도를 유지한다.
② 하루에 5번 이상 창문을 열어 환기한다.
③ 방, 복도와 화장실의 온도는 다르게 유지한다.
④ 복도, 화장실, 계단에 어두운 조명을 사용한다.
⑤ 피로감과 불쾌감을 줄 수 있는 직사광선은 커튼 등으로 조절한다.

31 다음 중 요양보호서비스를 제공할 때 요양보호사가 지켜야 할 원칙에 해당하는 것은?

① 대상자의 능력을 최대한 활용하면서 서비스를 제공한다.
② 대상자가 특별히 싫어하는 행동이라도 대상자를 위한 행동이라면 해야 한다.
③ 대상자가 치매 등으로 인지능력이 없으면 요양보호사의 판단에 따라 행동한다.
④ 대상자의 개인정보 및 서비스 제공 중 알게 된 비밀은 요양보호사끼리 공유해도 된다.
⑤ 대상자가 부탁하면 대상자 가족에게도 일시적으로 서비스를 제공할 수 있다.

32 거동이 불편한 대상자에게 적합한 여가활동 중 사교오락 활동은?

① 영화 감상 ② 종이접기
③ 악기 연주 ④ 서예교실
⑤ 퍼즐놀이

33 대상자가 다음과 같이 말했을 때 요양보호사의 공감적 반응으로 적절한 것은?

| 대 상 자 : "요즈음엔 대체 삶의 의미가 뭘까 하는 생각이 들어. 세월은 또 어떻게 가는지 도통 모르겠고…"
| 요양보호사 : (   )

① "인생이야 원래 다 그렇죠, 뭐."
② "요즘 많이 외롭고 힘드신가 봐요."
③ "힘들고 바쁜 사람들보다는 낫잖아요."
④ "시간은 많은데 할 일이 없어서 그래요."
⑤ "그렇게 말하시면 더 힘들어지니까 그런 말씀 마세요."

34 약물 오남용 및 중독 대상자를 돕는 올바른 방법은?

① 구토 시 토사물은 가능한 한 빨리 치워야 한다.
② 대상자가 먹고 남은 물질과 용기를 들고 병원에 간다.
③ 의료진이 올 때까지 어떤 응급처치도 해서는 안 된다.
④ 의식이 없더라도 구토하게 해야 하므로 마실 것을 준다.
⑤ 복용량이 적고 겉으로 보기에 증상이 없으면 병원에 갈 필요는 없다.

35 대상자의 운동을 관리할 때 요양보호사가 주의할 점으로 옳은 것은?

① 중간에 휴식 없이 운동을 짧게 끝내야 한다.
② 테니스 등 방향을 빠르게 전환하는 운동이 좋다.
③ 최소 10분 이상 준비운동을 하여 유연성을 높인다.
④ 높은 수준의 운동으로 시작하여 점차 강도를 낮춘다.
⑤ 운동복은 대상자가 선호하는 것이면 어떤 것이든 상관없다.

실기편

다음 문제에서 가장 적절한 정답을 고르시오.

01 경관영양을 해야 하는 경우는?
① 의식이 있을 때
② 오른손 부상(손상)이 있을 때
③ 연하장애가 있을 때
④ 늦은 시간 식사를 원할 때
⑤ 식사를 하기 싫어할 때

02 투약을 돕는 방법 중 옳은 것은?
① 대상자가 약을 삼키지 못할 경우 갈아서 투약한다.
② 대상자가 금식을 해야 하는 경우 모든 복용을 중지한다.
③ 잘못 복용했을 경우 토하게 한다.
④ 변색한 물약은 버린다.
⑤ 병뚜껑 안쪽이 아래를 향하도록 놓는다.

03 저작 및 연하곤란 대상자의 식사관리 방법으로 옳은 것은?
① 식사 후 바로 눕힌다.
② 국수류는 주지 않는다.
③ 밥을 국에 말아서 준다.
④ 과일류는 과육을 잘게 잘라 먹인다.
⑤ 유제품류는 마시는 형태를 선택한다.

04 화장실까지 이동하기 어려운 대상자를 돕는 방법으로 옳은 것은?
① 기저귀를 채운다.
② 이동변기를 사용한다.
③ 침대 위에서 이동변기를 사용한다.
④ 간이변기는 앉은 자세에서 사용한다.
⑤ 이동변기는 팔걸이와 등받이가 없는 것으로 선택한다.

05 기저귀를 사용하는 대상자를 돕는 방법으로 옳은 것은?
① 윗옷을 가슴까지 올린다.
② 상처가 있는지 세심하게 살펴본다.
③ 환기를 위해 창문을 열어놓고 기저귀를 교체한다.
④ 재채기를 하면서 실금한 경우 바로 기저귀를 사용하게 한다.
⑤ 일회용 장갑, 스크린이나 커튼, 소변기, 휴지통을 준비한다.

06 대상자의 면도를 돕는 방법으로 옳은 것은?
① 감전의 위험이 있으므로 전기면도기를 사용하지 않는다.
② 면도 전 면도를 할 부위에 따뜻한 물수건을 덮는다.
③ 폼클렌징을 사용하지 않는다.
④ 빠른 속도로 면도한다.
⑤ 면도크림을 수염이 난 방향으로 발라준다.

07 침상목욕을 돕는 방법으로 옳은 것은?
① 팔에서 손목 쪽으로 닦는다.
② 복부는 시계 반대 방향으로 닦는다.
③ 허벅지에서 발끝 쪽으로 닦는다.
④ 목 뒤에서 둔부 쪽으로 닦는다.
⑤ 얼굴 → 목 → 귀 순으로 닦는다.

08 침상을 정리하는 방법으로 옳은 것은?
① 침구는 정기적으로 햇볕에 말린다.
② 시트 중앙선이 침대 하단에 오도록 편다.
③ 침구는 포근하고 부드러운 양모제품이 좋다.
④ 침대 옆으로 늘어진 시트는 이불 밑으로 넣는다.
⑤ 대상자의 체온 유지를 위하여 창문을 닫고 침상을 정리한다.

09 침대 위에서 이동을 도울 때 옳은 것은?
① 가능한 한 수급자의 협조 없이 이동이 이루어질 수 있도록 한다.
② 왼쪽으로 쏠려 있는 대상자를 중앙으로 이동할 경우 요양보호사는 대상자의 오른쪽에 선다.
③ 오른쪽으로 이동할 때 상반신과 하반신을 함께 이동시킨다.
④ 왼쪽으로 눕힐 때에는 오른쪽 손을 위로 올린다.
⑤ 대상자의 뒤쪽에서 돕는다.

10 우측 편마비 대상자를 일으켜 세울 때 돕는 방법으로 옳은 것은?
① 겨드랑이를 잡고 일으켜 세운다.
② 대상자 스스로 균형을 잡도록 한다.
③ 대상자는 발을 무릎보다 바깥쪽으로 옮긴다.
④ 옆에서 보조하는 경우 대상자의 왼쪽 발 뒤에 선다.
⑤ 요양보호사의 무릎으로 대상자의 오른쪽 무릎을 지지한다.

11 대상자가 숨차할 때 취해야 하는 자세는?
① 바로 누운 자세
② 반 앉은 자세
③ 엎드린 자세
④ 옆으로 누운 자세
⑤ 선 자세

12 대상자가 탑승한 휠체어를 가지고 울퉁불퉁한 길을 갈 때 휠체어 작동법으로 옳은 것은?
① 지그재그로 간다.
② 앞바퀴를 들어 올려 이동한다.
③ 요양보호사는 고개를 뒤로 돌려 가고자 하는 방향을 살펴야 한다.
④ 앞바퀴가 지면에 많이 닿게 한다.
⑤ 휠체어를 뒤로 돌려서 뒷걸음으로 간다.

13 우측 편마비 대상자의 휠체어와 이동변기를 바르게 놓은 것은?

① 나란히
② 우측 30°
③ 좌측 45°
④ 정면에
⑤ 우측 90°

14 왼쪽 편마비 대상자가 지팡이를 이용해서 계단을 내려갈 때 이동 순서는?

① 지팡이 → 오른쪽 다리 → 왼쪽 다리
② 지팡이 → 왼쪽 다리 → 오른쪽 다리
③ 오른쪽 다리 → 왼쪽 다리 → 지팡이
④ 오른쪽 다리 → 지팡이 → 왼쪽 다리
⑤ 왼쪽 다리 → 지팡이 → 오른쪽 다리

15 휠체어를 접을 때 가장 먼저 해야 할 것은?

① 등받이를 접는다.
② 팔걸이를 접는다.
③ 시트를 들어 올린다.
④ 잠금장치를 잠근다.
⑤ 발 받침대를 올린다.

16 소화기를 사용할 때 가장 먼저 해야 하는 것은?

① 안전핀을 뽑는다.
② 노즐을 잡는다.
③ 손잡이를 잡는다.
④ 분말을 고루 쏜다.
⑤ 소화기를 흔든다.

17 수용성 성분의 용출이 적으며 비타민의 파괴도 적은 조리법은?

① 볶 기
② 삶 기
③ 튀기기
④ 무 침
⑤ 굽 기

18 대상자의 영양관리를 돕는 방법은?

① 국물을 많이 섭취하도록 권한다.
② 고기류는 될 수 있으면 섭취를 제한한다.
③ 목마르지 않더라도 물을 충분히 마시도록 한다.
④ 과일은 1회 분량 기준으로 1일 3회 이상 권한다.
⑤ 유제품은 소화하기 어려우니 섭취를 권하지 않는다.

19 고혈압 대상자의 식사관리로 옳은 것은?

① 소금 섭취를 늘린다.
② 칼륨 섭취를 제한한다.
③ 동물성지방 섭취를 늘린다.
④ 섬유소 섭취를 제한한다.
⑤ 피토케미컬이 함유된 채소 섭취를 늘린다.

20 연하장애가 있는 대상자의 식사를 돕는 방법은?
① 밥은 국에 말아서 준다.
② 국수류는 주지 않는다.
③ 마시는 유제품을 준다.
④ 식사 도중에 말을 시키지 않는다.
⑤ 식사 후 바로 눕힌다.

21 식품보관법으로 옳은 것은?
① 생선은 통째로 냉장 보관한다.
② 조개류는 신문지에 싸서 냉동 보관한다.
③ 시금치는 눕혀서 보관한다.
④ 감자는 냉장 보관한다.
⑤ 달걀은 뾰족한 부분이 위로 오게 보관한다.

22 주방의 위생관리법으로 옳은 것은?
① 행주는 하나만 사용한다.
② 수세미는 그물형보다 스펀지형이 위생적이다.
③ 곰팡이가 발생한 경우에는 물로 세척한다.
④ 싱크대 배수구에는 쌀뜨물을 부어놓으면 냄새가 사라진다.
⑤ 기름기가 적고 음식물이 덜 묻은 그릇부터 설거지한다.

23 침구 선택 시 옳은 것은?
① 매트리스는 푹신한 것이 좋다.
② 이불커버는 면으로 한다.
③ 시트는 두꺼운 소재로 한다.
④ 베개는 푹신한 것으로 한다.
⑤ 오리털 이불은 햇볕에 말린다.

24 의복이나 옷감에 혈액이 묻었을 때 세탁법은?
① 식초와 주방세제를 이용한다.
② 수건을 대고 두드린다.
③ 클렌징폼으로 문지른다.
④ 알코올로 닦는다.
⑤ 찬물로 닦고 더운물로 헹군다.

25 도로 오르막길에서 휠체어를 타고 이동하는 대상자를 돕는 방법으로 옳은 것은?
① 양팔에 힘을 주고 휠체어를 기울이고 올라간다.
② 가급적 자세를 낮춘 후 다리에 힘을 주고 밀며 지그재그로 올라간다.
③ 앞바퀴를 내려놓고, 뒷바퀴를 들어 올린 상태로 올라간다.
④ 지지면을 유지하면서 휠체어를 뒤로 돌려 뒷걸음으로 올라간다.
⑤ 휠체어 앞바퀴를 들어 올려 뒤쪽으로 기울이고 올라간다.

26 화상을 입은 부위에 대한 응급처치 방법으로 옳은 것은?
① 화상 부위를 흐르는 수돗물에 댄다.
② 깨끗한 물수건으로 감싸 세균 감염을 예방한다.
③ 장신구는 무리하게 빼지 말고 남겨둔다.
④ 치약을 발라 열기를 빨리 내보낸다.
⑤ 물집은 인위적으로 터뜨려 통증을 줄인다.

27 다음 중 전문적인 치료가 필요하다고 판단되는 징후는?

① 경미한 출혈
② 또렷한 의식
③ 가벼운 통증
④ 피부색의 변화
⑤ 안정적인 호흡

28 대상자가 갑자기 경련을 일으켰을 때 돕는 방법으로 옳은 것은?

① 대상자의 머리 아래에 부드러운 것을 대준다.
② 발작이 멈추어야 하므로 대상자를 꽉 붙잡아준다.
③ 5분 이상 발작이 지속되면 심폐소생술을 실시한다.
④ 거품으로 숨을 쉬지 못할 경우 손수건으로 입안을 닦는다.
⑤ 구토할 경우 대상자의 얼굴을 위로 들어 기도를 확보한다.

29 임종이 가까운 대상자의 요양보호로 옳은 것은?

① 가습기는 사용하지 않는다.
② 대상자의 상체와 머리를 높여준다.
③ 통증 호소 시 대상자의 손을 잡아준다.
④ 대상자를 바르게 눕히고 베개를 빼준다.
⑤ 시각이 마지막까지 남아있으므로 대상자와 눈을 맞춘다.

30 변비 대상자의 식사관리로 옳은 것은?

① 해조류, 견과류의 섭취를 줄인다.
② 우유나 요구르트 등의 유제품의 섭취를 줄인다.
③ 변비가 심한 경우 운동량과 횟수를 가급적 줄인다.
④ 과일통조림이나 주스보다 생과일을 직접 섭취하도록 유도한다.
⑤ 도정과정을 적게 거친 통곡류보다는 도정이 잘된 흰 쌀이나 밀가루의 섭취를 늘린다.

31 오랜 시간 누워있는 대상자가 침대 한쪽으로 쏠려 있을 때 체위를 안락하게 유지하기 위해 침대 중앙으로 이동시키는 방법으로 옳은 것은?

① 상반신과 하반신을 함께 이동시킨다.
② 대상자의 두 팔을 양옆으로 바짝 붙인다.
③ 대상자를 이동하고자 하는 반대쪽에 선다.
④ 대상자 머리 밑의 베개는 잠시 빼 머리를 바닥에 붙인다.
⑤ 하반신은 허리와 엉덩이 아래에 손을 깊숙이 넣고 이동시킨다.

32 다음과 같은 경우의 대상자에게 취해야 할 바른 자세는?

- 대상자가 숨차하거나 얼굴을 씻는 경우
- 대상자가 식사나 위관영양을 할 때

① 앙와위
② 반측위
③ 반좌위
④ 측 위
⑤ 복 위

33 앉을 수 있는 편마비 대상자의 하의 갈아입기를 돕는 방법은?

① 바지를 입을 때 먼저 건강한 쪽 다리에 바지를 끼운다.
② 대상자 스스로 건강한 다리를 올려 바지를 벗도록 돕는다.
③ 고개를 뒤로 젖힌 상태에서 엉덩이를 들면서 바지를 입는다.
④ 일으켜 세운 상태에서 몸을 좌우로 움직이며 무릎까지 바지를 내린다.
⑤ 대상자의 팔을 요양보호사의 허리에 두르도록 한 뒤 일으켜 세워 바지를 완전히 올린다.

34 낙상이 발생할 위험이 높은 환경으로 옳은 것은?

① 경사가 완만한 출입로
② 한쪽에 의자가 놓인 현관
③ 조명이 매우 밝은 화장실
④ 안전손잡이가 설치된 복도
⑤ 바닥이 편평하고 놓인 물건이 적은 거실

35 대상자에게 출혈이 발생한 경우 대응 방법으로 옳은 것은?

① 출혈이 너무 많으면 첫 번째 패드를 제거하고 두 번째 패드로 교체한다.
② 출혈이 발생한 경우 대상자를 안심시키고 도움을 청한 뒤 지혈을 시도한다.
③ 맨손으로 대상자의 혈액에 접촉했을 경우 물로만 깨끗이 씻는다.
④ 출혈부위를 깨끗한 티슈로 감싸고 그 위에 압박붕대를 감는다.
⑤ 압박붕대는 대상자가 불편해할 정도로 꽉 조여야 한다.

36 노인의 의복이나 신발을 선택할 때 주의사항으로 옳은 것은?

① 저녁 외출 시 부분적으로라도 밝은색이 들어간 옷이 좋다.
② 의복의 장식은 대상자가 원한다면 과도해도 상관없다.
③ 의복은 무게감 있고 느슨하면서 보온성이 좋은 것이어야 한다.
④ 신발은 대상자가 원한다면 굽이 높은 것도 괜찮다.
⑤ 신발은 뒤가 막혀있지 않아 통풍이 잘 되는 것이 좋다.

37 다음은 임종의 적응 단계 중 어디에 해당하는가?

> "아, 그래. 나에게도 이런 일이 벌어지는구나. 그래도 우리 아들이 장가갈 때까지만이라도 살았으면 원이 없겠는데……. 제발 그렇게만 할 수 있게 해 주세요."

① 부 정
② 분 노
③ 타 협
④ 우 울
⑤ 수 용

38 대상자가 반응은 없으나 정상적인 호흡과 효과적인 순환을 보일 때 대상자의 회복자세로 옳은 것은?

①
②
③
④
⑤

39 다음 중 튀김기름의 얼룩을 제거하는 방법으로 옳은 것은?

① 찬물로 닦고 더운물로 헹군다.
② 온수에 과탄산소다와 주방세제를 1:1로 넣어 섞어서 2~3시간 담가둔 후 헹군다.
③ 얼룩이 묻은 부위에 주방용 세제를 몇 방울 떨어뜨리고 비벼서 제거한다.
④ 식초와 주방세제를 1:1 비율로 섞어서 칫솔로 얼룩 부분을 살살 문질러 제거한 후 충분히 헹구거나 탄산수에 10분 정도 담가둔 후 세탁한다.
⑤ 알코올이 함유된 화장수 또는 스킨을 화장솜에 적셔 얼룩진 부분을 톡톡 두드려 준다.

40 녹내장 대상자가 일상생활에서 주의해야 하는 사항으로 옳은 것은?

① 은은한 조명에서 책을 본다.
② 심신의 과로를 피하며 규칙적인 생활을 한다.
③ 고개를 올린 자세에서 오랫동안 독서하거나 작업하는 것을 피한다.
④ 한쪽 눈에 녹내장이 있으면 녹내장이 있는 눈만 정기 검사를 받는다.
⑤ 녹내장은 환절기에 발작하기 쉬운 질환이므로 기온 변화보다 습도에 유의한다.

41 배회 가능성이 있는 치매 대상자를 돕는 방법으로 옳은 것은?

① 현관이나 출입문에 벨을 달아 문을 열어놓는다.
② 치매 대상자에게 신분증을 소지하도록 한다.
③ 신체적 욕구를 참는 연습을 해보도록 한다.
④ 텔레비전이나 라디오를 크게 틀어놓는다.
⑤ 돌아다니지 못하도록 집 안을 어둡게 한다.

42 대상자가 다음과 같이 행동할 때 대처방법으로 옳은 것은?

- 끙끙거리며 안절부절못한다.
- 손으로 배 또는 엉덩이를 가리킨다.
- 얼굴 표정이 일그러진다.
- 허리를 들썩거리며 바지를 내리려고 한다.

① 평소 좋아하는 옷으로 갈아입히고 같이 산책하러 나간다.
② 대상자의 행동을 계속 관찰하고 기록한다.
③ 목욕을 시켜 기분전환이 될 수 있게 한다.
④ 창문을 열어 환기시키고 시원하게 해준다.
⑤ 화장실이 가고 싶은지 묻고 배변 상태를 확인한다.

43 치매는 없지만 뇌졸중으로 누워서만 생활하는 대상자의 인지훈련 프로그램으로 적절한 것은?

① 물건 보며 과거 회상하기
② 그림과 숫자 짝지어 기억하기
③ 손 모양 똑같이 만들기
④ 뇌 건강 일기 쓰기
⑤ 흩어진 낱글자로 단어 만들기

44 천식으로 호흡 곤란이 심한 대상자에게 기관지 확장제를 사용하려 할 때 올바른 사용법은?

① 7초간 천천히 깊게 숨을 들이쉰다.
② 머리를 약간 뒤로 젖히고 숨을 충분히 내쉰다.
③ 숨을 참으면서 1회 용량이 흡입되도록 흡인기를 누른다.
④ 사용 전에 뚜껑을 닫고 약이 흔들려 섞이지 않도록 주의한다.
⑤ 약이 폐에 깊숙이 도달할 수 있도록 적어도 7초간 숨을 참은 다음 천천히 내쉰다.

45 폐결핵 치료를 위한 약물복용 방법에 대한 설명으로 옳은 것은?

① 처방된 기간에 충실하게 약을 복용해야 한다.
② 처방된 항결핵제는 대상자가 양호한 상태를 보이면 줄여서 먹어야 한다.
③ 약물 투여로 인한 부작용은 거의 없으므로 안심하고 복용한다.
④ 약을 복용하는데도 차도가 없을 경우에만 간 기능 검사와 객담 검사를 받는다.
⑤ 항결핵제를 중단하지 않고 불규칙적으로라도 꾸준히 복용하면 치료가 가능하다.

시대에듀 회원만을 위한 **특별한 혜택**

회원 가입만 해도 누릴 수 있는 다양한 프리미엄 혜택!

01 무료 회원 혜택
- 전문가와 1:1 무료 상담 서비스 제공
- 자격증/공무원/취업 관련 무료 특강 제공
- 월별 이슈 & 상식 특강 제공
- 인적성 검사 및 면접 특강 지원

02 유료 회원 혜택
- 750명 교수진의 고품질 명품 강의 제공
- 무제한 반복 수강 가능
- 모바일 강의 다운로드 및 스트리밍
- Full HD 고화질 강의 시청

03 추가 제공 서비스
- 교재 및 동영상 구매 시 적립금 3,000원 제공
- 강의 수강료 5% 할인 쿠폰 제공
- 원격지원 서비스를 통한 빠른 문제 해결

※ 모의고사 및 무료특강은 일부 상품에 한해 제공되며, 상품에 따라 제공 여부가 달라질 수 있습니다. 또한, 상품 정책에 따라 서비스 내용은 사전 예고 없이 변경될 수 있습니다.

합격을 위한 최고의 선택! 시대에듀 회원 혜택!
합격을 위한 첫 걸음, 지금 바로 QR코드로 확인하세요!

시대에듀의
요양보호사
100% 합격 비법

- **CBT 완벽 대비 가능**
- **필기+실기 동시 대비 가능**
- **요양보호사 양성 표준교재 반영**

요양보호사 10일 합격모의고사

모의고사 10회

요양보호사(필기+실기) 가장 빠른 합격 총정리 문제집

핵심이론 + 모의고사 3회

유선배 너울샘의 요양보호사 합격노트

핵심요약 + 모의고사 10회
(유튜브 무료 동영상 강의 제공)

※ 도서의 이미지 및 세부구성은 변경될 수 있습니다.

2026 요양보호사

필기 + 실기

가장 빠른 합격
총정리 문제집

필기 + 실기 동시 대비로 합격까지 가장 빠르게

정답 및 해설

편저 요양보호사교육연구회

베스트셀러 1위

CBT 완벽대비

시대에듀

요양보호사

Contents 목차

출제예상문제 정답 및 해설

제1부 요양보호와 인권
- 01 요양보호 대상자 이해 ···················· 002
- 02 노인복지와 장기요양제도 Ⅰ ············ 003
- 03 노인복지와 장기요양제도 Ⅱ ············ 005
- 04 노인의 인권과 보호 ························ 007
- 05 요양보호사의 인권보호와 자기계발 ··· 007

제2부 노화와 건강증진
- 06 노화에 따른 변화와 질환 ················ 009
- 07 치매, 뇌졸중, 파킨슨질환 ··············· 013
- 08 노인의 건강증진 및 질병예방 ·········· 015

제3부 요양보호와 생활지원
- 09 의사소통과 정서지원 ······················ 016
- 10 요양보호 기록 및 업무보고 ············· 020
- 11 신체활동지원 Ⅰ ······························· 023
- 12 신체활동지원 Ⅱ ······························· 028
- 13 가사 및 일상생활지원 ···················· 033

제4부 상황별 요양보호 기술
- 14 치매 요양보호 ································ 037
- 15 임종 요양보호 ································ 044
- 16 응급상황 대처 및 감염관리 ············· 045

모의고사 정답 및 해설

제1회 요양보호사 모의고사
- 필기편 ·· 050
- 실기편 ·· 055

제2회 요양보호사 모의고사
- 필기편 ·· 062
- 실기편 ·· 066

제3회 요양보호사 모의고사
- 필기편 ·· 072
- 실기편 ·· 077

정답 및 해설

출제예상문제   정답 및 해설

모의고사   정답 및 해설

해설편 출제예상문제 정답 및 해설

제1부 요양보호와 인권

CHAPTER 01 요양보호 대상자 이해

01	02	03	04	05	06	07	08
②	③	③	⑤	④	④	②	⑤

01 정답 ②
오답해설
① 노인은 삶의 주체로서 본인의 삶을 살아가고 선택하는 능동적인 존재이다.
③ 노인은 개인적인 측면에서 기능의 약화가 나타나며, 개인과 환경의 관계라는 측면에서 적응능력의 약화가 나타난다.
④ 가장 보편적으로 활용되는 것은 역연령에 따른 노인의 개념이다. 이 외에 퇴직 등 '사회적 역할 상실'이나 신체 및 정신 등 '기능적 수준'을 근거로 노인을 규정하는 방식 등이 있다.
⑤ 노인의 다면적 특성과 변화의 방향성은 노인의 신체적·정신적·사회적 측면의 복합적 욕구(Needs)와 연결된다.

02 정답 ③
정답해설
③ 노인은 자신에게 익숙한 습관이나 태도, 방법을 고수하며 매사에 융통성이 없어진다. 또한, 변화를 싫어하며 도전적인 일이나 새로운 방식으로 일을 처리하는 것을 꺼리는데, 이러한 이유는 심리적으로 경직성이 증가하기 때문이다.

03 정답 ③
정답해설
③ 노년기에는 직장에서 퇴직하면서 사회적 관계가 줄어들고 친척이나 친구관계도 소원해지게 된다. 따라서 그들과의 유대감도 줄어들거나 없어지게 된다.

04 정답 ⑤
정답해설
⑤ 최근에 자녀가 부모와 근거리에 살면서 각자의 사생활을 지키며 자주 상호작용하는 수정확대가족이 새로운 가족 형태로 생겨났다.

05 정답 ④
정답해설
④ 자녀 세대는 현재의 경제·사회발전을 이룬 부모 세대에 대한 존경과 감사의 의미로 사회적 부양을 긍정적으로 인식할 필요가 있다. 국민연금, 노인장기요양보험 제도를 통한 세대 간 위험을 분산하고 소득재분배 등을 통해 바람직한 세대 통합 효과를 기대할 수 있다. 또한, 자녀 세대와 부모 세대의 상호 존중, 적극적 의사소통을 통해 실질적인 상호작용과 사회통합을 달성해야 한다.

06 정답 ④
정답해설
④ 노인이 되면 나타나는 대표적인 4가지 고통을 흔히 '노인의 4고(苦)'로 표현하는데, 빈곤, 질병, 고독, 무위(역할 상실)가 이에 해당한다.

07 정답 ②

정답해설

② 지문은 대상자에게 해서는 안 되는 부정적 사례 중 '제공자 중심의 요양보호 사례 : 무엇이든 강제한다.'에 해당한다. 이밖에 '사고방지만을 강조하는 사례 : 억제대를 하게 한다.'와 '대상자에게 위험한 요양보호 : 부적절한 케어를 한다.'가 있다.

08 정답 ⑤

오답해설

① 일어서게 하기 : 걸을 수 있는 대상자를 낙상 위험이 있다는 이유로 휠체어에 태워서는 안 되며, 잠깐이라도 서 있는 시간이 대상자에게 중요한 시간임을 알아야 한다.
② 대면하기 : 쳐다보기만 하면 적대적으로 느낄 수 있으므로 눈을 맞추고 나서 2초 이내에 인사하거나 말을 건넨다.
③ 말하기 : 대상자에게 천천히 또박또박 긍정적으로 이야기하고, 대상자가 이야기하지 않더라도 지속적으로 이야기해야 한다.
④ 일어서게 하기 : 손이 닿을 수 있는 만큼만 떨어져서 대상자가 혼자 하는 것을 지켜보며 기다리는 것이 가장 좋은 요양보호이다.

CHAPTER 02 노인복지와 장기요양제도 Ⅰ

01	02	03	04	05	06	07	08	09	10
⑤	④	④	①	⑤	②	②	④	③	③
11	12								
④	②								

01 정답 ⑤

오답해설

① 노인복지는 노인이 인간다운 생활을 영위하면서 가족과 사회에 적응하고 통합될 수 있도록 인적·물적 자원을 지원하는 것이다.
② 국민기초생활보장제도는 사회보험이 아니라 공적부조이다.
③ 노인이 일반 사회복지서비스와 치매 및 건강보장 서비스를 받는 경우도 노인복지에 해당한다.
④ 국민연금, 국민건강보험은 공적부조가 아니라 사회보험이다. 이 외에도 고용보험, 산업재해보상보험, 노인장기요양보험이 사회보험에 포함된다.

02 정답 ④

정답해설

④ 노인맞춤돌봄서비스의 대상은 만 65세 이상, 국민기초생활수급자, 차상위계층 또는 기초연금수급자로서 유사 중복사업 자격에 해당되지 않는 자(다만, 시장·군수·구청장이 서비스가 필요하다고 인정하는 경우 예외적으로 제공 가능)로 독거·조손·고령부부 가구 노인 등 돌봄이 필요한 노인, 신체적 기능저하, 정신적 어려움(인지저하, 우울감 등) 등으로 돌봄이 필요한 노인, 고독사 및 자살 위험이 높은 노인(특화서비스)이다.

03 정답 ④

정답해설

④ 노인주거복지시설에는 양로시설, 노인공동생활가정, 노인복지주택이 포함된다.

오답해설

① 노인여가복지시설 - 노인교실
② 노인여가복지시설 - 노인복지관
③ 노인의료복지시설 - 노인요양시설
⑤ 노인의료복지시설 - 노인요양공동생활가정

04 정답 ①

정답해설

독립의 원칙

- 노인 본인의 소득은 물론, 가족과 지역사회의 지원을 통하여 식량, 물, 주택, 의복, 건강서비스를 이용할 수 있어야 한다.
- 일할 수 있는 기회를 갖거나, 다른 소득을 얻을 수 있어야 한다.
- 언제, 어떻게 직장을 그만둘 것인지에 대한 결정에 참여할 수 있어야 한다.
- 적절한 교육과 훈련 프로그램에 접근할 수 있어야 한다.

- 개인 선호와 변화하는 능력에 맞추어 안전하게 적응할 수 있는 환경에서 살 수 있어야 한다.
- 가능한 한 오랫동안 가정에서 살 수 있어야 한다.

05　정답 ⑤
오답해설
① 65세 이상이거나 노인성 질병을 앓고 있는 65세 미만인 자 중 6개월 이상 혼자서 일상생활을 하기 어려운 자가 대상이다.
② 장기요양보험사업의 보험자는 국민건강보험공단으로 한다.
③ 장기요양보험사업은 보건복지부 장관이 관장한다.
④ 장기요양보험의 가입자는 「국민건강보험법」 제5조 및 제109조에 따른 가입자로 한다.

06　정답 ②
정답해설
② 노인장기요양보험 기본 구조 및 절차에서 국민건강보험공단의 장기요양등급판정위원회에서는 장기요양등급판정, 개인별 장기요양계획서 제공, 서비스 이용지원 등의 업무를 담당한다.
오답해설
① 서비스 신청 : 수급자(가입자)
③ 국고 및 지방비 지원 : 보건복지부
④ 가정방문 서비스 제공 : 장기요양기관
⑤ 보험료 납부 인정신청 : 수급자(가입자)

07　정답 ②
정답해설
② 장기요양급여 신청은 본인의 가족이나 친족 또는 이해관계인, 관할 지역 사회복지전담공무원, 치매안심센터의 장(치매 환자인 경우 한정), 시장·군수·구청장이 지정하는 자 등이 대리 신청할 수 있으며, 사회복지전담공무원 또는 치매안심센터의 장이 대리 신청하는 경우, 본인 또는 가족의 동의를 받아야 한다.

08　정답 ④
정답해설
④ 유효기간 갱신 시 갱신 직전 등급과 같은 등급으로 판정을 받는 경우, 1등급일 때 장기요양 유효기간은 4년이다. 따라서 2024년 7월에 1등급 판정을 받고, 2025년 7월에 다시 1등급을 받은 수급자는 2029년 7월에 등급판정을 받으면 된다(「노인장기요양보험법」 시행령 제8조 참조).

09　정답 ③
오답해설
①·②·④ 재가급여에 해당한다.
⑤ 시설급여에 해당한다.

10　정답 ③
정답해설
③ 국민건강보험공단은 등급판정을 받은 대상자에게 장기요양인정서를 발급한다. 장기요양인정서에는 대상자의 기본인적사항과 장기요양등급, 유효기간, 이용할 수 있는 급여의 종류와 내용, 대상자가 장기요양서비스를 제공받을 때 필요한 안내사항 등이 포함되어 있다.

11　정답 ④
오답해설
① 장기요양인정 및 등급판정 등을 심의하기 위하여 공단에 두는 회의기구이다.
② 시·군·구 단위로 설치되며, 위원장 1인을 포함하여 15인의 위원으로 구성된다.
③ 의료인, 사회복지사, 시·군·구 소속 공무원, 그 밖에 법학 또는 장기요양에 관한 학식과 경험이 풍부한 자로 구성된다.
⑤ 거짓이나 그 밖의 부정한 방법, 고의로 사고를 발생하도록 하거나 본인의 위법행위에 기인하여 장기요양인정을 받은 경우, 직권으로 등급을 조정하거나 재판정할 수 있다.

12 정답 ②

정답해설

② 노인장기요양보험제도가 운영되기 위한 재원은 보험료, 국가지원, 본인부담으로 구성되는데, 그중 국가지원에 있어서 국가는 보험료 예상 수입액의 20%를 국고에서 부담한다.

CHAPTER 03 노인복지와 장기요양제도 II

01	02	03	04	05	06	07	08	09	10
②	②	②	③	③	⑤	④	③	①	⑤
11	12								
②	⑤								

01 정답 ②

정답해설

② 대상자의 신체나 정신이 위험으로부터 안전하도록 하는 것은 2단계 안전의 욕구에 해당한다.

02 정답 ②

오답해설

① 대상자의 생리적 욕구 충족부터 도와주어야 한다.
③ 대상자가 현재의 기능 수준을 향상·유지할 수 있도록 도와야 한다.
④ 노인장기요양보험제도에서 요양보호서비스의 목적은 65세 이상 노인 또는 노인성 질병을 가진 65세 미만인 자에게 계획적·전문적 요양보호서비스를 제공하여 대상자들의 신체기능증진 및 삶의 질 향상에 기여하는 것이다.
⑤ 대상자에게는 일상생활지원뿐만 아니라 심리·정서적 지원도 필요하다.

03 정답 ②

오답해설

① 방문목욕 : 입욕준비, 입욕 시 이동 보조, 몸 씻기(샤워 포함), 지켜보기, 목욕 기계 조작, 욕실 정리 등
③ 기능회복훈련 : 신체·인지기능 향상프로그램, 신체기능의 훈련, 기본동작 훈련, 인지활동형 프로그램, 인지기능향상훈련, 일상생활 동작훈련, 물리치료, 작업치료
④ 정서지원·의사소통 : 의사소통 도움, 말벗, 격려 등
⑤ 가사 및 일상생활지원 : 개인활동지원, 식사준비, 청소 및 주변 정돈, 세탁

04 정답 ③

오답해설

① 정서지원 및 의사소통은 별도로 구분되어 제공될 수도 있으나, 서비스 제공준비 및 실행, 마무리 단계를 포함한 제반 과정에 걸쳐 진행되는 내용이기도 하다.
②·⑤ 간호처치서비스, 기능회복훈련서비스 등의 경우 요양보호사의 업무에서 단독이나 전적으로 수행하는 것은 제외된다.
④ 인지관리지원은 행동변화 감소 도움 및 대처, 수급자와 수발자 안전관리 도움, 정서적 안정과 생활의 욕 향상 도움, 인지기능 향상을 위한 인지활동지원 등이다.

05 정답 ③

오답해설

① 속옷을 갈아입지 않으려고 하는 대상자의 경우에는 평소 습관과 속옷을 갈아입지 않으려는 이유를 파악한다. 이후 갈아입을 수 있도록 유도하거나, 대상자가 좋아하는 속옷 색깔이나 모양 등을 파악하고 언제, 어떠한 상황에서 갈아입힐 것인지를 결정하여 시도한다.
② 머리 감기를 거부하는 대상자의 경우에는 우선 평소 습관을 파악하고, 머리 감기 필요성을 설명한 후에 머리 감기를 시도한다.
④ 대상자가 세면을 거부하는 경우에는 따뜻한 물수건으로 닦아주는 등 거부감이 없는 다른 방법을 강구한다.
⑤ 식사 후에 양치질을 하지 않으려고 하는 대상자의 경우에는 평소의 양치 습관을 파악한 후 그 방법을 적용해 본다.

06 정답 ⑤
오답해설
① 대상자가 기도가 막힐 위험성이 있을 정도로 음식을 급하게 먹는 경우 요양보호사의 대처방안에 해당한다.
② 한쪽으로만 누워있어야 하는 상태의 대상자가 기저귀를 차고 있지만 오줌이 새는 경우 요양보호사의 대처방안에 해당한다.
③ 가족이 계속 비협조적이면 시설장이나 간호사 등에게 보고한다.
④ 가족에게 장기 와상 상태가 다른 합병증의 원인이 될 수 있음을 알린다.

07 정답 ④
오답해설
① 급여를 제공할 때는 항상 단정하고 위생적인 복장을 착용하도록 한다.
② 요양보호사 자신과 수급자의 건강 유지 및 개선, 사고 예방을 위하여 요양보호사는 올바른 케어 기술을 습득하고 관리지식을 배양한다.
③ 수급자에 대한 학대나 기관의 부당행위를 발견하였을 경우 지체 없이 관련 절차에 따라 신고한다.
⑤ 매년 건강검진을 받고 평소 계획적인 휴식과 운동, 건강관리를 통해 근골격계 질환이나 감염을 예방하기 위해 노력한다.

08 정답 ③
오답해설
① 요양보호사의 모든 서비스는 대상자에게만 제공한다.
② 서비스를 제공하기 전에 대상자에게 충분히 설명한 후, 대상자가 동의하면 서비스를 제공한다.
④ 대상자 개인의 삶을 존중하며 본인 및 가족들로부터 대상자의 성격, 습관, 선호하는 서비스 등을 서비스 제공 개시 전에 반드시 확인하여 대상자가 특별히 싫어하는 행동은 하지 않는다.
⑤ 대상자의 상태 변화 등으로 계획된 서비스 외에 서비스를 추가·변경하거나 의료적 진단 등이 필요하다고 판단되는 경우에는 시설장 또는 관리책임자에게 신속하게 보고한 후 변경하여 제공한다.

09 정답 ①
오답해설
② 비밀누설 금지 : 2년 이하의 징역 또는 2천만 원 이하의 벌금
③ 부당수급 관련 행위 금지 : 1년 이하의 징역 또는 1천만 원 이하의 벌금
④ 수급자 유인 알선행위 금지 : 2년 이하의 징역 또는 2천만 원 이하의 벌금
⑤ 본인부담금 면제 및 감경 금지 : 2년 이하의 징역 또는 2천만 원 이하의 벌금

10 정답 ⑤
정답해설
⑤ 요양보호사는 대상자의 신체를 돌보는 업무와 식사, 배설, 목욕, 이동, 청소, 세탁, 외출 돕기 등의 일상업무보조, 생활상담지원 업무를 한다. 이러한 기본적인 업무 외에도 말벗과 상담자로서 대상자의 정신적인 안위를 도모하는 데 도움을 준다.

11 정답 ②
정답해설
② 요양보호사는 가정이나 시설, 지역사회에서 학대를 당하거나 소외되고 차별받는 대상자를 위해 대상자의 입장에서 편들어 주고 지켜주는 옹호자의 역할을 담당한다.

12 정답 ⑤
정답해설
⑤ 본인부담금 면제 및 감경 금지란 장기요양기관이 영리를 목적으로 수급자가 부담하는 본인부담금을 면제하거나 감경하는 행위를 하여서는 아니 된다는 것이다(「노인장기요양보험법」 제35조 제5항, 제67조 제2항 제3호).

CHAPTER 04 노인의 인권과 보호

01	02	03	04	05	06
④	②	⑤	④	③	②

01 정답 ④
정답해설
④ 문제의 보기에서 설명하는 것은 안락하고 안전한 생활환경을 제공받을 권리에 해당한다. 시설 생활 노인은 시설에서 생활하는 동안 안전하고 깨끗한 환경에서 생활할 수 있어야 한다.

02 정답 ②
정답해설
② 입소 노인이 원할 때 정보통신기기(유무선 전화기 등)를 사용하거나 우편물을 수·발신하는 것에 제한이 있어서는 안 된다. 이는 시설 생활 노인의 개인적 사생활과 비밀보장에 대한 권리에 해당한다.

03 정답 ⑤
정답해설
⑤ 시설 생활 노인은 시설 생활의 불편함과 고충을 자유롭게 표현할 수 있어야 하며, 이를 해결하기 위한 제도적 장치가 마련되어야 한다.

04 정답 ④
정답해설
④ 노인과의 접촉을 기피하거나 노인의 사회관계 유지를 방해하는 것은 정서적 학대에 해당한다.

05 정답 ③
정답해설
③ 노인에게 재산관리 관련 결정을 제한하거나 강요하는 것은 경제적 학대에 해당한다. 노인의 재산 사용 또는 관리에 대한 결정을 통제해서는 안 된다.

06 정답 ②
정답해설
② 누구든지 노인학대를 알게 된 때에는 노인보호전문기관 또는 수사기관에 신고할 수 있으며, 특히 요양보호사가 직무상 노인학대를 알게 된 때에는 즉시 노인보호전문기관 또는 수사기관에 신고할 것을 의무화하고 있다.

CHAPTER 05 요양보호사의 인권보호와 자기계발

01	02	03	04	05	06
④	④	①	⑤	①	⑤

01 정답 ④
정답해설
④ 산재요양으로 휴업하는 기간과 치료를 종결한 후 30일간은 해고하지 못하도록 되어 있으며, 요양이 끝난 30일 이후에 해고할 경우 해고 및 정리해고의 요건을 충족해야 한다.

오답해설
① 보험급여는 조세 및 기타 공과금 부과가 면제되어 세금을 부과하지 않는다.
② 보험급여를 받을 권리는 급여내용에 따라 3년 혹은 5년간 유효하며, 퇴직 여부와 상관없이 받을 수 있다.
③ 보험급여는 양도 또는 압류할 수 없다.
⑤ 사업장이 부도, 폐업하여 없어진 경우에도 재요양, 휴업급여, 장해급여 지급에는 지장이 생기지 않는다.

02 정답 ④
정답해설
④ 감정적인 대응은 삼가고, 단호히 거부 의사를 표현한다.

03 정답 ①

오답해설

② 대상자에게 전문가의 진단이 필요한 사항은 요양보호사가 판단·조언하지 말아야 한다.
③ 의료진의 지시가 있을 경우 반드시 지시에 따라야 한다.
④ 요양보호 업무는 대상자의 건강과 일상생활에 직접적인 영향을 미치는 중요한 업무이다.
⑤ 요양보호서비스 제공 중 사고가 발생하면 즉시 시설장 또는 관리책임자에게 보고한다.

04 정답 ⑤

오답해설

①·② 무릎을 펴서 들어 올린다.
③ 물건을 최대한 몸 가까이에 위치하도록 하여 들어 올린다.
④ 물건을 든 상태에서 방향을 바꿀 때 허리를 돌리지 않고 발을 움직여 방향을 조절한다.

05 정답 ①

정답해설

① 결핵균에 감염된 사람이 대화, 기침 또는 재채기를 할 때 결핵균이 섞인 미세한 가래 방울이 일시적으로 공기 중에 떠 있게 되는데, 주위 사람들이 숨을 들이쉴 때 그 공기가 폐 속으로 들어가 감염된다. 따라서 결핵이 의심되는 대상자를 돌볼 때는 보호장구(마스크, 장갑 등)를 착용해야 한다.

오답해설

② 옴은 감염력이 매우 강하여 잘 옮는다. 따라서 대상자는 물론 같이 사는 가족이나 동거인, 요양보호사 등 대상자와 접촉한 사람은 증상 유무와 상관없이 함께 동시에 치료한다.
③ 인플루엔자(독감)는 증상이 생기기 하루 전부터 감염이 시작되며, 증상이 생긴 후 5일 이상 병을 퍼뜨릴 수 있으므로 인플루엔자에 걸린 요양보호사는 일주일 정도 쉬어야 한다.
④ 노로바이러스는 감염력이 강하고 장염을 잘 일으킨다. 따라서 개인위생을 철저히 할 뿐만 아니라 어패류 등을 섭취 시 반드시 익혀서 먹도록 한다.
⑤ 머릿니 감염 대상자를 돌본 후 귀가 시에는 옷을 꼭 세탁하고, 샤워나 목욕을 한다.

06 정답 ⑤

정답해설

⑤ 긴장이완기법은 스트레스에 의해 유발되는 심리적 또는 생리적 반응을 해소할 수 있고 맥박, 땀 등의 감소를 가져오며, 심리적 불안의 감소도 돕는다. 자신이 원하는 부위에 대해 7개 정도 범위 내에서 선택하여 진행한다.

제2부 노화와 건강증진

CHAPTER 06 노화에 따른 변화와 질환

01	02	03	04	05	06	07	08	09	10
③	②	③	②	①	①	⑤	①	⑤	②
11	12	13	14	15	16	17	18	19	20
⑤	④	②	②	①	③	②	④	③	⑤
21	22	23	24	25	26	27	28	29	30
③	⑤	④	②	⑤	②	③	⑤	②	①
31	32	33							
④	⑤	①							

01 정답 ③
오답해설
① 맛을 느끼는 세포 수가 줄어든다.
② 짠맛과 단맛에 둔감해지고 쓴맛은 여전히 잘 느낀다.
④ 췌장의 호르몬 분비 감소로 당내성이 떨어진다.
⑤ 직장벽의 탄력성이 감소하고 항문괄약근의 긴장도가 떨어져 변실금이 발생할 수 있다.

02 정답 ②
정답해설
② 충분히 씹지 못한 상태의 음식물을 섭취하거나 자극적인 약물·화학성분의 섭취, 과식 등 무절제한 식습관, 부패한 음식 섭취 등으로 인해 위염이 발생할 수 있다. 급성 위염은 갑자기 발생하는 위 점막의 염증을 말하며, 급성 위염이 완치되지 못하고 방치되거나 재발하는 경우 만성 위염으로 진행된다.

03 정답 ③
정답해설
위궤양의 원인
- 잘못된 식습관 혹은 위에서 분비되는 소화효소에 의한 위 점막 손상
- 담배·알코올·커피 섭취 혹은 해열제·진통제·소염제의 잦은 사용으로 인한 위 자극
- 위 내 헬리코박터균에 의한 감염
- 스트레스

04 정답 ②
정답해설
② 호흡기계가 노화되면 기침반사가 감소하고 섬모운동이 저하되어 미세물질을 걸러내지 못한다.

05 정답 ①
정답해설
① 폐렴은 세균, 바이러스, 곰팡이, 화학물질에 의해 폐 조직에 염증이 생겨 기관지가 두꺼워지고 섬유화되어 폐로 산소를 흡수하는 능력이 감소하는 질환이다.

06 정답 ①
오답해설
② 비누나 손소독제를 활용하여 흐르는 물에 손을 씻거나, 알코올 제제를 사용한다.
③ 일회용 마스크는 젖으면 필터링기능이 떨어지므로 바로 교환하고 재사용하지 않는다.
④ 기침이나 재채기를 할 때는 코와 입을 휴지나 손수건으로 가린다.
⑤ 기침이나 재채기를 할 때 코나 입을 손으로 가리면 손에 묻은 균이 다른 물건에 묻어 결핵균이 전파되기 쉽다. 따라서 반드시 소매로 가린다.

07 정답 ⑤
정답해설
⑤ 심혈관계 질환 대상자는 누워 있다가 갑자기 일어나거나, 소변을 보기 위해 앉았다 일어나는 등의 체위 변화에 따라 기립성 저혈압이 발생한다.

08 정답 ①
오답해설
②·③ 전체 고혈압의 90~95%가 본태성(일차성) 고혈압에 해당하며, 일차성 고혈압은 유전, 흡연, 음주, 스트레스, 짠 음식, 비만 등의 요인과 관련된다.
④ 성인의 최고 혈압이 120mmHg, 최저 혈압이 80mmHg인 경우 정상적인 혈압으로 본다.
⑤ 속발성(이차성) 고혈압은 다른 질병의 합병증으로 발생하는 고혈압으로, 원인이 되는 질병이 치료되면 혈압도 정상화된다.

09 정답 ⑤

정답해설
⑤ 약 복용 시 혈압이 조절된다고 해서 임의로 약을 끊으면 약효가 떨어지자마자 혈압이 다시 올라간다. 따라서 의사의 처방에 따라 약을 먹어야 한다.

오답해설
① 혈압약은 의사에게 처방받아야 한다.
② 증상이 없어도 혈압이 높으면 치료해야 한다.
③ 증상이 완화되더라도 약을 중단하지 말고 반드시 의사의 처방에 따른다.
④ 고혈압은 증상이 없는 경우가 대부분이기 때문에 의사의 처방이 있으면 약을 먹어야 한다.

10 정답 ②

오답해설
① 소금 섭취와 동물성 지방 섭취를 줄인다.
③ 고혈압은 증상이 없는 경우가 대부분이기 때문에 의사의 처방이 있으면 계속 약을 먹어야 한다.
④ 일주일에 3~5일, 심장에 무리가 없는 적당한 운동을 규칙적으로 하게 한다.
⑤ 표준체중이더라도 복부 비만은 심혈관계 질환의 위험 요인이 되므로 조절해야 한다.

11 정답 ⑤

정답해설
⑤ 동맥경화증은 동맥 혈관의 안쪽 벽에 지방이 축적되어 혈관 내부가 좁아지거나 막혀 혈액의 흐름에 장애가 생기고 혈관 벽이 굳어지면서 발생하는 질환이다.

12 정답 ④

정답해설
④ 관상동맥질환, 고혈압, 심장병이나 신장병은 심부전을 발생시킬 수 있는 요인들이다.

13 정답 ②

정답해설
② 고혈압과 고지혈증, 심장병과 신장병 등이 심부전의 원인이 될 수 있으므로 이를 치료하는 것이 심부전을 치료·예방하는 데 도움을 줄 수 있다.

14 정답 ②

정답해설
② 빈혈은 적혈구나 헤모글로빈이 부족하여 혈액이 몸에서 필요한 만큼의 산소를 공급하지 못하는 상태를 말한다. 노인에게는 철분이 부족하여 생기는 빈혈이 흔하게 나타난다.

15 정답 ①

정답해설
① 굴에 있는 철분, 구리, 타우린 등의 성분은 콜레스테롤 수치를 낮추기 때문에 빈혈의 예방과 해소에 도움을 준다.

16 정답 ③

오답해설
① 어깨가 좁아지고 골반이 커진다.
② 팔과 다리의 지방은 감소하고 엉덩이와 허리의 피하지방은 증가한다.
④ 근긴장도와 근육량이 저하되어 운동능력이 감소한다.
⑤ 뼈의 질량 감소로 골격이 약해져 작은 충격에도 골절되기 쉽다.

17 정답 ②

정답해설
② 영양 흡수의 장애 및 칼슘 섭취 부족으로 골다공증이 발생할 수 있다.

18 정답 ④

정답해설
④ 비타민 D는 골다공증의 치료 및 예방에 도움을 준다. 음식으로 섭취하거나 약물로 복용하고, 햇볕을 쬐어 생성시키기도 한다. 햇볕을 쬘 때는 오전 10시에서 오후 2시까지의 강렬한 자외선은 피하고, 그 시간 전후로 주 2~3회 정도 쬔다. 팔, 다리 등에 30분~1시간 정도의 자외선을 쬐어주면 충분한 양의 비타민 D를 합성할 수 있다.

19 정답 ③
오답해설
① 질벽이 얇아지고 탄력이 떨어진다.
② 유방과 유방을 지지하는 근육이 위축되어 가슴이 처지고 작아진다.
④ 질의 윤활작용이 감소하여 성교가 어렵고, 성교 시 통증이 생길 수 있다. 그러나 성적 욕구가 감소하는 것은 아니다.
⑤ 질의 수축 및 분비물 저하로 질염이 발생하기 쉽다.

20 정답 ⑤
정답해설
⑤ 여성 노인은 노화로 인해 골반 근육의 조절능력이 약해져 요실금이 발생할 수 있다.

21 정답 ③
정답해설
③ 식이섬유소가 풍부한 채소와 과일 섭취로 변비를 예방한다.
오답해설
① 충분한 수분 섭취로 방광의 기능을 유지한다.
②·④ 복압성 요실금은 기침, 웃음, 재채기, 달리기, 줄넘기 등 복부 내 압력 증가로 인해 소변이 나오는 것이다.
⑤ 카페인은 잦은 배뇨 또는 배뇨 조절 어려움의 원인이 될 수 있으므로, 요실금 대상자에게는 섭취를 자제시킨다.

22 정답 ⑤
정답해설
⑤ 전립선비대증은 전립선이 커져서 요도를 압박하는 질환으로, 노화에 따른 남성 호르몬 감소, 여성 호르몬 증가 등 호르몬 불균형과 비만, 고지방·고콜레스테롤 음식 섭취 등으로 인해 발병할 수 있다.
오답해설
①·②·③·④ 노인 요실금의 요인이다.

23 정답 ④
오답해설
① 옴 : 옴진드기가 피부에 서식하며 피부병을 유발하는 질환
② 건선 : 은백색의 피부 각질로 덮인 붉은 반점이 나타나는 피부질환
③ 습진 : 가려움, 홍반, 부종, 진물 등의 증상을 보이는 피부질환
⑤ 대상포진 : 수두를 일으키는 바이러스에 의하여 피부와 신경에 염증이 생기는 질환

24 정답 ③
오답해설
① 파우더는 화학물질이 피부를 자극하거나 땀구멍을 막으므로 사용을 금한다.
② 천골 부위에 도넛 모양의 베개를 사용할 경우 압박받는 부위의 순환을 저해할 수 있으므로 사용을 삼간다.
④ 젖은 침대 시트는 바로 교체하고 시트에 주름이 있으면 욕창이 더 잘 생기므로 주름을 편다.
⑤ 특정 부위에 압력이 집중되지 않도록 침대에서는 적어도 2시간마다, 의자에서는 1시간마다 자세를 바꾸어 준다.

25 정답 ②
오답해설
① 완치 여부를 확인하기 위해 2주 후에 내원한다.
③ 가족 또는 동거인 등 신체접촉이 있었던 모든 사람은 증상 유무에 관계없이 동시에 함께 치료하는 것이 중요하다.
④ 옴진드기가 가장 활동적인 밤에 약을 바르고 다음날 아침에 씻어낸다.
⑤ 항옴진드기 약이 묻은 내복과 침구는 뜨거운 물로 10~20분간 세탁하고, 세탁 후 3일 이상 사용하지 않는다. 세탁이 어려운 것은 3일간 햇볕에 널거나 다리미로 다린 후 사용한다.

26 정답 ⑤

정답해설

기저귀피부염(기저귀 습진)의 치료 및 예방법
- 피부가 대소변에 오래 접촉하여 생기므로, 기저귀를 자주 갈아주어 습하지 않도록 한다.
- 통풍이 필요하다.
- 진균(곰팡이) 치료를 위한 항진균제나 스테로이드 연고를 처방받아 바른다.

27 정답 ③

정답해설

지루성 피부염의 증상
- 피지선(기름샘)의 활동이 증가한 부위에 발생한다.
- 피부가 붉게 변하며 마치 생선 비늘과 같은 흰색 인설이 동반된다.

오답해설
① 옴의 증상이다.
② · ⑤ 노인성 자반의 증상이다.
④ 대상포진된다.

28 정답 ⑤

오답해설
① 여성 노인의 머리, 겨드랑이, 음부의 털은 줄지만 입가와 뺨 등 얼굴의 털은 증가한다. 남성 노인의 경우 머리털과 수염이 줄고 입가나 뺨에는 털이 많아진다.
② 노인의 각질층에는 수분 함유량이 적기 때문에 소양증은 밤과 겨울철에 더욱 심해진다.
③ 피하조직의 감소로 기온에 민감해져 저체온, 오한, 압박에 대한 손상의 위험이 커진다. 또한, 피하지방의 감소로 인해 수분이 소실되어 피부가 건조해지고 주름살이 생기며, 눈꺼풀이 늘어지고 이중 턱이 된다.
④ 발톱이나 손톱이 딱딱하고 두꺼워지며, 세로줄이 생기고 잘 부서진다.

29 정답 ②

오답해설
① 신맛과 쓴맛을 감지하는 미뢰는 기능을 유지하나, 단맛과 짠맛을 감지하는 미뢰의 기능은 점차 떨어진다.
③ 노인성 난청은 여성보다 남성에게 흔하게 나타난다.
④ 노인이 되면 통증에 대한 민감성이 감소하여 둔감한 반응을 보인다. 따라서 접촉의 강도가 높아야 접촉감을 느낄 수 있다.
⑤ 망막과 신경계의 변화에 의해 가까운 물체에 초점을 맞추는 능력이 상실되는 '노안'이 된다.

30 정답 ①

오답해설
② 발톱은 일자로 자른다.
③ 발을 씻고 나면 잘 말려주고, 건조하지 않게 로션 등을 발라주는 것이 좋다.
④ 양말은 항상 착용하는 것이 좋다.
⑤ 차갑거나 뜨거운 곳에 발을 노출하지 않아야 한다.

31 정답 ④

정답해설
④ 우울증에 걸리면 불면증이나 불안 증상이 흔하게 발생하며, 식욕과 체중에 변화가 나타난다. 매사에 관심이 없고 즐거운 것이 없으며, 잠을 지나치게 많이 자거나 못 자는 등 수면 양상의 변화가 나타난다.

32 정답 ⑤

오답해설
① 섬망은 급성질환이고, 치매는 만성질환이다.
② 섬망은 의식의 변화가 있지만, 치매는 말기까지 의식의 변화가 적다.
③ 섬망은 갑자기 나타나며, 치매는 서서히 나타난다.
④ 섬망은 주의집중력이 매우 떨어지지만, 치매는 주의 집중력이 별로 떨어지지 않는다.

33 정답 ①

오답해설

② 섬망은 신체균형이 깨진 경우에 발생한다. 의식장애로 인해 주의력 저하뿐만 아니라 감정, 정서, 사고, 언어 등 인지기능 전반의 장애와 정신병적 증상을 일으킨다.
③ 간찰진은 피부가 접히는 부위에 발생하는 붉은 변화로 마찰, 열, 습윤(요실금 등), 짓무름, 공기 순환 부족 등에 의해 나타난다. 감염에 의해 악화한다.
④ 우정문신은 일제강점기에서 6.25 전쟁 당시 10대 ~20대 여성들 사이에 유행한 팔뚝 문신으로서, 주로 먹물을 묻힌 실을 바늘에 꿰어 새긴 것으로 피부병은 아니다.
⑤ 노인성 증후군이란 특히 허약한 노인에게서 흔하면서 그 원인이 다양하고 치료와 동시에 돌봄이 중요한 증상이나 소견을 뜻한다.

CHAPTER 07 치매, 뇌졸중, 파킨슨질환

01	02	03	04	05	06	07	08	09	10
④	③	④	④	①	①	④	⑤	②	①
11	12								
④	②								

01 정답 ④

오답해설

① 치매는 뇌의 질환이다.
② 힌트를 주거나 나중에 생각해도 거의 기억하지 못한다.
③ 수일 전 혹은 수 주일 전의 일에 대한 단기 기억력 저하가 먼저 생기고, 병이 심해지면서 장기 기억력 저하가 온다.
⑤ 노인성 치매인 알츠하이머병의 비율이 가장 높다.

02 정답 ③

정답해설

③ 치매 초기에는 물건을 둔 장소를 기억하지 못하며, 물건을 자주 잃어버리는 등 혼자서 지낼 수 있는 수준에서 기억력 저하 증상이 발생한다. 가까운 가족이나 동료들이 질환을 알아차리기 시작한다.

03 정답 ④

오답해설

① 수일 전 혹은 수 주일 전의 일에 대한 단기 기억력 저하가 먼저 발생하고, 병이 심해지면서 장기 기억력 저하가 발생한다.
② 식욕의 변화가 생기고 얕은 잠을 자며 자주 깬다.
③ 고집스럽고 이기적이며 논쟁적이고 자주 화를 내는 성격으로 변화한다.
⑤ 언어구사능력이 저하되어 대화 중 적절한 단어가 떠오르지 않아 말문이 자주 막히고, 말수가 현저하게 감소한다.

04 정답 ④

정답해설

④ 건망증은 경험의 일부 중 사소하고 덜 중요한 일을 잊어버리지만, 치매는 경험한 사건 전체나 중요한 일도 잊는다.

건망증과 치매의 비교

건망증	치 매
생리적인 뇌의 현상	뇌의 질환
증상이 심해져도 독립적인 생활이 가능하다.	말기로 가면 독립적인 생활이 불가능하다.
일상생활에 지장이 없다.	일상생활에 지장이 있고 수발이 필요하다.
경험의 일부 중 사소하고 덜 중요한 일을 잊는다.	경험한 사건 전체나 중요한 일도 잊는다.
힌트를 주거나 시간이 지나 곰곰이 생각하면 기억이 난다.	힌트를 주거나 나중에 생각해도 거의 기억하지 못한다.

05 정답 ①
오답해설
② 뇌간 부위에 뇌졸중이 발생하면 의식이 저하된다.
③ 좌측 뇌가 손상된 경우 우측 마비와 함께 말을 못하거나 남의 말을 이해하지 못하는 실어증이 발생한다.
④ 손상된 뇌의 반대쪽 팔다리, 안면하부에 갑작스러운 마비가 온다.
⑤ 뇌졸중으로 인한 뇌 손상 부위가 광범위하면 의식이 저하된다.

06 정답 ①
정답해설
① 연하곤란은 영양실조, 폐렴 등의 합병증을 일으킬 수 있다. 특히 음식이나 침이 기도를 통해 폐로 들어가 세균이 폐렴을 일으키는 '흡인성 폐렴'의 발병률이 높다.

07 정답 ④
정답해설
④ 뇌졸중은 뇌혈관이 막힌 뇌경색과 뇌혈관이 터진 뇌출혈로 구분된다.

08 정답 ⑤
정답해설
⑤ 소뇌 손상 시 메스껍고 토하는 증상을 보이는 동시에 균형감을 상실하여 몸의 불균형을 보인다.

09 정답 ②
오답해설
① 요양보호사의 부정확한 판단이 대상자 및 가족에게 혼란과 걱정을 유발할 수 있기 때문에 질병명을 예측하여 말하면 안 된다.
③ 이상행동 시 부정이나 설득보다는 따뜻한 분위기 속에서 수용하고 지지해야 한다.
④ 요양보호사가 의사를 대신하여 수술 혹은 약물치료와 관련된 이야기를 하면 안 된다.
⑤ 뇌졸중이나 파킨슨질환으로 발생한 마비는 회복이 늦어지거나 어려울 수 있기 때문에 체위변경과 올바른 자세유지, 관절운동 등 재활치료를 조기에 시작하는 것이 중요하다.

10 정답 ①
정답해설
① 떨림(진전) : 파킨슨질환의 가장 초기에 흔히 보이는 운동증상으로, 움직일 때보다 가만히 있을 때 주로 나타난다. 손과 다리에서 먼저 시작되는 경우가 많으며, 종종 팔다리 전체, 얼굴 등에서 떨림이 보이기도 한다.

파킨슨질환의 비운동증상

수면 이상	많은 파킨슨병 환자에게 불면증이 있으며, 과도한 주간 졸림, 기면증 등도 발생할 수 있다.
감각 이상	통증이나 후각기능저하 등이 발생할 수 있다.
인지기능 장애	파킨슨병 환자들에게 기억력 저하는 흔히 동반되는 증상이다.
신경 정신 증상	파킨슨병 환자에게서는 우울, 불안, 피로, 환각, 망상 등의 증상이 발생할 수 있다.
자율신경계 증상	기립성 저혈압, 변비, 성기능장애, 소변증상(야간뇨, 빈뇨) 등이 발생할 수 있다.
기 타	변비, 피로 등의 증상이 나타난다.

11 정답 ④
정답해설
④ 파킨슨병은 도파민 분비 장애로 발생한다. 무표정, 느린 행동, 근육경직 및 안정 시 떨림 등의 증상이 나타난다. 또한, 무릎관절·고관절·팔꿈치·손목 관절이 굴곡되어 앞으로 굽힌 자세를 보이며, 자세반사의 소실로 자주 넘어진다. 균형감각의 소실이 나타나기도 한다.

12 정답 ②
정답해설
② 파킨슨질환은 약물요법을 병행하면서 관절과 근육이 경직되지 않도록 해야 하고, 근육 스트레칭과 관절운동 등으로 치료한다.

CHAPTER 08 노인의 건강증진 및 질병예방

01	02	03	04	05	06	07	08	09
④	⑤	④	②	①	④	⑤	②	②

01 정답 ④
오답해설
① 음식이 뜨거우면 짠맛을 제대로 느낄 수 없기 때문에 음식이 뜨거울 때 간을 맞추지 않는다.
② 무기질, 비타민, 항산화물질 섭취를 위해 해조류, 버섯류, 채소, 과일류를 자주 먹는다.
③ 매일 신선한 채소, 과일과 함께 곡류, 고기·생선·달걀·콩류·우유·유제품을 균형 있게 섭취해야 한다.
⑤ 물을 충분히 마셔야 한다.

02 정답 ⑤
정답해설
⑤ 앉거나 서서 하는 정적인 활동을 하거나 동적인 활동(풍선 치기 등)을 한다.

오답해설
①·②·③·④ 태권도, 농구, 탁구, 배드민턴, 스쿼시, 테니스 등과 같이 방향을 빠르게 바꾸어야 하는 운동이나 동작은 금한다.

03 정답 ④
오답해설
① 시원하고 바람이 잘 통하며 땀을 흡수하는 옷을 입고 운동한다.
② 적어도 10분 이상 준비운동을 하여 유연성을 높여 근육이 손상되는 것을 방지한다.
③ 운동이 끝난 후에는 안정 시의 심박동 수로 돌아올 때까지 마무리운동을 한다.
⑤ 낮은 수준으로 운동을 시작하여 상태를 보면서 점차 강도를 올린다.

04 정답 ②
정답해설
② 취침 시간이 너무 길면 오히려 불면증이 올 수 있으므로 일정한 시각 잠자리에 들고 매일 아침 일정한 시간에 일어나게 한다.

오답해설
① 밤잠을 설치게 되므로 낮잠을 자지 않게 한다.
③ 과식하면 숙면이 어려우므로 저녁에 과식하지 않게 한다.
④ 늦게까지 텔레비전을 시청하는 등 지나치게 집중하는 일을 하지 않게 한다.
⑤ 공복감으로 잠이 안 오는 경우 따뜻한 우유 등을 마시게 한다.

05 정답 ①
오답해설
편안한 수면을 위한 지원
- 15~25℃ 전후의 온도, 40~60%의 습도로 쾌적한 환경 조성
- 야간에 편하게 잘 수 있는 수면복장 착용
- 통기성이 좋고 대상자가 선호하는 침구 사용
- 야간 취침 전 영역별 개인에 맞춘 요양(구강, 족욕, 배설 등) 제공

06 정답 ④
오답해설
① 여성 노인은 질 분비물이 줄어들므로 윤활제를 사용하는 것이 좋다.
② 성생활은 뇌졸중 재발과 관련이 없으므로 뇌졸중 노인의 성생활을 막을 필요는 없다.
③ 전립선 절제술은 발기하는 데 문제를 유발하지 않는다.
⑤ 일부 항파킨슨 약물치료제는 성적 욕구를 높여주지만, 성생활 수행능력까지 반드시 높여주는 것은 아니다.

07 정답 ⑤

오답해설

① 안주로 지방질이 많은 음식을 삼가고 동물성 단백질과 식물성 단백질이 적절히 혼합된 음식이나 채소를 선택하는 것이 좋다.
② 음식을 먹고 술을 마시면 알코올의 흡수가 늦어지기 때문에 덜 취한다.
③ 암 예방을 위해서는 한두 잔의 술도 피한다.
④ 적정 음주나 술 끊기 관련 결심과 공표는 기념일, 이사 날, 새해 등으로 선택하여 기억하기 쉽게 한다.

08 정답 ②

정답해설

② 1차 기본접종으로 디프테리아, 파상풍, 백일해를 접종하고, 이후 10년마다 파상풍과 디프테리아를 추가 접종한다.

09 정답 ②

오답해설

① 외출 전에는 날씨 정보를 확인하고 추운 날에는 가급적 야외활동을 하지 않는다.
③ 폭염 시에는 가급적 야외 활동이나 작업을 자제한다. 특히 한낮에는 외출이나 논밭일, 비닐하우스 작업 등을 삼가고 부득이 외출할 때는 헐렁한 옷차림에 챙이 넓은 모자와 물을 휴대한다.
④ 폭염 시 현기증, 메스꺼움, 두통, 근육 경련 등이 있을 때는 시원하고 통풍이 잘 되는 장소에서 쉬고 시원한 물이나 음료를 천천히 마신다.
⑤ 동상으로 병원 방문이 어려울 때는 가능한 한 환자를 따뜻한 장소로 이동시키고 동상 부위를 따뜻한 물에 담그는 것이 좋다.

제3부 요양보호와 생활지원

CHAPTER 09 의사소통과 정서지원

01	02	03	04	05	06	07	08	09	10
④	④	⑤	①	⑤	④	③	④	④	③
11	12	13	14	15	16	17	18	19	20
⑤	④	③	④	①	⑤	④	③	⑤	①
21	22	23	24	25	26	27	28	29	30
⑤	③	④	⑤	①	②	③	⑤	⑤	④
31	32	33							
②	③	①							

01 정답 ④

정답해설

④ 비언어적 의사소통 기법 중 자세에 있어 바람직한 태도이다.

오답해설

①·② 비언어적 의사소통 기법 중 얼굴 표정에 있어 바람직하지 않은 태도이다.
③·⑤ 비언어적 의사소통 기법 중 눈맞춤에 있어 바람직하지 않은 태도이다.

02 정답 ④

정답해설

④ 메라비언의 법칙에 의하면 상대방과의 의사소통에 영향을 미치는 요소 중 가장 중요한 것은 비언어적 요소(시각적 요소)이며, 그 다음은 음성(청각적 요소), 언어적 요소(말의 내용)이다.

03 정답 ⑤

정답해설

⑤ 치매 대상자와 의사소통 시 치매 대상자를 존중하여야 한다. 대상자에 대한 편견을 버리고 대상자의 행동을 수용하며, 대상자를 일방적으로 비난하지 않도록 한다.

04 정답 ①

정답해설

나-전달법(I-Message전달법)의 내용
- 상황에 대해 내가 느끼는 바나 원하는 바를 명확하고 솔직하게 말한다.
- 상대방의 행동과 상황에 대해 비난 없이 그대로 말한다.
- 전달할 말을 건넨 후 상대방의 말을 잘 듣는다.
- 상대방의 행동이 나에게 미치는 영향을 구체적으로 말한다.
- 나의 생각이나 감정을 전달할 때는 '나'를 주어로 말한다.

05 정답 ⑤

오답해설
① 천천히 차분하게 이야기한다.
② 눈을 보면서 정면에서 말한다.
③ 원활한 의사소통이 이루어지도록 정보를 충분히 제공하면서 말한다.
④ 밝은 방에서 입모양을 볼 수 있게 시선을 서로 맞추면서 말한다.

06 정답 ④

정답해설
④ 대상자를 만나면 신체접촉을 하기 전에 먼저 말을 건네어 알게 한다.

오답해설
① 대상자의 정면에서 이야기한다.
②·③ '여기', '이쪽' 등 지시대명사를 사용하지 않고 사물의 위치를 정확히 시계 방향으로 설명한다.
⑤ 전달하기 어려운 형태나 사물은 촉각으로 이해시킨다.

07 정답 ③

정답해설

지남력장애 대상자와 이야기하는 방법
- 모든 물품에 이름표를 붙인다.
- 대상자의 이름과 존칭을 일관되게 사용한다.
- 대상자에게 시간, 장소, 사람, 날짜, 달력, 시계 등을 자주 인식시킨다.
- 대상자를 일관성 있게 대하도록 노력한다.
- 주의사항을 그림이나 문자로 적어서 제시한다.

08 정답 ④

정답해설

바이스텍의 7원칙
- 대상자를 개인으로 파악한다(개별화 : Individualization).
- 대상자의 감정표현을 존중한다(의도적 감정표현 : Purposeful Expression of Feelings).
- 자신의 감정을 자각하고 조절한다(통제된 정서적 관여 : Controlled Emotional Involvement).
- 받아들인다(수용 : Acceptance).
- 대상자를 일방적으로 비난하지 않는다(비심판적 태도 : The Nonjudgmental Attitude).
- 대상자의 자기결정을 돕고 존중한다(이용자의 자기결정 : Client Self-Determination).
- 비밀을 유지하여 신뢰를 쌓는다(비밀 유지 : Confidentiality).

09 정답 ④

정답해설

라포
라포는 '마음의 유대'라는 뜻으로, 두 사람 사이의 상호신뢰관계를 나타낸다. 라포는 의사소통의 기본이며, 라포 형성을 위해서는 신체언어·눈·호흡의 리듬·언어 등을 맞추는 것이 필요하다.

10 정답 ③

정답해설
③ 운동 활동 : 체조, 가벼운 산책 등

오답해설
① 소일 활동 : 텃밭 야채 가꾸기, 식물 가꾸기, 신문 보기, 텔레비전 시청, 종이접기, 퍼즐놀이 등
② 자기계발 활동 : 책 읽기, 독서교실, 그림 그리기, 서예교실, 시 낭송, 악기 연주, 백일장, 민요교실, 창작활동 등
④ 사교오락 활동 : 영화·연극·음악회·전시회 관람하기 등
⑤ 가족중심 활동 : 가족 소풍, 가족과의 대화, 외식나들이 등

11 정답 ⑤
정답해설
⑤ 장기요양 대상자의 여가활동 유형에서 책 읽기, 백일장 등은 자기계발 활동에 속한다.

12 정답 ④
정답해설
④ 사교오락 활동에는 영화·연극·음악회·전시회 관람하기 등이 있다.
오답해설
① 소일 활동 : 텃밭 야채 가꾸기, 식물 가꾸기, 신문보기, 텔레비전 시청, 종이접기, 퍼즐놀이 등
② 운동 활동 : 체조, 가벼운 산책 등
③ 종교참여 활동 : 교회·사찰·성당 가기 등
⑤ 가족중심 활동 : 가족 소풍, 가족과의 대화, 외식나들이 등

13 정답 ③
정답해설
망상 대처방법
- 부정, 설득, 논쟁하지 않기
- 조용하고 온화한 태도 유지하기
- 주장과 감정 수용하기
- 주의 전환하기
- 지속적인 관심과 배려 제공하기
- 전문의와 상담하기

14 정답 ④
정답해설
배회의 원인
- 기억력·지남력 저하
- 지루함, 불안감, 긴장감
- 환경변화 또는 낯선 환경
- 활동하고자 하는 욕구
- 무엇인가를 찾으려는 욕구

15 정답 ①
정답해설
대상자가 공격성을 보이는 상황에서의 대처방법
- 원인을 생각하고 차분히 대처하기
- 감정에 초점을 맞추고 마음 안정시키기
- 기분전환 유도하기
- 격려와 칭찬하기
- 과도한 요구하지 않기
- 거부하는 경우 쉼을 두고 시도하기

16 정답 ⑤
정답해설
바람직한 비언어적 의사소통 기법

얼굴 표정	다양하고 생기 있으면서 적절한 표정, 자연스러운 입모양, 간간이 적절하게 짓는 미소, 따뜻하게 배려하는 표정
자세	대상자를 향해 약간 기울인 자세, 대상자에게 관심을 보이며 편안한 자세, 팔과 손을 자연스럽게 놓는 상황에 따라 적절한 자세
눈맞춤	대상자와 같은 눈높이로 눈맞춤, 적절한 시선의 움직임
어조	크지 않고 온화한 목소리, 분명한 발음과 적절한 말 속도, 대상자의 정서에 반응하는 어조

17 정답 ④
정답해설
④ 라포 형성을 위해서는 신체언어와 눈, 호흡의 리듬, 언어를 맞추어야 한다. 신체언어의 경우 개입 상태에서는 몸을 앞쪽으로 기울이고 눈은 안쪽을 향하며, 관조 상태에서는 눈은 먼 곳을 응시하고 몸은 뒤로 젖힌다.

18 정답 ③
오답해설
① 상대방의 이야기를 잘 들은 후 대답을 정리한다.
② 듣고 싶지 않더라도 비판적 태도를 버리고 상대방의 이야기를 잘 듣는다.
④ 상대방이 하고자 하는 말의 의미를 잘 파악하고 이해하기 위해 자세히 듣는다.
⑤ 상대방의 말을 적극적으로 자세히, 충분히 듣고 이해한 후 조언한다.

19 정답 ⑤
정답해설
⑤ 바람직한 공감은 상대방의 말에 충분히 귀를 기울이고, 이를 상대방의 관점에서 이해하여 자신의 말로 요약하여 다시 반복해 주는 것이다.

20 정답 ①
정답해설
① 의사전달을 분명하게 하고, 특정 상대를 지칭하거나 비판하지 않는 것이 효과적인 말하기 방법이다.

21 정답 ⑤
정답해설
⑤ 해당 상황에서 상대방에게 나의 생각과 감정을 전달하고, 내가 느끼는 바를 명확하게 말한다.

22 정답 ③
정답해설
나-전달법(I-Message전달법)의 내용
- 상황에 대해 내가 느끼는 바나 원하는 바를 명확하고 솔직하게 말한다.
- 상대방의 행동과 상황에 대해 비난 없이 그대로 말한다.
- 전달할 말을 건넨 후 상대방의 말을 잘 듣는다.
- 상대방의 행동이 나에게 미치는 영향을 구체적으로 말한다.
- 나의 생각이나 감정을 전달할 때는 '나'를 주어로 말한다.

23 정답 ④
정답해설
④ 해당 상황에 대해 자신이 느끼는 바를 솔직하게 말하는 것이 '나-전달법'이다.

24 정답 ⑤
정답해설
⑤ 대상자가 말하는 내용에 대해 반복적으로 관심과 공감을 표현한다.

25 정답 ①
정답해설
① 평소보다 무기력해 보이는 어르신과는 날씨와 같이 편안한 주제로 이야기를 시작하며, 어르신이 반응을 보이면 바로 공감을 표시하는 것이 좋다.

26 정답 ②
정답해설
② '공감하기'는 상대방이 하는 말을 상대방의 관점에서 이해하고, 감정을 함께 느끼며, 자신이 느낀 바를 전달하는 것이다.

27 정답 ②
오답해설
① 실물, 그림판, 문자판 등을 이용하여 의사소통한다.
③ 면담할 때는 앉아서 이야기한다.
④ 긍정적 공감은 비언어적으로 표현하는 것이 좋다.
⑤ 눈 깜빡임, 손짓, 손에 힘을 주거나 고개를 끄덕이는 행동 등으로 의사를 표현하게 한다.

28 정답 ⑤
정답해설
치매로 인한 장애 대상자와의 의사소통
- 노인의 속도에 맞추기
- 이해하기 쉬운 단어로 간결하게 전달하기
- 말보다 감정표현 자주 하기
- '그 사람다움'을 소중히 하기
- 스킨십 자주 하기

29 정답 ⑤
오답해설
① 대상자가 젊은 시절 혹은 노년에 즐겨 하던 여가활동은 무엇인지 본인 혹은 가족에게 확인한다.
② 여가활동 후에는 대상자의 말과 행동 등에 대하여 기록한다.
③ 대상자가 선택한 여가활동의 이유와 희망 등을 확인한다.
④ 여가활동을 하기 위해 대상자가 심신기능 및 환경에 있어서 가지고 있는 강점과 약점을 파악한다.

30　정답 ④
오답해설
① 어려운 표현을 사용하지 않고 짧은 문장으로 천천히 이야기한다.
② 주의력에 영향을 주는 환경적 자극을 최대한 줄인다.
③ 대상자의 이름과 존칭을 함께 사용한다.
⑤ 목표를 인식한 후 단순한 활동을 먼저 제시한다.

31　정답 ②
정답해설
② 여러 사람과 함께하는 활동을 통해 외부와의 친목 도모를 유도한다.

32　정답 ③
정답해설
③ 자기계발 활동으로는 책 읽기, 독서교실, 그림 그리기, 서예교실, 악기 연주, 백일장, 민요교실, 창작활동 등이 있다.

33　정답 ①
정답해설
① 거동이 불편한 대상자의 여가활동으로는 정적인 자기계발 활동이나 소일 활동 등이 적절하다.

CHAPTER 10　요양보호 기록 및 업무보고

01	02	03	04	05	06	07	08	09	10
②	③	③	③	④	④	⑤	④	③	③
11	12	13	14	15	16	17	18	19	20
①	③	⑤	②	①	③	①	①	②	③
21									
②									

01　정답 ②
오답해설
① 평소의 모습을 관찰하여 작은 변화에도 반응을 보여야 한다.
③ 관찰할 때 대상자를 주관적인 관점에서 보게 되면 대상자의 상태를 추측으로만 판단하여 작은 변화를 간과하게 된다. 따라서 객관적인 관점에서 보도록 의식적으로 노력해야 한다.
④ 대상자의 모습을 평상시부터 관찰해 두는 것이 매우 중요하다.
⑤ 노인의 관찰을 위해서는 우선 사람을 확실히 관찰하는 습관이 필요하다. 관찰은 요양보호사가 노인의 감정을 파악하기 위한 중요한 도구이다.

02　정답 ③
정답해설
요양보호 기록의 목적
- 시설장 및 관련 전문가에게 중요한 정보를 제공한다.
- 요양보호사의 활동을 입증할 수 있다.
- 요양보호서비스의 연속성을 유지할 수 있다.
- 요양보호서비스의 내용과 방법에 대한 지도 및 관리에 도움이 된다.
- 요양보호서비스의 표준화, 요양보호사의 책임성 제고에 도움이 된다.
- 질 높은 서비스를 제공하는 데 도움이 된다.
- 가족과 정보를 공유하여 의사소통을 원활하게 한다.

03　정답 ③
정답해설
③ 관찰은 객관적으로 해야 하며, 기록 시 애매한 표현은 피하고 구체적으로 기록한다.

04　정답 ③
정답해설
요양보호사가 기록하는 기록지의 종류

인수인계서	인수인계업무 내용 기록
장기요양급여제공기록지	서비스 제공내용 및 시간 등 기록
상태기록지	섭취, 배설, 목욕 등 상태 기록
사고보고서	사고내용과 대응결과 기록
사례회의록	사례회의 검토 내용 및 결과 기록

05 정답 ④
정답해설
④ 상태기록지에는 대상자의 섭취, 배설, 목욕 등 상태를 기록한다.

오답해설
① 상담내용 및 결과는 상담일지에 기록한다.
② 인수인계업무 내용은 인수계획서에 기록한다.
③ 사고내용과 대응결과는 사고보고서에 기록한다.
⑤ 서비스 제공내용 및 시간은 급여제공기록지에 기록한다.

06 정답 ④
정답해설
④ 국민건강보험공단이 작성하는 서식으로는 장기요양인정서, 개인별 장기요양이용계획서 등이 있다.

오답해설
① 대상자가 인정신청 과정에서 작성하는 서식 유형
②·③·⑤ 장기요양기관이 작성하는 서식 유형

07 정답 ⑤
정답해설
⑤ 개인별 장기요양이용계획서는 수급자를 대상으로 장기요양현장에서 수행하는 모든 업무수행의 기초가 된다. 월 한도액 범위 내에서 수급자가 효율적인 장기요양 이용계획을 수립하고 급여를 이용할 수 있도록 지원하고, 제공기관이 급여제공계획서를 작성하고 수급자에게 적절한 급여를 제공하도록 지원하기 위해 도입되었다. 또한, 종합적이고 효과적인 급여제공을 위해 이용자와 서비스 제공자 간의 원활한 급여 이용을 돕고, 수급자와 가족의 효과적인 이용계획 수립을 지원한다.

08 정답 ④
정답해설
④ 스마트 장기요양 사용법 중 재가급여전자관리시스템 업무 절차는 태그신청 및 부착 → 사용자 등록 → 스마트장기요양앱(APP) 설치 → 급여내용 전송 → 청구 및 심사 순이다.

09 정답 ③
정답해설
③ 요양보호사의 주관적인 판단과 실제로 일어난 사실을 혼동하지 않도록 애매하거나 주관적인 내용은 피하고, 있는 사실을 정확하게 작성한다.

10 정답 ③
오답해설
① 장황하고 우회적으로 표현하지 말고, 분명하고 간결하며 쉽게 표현하여야 한다.
② 시간이 경과되면 기억이 희미해지거나 왜곡될 수 있으므로 가능한 한 빠른 시간 내에 작성한다.
④ 요양보호사의 생각·의견 등 주관적인 내용이 아닌 객관적인 사실을 토대로 기록한다.
⑤ 대상자의 활동을 입증하는 것이 아니라 요양보호사의 활동과 효과를 입증할 수 있도록 서비스 중심으로 기록한다.

11 정답 ①
정답해설
① 누가, 언제, 어디서, 무엇을, 어떻게, 왜 하였는지 육하원칙에 따라 기록한다.

오답해설
② 서비스 제공내용과 대상자의 반응에 대해 과정과 결과를 전체적으로 기록한다.
③ 요양보호사의 주관적인 생각이 아닌 사실을 그대로 작성한다.
④ 우회적으로, 장황하게 표현하지 말고 알기 쉽고 간결하게 작성한다.
⑤ 기록은 그때그때 빠른 시간 내에 작성한다.

12 정답 ③
정답해설
③ 시설장 및 관련 전문가는 요양보호사가 기록한 정보를 서비스 내용 및 방법 등의 점검·평가에 활용하므로 업무내용 기록은 시설장 및 관련 전문가에게 중요한 정보를 제공한다.

오답해설
① 요양보호서비스의 표준화, 요양보호사의 책임성 제고에 도움이 된다.

② 전문적이고 체계적인 요양보호 기록은 제공된 서비스를 점검하고 서비스의 효과를 평가하여 서비스의 질을 높이는 데 기여한다.
④ 요양보호 기록은 요양보호 서비스의 과정 및 결과를 기록한 것이기 때문에 요양보호사가 제공한 서비스의 내용과 방법이 적절했는지에 대해 관리자로부터 지도 및 관리를 받을 때 도움이 된다.
⑤ 서비스내용에 대한 정확하고 성실한 기록은 가족에게 신뢰감을 줄 수 있으며, 기록을 통해 가족과 정보를 공유함으로써 원활한 의사소통이 이루어질 수 있다.

13   정답 ⑤
정답해설
요양보호 업무보고가 중요한 이유
- 요양보호서비스의 질을 높일 수 있다.
- 타 전문직과의 업무협조 및 의사소통을 원활하게 할 수 있다.
- 사고에 신속하게 대응할 수 있으며, 피해를 최소화할 수 있다.

14   정답 ②
정답해설
요양보호 업무보고의 기본 원칙
- 객관적인 사실을 보고한다.
- 육하원칙에 따라 보고한다.
- 신속하게 보고한다.
- 보고내용이 중복되지 않게 한다.

15   정답 ①
오답해설
② 개인의 의견보다는 객관적 사항을 정확히 보고해야 한다.
③ 육하원칙에 따라 필요한 사항을 빠뜨리지 않고 보고한다.
④ 개인적인 판단은 반영하지 않는다.
⑤ 사건이 발생하면 바로 대응할 수 있도록 신속하게 보고한다.

16   정답 ③
오답해설
①·②·④·⑤ 관리자가 요양보호사에게 전달해야 할 내용이다.

17   정답 ①
정답해설
① 장기요양기관의 사례관리자(팀)는 수급자와 초기면접 후 욕구사정·사례회의를 실시하여 급여제공계획을 작성하고, 서비스 제공 관련 점검(모니터링)을 통해 서비스 조정을 실시한다.
오답해설
②·③·④·⑤ 건강보험공단 이용지원담당자(팀)는 상담을 통해 욕구사정을 실시한다. 또한, 개인별 장기요양이용계획서를 최종 확정하고, 급여제공계획의 내용을 확인하며, 최초 상담모니터링 등을 담당한다.

18   정답 ①
정답해설
① 장기요양기관에서 수행해야 할 사례관리 과정은 접수 및 초기면접 → 욕구사정 → 사례회의 1차(내부회의) → 급여제공계획서 작성 및 공단 통보(계약 및 조정) → 서비스 제공 → 기관 및 공단 이용지원팀의 점검(모니터링)·제공내용 통보 → 사례회의 2차(필요시) → 평가 및 종결·사후관리이다.

19   정답 ②
정답해설
② 보고내용이 복잡하거나 숫자나 지표가 필요한 경우, 정확히 보고할 필요가 있거나 자료를 보존할 필요가 있을 경우에는 서면보고가 적합하다. 서면보고는 정확한 기록을 남길 수 있다는 장점은 있으나 신속하게 보고할 수 없다는 단점이 있다.

20 정답 ③

정답해설

③ 사례회의는 대상자의 상황과 제공되는 서비스를 점검하고 평가하여 대상자의 욕구에 맞는 서비스를 제공하기 위한 회의이다. 일반적으로 사례회의에는 대상자와 관계된 보건, 의료, 사회복지 등 관련 전문직이 참석하지만, 재가장기요양기관에서의 사례회의에는 기관장, 사회복지사, 요양보호사가 참석한다.

21 정답 ②

정답해설

사례회의의 목적

- 대상자에게 제공되는 서비스의 질을 지속적으로 관리한다.
- 대상자에 대한 정보를 교환하고 요양보호의 목표를 공유하여 서비스의 질을 높인다.
- 대상자에 대한 서비스 제공 계획의 타당성을 검토하여 서비스 내용을 조정한다.
- 대상자와 관계된 직종들의 역할 분담을 명확히 한다.

CHAPTER 11 신체활동지원 Ⅰ

01	02	03	04	05	06	07	08	09	10
⑤	⑤	③	⑤	④	⑤	⑤	③	⑤	④
11	12	13	14	15	16	17	18	19	20
①	⑤	①	④	④	⑤	④	③	④	②
21	22	23	24	25	26	27	28	29	30
③	⑤	⑤	④	②	①	⑤	①	①	③
31	32	33	34	35	36				
①	⑤	②	⑤	①	②				

01 정답 ⑤

정답해설

⑤ 스스로 식사할 수 있는 대상자라도 식사하는 동안 사레, 질식 등 불편한 점이 발생하지 않도록 관찰해야 한다.

02 정답 ⑤

정답해설

⑤ 우유 및 유제품에 함유된 칼슘은 골절, 골연화, 골다공증을 예방하는 데 도움이 된다. 또한, 우유와 유제품에는 단백질, 무기질, 비타민 등이 들어있기 때문에 하루에 1회 분량의 우유 또는 유제품을 섭취하도록 한다.

오답해설

① 나트륨 섭취가 늘어나면 위염, 고혈압, 골다공증, 심장-뇌혈관질환의 위험이 높아진다. 따라서 싱겁게 조리하도록 한다.
② 하루에 6~7잔(1,000mL)의 물과 음료수를 섭취하는 것을 권장한다. 단, 물 대신 다른 음료를 마실 때는 당이 첨가되지 않은 음료를 선택한다.
③ 적절한 영양관리를 위하여 균형·절제의 식생활 지침을 준수하는 것이 중요하다.
④ 식사 때마다 절이지 않은 생채소 반찬을 포함해서 채소류 2~3가지를 먹게 한다.

03 정답 ③

정답해설

③ 경관영양액 주입 시 너무 진한 농도의 영양을 주입하거나 너무 빠른 속도로 주입하면 설사, 탈수를 유발할 수 있다. 반대로 너무 천천히 주입하는 경우에는 음식이 상할 수 있으므로 주의한다.

04 정답 ⑤

정답해설

⑤ 대상자가 의자에 앉았을 때 식탁의 윗부분이 대상자의 배꼽 높이에 올 정도의 높이가 가장 좋다.

오답해설

①·④ 팔걸이나 등받이가 있는 의자는 대상자가 좌우 균형을 잡는 데 도움이 된다.
② 의자에 앉을 때는 의자의 안쪽까지 깊숙이 앉게 한다.
③ 의자의 높이는 발바닥이 바닥에 닿을 수 있는 정도여야 안전하다.

05   정답 ④

정답해설

④ 치아 수가 부족하여 씹는 데 어려움이 있으나 삼키는 데 문제가 없는 대상자에게는 치아 상태에 따라 음식을 잘게 썰어 제공한다.

오답해설

① 일반식 : 치아에 문제가 없고 소화를 잘 시킬 수 있는 대상자에게 제공한다.
② 경구 유동식 : 대상자가 음식 맛을 느낄 수 있으므로 대상자의 입맛에 맞게 준비하고, 너무 차거나 뜨겁지 않게 한다.
③ 경관 유동식 : 대상자에게 연하능력이 없고 의식장애가 있을 때 비위관을 통하여 경관 유동식을 제공한다.
⑤ 갈아서 만든 음식 : 아주 잘게 썰어도 삼키기 힘든 대상자에게 음식의 원래 모양을 알아볼 수 없을 정도로 간 음식을 제공한다.

06   정답 ⑤

정답해설

⑤ 편마비 대상자에게는 건강한 쪽(왼쪽)에서 음식물을 넣어준다.

오답해설

①·② 건강한 쪽(왼쪽)을 밑으로 하여 약간 옆으로 누운 자세를 취하게 한다.
③ 영양액은 스스로 식사를 할 수 없는 대상자를 위한 것으로, 정상 체온 정도로 준비하는 것이 좋다.
④ 마비된 쪽(오른쪽)을 베개나 쿠션으로 지지하고 안정된 자세를 취하게 한 후 음식을 제공한다.

07   정답 ⑤

정답해설

⑤ 위 모양이 왼쪽으로 기울어져 있어서 오른쪽으로 누우면 기도로의 역류 가능성이 줄어들고, 중력에 의해 영양액이 잘 흘러 내려간다.

08   정답 ③

정답해설

③ 영양액이 중력에 의해 흘러 내려와 위장 속으로 들어가도록 위장보다 높은 위치에 건다.

오답해설

① 위의 모양이 왼쪽으로 기울어져 있어서 오른쪽으로 누우면 기도로의 역류 가능성이 줄어들고, 중력에 의해 영양액이 잘 흘러 내려간다.
② 영양액의 온도는 정상 체온 정도가 적절하며, 차가운 영양액이 주입되면 통증이 유발된다.
④ 너무 진한 농도의 영양액을 주입하거나 영양액을 너무 빠른 속도로 주입하면 설사나 탈수를 유발할 수 있으므로 1분에 50mL 이상 주입하지 않는다.
⑤ 비위관이 빠졌을 경우 요양보호사가 임의로 비위관을 밀어 넣거나 빼면 안 된다. 비위관이 새거나 영양액이 역류될 때는 비위관을 잠근 후 의료기관에 방문을 요청하거나, 반드시 시설장 및 관리 책임자, 간호사에게 연락해야 한다.

09   정답 ⑤

정답해설

⑤ 대상자가 입맛 없어 할 때는 다양한 음식을 조금씩 준비하여 반찬의 색깔을 보기 좋게 담아내 식욕을 돋운다.

오답해설

① 식사는 적절한 양으로 준비하며, 불편한 점이 있는지 살핀다.
② 대상자 옆에서 식사하는 것을 돕는다.
③ 단 음식 위주의 식사보다는 균형적이고 영양가 있는 식사를 할 수 있게 한다.
④ 식사 전 몸을 움직이거나 잠시 밖에 나가서 맑은 공기를 마시면 식욕이 증진된다.

10   정답 ④

정답해설

④ 위장관에서 흡수가 잘 되도록 충분히 물을 준다.

오답해설

① 알약은 약병에서 약 뚜껑으로 옮긴 후에 손으로 옮긴다.
② 알약의 개수가 많은 경우에는 2~3번으로 나누어 투약한다.
③ 대상자가 약을 삼키지 못할 경우 요양보호사가 임의로 약을 갈거나 쪼개지 말고 약사나 의사에게 문의하여 지시에 따른다.
⑤ 손으로 만진 약은 약병에 다시 넣지 않는다.

11 정답 ①

정답해설
① 안연고를 사용할 때 처음 나오는 것은 거즈로 닦아버린다. 외부 공기에 오염되었을 수 있기 때문이다.

오답해설
② 수액 병은 항상 대상자의 심장보다 높게 유지한다.
③ 대상자의 아랫눈꺼풀(하안검)을 아래로 부드럽게 당겨서 결막낭을 노출하여 아랫눈꺼풀(하안검)의 중앙이나 외측의 1~2cm 높이에서 안약 용액을 투여한다.
④ 약물이 귀 안쪽으로 잘 들어가도록 하기 위해서 대상자의 귀 윗부분을 잡고 뒤쪽(후상방)으로 잡아당겨야 한다.
⑤ 주사 주입은 의료인의 고유영역이므로 요양보호사가 하지 않는다.

12 정답 ⑤

정답해설
⑤ 약이 변질되지 않고, 효과가 유지되도록 제품 용기에 명시된 보관법에 따라 안전하게 보관해야 하며, 시럽제(물약)는 서늘한 곳에 직사광선을 피해 보관한다.

오답해설
① 햇빛을 피해 보관해야 약 성분이 변질되지 않는다.
② 알약은 원래의 약 용기에 넣어 건조한 곳에 보관해야 습기가 차지 않는다.
③·④ 안약이나 귀약은 투약 후 입구를 생리식염수 솜으로 잘 닦아 상온의 그늘진 곳에서 보관한다.

13 정답 ①

정답해설
① 변기가 너무 차가우면 피부에 닿았을 때 놀라게 되므로 미리 따뜻한 물(또는 따뜻한 수건)로 데워 둔다.

오답해설
② 배설 후에 이동변기 내에 있는 배설물을 처리하고 환기한다.
③ 가급적 대상자가 스스로 뒤처리를 할 수 있도록 한다. 대상자가 스스로 할 수 없는 경우에만 요양보호사가 이를 돕는다.
④ 침대의 높이와 이동변기의 높이가 같도록 맞춘다.
⑤ 안전을 위해 변기 밑에 미끄럼방지매트를 깔아주어 대상자가 변기에 앉을 때 흔들리지 않게 한다.

14 정답 ④

정답해설
④ 장기적으로 기저귀를 사용하는 경우 피부가 붉어지는지, 상처가 생기는지, 통증을 호소하는지 등을 살펴보고 욕창 예방 조치를 한다.

15 정답 ④

정답해설
시설장이나 간호사에게 보고해야 하는 배설물 상태
- 소변이 탁하거나 뿌옇다.
- 소변에서 거품이 많이 난다.
- 소변의 색이 진하다.
- 소변의 냄새가 심하다.
- 소변에 피가 섞여 나오거나 푸른빛의 소변이 나온다.
- 대변에 피가 섞여 나와 선홍빛이거나 검붉다.
- 대변이 심하게 묽거나 대변에 점액질이 섞여 나온다.

16 정답 ⑤

정답해설
⑤ 유치도뇨관이 막히거나 꼬여서 소변이 제대로 배출되지 않으면 방광에 소변이 차서 아랫배에 팽만감과 불편감이 있고 아플 수 있으므로 잘 살핀다.

오답해설
① 금기사항이 없는 한 수분 섭취를 권장한다.
② 소변량과 색깔을 2~3시간마다 확인한다.
③ 소변주머니를 방광 위치보다 높게 두지 않는다. 소변주머니가 높이 있으면 소변이 역류하여 감염의 원인이 된다.
④ 요양보호사는 유치도뇨관의 교환 또는 삽입, 방광세척 등을 절대로 하지 않는다.

17 정답 ④

정답해설
④ 소변주머니를 비울 때는 밑에 있는 배출구를 열어 소변기에 소변을 받은 후 배출구를 잠그고 알코올 솜으로 배출구를 소독한 후 제자리에 꽂는다.

18   정답 ③
정답해설
③ 유치도뇨관이 막히거나 꼬여서 소변이 제대로 배출되지 않으면 방광에 소변이 차서 아랫배에 팽만감과 불편감이 있고 아플 수 있다.

19   정답 ④
정답해설
④ 구강개구장치는 입을 열기 어렵거나 양치가 곤란한 경우 양치와 구강케어를 간편하게 도와주는 장치이다.

오답해설
① 입안 헹구기는 식사 전과 후에 모두 할 수 있다. 식전 입안 헹구기는 구강 건조를 막고, 타액이나 위액 분비를 촉진하여 식욕을 증진한다. 식후 입안 헹구기는 구강 내 음식물을 제거하여 구강을 청결히 하고, 음식물로 인한 질식을 예방한다.
② 먼저 윗니와 잇몸을 닦고 거즈를 바꾸어 아래쪽 잇몸과 아랫니를 닦은 후 입천장, 혀, 볼 안쪽을 닦아낸다.
③ 위쪽 의치를 먼저 빼서 의치용기에 넣는다.
⑤ 앉은 자세를 할 수 없는 경우 건강한 쪽을 아래로 향하게 하고 옆으로 누운 자세로 칫솔질한다.

20   정답 ②
정답해설
② 의치를 세척할 때는 의치 세정제를 사용하고, 주방세제를 대신 사용할 수 있다.

오답해설
①·③ 의치는 뜨거운 물에 삶거나 표백제에 담그면 안 된다. 변형이 될 수 있기 때문이다.
④ 전체 의치인 경우 건조를 막기 위해서 위쪽과 아래쪽 의치를 맞추어서 뚜껑이 있고 물이 담긴 용기에 넣어 보관한다.
⑤ 잇몸 압박 자극을 해소하기 위해 자기 전에는 의치를 빼서 보관한다.

21   정답 ③
정답해설
③ 칫솔모 아래쪽까지 깊게 치약을 눌러 짜야 한다.

22   정답 ⑤
정답해설
⑤ 머리를 앞으로 숙이기 힘든 경우 샤워 캡을 씌우고, 귀에 물이 들어가지 않도록 귀마개나 솜 등으로 귀를 막는다.

오답해설
① 젖은 머리를 수건으로 건조할 때는 머리카락을 비비지 말고 큰 수건으로 머리 전체를 감싸서 가볍게 두드려 물기를 제거한다.
② 추울 때에는 따뜻한 낮 시간대를 이용한다.
③ 헤어드라이어는 머리로부터 10cm 이상 떨어뜨려 사용한다.
④ 머리 감기 전의 실내온도는 22~26℃를 유지한다.

23   정답 ⑤
정답해설
⑤ 머리카락이 엉켰을 경우에는 물을 적신 후에 손질하며, 너무 세게 잡아당겨 대상자가 불편하지 않도록 한다.

오답해설
① 빗질은 매일 하는 것이 좋다.
②·④ 대상자의 기호와 의견을 물어서 머리를 손질한다.
③ 머리 손질 중간이나 머리 손질 후 대상자가 거울을 통해 용모를 확인할 수 있도록 한다.

24   정답 ④
정답해설
④ 대상자가 안경을 사용하는 경우에는 하루에 한 번 이상 안경 닦는 천으로 안경을 잘 닦거나 물로 씻어 깨끗하게 한다.

오답해설
① 눈은 부드럽고 깨끗한 수건을 이용해 안쪽에서 바깥쪽으로 닦는다.
② 이마는 머리 쪽으로 쓸어올리며 닦는다.
③ 면도를 할 경우 되도록 전기면도기를 사용하는 것이 안전하다.
⑤ 귓속 귀지는 의료기관에 가서 제거하는 것이 안전하다.

25 정답 ②

정답해설
② 마비 등으로 누워 있는 시간이 많은 대상자의 경우 머리가 짧아야 손질하기 쉽고 두피 관리에 좋으나, 대상자의 기호와 의견을 물어서 머리를 정돈한다.

오답해설
① 손톱은 둥글게, 발톱은 일자로 깎는다.
③ 노인의 피부는 건조하여 각질이 생기기 쉬우므로 오일이나 로션 등을 발라주어야 한다.
④ 회음부는 요도, 질, 항문 순서로 되어 있어 뒤쪽에서 앞쪽으로 닦으면 감염을 일으킬 수 있으므로 앞쪽에서 뒤쪽으로 닦는다.
⑤ 물을 사용할 수 없거나 신체적으로 움직이기 힘들 때는 드라이샴푸를 사용할 수 있다.

26 정답 ①

정답해설
① 노인의 피부는 건조하여 각질이 생기기 쉬우므로 오일이나 로션 등을 주기적으로 발라주어야 한다.

오답해설
② 비누를 이용해 손가락, 발가락 사이를 씻은 뒤 헹군다.
③ 피부의 색이나 상처, 분비물 유무를 시설장이나 간호사 등에게 보고한다.
④ 피부에 자극을 주는 침구나 모직의류 등은 피하고 면제품을 사용한다.
⑤ 따뜻한 물을 대야에 담은 후 손과 발을 10~15분간 담가 온기를 느끼게 함으로써 혈액순환을 촉진하고, 이물질을 쉽게 제거할 수 있다.

27 정답 ⑤

정답해설
⑤ 목욕 담요의 양쪽 아랫단 끝을 가까운 쪽 다리 안쪽으로 감고, 아랫단 가운데 부분으로 회음부를 덮는다.

오답해설
① 누워서 무릎을 세우게 하고 목욕담요로 대상자의 몸과 다리를 덮는다.
② 따뜻한 물을 음부에 끼얹고 물수건에 비눗물을 묻힌 다음 피부에 비눗기가 남지 않도록 깨끗이 닦는다.
③ 남성 대상자의 음경을 수건으로 잡고 겹치는 부분과 음낭의 뒷면을 잘 닦는다.
④ 회음부 청결 관리 시에는 대상자가 수치심을 느끼거나 성희롱 문제가 발생할 수 있으므로 최대한 대상자 스스로 하도록 돕는다.

28 정답 ①

정답해설
① 양쪽 하지를 닦을 때는 무릎을 세워서 발꿈치나 무릎 뒤를 손으로 받치고 발끝에서 허벅지 쪽으로 닦고 고관절 부위나 무릎의 뒷면도 닦는다.

오답해설
② 눈은 안쪽에서 바깥쪽으로 닦으며, 한쪽 눈을 닦고 다른 쪽 눈을 닦을 때에는 수건의 다른 면을 사용한다.
③ 눈 주변에는 비누를 사용하지 않는다.
④ 옆으로 눕게 하여 닦는다.
⑤ 말초 부위에서 중심부로 닦는다. 이는 정맥 혈액을 심장 쪽으로 밀어 올리는 데에 도움이 된다.

29 정답 ①

오답해설
② 대상자를 목욕의자에 앉히고 발 끝에 물을 묻혀 미리 온도를 느껴보게 한다.
③ 다리 → 팔 → 몸통의 순서로 물로 헹구고 회음부를 닦아낸다.
④ 욕실 온도는 22~26℃를 유지한다.
⑤ 따뜻한 물로 머리부터 아래 방향으로 비눗기를 씻어낸다.

30 정답 ③

정답해설
침상 목욕 시 얼굴 닦는 순서
눈 → 코 → 뺨 → 입 주위 → 이마 → 귀 → 목

31 정답 ①

정답해설
① 목욕수건 등을 걸쳐서 노출되는 부분을 적게 하여 수치심을 느끼지 않도록 한다.

오답해설
② 단추 등 앞여밈이 있는 옷이 좋다.
③ 상의와 하의가 분리된 옷을 고른다.

④ 편마비나 장애가 있는 경우 옷을 벗을 때는 건강한 쪽부터 벗긴다.
⑤ 허리나 소매가 조이지 않는 옷을 선택한다.

32 정답 ⑤
정답해설
⑤ 건강한 쪽 손으로 옷을 잡아 스스로 머리를 빼면 마비된 쪽 손을 뺄 수 있게 소매를 당겨준다.
오답해설
① 건강한 쪽 겨드랑이에 손을 넣어 팔꿈치를 빼고 소매를 잡아당겨 옷을 벗긴다.
② 옷의 몸통과 목 부분을 움켜잡아 머리를 끼운다.
③ 옷을 입을 때는 마비된 쪽 팔을 먼저 끼운다.
④ 옷을 벗길 때는 가슴까지 옷을 걷어 올린다.

33 정답 ②
정답해설
② 입힐 때 무릎을 세우고 둔부를 들어 바지를 허리까지 올린다.
오답해설
① 한쪽씩 다리를 들면서 바지를 벗긴다.
③ 벗길 때 바지의 허리 부분 양끝을 잡고 대퇴부 아래로 내린다.
④ 입힐 때 스스로 둔부를 들지 못하면 돌아눕게 하여 한쪽을 올린 후 다시 반대쪽으로 돌아눕게 하여 끌어올려 입힌다.
⑤ 벗길 때 스스로 둔부를 들지 못하면 한 손은 둔부를 들고 한 손은 바지를 좌우로 움직이며 아래로 내린다.

34 정답 ⑤
정답해설
⑤ 팔이 올라가지 않거나 팔꿈치가 구부러지지 않는 경우 양 소매를 통과시키고 나중에 머리를 통과시킨다.
오답해설
① 옷을 벗길 때 가슴까지 옷을 걷어 올린다.
② 옷의 목 부분을 늘여 머리를 통과시킨다.
③ 옷을 입힐 때는 마비된 쪽 손을 잡고 그쪽부터 입힌다.
④ 겨드랑이 밑으로 손을 넣어 팔꿈치를 빼고 소매를 잡아당겨 한쪽씩 벗긴 후 머리 쪽을 벗긴다.

35 정답 ①
정답해설
① 똑바로 누워 있어 체위변경이 필요한 대상자의 옷을 갈아입힐 때 요양보호사는 대상자의 마비된 쪽에 서서 상의의 한쪽 소매 끝에서 어깨선, 목선까지 모아 쥐고 악수하듯 대상자의 마비된 쪽 손을 잡는다. 그림에서 요양보호사가 대상자의 왼편에 서 있으므로 그림 속 대상자는 왼쪽 편마비 대상자임을 유추할 수 있다.

36 정답 ②
정답해설
② 체위변경이 필요한 대상자가 수액을 맞고 있을 때 옷을 입히는 경우 먼저 마비된 쪽의 팔에 소매를 낀다.
오답해설
① 상의의 소매 부분을 계단식으로 접어놓는다.
③·⑤ 바로 누운 자세를 취하게 한 후 수액을 건강한 쪽 소매의 안에서 밖으로 빼서 건다.
④ 대상자를 건강한 쪽으로 돌아눕게 한다.

CHAPTER 12 신체활동지원 Ⅱ

01	02	03	04	05	06	07	08	09	10
④	⑤	⑤	⑤	③	④	①	③	②	⑤
11	12	13	14	15	16	17	18	19	20
③	④	⑤	④	④	④	④	③	①	④
21	22	23	24	25	26	27	28	29	30
⑤	①	①	④	①	③	⑤	③	⑤	⑤
31									
①									

01 정답 ④

정답해설
④ 무릎을 굽히거나 돌려 눕는 방향과 반대쪽 발(왼쪽 발)을 다른 쪽 발(오른쪽 발) 위에 올려놓는다.

오답해설
① 요양보호사가 돌려 눕히려고 하는 쪽(오른쪽)에 선다.
② 돌려 눕히려고 하는 쪽(오른쪽)으로 머리를 돌린다.
③ 돌려 눕히려는 쪽의 손(오른쪽 손)을 위로 올리거나 양손을 가슴에 포개놓는다.
⑤ 대상자를 움직일 때 요양보호사가 대상자의 앞에서 수행해야 한다.

02 정답 ⑤

정답해설
침대에 걸터앉은 대상자를 일으켜 세우는 순서
대상자의 발을 무릎보다 살짝 안쪽으로 옮겨준다(가). → 요양보호사는 자신의 무릎을 대상자의 마비된 쪽 무릎 앞쪽에 대고 지지하여 준다(라). → 양손은 허리를 잡아 지지하고 대상자의 상체를 앞으로 숙이며 천천히 일으켜 세운다(다). → 대상자에게 좀 더 많은 보조가 필요하다면 요양보호사의 어깨로 대상자의 가슴(어깨 앞쪽)을 지지하여 상체를 펴는 데 도움을 줄 수 있다. → 대상자가 완전하게 양 무릎을 펴고 선 자세를 취하면 요양보호사는 앞쪽으로 넘어지지 않도록 선 자세에서 균형을 잡을 수 있을 때까지 잡아준다(나).

03 정답 ⑤

정답해설
⑤ 옆에서 보조하여 일으켜 세울 경우 요양보호사는 대상자의 마비된 쪽 가까이에 서고, 발을 대상자의 마비된 쪽 발 바로 뒤에 놓는다.

오답해설
① 대상자를 이동시키고자 하는 쪽에 선다.
② 대상자를 돌려 눕히려고 하는 쪽에 선다.
③ 편마비 대상자를 일어나 앉힐 때에는 건강한 쪽에 선다.
④ 침대에 앉히고자 하는 쪽에서 대상자를 향하여 선다.

04 정답 ⑤

정답해설
⑤ 하반신마비는 이완성마비인 경우가 많으므로 갑자기 무릎이 꺾여 넘어지는 것을 주의해야 한다.

오답해설
① 요양보호사는 대상자를 향하여 가까이 선다.
② 필요시 요양보호사는 한쪽 팔로 대상자의 어깨 밑을 받쳐준다.
③ 상체를 돌려 손으로 짚고 일어날 수 있도록 어깨를 지지하여 준다.
④ 대상자의 양쪽 무릎을 굽혀 주거나 편안하게 놓아둔다.

05 정답 ③

오답해설
① 대상자를 이동하고자 하는 쪽에 선다.
② 요양보호사 쪽 침대 난간은 내리고, 반대쪽 난간은 올린다.
④ 상반신과 하반신을 나누어 이동시킨다. 이때 한 손은 대상자의 목에서 겨드랑이를 향해 넣어서 받치며, 다른 한 손은 허리 아래에 넣어서 받쳐 상반신을 이동시킨다.
⑤ 하반신은 허리와 엉덩이 아래에 손을 깊숙이 넣고 이동시킨다.

06 정답 ④

오답해설
① 한꺼번에 이동하려고 하지 말고 조금씩 나누어 이동시킨다.
② 옆으로 눕힐 경우, 요양보호사가 돌려 눕히려고 하는 쪽에 선다.
③ 대상자의 뒤쪽에서 체위변경을 하면 대상자가 낙상 발생 가능성에 대한 불안감을 가지게 되어 근육 긴장도가 증가한다. 따라서 앞쪽에서 체위변경을 해야 한다.
⑤ 오랜 시간 누워있는 대상자가 한쪽으로 쏠려 있을 때 침대 중앙으로 이동시키는 것은 체위를 안락하게 유지하기 위함이다.

07 정답 ①

정답해설
① 문제의 보기는 엎드린 자세(복위)에 대한 설명이다.

오답해설
② 측위 : 옆으로 누운 자세
③ 앙와위 : 휴식하거나 잠을 잘 때의 자세로, 천장을 쳐다보며 똑바로 누운 자세
④ 반좌위 : 천장을 보며 누운 상태에서 침상 머리를 45° 정도 올린 자세
⑤ 절석위 : 생식기 등의 진찰이나 치료 시 환자에게 취하게 하는 체위로, 앙와위 자세에서 양 대퇴를 벌리고 복부에 가깝게 무릎을 구부리게 하거나, 슬와부를 검진대 지지봉의 쇠장식에 올리는 자세

08 정답 ③

오답해설
① 대상자의 머리, 몸통, 엉덩이를 바르게 정렬한 자세로 침대 가운데에 눕힌다.
② 대상자의 엉덩관절과 무릎관절은 굽힘 자세가 되어야 한다.
④ 엉덩이를 뒤쪽으로 많이 이동시켜 주면 자세는 더욱 편안해진다.
⑤ 대상자의 가슴 앞에 베개를 놓아 위에 있는 팔이 지지되게 한다.

09 정답 ②

정답해설
② 바로 누운 자세(앙와위)에서는 뒷머리, 어깨, 팔꿈치, 엉덩이, 발가락, 발뒤꿈치 등에 욕창이 잘 생긴다.

10 정답 ⑤

정답해설
휠체어를 접는 순서
- 잠금장치를 잠근다.
- 발 받침대를 올린다.
- 시트 가운데를 들어 올린다.
- 팔걸이를 접는다.

11 정답 ③

정답해설
③ 문제의 보기에 제시된 그림은 도로 턱을 오를 때의 상황이다. 요양보호사는 양팔에 힘을 주고 휠체어 뒤를 발로 조심스럽게 눌러 휠체어를 뒤쪽으로 기울이고, 앞바퀴를 들어 턱을 오른다.

12 정답 ④

정답해설
④ 휠체어를 대상자의 건강한 쪽에 비스듬히 놓는 것이 우선이다. 이후 바로 잠금장치를 잠가 바퀴를 고정하고 발 받침대를 접어 휠체어에 옮겨 앉을 수 있도록 돕는다.

13 정답 ⑤

정답해설
편마비 대상자를 휠체어에서 침대로 이동시키는 순서
휠체어를 건강한 쪽에 놓은 후, 브레이크를 잠근다(나). → 발 받침대를 올리고, 마주 서서 대상자의 발을 바닥에 붙인다(다). → 대상자의 둔부를 휠체어 의자 앞쪽으로 이동시킨다(가). → 요양보호사의 무릎으로 대상자의 불편한 쪽 무릎을 눌러 일으켜 세운다(마). → 건강한 쪽 손으로 침대를 잡고, 무릎을 구부려 침대에 걸터앉게 한다(라).

14 정답 ④

정답해설
편마비 대상자를 휠체어에서 바닥으로 이동시키는 순서
휠체어의 잠금장치를 잠그고 발 받침대를 올려 대상자의 발을 바닥에 내려놓는다(라). → 대상자의 마비된 쪽 옆에서 어깨와 몸통을 지지해 준다(나). → 대상자가 건강한 쪽 팔을 뻗어 바닥을 짚게 한다(가). → 대상자가 건강한 쪽 다리에 힘을 주어 바닥에 내려앉게 한다(다).

15 정답 ④

정답해설
④ 키가 크고 힘센 사람이 대상자 뒤쪽에 서고, 다른 한 사람은 대상자 다리 바깥쪽에 선다.

오답해설
① 휠체어는 잠금장치를 잠근다.

② 휠체어는 침상과 평행해지도록 붙여 놓고 잠금장치를 잠근다.
③ 대상자의 가슴 앞에 두 팔을 모으게 한다.
⑤ 다리 쪽에 선 요양보호사는 한 손을 대상자의 종아리 아래, 다른 한 손을 대퇴 아래에 집어넣어 올바른 신체정렬을 한다.

16   정답 ④
오답해설
① 요양보호사는 대상자의 앞에 선다.
② 이동변기를 대상자의 건강한 쪽에 놓는다.
③ 요양보호사는 대상자의 무릎과 허리를 지지한다.
⑤ 휠체어의 발 받침대를 올리고 발을 바닥에 내려놓아 대상자의 발이 바닥을 지지하게 한다.

17   정답 ④
오답해설
① 자동차의 뒷문을 열고 휠체어를 자동차와 평행하게 놓거나 약간 비스듬히 놓는다.
② 요양보호사의 무릎을 대상자의 마비된 쪽 무릎에 대어 지지한다.
③ 대상자의 엉덩이부터 자동차 시트에 앉힌다.
⑤ 대상자와 동승하는 경우에는 반드시 대상자 옆자리에 앉아서 도와야 한다. 앞 또는 뒤에 앉으면 순간적인 대응이 어려울 수 있다.

18   정답 ③
오답해설
① 가능한 한 스스로 걷도록 격려하고, 불가피한 경우에만 지지한다.
② 비스듬히 약 50cm 뒤에서 속도를 맞춰 걷는다.
④ 지팡이를 사용할 경우, 앞으로 비스듬하게(발 앞 15cm, 바깥쪽 옆 15cm 지점) 지팡이 끝을 내민다.
⑤ 체중이 지팡이와 두 다리에 실려 있는 동안 지팡이 앞으로 불편한 쪽 다리를 내딛게 한다.

19   정답 ①
오답해설
② 편마비 대상자의 경우 건강한 쪽 손으로 계단 손잡이를 잡는다. 따라서 왼쪽 편마비 대상자의 경우에는 오른쪽 손으로 계단 손잡이를 잡는다.
③ 올라갈 때 건강한 쪽 다리부터 계단을 딛게 한다.
④ 올라갈 때 건강한 쪽 다리에 체중을 실어 불편한 쪽 다리를 올린다.
⑤ 내려갈 때 불편한 쪽 다리부터 계단 아래로 내린 후 건강한 쪽 다리를 내리게 한다.

20   정답 ④
오답해설
① 보행기를 한 번에 너무 멀리 이동하면 미끄러져 넘어질 수 있다.
② 보행 시에는 미끄럼방지양말 및 신발을 신게 한다.
③ 약한 다리와 보행기를 함께 옮기고, 체중을 보행기와 손상된 다리 쪽에 실으면서 건강한 다리를 앞으로 옮긴다.
⑤ 혼자 보행기를 사용할 수 있다면 손이 닿는 곳에 보행기를 둔다.

21   정답 ⑤
오답해설
①·②·③·④ 대여 품목에 해당된다.

복지용구 급여범위 및 급여기준 등에 관한 고시

구분	구입 품목 (10종)	대여 품목 (6종)	구입 또는 대여 품목(2종)
품목명	• 이동변기 • 목욕의자 • 성인용보행기 • 안전손잡이 • 미끄럼 방지용품(미끄럼방지매트, 미끄럼방지액, 미끄럼방지양말) • 간이변기(간이대변기, 간이소변기) • 지팡이 • 욕창예방 방석 • 자세변환용구 • 요실금팬티	• 수동휠체어 • 전동침대 • 수동침대 • 이동욕조 • 목욕리프트 • 배회감지기	• 욕창예방 매트리스 • 경사로(실내용, 실외용)

22 정답 ①
정답해설
① 그림은 간이변기로, 이동이 불편한 대상자가 침대 등에서 용변을 해결하기 위해 반듯이 누운 자세에서 사용한다.

23 정답 ①
오답해설
② 타이어 뒷바퀴 공기압이 너무 낮으면 잘 굴러가지 않고 잠금장치 기능이 약해지며, 공기압이 너무 높으면 진동 흡수가 잘 되지 않는다. 그러므로 적정 공기압을 유지해야 한다.
③ 타이어 공기압은 잠금장치 작동과 밀접한 관계가 있으므로 항상 적당한 공기압을 유지해야 한다.
④ 휠체어를 사용하지 않을 때는 반드시 잠금장치를 잠가 둔다.
⑤ 휠체어 타이어의 적정 공기압은 엄지손가락으로 힘껏 눌렀을 때 0.5cm 정도 들어가는 상태이다.

24 정답 ④
정답해설
④ 보행보조차(실버카)는 의자와 바구니가 달린 것이 특징이며, 어느 정도 균형감각과 보행능력이 있는 대상자가 사용해야 한다.

25 정답 ①
정답해설
① 가 - 네발 지팡이(또는 사점 지팡이)
오답해설
② 나 - T자형 지팡이
③ 다 - 접이형 지팡이
④ 라 - 캐나디안 팔꿈치 신전목발
⑤ 마 - 겨드랑이 목발

26 정답 ③
정답해설
③ 목욕의자 사용 시 반드시 팔걸이를 펴서 대상자가 넘어지지 않게 하여야 한다.

오답해설
① 의자 부분에 구멍이 있거나 홈이 파여 있어 물이 흐를 수 있어야 하며, 대상자 스스로 움직이는 것이 불편하므로 앉은 상태에서 회음부를 씻길 수 있도록 된 것이 좋다.
② 목욕의자 바퀴의 잠금장치를 잠근다.
④ 목욕의자에 앉힌 후 샤워시킨다.
⑤ 등받이가 높고, 앉는 면이 낮은 목욕의자에 앉힌다.

27 정답 ⑤
정답해설
⑤ 이동욕조는 침대 위나 거실 등에서 목욕할 때 사용되며, 평평하고 이물질이 없는 장소에서 사용한다.
오답해설
① 욕조를 잡고 일어나거나 앉지 않는다.
② 사용한 후에는 세제 또는 소독제를 사용하여 흐르는 물로 깨끗이 씻어 말린다.
③ 한 번에 한 사람만 사용한다.
④ 응급상황 발생 시 배수밸브를 열어 즉시 물을 뺀다.

28 정답 ③
오답해설
① 자세변환용 쿠션의 충전재는 너무 딱딱하지 않아야 한다.
② 커버를 세척·소독할 수 있도록 분리되어야 한다.
④ 너무 미끄럽지 않아야 한다.
⑤ 지퍼는 대상자의 신체와 접촉되지 않도록 감춰져 있어야 한다.

29 정답 ⑤
오답해설
① 하루에 한 번은 기구의 정상 동작을 확인한다.
② 욕창예방 매트리스는 열을 발산하는 제품과 함께 사용하지 않는다.
③ 사용 중에는 대상자 이외의 다른 사람이 매트리스에 올라가지 않는다.
④ 매트리스 셀은 공기를 빼고 흐르는 물로 씻고 말린다.

30 정답 ⑤

정답해설

⑤ 낙상을 예방하기 위해 대상자가 침대 위에 있을 때는 항상 침대 난간을 올려놓아야 한다.

오답해설

① 부착된 식탁을 사용하지 않을 때는 안전하게 접어 놓는다.
② 침대 난간을 잡고 침대를 움직이지 않는다. 침대 난간에 몸을 지탱하면서 침대에 오르거나 내려가지 않도록 주의한다.
③ 침대 가까이에 있는 가구 또는 생활용품을 잡으려고 대상자가 손을 뻗어 넘어지는 경우가 있으므로 대상자가 자주 사용하는 물건은 가까이에 둔다.
④ 침대 이동 시 양쪽 측면 난간을 올린다.

31 정답 ①

오답해설

② 매트가 밀리거나 매트에 걸려서 넘어질 수 있는 것은 매트형이다.
③ 분실의 위험이 있고, 물에 젖으면 오작동될 수 있는 것은 GPS형이다.
④ 매트형의 경우 밟거나 센서 통과 시 작동이 잘 되는지 수시로 점검하여야 한다.
⑤ 위치추적 서비스는 GPS형이다.

CHAPTER 13 가사 및 일상생활지원

01	02	03	04	05	06	07	08	09	10
②	①	②	①	⑤	⑤	②	③	②	④
11	12	13	14	15	16	17	18	19	20
⑤	②	①	②	⑤	④	⑤	③	②	②
21	22	23	24	25	26	27	28	29	
④	④	⑤	⑤	②	⑤	②	⑤	④	

01 정답 ②

오답해설

① 대상자의 욕구를 충분히 파악하여 이를 고려하여야 한다.
③ 대상자의 생활방식을 존중하며, 요양보호사의 방식을 따르도록 강요하지 않는다.
④ 대상자의 잔존능력을 파악하여 스스로 할 수 있는 것은 최대한 스스로 하도록 격려하고, 할 수 없는 것은 요양보호사가 지원한다.
⑤ 서비스에 대해서는 요양보호사의 판단으로 결정하지 않으며, 반드시 대상자에게 충분히 설명하고 동의를 얻는다.

02 정답 ①

오답해설

② 환경오염을 최소화하기 위해 일회용품 사용을 가급적 자제한다.
③ 서비스는 대상자에게만 제한하여 제공하는 것이 원칙이다.
④ 물품은 대상자의 동의를 얻어 사용하고 함부로 옮기거나 버리지 않는다.
⑤ 인지능력이 없는 대상자의 경우 가급적 보호자에게 설명하고 동의를 구한다.

03 정답 ②

오답해설

① 비만 예방이나 관리도 중요하지만, 영양불균형이 생기지 않도록 체계적으로 식사를 관리한다.
③ 싱겁게 조리하며, 대신 향신료를 다양하게 사용하여 입맛을 돋우도록 한다.
④ 나이가 들면 침 분비가 감소하므로, 구강 건조증을 대비하여 약간의 국물이 있도록 조리하는 것이 좋다.
⑤ 치아 손실 등으로 음식을 씹는 데 어려움을 가진 고령자가 많으므로, 딱딱한 식재료를 부드럽게 조리하고 식품의 크기를 작게 한다. 아삭하거나 바삭한 질감도 활용하여 다양한 질감의 음식을 맛보도록 하는 것이 좋다.

04 정답 ①

정답해설

① 우리나라 고령자가 가장 과잉 섭취하는 영양소는 나트륨이다. 나트륨이 적은 식품으로 식단을 구성한다.

오답해설

② 칼슘 섭취를 위해서는 우유 및 유제품류, 멸치 등을 제공한다.
③ 콩, 달걀, 고기, 생선 등 양질의 다양한 단백질을 제공한다.
④ 과일류는 후식이나 간식으로 제공한다.
⑤ 변비가 발생하지 않도록 섬유소가 풍부한 잡곡이나 채소를 사용하는 것이 좋으며, 만성질환 관리를 위해 동물성 포화지방과 콜레스테롤이 많은 식품은 제한적으로 사용한다.

05　　　　　　　　　　　　　　　　정답 ⑤

오답해설

① 식재료나 관련 물품의 구매 내역은 대상자와 상의한 후 결정한다.
② 품목별로 구매 장소를 다르게 결정한다.
③ 식단은 대상자와 함께 정한다.
④ 현재 있는 식재료의 종류와 양을 확인하여 구매목록을 조정한다.

06　　　　　　　　　　　　　　　　정답 ⑤

오답해설

① 너무 오래 구우면 수분이 빠져나가므로 적당히 굽는다.
② 채소는 살짝 데쳐서 볶으면 기름이 적게 들고 선명한 색깔을 낼 수 있다.
③ 생선의 경우 오랜 시간 삶으면 질기고 딱딱해진다.
④ 식초나 소스를 사용하는 것은 입맛을 찾는 데 도움을 준다.

07　　　　　　　　　　　　　　　　정답 ②

오답해설

① 단순당질은 피하고, 천천히 흡수되는 복합당질 식품을 섭취한다.
③ 되도록 쌀밥, 떡, 흰 식빵과 같이 혈당지수가 높은 음식은 피하고, 보리밥, 우유, 사과 등 혈당지수가 낮은 식품을 선택한다.
④ 혈당을 급격히 올리는 과일주스보다 섬유질이 살아 있어 오히려 혈당을 낮춰주는 생과일이나 생채소가 좋다.
⑤ 지방 섭취를 줄이기 위해 삶거나 찌는 조리법을 이용한다.

08　　　　　　　　　　　　　　　　정답 ③

정답해설

③ 칼륨은 나트륨을 체외로 내보내 혈압을 낮추므로 충분히 섭취하도록 한다.

오답해설

① 카페인 섭취를 제한한다.
② 동물성 지방 섭취와 기름 사용량을 줄인다.
④ 염분 섭취를 줄이기 위해 국물은 적게 섭취하도록 한다.
⑤ 식이섬유가 풍부한 신선한 채소와 과일, 해조류 등의 섭취를 늘린다.

09　　　　　　　　　　　　　　　　정답 ②

정답해설

② 카페인이 들어 있는 음료는 제한하고 물을 충분히 마시도록 한다.

10　　　　　　　　　　　　　　　　정답 ④

오답해설

① 생선은 1~2일 냉장 보관하고, 그 이상 보관해야 할 때는 냉동 보관한다.
② 식품을 다루기 전후뿐만 아니라 조리하는 중간중간에도 손을 자주 씻는다.
③ 음식물은 중심부 온도가 75℃가 되도록 1분 이상 충분히 조리한다.
⑤ 도마가 한 개만 있을 경우 과일·채소류 → 육류 → 생선류 → 닭고기류 순으로 사용한다.

11　　　　　　　　　　　　　　　　정답 ⑤

오답해설

① 생선은 1~2일 냉장 보관하고, 그 이상 보관해야 할 때는 냉동 보관한다.
② 감자는 냉장고에 보관하면 전분이 변질되거나 색이 검게 변하므로 신문지에 하나씩 포장하여 응달에 둔다.
③ 파인애플, 멜론, 바나나 등 열대과일은 실온에 보관한다.
④ 달걀의 숨구멍은 둥근 부분에 있으므로 이 부분을 위쪽에 두고 보관해야 신선하다.

12 정답 ②

오답해설

① 씻은 식기는 행주로 닦지 말고 어긋나게 엎어 놓아 물기가 건조되도록 한다.
③ 찬장은 곰팡이가 끼지 않도록 자주 환기한다.
④ 행주는 세척한 후 삶아서 건조한 후 보관한다.
⑤ 냉장고의 문 쪽은 안쪽보다 온도 변화가 심하므로 오래 보관할 식품은 안쪽에 보관한다.

13 정답 ①

오답해설

② 신발은 굽이 낮고 뒤가 막혀 있는 것으로 미끄럼방지 처리가 되어 있는 것이 좋다.
③ 외출 시, 특히 저녁 때는 교통사고 방지를 위해 밝은색이 일부라도 들어간 옷을 입는 것이 좋다.
④ 대상자의 의복은 가볍고 느슨한 것이 좋다.
⑤ 속옷은 흡습성이 좋은 소재로 선택한다.

14 정답 ②

오답해설

① 매트리스가 너무 푹신하면 자세가 나빠지고 피로해지므로 단단하고 탄력성과 지지력이 뛰어난 것을 선택한다.
③ 양모, 오리털 등의 이불은 그늘에서 말리는 것이 좋다.
④ 평소에 늘 입는 옷은 바로 찾을 수 있는 위치에 수납해야 한다. 꺼내기 쉽도록 서랍 앞쪽에 정리해 두고, 대상자에게 장소를 명확히 알려준다.
⑤ 입고 벗는 것이 쉬워야 한다.

15 정답 ⑤

오답해설

① 솜처럼 너무 푹신한 베개는 머리와 목이 파묻혀 경추의 곡선을 유지하는 데 방해되므로 메밀껍질이나 식물의 종자로 만든 베개를 선택한다.
② 소재가 두껍고 풀을 먹이거나 재봉선이 있는 시트는 욕창의 원인이 되므로 피한다.
③ 더러워진 시트는 수시로 교환하고, 교환 중에는 먼지가 발생하므로 환기한다.
④ 시트의 소재는 튼튼하고 흡습성이 좋은 옅은 색의 면이 좋다.

16 정답 ④

오답해설

① 파운데이션이 묻은 세탁물은 비눗물로 세탁하면 얼룩이 번져 깨끗하게 지워지지 않기 때문에 알코올이 함유된 화장수나 스킨을 화장솜에 적셔 얼룩을 톡톡 두드려 준다.
② 얼룩이 묻었을 때 잘못 비비면 얼룩의 범위가 커지며, 옷감의 손상을 일으킬 수 있다.
③ 튀김기름이 묻은 세탁물은 얼룩이 묻은 부위에 주방용 세제를 몇 방울 떨어뜨린 후에 비벼서 튀김기름을 제거한다.
⑤ 겨드랑이와 같이 얼룩이 심한 부위는 온수에 주방세제와 과탄산소다를 1:1의 비율로 넣어 2~3시간 담가둔 후에 헹구면 좋다.

17 정답 ⑤

정답해설

⑤ 냄새가 심한 세탁물은 먼저 헹군 다음에 붕산수에 담가두었다가 헹구지 않고 바로 탈수해서 말리면 냄새가 사라진다.

18 정답 ③

정답해설

드라이클리닝 표시

19 정답 ②

정답해설

② 문제에 제시된 기호는 '손으로 약하게 짬, 세탁기에서는 단시간에 짜야 함'이라는 뜻이다.

20 정답 ②

오답해설

① 물세탁 안 됨
③ 30℃ 물로 세탁, 세탁기로 약하게 세탁 또는 약하게 손세탁 가능, 중성세제 사용

④ 40℃ 물로 세탁, 세탁기로 약하게 세탁 또는 약하게 손세탁 가능, 세제 종류 제한 없음
⑤ 95℃ 물로 세탁, 세탁기·손세탁 가능, 삶을 수 있음, 세제 종류 제한 없음

21 정답 ④
정답해설
④ 청바지류는 주머니 부분이 잘 마르고 색이 바래지 않게 뒤집어서 말린다. 이때 지퍼는 열어 둔다.
오답해설
① 합성섬유로 된 옷을 햇볕에서 말리면 변색될 수 있으므로 그늘에서 말린다.
② 무늬나 색상이 있는 의류를 햇볕에서 말리면 변색될 수 있으므로 그늘에서 말린다.
③ 면 티셔츠는 햇볕에 건조할 때 살균 효과가 있다.
⑤ 니트나 스웨터는 통기성이 좋은 곳에서 채반 등에 펼쳐 말린다.

22 정답 ④
오답해설
① 방충제는 한 가지만 사용한다. 종류가 다른 방충제를 같이 사용하면 화학변화를 일으켜 옷감이 변색되거나 변질될 수 있다.
② 방충제는 공기보다 무거우므로 보관용기 위쪽 구석에 둔다.
③ 양복장이나 서랍장에 방습제를 넣어야 습기 차는 것을 방지할 수 있다.
⑤ 방습제로 사용하는 실리카겔은 흡습하면 분홍색으로 변하고, 다시 건조시키면 청색으로 변한다.

23 정답 ⑤
오답해설
① 차량을 이용할 때는 대상자의 몸을 요양보호사와 밀착시켜 안전하게 오르내리게 하고, 승차를 지원하되 무릎과 허리에 부담이 가지 않게 한다.
② 외출 장소 및 교통정보는 동행 전에 정확하게 파악하고 미리 숙지한다.
③ 요양보호사는 대상자의 신체 상태 등을 고려하여 적절한 이동보조기구와 장비를 점검하고 준비한다.
④ 예기치 못한 상황이 발생하면 대상자 및 가족과 상의하여 상황에 맞게 대처하도록 한다.

24 정답 ⑤
오답해설
① 업무 대행 중에는 자신의 사적인 업무를 병행하지 않는다.
② 대상자에게 진행 과정 및 결과를 알기 쉽게 전달하고, 만족스러운지 확인한다.
③ 업무 대행 전 준비해야 할 정보나 자료, 경비를 요양보호사가 미리 점검한다.
④ 업무 대행이 원활하게 이루어지고 있음을 대상자에게 수시로 확인시켜 신뢰감을 형성한다.

25 정답 ②
오답해설
① 실내습도는 40~60%가 적합하다.
③ 하루에 2~3시간 간격으로 3번, 최소한 10~30분 동안 창문을 열어 환기한다.
④ 여름에는 제습기, 겨울에는 가습기를 사용하여 습도를 조절한다.
⑤ 쾌적한 온도는 개인차가 있으므로 대상자의 상태에 맞게 조절한다.

26 정답 ⑤
오답해설
① 심신기능이 저하된 장기요양 대상자는 생활환경에 큰 영향을 받는다.
②·③ 대상자의 일상이 이루어지는 주거와 생활의 공간이 되어야 한다.
④ 대상자가 제한적이게나마 자신이 지닌 신체적·정신적·사회적 능력을 유지할 수 있는 환경 조성이 필요하다.

27 정답 ②
오답해설
① 커튼은 얇은 것과 두꺼운 것을 같이 사용하여 소음이나 온도, 채광 등을 조절하도록 한다.
③ 식탁보는 오염되면 쉽게 알아차릴 수 있는 밝은색으로 한다.
④ 조명을 어느 한곳만 지나치게 밝게 하면 밝은 곳에서 어두운 곳으로 이동할 때나 어두운 곳에서 밝은 곳으로 이동할 때 눈동자가 조명 밝기에 적응하지 못해 낙상할 위험이 높다.

⑤ 현관과 복도에 화분 등 물건을 많이 배치해 두면 보행에 방해가 되어 낙상할 위험이 높다.

28 정답 ⑤
오답해설
① 화장실 배수구 청소 시 물때를 씻어낸 후 소독제를 희석한 물을 부어준다.
② 쓰레기통 냄새는 식초를 수세미에 살짝 묻혀 닦아낸 후 물로 헹구거나, 알코올을 분무기에 담아 뿌려주면 제거된다.
③ 대상자가 자주 사용하는 물건을 옮길 때에는 대상자에게 사전에 충분히 설명하여 동의를 얻는다.
④ 노인은 보통 호흡기의 면역기능이 떨어진 상태이므로 실내 청소 시 진공청소기나 젖은 걸레를 사용하여 먼지를 제거한다.

29 정답 ④
정답해설
④ 노인은 호흡기의 면역기능이 저하되어 있으므로 실내 청소를 할 때는 진공청소기나 젖은 걸레로 먼지를 제거한다.
오답해설
① 음식물 쓰레기는 발생한 당일에 치운다.
② 가족이나 대상자에게 동의를 구한 후 창문이나 문을 열어서 자주 환기를 시킨다.
③ 불필요한 물품을 버리거나 정리할 때도 대상자나 가족의 의사를 분명하게 파악한다.
⑤ 화장실은 습기가 많은 장소이므로 사용하지 않는 낮 시간에는 충분히 환기를 시킨다.

제4부 상황별 요양보호 기술

CHAPTER 14 치매 요양보호

01	02	03	04	05	06	07	08	09	10
①	⑤	③	⑤	②	②	⑤	③	⑤	⑤
11	12	13	14	15	16	17	18	19	20
①	③	②	⑤	⑤	②	③	②	④	⑤
21	22	23	24	25	26	27	28	29	30
①	④	②	③	②	③	⑤	④	②	③
31	32	33	34	35	36	37	38	39	40
④	③	②	⑤	④	①	⑤	⑤	②	②
41	42	43	44	45	46	47	48	49	50
⑤	①	②	⑤	①	④	⑤	⑤	④	③
51	52	53	54						
④	⑤	⑤	③						

01 정답 ①
정답해설
치매 대상자의 식사를 도울 때 고려할 점
- 대상자의 식사 습관과 음식에 대한 기호를 최대한 반영한다(예 즐겨 먹던 반찬과 간식 제공하기).
- 안정된 식사 분위기를 조성한다(예 조용한 음악 틀기, 텔레비전 끄기).
- 규칙적인 일과에 따라 식사한다(예 같은 장소, 같은 시간, 같은 식사 도구).
- 식탁에 앉으면 바로 식사하도록 준비한다(예 컵에 미리 물을 담아 놓기, 생선 등의 가시나 뼈는 미리 제거하기).
- 치매 말기에는 음식을 으깨거나 갈아서 제공한다.

02 정답 ⑤
정답해설
⑤ 치매약을 복용할 때 진정, 어지럼증, 손 떨림, 초조, 불안 등의 부작용을 유발하는 경우가 있으므로, 약물을 바꾸거나 용량을 늘렸을 경우 대상자를 면밀히 관찰한다.

03 정답 ③

정답해설

③ 상대의 행동을 판단하거나 비난하지 않는 '나-메시지 전달법'을 활용하면 상대방은 덜 방어적으로 받아들이게 되고, 나의 생각을 좀 더 부드럽게 전할 수 있게 된다.

04 정답 ⑤

오답해설

① 바퀴가 달린 변기는 위험하므로 사용을 금한다.
② 기저귀는 대상자에게 수치감을 유발하고, 대상자가 실금 사실을 알리지 않을 수 있으므로 가능한 한 낮에는 착용하지 않는다.
③ 조이지 않는 고무줄 바지를 선택한다.
④ 실금한 경우에는 괜찮다고 말하고, 대소변을 잘 가렸을 경우 칭찬해 준다.

05 정답 ②

정답해설

② 대상자가 즐거워하는 운동을 한다.

오답해설

① 같은 시간대에 같은 길을 걸으면서 초조감을 줄일 수 있다.
③ 치매 대상자 스스로 운동하도록 유도한다.
④ 운동은 심장에서 멀고 큰 근육인 팔다리에서 시작하여 천천히 진행한다.
⑤ 운동 도중 문제가 발생하면 시설장이나 간호사 등에게 알린다.

06 정답 ②

정답해설

석양증후군

치매 대상자가 해 질 녘이 되면 혼란·불안정 등으로 의심·우울 증상을 보이는 것이다. 석양증후군은 대상자의 생활에 변화가 생기면 더 자주 발생한다. 발생 시 주의집중력이 더욱 떨어지며, 현실이 자신을 고통스럽게 만든다고 생각하여 더욱 충동적으로 행동한다.

오답해설

① 신체적 제한은 치매 대상자의 증세를 더욱 악화시키므로 하지 않는다.
③ 따뜻한 음료수나 등 마사지, 음악 등은 잠드는 데 도움이 된다.
④ 대상자의 생활에 변화가 생기면 더 자주 발생한다.
⑤ 낮 시간에는 움직이거나 활동하게 한다.

07 정답 ⑤

정답해설

⑤ 고개를 끄덕이는 행동은 대상자의 기분을 이해하고 있음을 표현하는 비언어적 의사소통 방법이다.

08 정답 ③

정답해설

③ 치매 대상자와 의사소통 시에는 TV나 라디오 등의 주변 소음을 작게 하여 심리적 안정감을 갖게 한다. 또한, 치매 대상자가 말하는 속도에 맞춰 천천히 이야기하되 어려운 표현을 쓰지 않아야 한다. 짧은 문장을 써서 말하고, 실물, 사진, 그림 등을 이용해서 치매 대상자의 이해를 돕는다.

09 정답 ⑤

정답해설

부적절한 성적 행동에 대한 대처 원칙

- 부적절한 성적 행동 관련 요인을 관찰한다.
- 때때로 행동교정이 도움이 된다.
- 치매 대상자는 보통 성 자체에는 관심이 없다는 것을 인식한다.
- 노출증을 감소시키기 위해 적절한 제한과 보상을 사용한다.
- 복용 중인 약물이 이상한 성행위를 유발할 수 있음을 이해한다.

10 정답 ⑤

정답해설

⑤ 언어 및 기억, 관리능력 등을 향상할 수 있는 프로그램으로 같은 도형 안의 낱글자를 조합하여 적절한 단어를 만들게 하는 훈련이 있다.

11 정답 ①

정답해설

치매 단계별 가족부양 특성에 따른 가족 부담 변화

조기증상	치매 증상의 점진적 진행
진 단	치매 증상 수용 노력 단계
정신행동증상	부적응 단계
도움요청	지지 자원 물색 단계
실 금	부양 위기 단계
병원 입원	병원 수용 단계
시설 입원	부양 고비 단계
섭식 곤란	인공 섭식 고려, 치매 말기 단계
사별과 애도	상실 단계

12 정답 ③

오답해설

① 칭찬하기, 인정하기 등의 격려는 간병에 지친 가족이 힘든 상황을 극복할 수 있게 한다.
② 나-메시지 전달법은 상대를 판단·비난하지 않고 좀 더 부드러운 화법으로 내 생각을 전하는 화법이다.
④ 치매 가족에게 적절한 정보를 알려주고 가족 스스로 결정하게 하여 신뢰관계를 쌓을 수 있다.
⑤ 의사소통 중에 오가는 적절한 조언은 치매 가족의 긍정적인 기능을 이끌어 낼 수 있다.

13 정답 ②

정답해설

② 치매 대상자가 질문에 답을 할 수 없어 좌절감을 느낄 수 있으므로 이유를 묻는 질문보다는 '네', '아니요'로 간단히 답할 수 있도록 질문한다.

14 정답 ⑤

정답해설

⑤ 수저를 사용하지 못할 경우 손으로 집어 먹을 수 있는 식사를 만들어 준다.

15 정답 ⑤

오답해설

① 목욕을 도와주는 일은 많은 에너지가 필요하므로 대상자가 목욕을 거부할 때는 치매 대상자 및 요양보호사의 안전을 위해 대상자 혼자 목욕하게 하지 않는다.
② 치매 대상자의 목욕을 도와줄 때는 조용히, 부드럽게 대하고, 치매 대상자에게 목욕을 강요하지 말아야 한다.
③ 치매 대상자에게는 목욕의 과정을 단순화해야 한다.
④ 욕조에서 미끄러지더라도 다치지 않도록 욕조 내에 적당량의 물을 받아 둔다. 발목 정도 높이의 물을 미리 받은 후 대상자를 욕조에 들어가게 하고, 조금씩 채운다.

16 정답 ②

정답해설

② 소변을 볼 때 방광을 확실히 비우게 하기 위해 배뇨 후, 몸을 앞으로 구부리도록 도와주거나 치골 상부를 눌러준다.

17 정답 ③

정답해설

③ 치매 대상자가 다른 것에 신경을 쓰도록 계속 관심을 유도한다.

18 정답 ②

오답해설

① 치매 대상자의 방은 화장실에서 가까운 곳에 배정한다.
③ 화장실에서 하의를 쉽게 벗을 수 있도록 단추가 달린 옷 대신 고무줄 바지를 입도록 한다.
④ 손동작을 활용하는 등 뒤처리 방법의 시범을 보여 치매 대상자 자신이 스스로 하도록 유도하는 것이 좋다. 그러나 대상자 스스로 할 수 없을 경우에는 도와주어야 한다.
⑤ 대소변을 잘 가렸을 때는 칭찬을 해주고, 실금한 경우에도 괜찮다고 격려해 주어야 한다.

19   정답 ④
정답해설
④ 이상행동을 보이면 질문하는 등의 자극을 주지 않고 조용한 장소에서 쉬게 한다. 이후 진정이 되면 온화하게 대화하며, 치매 대상자가 당황하고 흥분되어 있음을 이해한다는 표현을 한다.

20   정답 ⑤
오답해설
① 대상자가 목욕을 거부할 때 대상자 및 요양보호사의 안전을 위해 대상자 혼자 목욕하게 하지 않는다.
② 치매 대상자가 끊임없이 발작하지 않는 한 신체적 구속은 하지 않는다.
③·④ 이상행동 반응을 하면 질문하는 등의 자극을 주지 말고 조용한 장소에서 혼자 쉬게 한다.

21   정답 ①
정답해설
① 망상은 치매 대상자에게 자주 발생하는 증상으로, 사실에 근거를 두지 않은 잘못된 믿음이다. 이때 요양보호사는 치매 대상자의 감정을 이해하고 수용하여 망상에 빠진 치매 대상자가 다른 것에 신경을 쓸 수 있도록 관심 변화를 유도한다.

22   정답 ③
오답해설
① 낙상 우려가 있는 대상자의 경우 침대를 사용하기보다 바닥에 요나 이불을 깔아 사용하게 한다.
② 방 안에서는 잠그지 못하는 문을 설치한다.
④ 음식물 쓰레기는 부엌 안에 두지 않는다.
⑤ 화장실 전등은 밤에도 켜둔다.

23   정답 ②
정답해설
② 치매 대상자가 침대에서 떨어지지 않도록 침대를 벽에 붙여 놓고, 두꺼운 요 등을 침대 밑에 깔아 둔다.
오답해설
① 방 안에 난방 기구가 있을 때는 치매 대상자 혼자 있게 해서는 안 된다.
③ 큰 유리창이나 유리문에는 눈높이에 맞춰 그림을 붙여 유리라는 것을 알게 한다.
④ 시간을 잘 인식하도록 낮에는 방을 밝게 하고 밤에는 밝지 않게 한다.
⑤ 대상자의 방은 가족이나 요양보호사가 잘 관찰할 수 있는 곳에 위치하는 것이 좋다.

24   정답 ③
정답해설
③ 치매 대상자가 위험한 물건 등을 빼앗기지 않으려고 할 경우, 치매 대상자가 좋아하는 간식과 교환한다.

25   정답 ②
오답해설
① 치매 대상자의 반복되는 행동을 억지로 고치려고 하지 않는다.
③ 치매 대상자의 반복적인 행동이 해가 되지 않으면 두어도 되지만, 해가 되는 행동이라면 대상자의 관심을 다른 쪽으로 돌려야 한다.
④ 치매 대상자의 반복되는 질문에 답을 해주는 것보다 치매 대상자를 다독거리며 안심시키는 것이 중요하다.
⑤ 단순하게 할 수 있는 일거리를 제공하는 것이 도움이 된다.

26   정답 ③
정답해설
③ 치매 대상자가 반복적인 행동이나 말을 하는 경우 콩 고르기, 나물 다듬기, 빨래 개기 등 단순하게 할 수 있는 일거리를 제공하는 것이 도움이 된다. 또한, 치매 대상자가 좋아하는 음식을 주거나, 좋아하는 노래를 함께 부르는 것도 도움이 된다.

27   정답 ⑤
정답해설
⑤ 대상자는 주변 상황을 인식하지 못하기 때문에 자신의 안전을 확인하고 싶어 한다. 그러므로 달력 등으로 방문 일정 등을 알려주어 심리적 안정과 자신감을 갖게 한다.

28 정답 ③
정답해설
③ 그릇의 크기를 조절하여 식사량을 관리하는 것이 영양관리 측면에서 바람직하다.

29 정답 ②
정답해설
② 손에 만져지는 것은 무엇이든 먹으려고 하는 이식 증상이 있는 치매 대상자의 경우 위험한 물건을 미리 치워 먹지 못하도록 하는 것이 중요하다.

30 정답 ⑤
정답해설
⑤ 치매 대상자에게는 음식을 잘게 썰어 주어 목이 막히지 않게 해야 한다. 치매 말기에는 음식을 으깨거나 갈아서 걸쭉하게 만들어 준다.

31 정답 ④
오답해설
① 신체적 욕구를 우선 해결해 주는 것은 배회증상을 보이는 치매 대상자를 돕는 방법이다.
② 오후와 저녁에는 커피나 술과 같은 음료를 주지 않는다.
③ 낮잠을 자면 밤에 수면장애가 심해지므로, 낮에 산책과 같은 야외활동을 통해 신선한 공기를 접하며 운동하도록 돕는다.
⑤ 치매 대상자에게 알맞은 하루 일정을 만들어 주어 규칙적으로 생활하게 한다. 기상시간과 취침시간을 일정하게 유지한다.

32 정답 ③
오답해설
① 불필요한 신체적 구속은 피한다.
② 모든 신체적인 언어는 위협적으로 느끼지 않게 해야 하므로 대상자의 행동을 따라 하지 않는다.
④ 온화하게 이야기하고, 치매 대상자가 당황하고 흥분되어 있음을 이해한다는 표현을 한다.
⑤ 행동이 진정된 후에는 왜 그랬는지 질문하는 등 이상행동에 대해 상기시키지 않는다.

33 정답 ②
정답해설
② 치매 대상자가 망상이나 환각 증세를 보일 때 요양보호사는 부정하거나 조롱하지 말고 "아드님이 보고 싶으신가 봐요."와 같이 치매 대상자의 감정을 이해하고 수용해야 한다.

34 정답 ⑤
오답해설
① 단순한 일거리를 주어 배회 증상을 줄인다.
② 집 청소, 산책, 목욕 등의 건설적인 일이나 밖에 나가 쇼핑하는 것은 대상자에게 활력제가 되고 수면의 질도 향상된다.
③ 소음은 치매 대상자에게 포위당했다는 느낌을 줄 수 있기 때문에 텔레비전이나 라디오를 크게 틀어 놓지 않는다.
④ 집 안을 어둡게 하지 않는다.

35 정답 ④
오답해설
나. 치매 대상자가 끊임없이 난폭한 발작을 하지 않는 한 신체적 구속은 하지 않는다. 구속이 불가피한 경우 신체의 일부만 구속하며, 구속한 후에는 공격적인 행동이 사라질 때까지 접촉을 줄인다.
라. 이상행동 반응을 보이면 질문하거나 일을 시키는 등의 자극을 주지 말고 조용한 장소에서 쉬게 한다.

36 정답 ①
오답해설
② 신체적 제한은 치매 대상자가 소리를 지르거나 몸부림치며, 화내고 고집부리는 행동을 더욱 악화시키므로 하지 않는다.
③ 텔레비전을 켜놓거나 조명을 밝게 하는 것이 도움이 된다.
④ 카페인이 들어간 커피는 주지 않아야 하며, 취침 전에는 과식하지 않게 한다.
⑤ 요양보호사가 충분한 시간을 가지고 치매 대상자와 함께 있는 것이 도움이 된다.

37 정답 ⑤
오답해설
① 치매 대상자 앞에서 다른 사람들을 의심하는 행동을 하지 않는다.
② 요양보호사가 물건을 발견하고 대상자에게 건네주면 대상자가 요양보호사를 도둑으로 오인할 수 있으므로 대상자가 발견하도록 돕는다.
③ 도둑망상으로 치매 대상자가 방을 지킨다며 방 안에만 있기를 고집하면 위험하지 않은 범위 내에서 허용한다.
④ 잃어버린 물건에 대한 의심을 부정하거나 설득하지 말고 함께 찾아본다.

38 정답 ⑤
오답해설
① 불쾌감을 표시하거나 당황하지 말고 대상자에게 다가가서 옷을 입혀 준다.
②·④ 대상자를 신체적으로 억압하거나 격리하지 않는다. 즉각 행동을 멈추지 않으면 치매 대상자가 좋아하는 것을 가져간다고 경고하는 것도 도움이 될 수 있다.
③ 옷의 불편함으로 인해 대상자가 옷을 벗으려고 할 수도 있으므로 편안한 옷으로 갈아입힌다.

39 정답 ②
오답해설
① 콩 고르기 등 단순한 일거리를 제공하는 것은 반복적인 질문이나 반복적인 행동을 하는 치매 대상자를 돕는 방법이다.
③ 오후와 저녁에는 커피나 술과 같은 음료를 주지 않는다.
④ 소음을 최대한 없애고 적정 실내온도를 유지한다.
⑤ 낮잠을 자게 되면 밤에 수면장애가 심해진다.

40 정답 ②
정답해설
② 대상자의 신체적 기능이나 상태에 맞는 개별적인 프로그램을 지원한다. 편마비 대상자는 신체적 활동에 제한이 있으므로, 정적인 자기계발 활동인 그림 그리기를 권장할 수 있다.

41 정답 ⑤
정답해설
⑤ 인지자극 훈련은 인지기능에 대한 기본적인 인식이 있는 숙련된 보호자 및 요양보호사가 담당해야 한다.
오답해설
① 가족의 수발 부담을 줄이는 데 도움이 된다.
② 치매의 진행을 늦추고 완화하는 방법은 크게 약물요법과 비약물요법이 있는데, 인지자극 훈련은 대표적인 비약물요법이다.
③ '맨손체조 하기'는 대상자의 신체활동에 속한다. 지남력을 향상하는 활동에는 '두근두근 뇌 운동 프로그램' 등이 있다.
④ 인지자극 훈련 대상자에는 인지기능에 문제가 없는 대상자, 경증 인지기능 장애 대상자, 중증 인지기능 장애 대상자 등이 있다. 특히, 중증 인지기능 장애 대상자는 상당한 신체적 장애로 혼자서 움직이기 힘들고 인지장애가 심하다고 평가되는 대상자이다.

42 정답 ①
오답해설
② 해 질 녘에는 요양보호사가 충분한 시간을 가지고 치매 대상자와 함께 있어준다.
③ 낮잠을 자면 밤에 잠을 설치게 되므로 낮 동안 움직이거나 활동하게 한다.
④ 텔레비전을 켜놓거나 조명을 밝게 하는 것이 도움이 된다.
⑤ 신체적 제한은 치매 대상자가 소리를 지르거나 몸부림치며, 화내고 고집부리는 행동을 더욱 악화시키므로 하지 않는다.

43 정답 ②
오답해설
① 신경질적이고 자극적인 웃음은 바람직하지 않은 태도이다.
③ 팔과 손은 자연스럽게 놓고 상황에 맞게 적절한 자세를 취한다.
④ 적절한 시선의 움직임이 바람직하다.
⑤ 입술을 깨물거나 꼭 다문 입은 바람직하지 않다. 대화 시에는 자연스럽고 여유 있는 입모양을 취한다.

44   정답 ⑤
오답해설
① 너무 큰 목소리로 말하면 대상자는 말하는 사람이 화가 난 것으로 여길 수도 있다.
② 한 번에 한 가지씩만 질문하되 간단하고 명료한 단어를 사용한다.
③ 유행어나 외래어를 사용하지 말고, 일상적인 어휘를 사용한다.
④ 대상자를 뒤에서 부르거나, 걷고 있을 때 말을 걸면 대상자가 신체의 균형을 잃어 넘어질 우려가 있다.

45   정답 ①
오답해설
② 대상자와 눈을 마주치며 이야기를 한다.
③ 대상자가 반응할 때까지 기다려 주고 반응하지 않으면 반복하여 질문한다.
④ '그', '그 사람'과 같은 불특정 인칭대명사보다는 대상자의 이름을 사용한다.
⑤ 대상자에게 친숙한 물건을 활용한다.

46   정답 ④
정답해설
④ 노인성 난청 대상자는 청각기능의 퇴행성 변화로 인하여 잘 듣지 못한다. 노인성 난청 대상자와 이야기할 때는 밝은 방에서 입모양을 잘 볼 수 있게 시선을 맞추며 말해야 한다.

47   정답 ⑤
정답해설
⑤ 문제의 보기에 제시된 대상자는 치매 대상자이다. 치매 대상자는 의사표현을 적절하게 할 수 없기 때문에 배가 고프다거나 목이 마르다는 등 자신의 상황을 제대로 전달하지 못한다. 예를 들어 배가 고픈 상황에서 배가 아프다고 말하기도 한다. 그러므로 상황을 주의해서 관찰하고 필요할 때 도와주어야 한다.

48   정답 ⑤
오답해설
① 대상자와 눈을 맞추고 미소를 지으며 대상자가 좋아하면 손이나 어깨를 감싸는 등의 신체적 접촉을 한다.
② 소리가 잘 안 들리는 대상자에게는 손짓, 발짓으로 표현한다.
③ 대상자와 같은 눈높이에서 이야기한다.
④ 손가락으로 물건을 가리키는 것, 대상자의 손을 이끌어 지적하는 것 등 말이 아닌 다른 신호를 말과 함께 사용한다.

49   정답 ④
정답해설
④ 책이나 신문을 읽다가 숫자와 음이 같은 글자가 나오면 손동작으로 숫자를 나타내도록 하는 것은 주의집중력, 억제력, 소근육을 증진할 수 있는 인지자극 훈련이다.

50   정답 ③
오답해설
①·④ 말기 치매 단계, ②·⑤ 중기 치매 단계의 대상자에게 나타나는 의사소통에 대한 문제점이다.

51   정답 ④
정답해설
④ '탬버린(악기) 연주하기'는 중증 인지기능 장애 대상자를 위한 인지자극 훈련이다.
오답해설
① 인지기능에 문제가 없는 대상자, ②·③ 중증 인지기능 장애 대상자, ⑤ 경증 인지기능 장애 대상자를 위한 인지자극 훈련이다.

52   정답 ⑤
정답해설
⑤ 바람직한 공감은 상대방의 말에 충분히 귀를 기울이고 그 말을 자신의 말로 요약해서 다시 반복해주는 것이다. 즉, 공감 능력은 '나는 당신의 상황을 알고 당신의 기분을 이해한다.'처럼 다른 사람의 상황이나 기분을 같이 느낄 수 있는 능력을 말한다.

53 정답 ⑤

정답해설

⑤ '나-전달법'은 내 생각이나 감정을 전달할 때 나를 주어로 하여 말하며(주어는 생략 가능), 상대방의 행동과 상황을 비난 없이 그대로 말한다(설거지를 하지 않으니). 또한, 상대방의 행동이 나에게 미치는 영향과 상황에 대해 솔직하게 말한다(대상자의 건강을 해칠까 봐 내가 걱정된다).

54 정답 ③

오답해설

① 대상자를 아이처럼 대하거나 친밀하다는 이유로 반말이나 명령조의 언어를 사용해서는 안 된다.
② 대상자의 감정이나 기분에 주의를 기울이고 공감한다.
④ 대상자와 과도한 의존관계를 형성하지 않도록 한다.
⑤ 대상자의 삶을 '옳고 그름'이나 '좋고 싫음'으로 판단하지 않는다.

CHAPTER 15 임종 요양보호

01	02	03	04	05	06	07	08	09	10
②	①	①	⑤	④	①	④	①	①	①
11	12								
⑤	⑤								

01 정답 ②

정답해설

② 일반적으로 '부정 → 분노 → 타협 → 우울 → 수용'의 순서대로 임종 적응을 거치지만 모든 사람이 반드시 이 단계를 순서대로 거치는 것은 아니다.

02 정답 ①

정답해설

① 부정 단계의 대상자는 자신에게 일어난 일을 사실로 받아들이려 하지 않고, 다시 회복될 수 있다고 믿고 싶어 한다.

오답해설

② 분노, ③ 타협, ④ 우울, ⑤ 수용 단계이다.

03 정답 ①

오답해설

② 수용 – 마지막 여정을 떠나기 전 정리의 시간을 보냄
③ 타협 – 자신의 상황을 이해하고 삶이 연장되길 희망함
④ 분노 – 자신의 감정을 반항과 분노로 표출함
⑤ 부정 – 자신의 병을 받아들이지 않고 비현실적인 믿음을 가짐

04 정답 ⑤

오답해설

① 점점 잠자는 시간이 길어진다.
② 신장기능이 떨어져 수분 섭취가 줄어들고 혈액순환이 충분하지 않아 소변량이 줄어든다.
③ 의사소통이 어렵고 적절하게 반응하지 못한다.
④ 시간, 장소, 자기 주위에 있는 사람 등에 대해 혼돈을 느낄 수 있다.

05 정답 ④

정답해설

④ 대상자의 손발이 싸늘해지면서 하얗거나 파랗게 변할 수도 있다.

오답해설

① 혈압이 감소한다.
② 움직임이 약해지고 근육 긴장이 감소한다.
③ 음식이나 수분 섭취에 어려움이 많아진다.
⑤ 시력이 감소하며 청력은 마지막까지 유지되는 편이다.

06 정답 ①

정답해설

① 근력이 점차 약해지면서 대소변을 조절하지 못하고 대소변 실금을 하게 된다. 이때 침상과 피부 청결 유지를 위해 침상 홑이불 밑에 방수포를 깔고 필요하면 기저귀를 착용하게 한다.

07 정답 ④

정답해설

④ 혈액순환의 저하로 대상자의 손, 발이 점차 싸늘해지면서 피부색이 파랗게 변할 때는 담요를 덮어서 따뜻하게 해주는 것이 좋다.

08 정답 ①

정답해설

① 숨 쉬는 것을 돕기 위해 상체와 머리를 높여주고 대상자의 손을 잡아주는 것이 좋으며, 필요시 연하게 가습기를 켜둔다.

09 정답 ①

정답해설

① 대상자가 의사소통이 가능할 때 영상편지를 남겨두거나 가족사진을 촬영한다.

오답해설

② 대상자가 혼자 있으면 불안해하므로 가족이 교대로 대상자 곁에 함께한다.
③ 결혼기념일, 생일 등의 행사가 있으면 간단한 이벤트를 해도 된다.
④ 대상자 옆에 끝까지 함께 있는 것이 마지막까지 좋은 기억으로 간직된다.
⑤ 친지나 지인의 병문안을 받을 수 있으나 지나친 방문은 대상자의 피로감을 증가시킬 수 있다.

10 정답 ①

오답해설

② · ③ 호스피스 · 완화의료는 치료가 어려운 말기질환을 가진 환자와 가족을 대상으로 통증 및 신체적 · 심리적 · 사회적 · 영적 고통을 완화하여 삶의 질을 향상시키는 전문적인 의료서비스를 뜻한다.
④ 응급처치는 응급상황에서 행해지는 기도의 확보, 심장박동의 회복, 기타 생명의 위험이나 증상 악화 방지를 위해 긴급히 수행되는 처치이다.
⑤ 요양보호는 생활에서 누군가에게 의존해야 하거나 장애를 지닌 노인에게 6개월 이상의 장기간에 걸쳐서 일상생활의 수행능력을 도와주려고 제공하는 보건, 의료, 요양, 복지 따위의 보호 서비스이다.

11 정답 ⑤

오답해설

① 등록 이후에도 작성자의 의사에 따라 언제든지 변경하거나 철회할 수 있다.
② · ③ 19세 이상 성인이면 누구나 보건복지부 지정 등록기관에서 상담사의 상담을 받고 작성할 수 있으며, 등록증을 신청하여 우편으로 수령할 수 있다.
④ 「연명의료결정법」에 따라 환자가 임종과정에 있다고 판단을 받은 경우에만 가능하다.

12 정답 ⑤

정답해설

⑤ '사전연명의료의향서'에 등록해도 진통제 투여나 영양분 · 물 · 산소 공급 등 기본적인 돌봄에 해당하는 의료행위는 계속해서 제공된다.

CHAPTER 16 응급상황 대처 및 감염관리

01	02	03	04	05	06	07	08	09	10
④	④	①	①	③	④	③	⑤	③	⑤
11	12	13	14	15	16	17	18	19	20
③	①	④	⑤	③	④	③	③	②	①
21	22	23	24	25	26	27	28	29	30
④	②	⑤	①	③	②	②	①	①	②

01 정답 ④

정답해설

의학적 이상징후
- 상당한 출혈
- 의식의 변화
- 호흡 불안정
- 피부색의 변화
- 신체 일부가 부풀어 오름
- 심한 통증

02 정답 ④

정답해설

④ 난로 곁에는 불이 붙는 물건을 치우고 세탁물 등을 널어놓지 않는다.

오답해설

① 플러그를 꼭 잡고 똑바로 빼야 코드와 플러그가 손상되지 않는다.
② 화재 발생 시 경량칸막이를 부수고 대피할 수 있도록 주변의 공간을 막아 두지 않는다.

③ 기름(식용유 등)을 사용하여 조리할 때는 주방을 떠나지 않는다.
⑤ 소화기를 사용할 때 안전핀을 뽑는다.

03 정답 ①
오답해설
② 최대한 자세를 낮추고 이동한다.
③ 젖은 수건 등으로 코와 입을 감싸 뜨거운 공기가 코와 폐로 들어가지 않게 한다.
④ 대피한 경우에는 바람이 불어오는 쪽에서 구조를 기다린다.
⑤ 연기가 들어오지 못하도록 문틈을 물에 적신 옷이나 이불로 막는다.

04 정답 ①
오답해설
② 골절대상자의 부종 부위에 냉찜질을 한다.
③ 대상자에게 처치를 하고자 시간을 지연시켜서는 안 된다.
④ 요양보호사는 의약품을 사용할 수 없지만, 외용약품 또는 대상자가 평소에 사용하는 상비약품의 경우에는 사용할 수 있다.
⑤ 대상자 상태를 파악하고, 119 등에 신고한다.

05 정답 ③
정답해설
③ 떨어지는 물건에 유의하며 운동장, 공원 등 넓은 공간으로 대피한다.
오답해설
① 수해 발생 시 상수도의 오염에 대비하여 욕조에 물을 받아 둔다.
② 흔들리는 동안 탁자 아래로 들어가 몸을 보호한다.
④ 흔들림이 멈추면 전기와 가스를 차단한다.
⑤ 엘리베이터를 사용해서는 안 되며, 계단으로 이동한다.

06 정답 ④
정답해설
④ 긴급한 상황이 없을 경우 누전차단기의 이상 유무를 확인하고 정전의 원인을 살펴본다.
오답해설
① 전기쇼크를 입은 사람이 있다면 전류가 차단될 때까지 접촉해서는 안 된다.
② 녹아버린 냉동식품은 재냉동하지 않고 버린다.
③ 이상이 발견되면 전기공사업체에 수리를 의뢰한다.
⑤ 하나의 콘센트에 여러 개의 전열기기를 연결하지 않는 등 사고 예방에 신경을 쓴다.

07 정답 ③
정답해설
주요 보호장구의 종류
- 마스크 : 요양보호사의 코와 입을 보호
- 보안경 : 요양보호사의 눈을 보호
- 안면보호구 : 요양보호사의 눈, 코, 입을 보호
- 장갑(일반, 멸균) : 요양보호사의 손을 보호
- 일회용 방수성 가운 : 요양보호사의 피부와 옷을 보호

08 정답 ⑤
오답해설
① 손소독제가 피부표면의 세균을 감소시키는 데 효과가 있긴 하지만, 손 씻기를 대체할 수는 없다. 요양보호사는 근무 중에 수시로 손을 씻어야 한다.
② 대상자의 혈액, 체액, 분비물과 접촉하거나 구강관리, 화장실 이용지원, 기저귀 교체, 튜브관리 등을 실시할 때 손을 씻고 장갑을 착용한다. 일을 마친 후에는 즉시 장갑을 벗고 손을 씻는다.
③ 상처가 나거나 개방된 피부, 점막 등을 만지기 전에 반드시 장갑을 착용한다.
④ 반지나 팔찌는 추가적인 오염 장소를 제공하고 효과적인 손 씻기를 방해한다. 따라서 요양보호사는 근무 중에 반지나 팔찌를 착용하지 않을 것을 권장한다.

09 정답 ③
정답해설
③ 독감은 인플루엔자 바이러스에 의한 급성 호흡기 질환으로, 독감에 걸리면 38℃ 이상의 발열, 두통, 전신 쇠약감, 마른 기침, 인후통, 근육통 등의 증상이 발생한다. 우리나라에서는 통상 12월부터 이듬해 5월까지 유행하므로 10~12월 사이에 독감 예방접종을 받을 것이 권장된다. 증상이 생기기 하루 전부터 감염이 시작되며, 5일 이상 병을 퍼트릴 수 있다.

10 정답 ⑤
오답해설
① 의식이 있는 경우, 하임리히법을 시행한다.
② 요양보호사의 손가락을 넣어 이물질을 빼려고 하거나 구토를 유발하는 행위는 이물질을 배출하는 데에 시간이 지체되게 하거나, 이물질이 기관지로 더 깊숙이 내려가게 할 위험이 있으므로 시도하지 않는다.
③ 한 번으로 이물질이 빠지지 않으면 반복하여 시행한다.
④ 등을 두드리거나 물을 먹이는 행위는 이물질이 더 밑으로 내려가게 하므로 절대로 해서는 안 된다.

11 정답 ③
정답해설
③ 하임리히법은 목에 이물질이 껴서 질식이 일어날 때 돕는 방법으로, 의식이 있는 경우에 진행한다.

12 정답 ①
오답해설
② 대상자의 등 뒤에 선다.
③ 배꼽과 명치 중간에 주먹 쥔 손을 감싼다.
④ 대상자 입에 손가락을 넣는 행동을 해서는 안 된다.
⑤ 양손으로 복부의 윗부분을 후상방으로 힘차게 밀어 올린다.

13 정답 ④
정답해설
④ 혈압이 과도하게 낮아져 기관과 조직에 충분한 혈액순환이 이루어지지 못하면 급성 저혈압이 온다. 이때 요양보호사는 대상자의 발아래 베개나 이불 등을 받쳐서 다리가 30cm 정도 올라가게 한다.
오답해설
① 출혈이 발생하면 출혈에 대한 응급조치를 실시한다.
② 천장을 바라보는 자세로 눕힌다.
③ 입에서 혈액 또는 토사물이 나오면 고개를 옆으로 돌린다.
⑤ 상황이 종료될 때까지 물이나 음식을 주어서는 안 된다.

14 정답 ⑤
정답해설
⑤ 경련이 발생할 경우 119에 신고하여 즉시 도움을 청하고 구급대원이 도착할 때까지 온전히 기다려야 한다.

15 정답 ③
정답해설
③ 경련이 발생하면 대상자를 침대나 바닥에 눕히고 베개를 받쳐 머리 손상을 막는다.
오답해설
① 호흡을 편하게 할 수 있도록 상의를 느슨하게 한다.
② 질식을 예방하기 위하여 고개를 가만히 옆으로 돌린다.
④ 상황이 종료될 때까지 물이나 음식을 주어서는 안 된다.
⑤ 경련을 멈추기 위하여 억제를 시도해서는 안 된다. 구급대원이 도착할 때까지 온전히 기다린다.

16 정답 ④
오답해설
① 대상자의 머리 아래에 부드러운 것을 대준다.
② 대상자를 꽉 붙잡거나 억지로 발작을 멈추게 하려고 하지 말고 조용히 기다린다.
③ 혀나 입안에 상처가 날 수 있으므로 입에 손수건 등의 이물질을 넣어서는 안 된다.
⑤ 대상자에게 경련이 일어나는 즉시 119에 신고하여 도움을 청한다.

17   정답 ③

오답해설

① 출혈량이 적으면 멸균거즈 등을 활용하여 상처를 압박하고, 많으면 깨끗한 수건 등으로 압박한다.
② 정상 성인의 몸 안에는 5L 정도의 혈액이 있다.
④ 출혈이 발생하면 즉시 도움을 청하고 지혈을 시도한다.
⑤ 1L 이상의 출혈이 발생하면 생명의 위험을 초래하는 쇼크 상태에 빠질 수 있다.

18   정답 ③

오답해설

① 멸균거즈나 깨끗한 수건 등을 활용하여 상처를 압박하고 지혈한다.
② 출혈량이 너무 많으면 패드를 덧대서 계속해서 압박한다. 이때 첫 번째 패드를 제거하지 않는다.
④ 출혈이 멈춘 후에 상처 부위에 드레싱을 실시한다.
⑤ 쇼크가 의심되는 상황이면 다리를 높이는 자세로 눕힌다.

19   정답 ②

오답해설

① 화상 부위에 간장, 기름, 된장, 핸드크림 등을 바르면 세균감염의 위험이 있으므로 절대 바르면 안 된다.
③ 화상 부위의 통증이 없어질 때까지 15분 이상 찬물에 담근다.
④ 화상이 경미하다면 멸균 드레싱을 실시한다. 심할 경우 병원 진료를 받는다.
⑤ 화상 부위에 얼음이나 얼음물을 직접 대는 것은 권장하지 않는다.

20   정답 ①

정답해설

① 상처 부위에 냉찜질을 하면 부풀어 오르거나 염증이 생기는 것을 줄일 수 있다.

오답해설

②·③ 부종이 있는 경우 그 부위를 만지거나 움직이게 해서는 안 된다.
④ 출혈이 멈춘 후에 상처 부위에 드레싱을 실시한다.
⑤ 튀어나온 뼈는 직접 압박하지 않는다.

21   정답 ④

오답해설

①·② 추가적인 손상을 줄 수 있으므로 움직이지 않도록 한다.
③ 상처 부위에 냉찜질을 하면 염증을 줄일 수 있다.
⑤ 골절 여부를 판단하기 어려우면 병원 진료를 받게 한다.

22   정답 ②

정답해설

② 대상자가 의식을 잃었을 때는 호흡과 맥박을 확인하고 구급차를 부른 후 의료진이 도착할 때까지 응급처치를 계속한다.

오답해설

① 의식이 없는 상황이라면 천장을 바라보는 자세로 눕힌다.
③ 구급대원이 올 때까지 대상자 곁에서 상태 변화를 관찰한다.
④ 복용한 것으로 의심되는 물질은 용기째 구급대원에게 전달한다.
⑤ 입에서 거품이나 토사물이 나오면 고개를 옆으로 돌린다.

23   정답 ⑤

정답해설

⑤ 대상자가 의식이 있고 숨도 쉬고 있다면 강하게 기침하여 뱉어내도록 한다. 손가락을 넣어 이물질을 빼내려고 하거나 무리하게 구토를 유발하는 행동을 해서는 안 된다.

24   정답 ②

오답해설

① 분당 100~120회의 속도로 압박을 시행한다.
③ 심정지 초기에는 가슴압박만을 시행하는 소생술과 인공호흡도 함께 실시하는 심폐소생술의 효과가 비슷하다. 따라서 일반인은 지체 없이 가슴압박만 하는 소생술을 시행한다.
④ 가슴이 약 5cm 눌릴 수 있게 체중을 실어 압박한다.
⑤ 대상자의 가슴뼈 아래쪽 절반 부위에 두 손을 깍지 끼고 올린다.

25   정답 ①

정답해설

심폐소생술의 단계

반응확인 → 도움요청과 119 신고 → 호흡확인 → 가슴압박 시행 → 회복자세

26   정답 ⑤

오답해설

① 복강 내 장기의 손상을 방지하기 위해 흉골의 가장 하단에 위치한 칼돌기는 압박하면 안 된다.
② 규칙적으로 강하고 빠르게 가슴압박을 시행한다.
③ 대상자의 양쪽 어깨를 가볍게 두드리면서 반응을 확인한다.
④ 대상자의 얼굴과 가슴을 10초 이내로 관찰하여 호흡이 있는지를 확인한다.

27   정답 ②

정답해설

기도 유지

- 구조자의 한 손을 대상자의 이마에 올려놓고 손바닥으로 대상자의 머리를 뒤로 젖힌다.
- 다른 한 손으로 턱 아래 뼈 부분을 머리 쪽으로 당겨 턱을 위로 들어 준다.
- 심폐소생술에 자신이 없는 일반인 구조자는 기도 유지-인공호흡을 생략하고 가슴압박만 하는 소생술을 권장한다.

28   정답 ①

정답해설

① 오른쪽 패드는 오른쪽 빗장뼈 밑에, 왼쪽 패드는 왼쪽 중간 겨드랑선에 붙인다.

29   정답 ①

정답해설

자동심장충격기의 사용 단계

전원 켜기 → 패드 부착 → 심장리듬 분석 → 심장충격 시행 → 심폐소생술 재시행

30   정답 ②

오답해설

① 자동심장충격기는 반응과 정상적인 호흡이 없는 심정지 대상자에게만 사용한다.
③ "분석 중"이라는 음성 지시가 나오면 심폐소생술을 멈추고 대상자에게서 손을 뗀다.
④ "심폐소생술을 계속하라"라는 음성 지시가 나오면 즉시 심폐소생술을 시작한다.
⑤ 오른쪽 패드는 오른쪽 빗장뼈 밑에, 왼쪽 패드는 왼쪽 젖꼭지 아래 중간 겨드랑선에 부착한다.

해설편 | 모의고사 정답 및 해설

제1회 모의고사

필기편

01	02	03	04	05	06	07	08	09	10
③	④	⑤	①	④	②	③	②	①	②
11	12	13	14	15	16	17	18	19	20
④	⑤	③	③	②	③	④	①	①	③
21	22	23	24	25	26	27	28	29	30
③	①	④	④	⑤	②	④	②	③	⑤
31	32	33	34	35
②	⑤	②	⑤	⑤

01　정답 ③
오답해설
① 유대감 상실
② 비가역적 진행
④ 잔존능력의 저하
⑤ 친근한 사물에 대한 애착심

02　정답 ④
오답해설
① 시·군·구 단위로 설치된다.
② 직권으로 등급을 조정하거나 재판정할 수 있다.
③ 위원장 1인을 포함하여 15인의 위원으로 구성된다.
⑤ 장기요양인정 및 등급판정 등을 심의하기 위하여 공단에 두는 회의기구이다.

03　정답 ⑤
정답해설
⑤ 대상자가 본인부담금 면제 또는 감면을 강요하는 등의 불법적인 요구를 하는 경우에는 그러한 행위가 불법(「노인장기요양보험법」 제69조)임을 설명하고 거절해야 한다.

04　정답 ①
정답해설
① 장기요양보험급여 대상자는 '65세 이상인 자' 또는 '65세 미만이지만 노인성 질병을 가진 자'로 거동이 불편하거나 치매 등으로 인지가 저하되어 6개월 이상의 기간 동안 혼자서 일상생활을 수행하기 어렵다고 인정되는 자이다.

노인성 질환의 종류(한국표준질병사인분류 기준)
- 치매질환군 : 알츠하이머병에 의한 치매, 혈관성 치매, 기타의 분류된 장소에 의한 치매, 상세불명의 치매, 알츠하이머병
- 뇌혈관성질환군 : 지주막하출혈, 뇌내출혈, 기타 비외상성 두개내 출혈, 뇌경색증, 명시되지 않은 뇌졸중, 뇌전동맥의 폐색 및 협착, 대뇌동맥의 폐색 및 협착, 기타 뇌혈관 질환, 기타 뇌혈관 장애, 뇌혈관 질환의 후유증
- 파킨슨질환군 : 파킨슨병, 이차성 파킨슨증, 기타 파킨슨증
- 그 밖의 질환군 : 기저핵의 기타 변성, 중풍 후유증, 진전(떨림), 척수성 근위축 및 관련 증후군, 중추신경계의 퇴행성 질환, 다발성 경화증

05 정답 ④

정답해설

④ 숙련된 수발자 : 숙련된 요양보호서비스에 대한 지식과 기술로 대상자의 불편함을 경감하기 위해 필요한 서비스를 지원하여 대상자를 도와준다.

오답해설

① 옹호자 : 가정이나 시설, 지역사회에서 학대를 당하거나 소외되고 차별받는 대상자를 위해 대상자의 입장에서 편들어 주고 지켜 준다.
② 정보 전달자 : 대상자의 신체, 심리에 관한 정보를 가족, 시설장 또는 관리책임자, 간호사, 의료기관의 의료진에게 전달하며 필요시 이들의 지시사항을 대상자와 그의 가족에게 전달한다.
③ 동기 유발자 : 신체활동지원서비스나 일상생활지원서비스 등을 제공하는 것에 그치지 않고 대상자가 능력을 최대한 발휘하도록 동기를 유발하며 지지한다.
⑤ 말벗과 상담자 : 효율적인 의사소통 기법을 활용하여 대상자와 관계를 형성하고 필요한 서비스를 제공하여 대상자의 신체적·정신적·심리적 안위를 도모한다.

06 정답 ②

정답해설

② 가사 및 일상생활지원서비스의 개인활동지원은 외출 시 동행, 장보기, 산책, 은행·관공서·병원 등 방문 시 부축 또는 동행(차량 이용 포함) 및 책임 귀가 등이다.

오답해설

① 가사 및 일상생활지원서비스의 일상생활지원
③·④ 정서지원 및 의사소통 도움
⑤ 신체활동지원서비스

07 정답 ③

정답해설

③ 건강한 생활을 위한 질 높은 생활서비스 및 보건의료서비스를 받을 권리에는 보기에 제시된 내용 외에도 모든 서비스 제공 과정에서 노인의 이익이 최대한 보장되도록 해야 한다는 등의 내용이 있다.

08 정답 ②

정답해설

노인학대의 유형

- 경제적 능력이 없는 노인의 생활관련 업무(세금 및 각종 요금 납부)를 방치한다.
  → 방임의 학대행위 중 '경제적 능력이 없는 노인의 생존을 위한 경제적인 보호를 제공하지 않는다.'에 해당한다.
- 심각한 질환(치매 등)이 있는 노인을 홀로 거주하게 하거나 안정된 주거공간을 제공하지 않고 떠돌게 한다.
  → 방임의 학대행위 중 '거동이 불편한 노인의 의식주 등 일상생활 관련 보호를 제공하지 않는다.'에 해당한다.
- 필요한 보장구(틀니, 보청기, 돋보기, 지팡이, 휠체어 등)를 제공하지 않는다.
  → 방임의 학대행위 중 '의료 관련 욕구가 있는 노인에게 의료적 보호를 제공하지 않는다.'에 해당한다.

09 정답 ①

정답해설

① 요양보호사는 학대받는 노인을 보면 노인보호전문기관이나 경찰서에 신고해야 한다. 이를 어길 경우 500만 원 이하의 과태료를 물게 된다.

10 정답 ②

정답해설

② 백내장 증상 : 색 구별능력 저하, 동공의 백색 혼탁, 낮과 밝은 불빛에서의 눈부심, 불빛 주위에 무지개가 보임, 통증이 없으면서 점차 흐려지는 시력, 시력 감소 등

11 정답 ④

정답해설

피부 건조증 방지

- 목욕이나 샤워를 할 때 따뜻한 물과 순한 비누를 사용한다.
- 자주 샤워를 하거나 때 미는 것을 삼간다.
- 가습기를 사용하여 습도를 조절한다.
- 목욕 후 물기는 두드려 말리고, 물기가 완전히 마르기 전에 보습제를 충분히 바른다.

12   정답 ⑤
오답해설
①·② 육체적 성희롱 행위
③·④ 시각적 성희롱 행위

13   정답 ③
오답해설
① 항상 양말을 신고 꽉 끼지 않는 신발을 착용한다.
② 발톱은 일자로 잘라준다.
④ 발을 씻은 후 물기는 말려준다.
⑤ 차갑거나 뜨거운 곳에 발을 노출하지 않는다.

14   정답 ③
정답해설
③ 뇌졸중의 전구증상으로 '손상된 뇌의 반대쪽 팔다리, 안면하부에 갑작스러운 마비가 오고, 말할 때 발음이 분명치 않거나 말을 잘 못하며, 일어서거나 걸으려 하면 자꾸 한쪽으로 넘어지는 현상' 등이 나타난다.

15   정답 ②
정답해설
② 변비는 섬유질 섭취의 부족 시 나타날 수 있으므로 섬유질이 많은 식품(사과, 호두, 통밀, 콩, 자두, 양배추, 현미, 고구마, 미역 줄기 등)을 섭취하도록 한다.

16   정답 ③
정답해설
③ 고혈압 대상자에게는 보리밥, 현미밥, 생선, 콩류, 두부, 녹황색 채소, 과일 등을 섭취하는 것이 권장된다. 염분이 많은 젓갈류, 된장, 간장과 기름기가 많은 고기나 튀김, 가공식품인 햄, 베이컨 그리고 어패류인 조개류, 새우 등은 제한해야 한다.

17   정답 ④
정답해설
요양보호 기록의 목적
- 시설장 및 관련 전문가에게 중요한 정보를 제공한다.
- 요양보호사의 활동을 입증할 수 있다.
- 요양보호서비스의 연속성을 유지할 수 있다.
- 요양보호서비스의 내용과 방법에 대한 지도 및 관리에 도움이 된다.
- 요양보호서비스의 표준화, 요양보호사의 책임성 제고에 도움이 된다.
- 질 높은 서비스를 제공하는 데 도움이 된다.
- 가족과 정보를 공유하여 의사소통을 원활하게 한다.

18   정답 ①
정답해설
서면보고
- 보고내용이 복잡하거나 숫자나 지표가 필요한 경우, 정확히 보고할 필요가 있거나 자료를 보존할 필요가 있는 경우 하는 보고이다.
- 대표적으로 정기 업무보고, 사건보고 등이 있다.
- 정확한 기록을 남길 수 있다는 장점이 있으나, 신속하게 보고할 수 없다는 단점이 있다.

19   정답 ①
정답해설
팔꿈치 통증 예방 스트레칭 운동

1.

2.

3.

4.
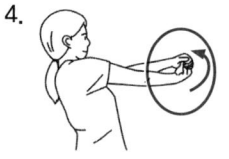

1. 손가락을 깍지 끼고 손바닥이 밖으로 향하도록 팔꿈치를 천천히 편다.
2. 손가락이 몸 쪽으로 향하도록 바닥을 짚고 네발기기 자세를 취한다.
3. 손바닥이 몸 쪽으로 향하도록 하고 손등을 잡고 몸 쪽으로 천천히 당긴다.
4. 손등이 몸 쪽을 향하도록 하고 반대쪽 손으로 손바닥을 잡고 몸 쪽으로 천천히 당기며 팔을 안으로 회전시킨다.

20 정답 ③
오답해설
① 기관지 내 분비물이 증가되어 호흡기계 감염이 쉽게 발생한다.
② 신체조직 내 수분 함유량의 감소로 콧속의 점막이 건조해져 공기를 효과적으로 흡입하지 못한다.
④ 폐포의 탄력성이 저하되고 폐 순환량이 감소되면서 폐활량이 줄어들기 때문에 쉽게 숨이 찬다.
⑤ 호흡근육의 위축과 근력의 약화로 호흡증가 시 피로해지기 쉽다.

21 정답 ③
정답해설
③ 골반의 근육 조절능력을 키우기 위해 골반근육강화운동을 해야 한다.
오답해설
① 충분한 수분 섭취로 방광의 기능을 유지한다.
② 너무 꽉 조이는 옷은 복압을 상승시킬 수 있으므로 입지 않도록 한다.
④ 호르몬의 생산 중지로 인해 요도기능이 약화되므로 호르몬제를 복용하기도 한다.
⑤ 식이섬유소가 풍부한 채소와 과일 섭취로 변비를 예방한다.

22 정답 ①
정답해설
① 대상포진은 수두를 일으키는 바이러스에 의하여 피부와 신경에 염증이 생기는 질환이다. 과거에 수두를 앓았던 사람에게 주로 발생하는데, 수두를 앓은 후 이 바이러스는 신경세포에 잠복해 있다가 신체 저항력이 약해지는 경우에 갑자기 증식하여 신경과 그 신경이 분포하는 피부에 염증을 일으킨다.

23 정답 ④
오답해설
① 피부 건조증의 요인, ②·③·⑤ 대상포진의 요인이다.

24 정답 ④
정답해설
④ 비타민 D를 음식으로 섭취하거나 햇볕을 쬠으로써 공급받도록 한다.
오답해설
①·② 적당한 체중을 유지하고 칼슘을 충분히 섭취함으로써 골다공증을 예방한다.
③ 피부 건조증의 치료 및 예방법이다.
⑤ 퇴행성 관절염의 치료 및 예방법이다.

25 정답 ⑤
정답해설
⑤ 공감은 상대방의 말을 상대방 관점에서 이해하고, 감정을 함께 느끼며, 자신이 느낀 바를 전달하는 것이다. 바람직한 공감은 상대방의 말에 충분히 귀를 기울이고 그 말을 자신의 말로 요약해서 다시 반복해 주는 것이다.

26 정답 ②
정답해설
배회하는 치매 대상자의 대처·의사소통 방법
- 배회의 원인 파악하기
- 안정적이고 친근한 환경 만들기
- 주의 환기하기
- 규칙적인 운동과 산책하기
- 안전한 환경에서 배회 허락하기

27 정답 ④
정답해설
나-전달법(I-Message전달법)의 방법
- 상황에 대해 내가 느끼는 바나 원하는 바를 명확하고 솔직하게 말한다.
- 상대방의 행동과 상황에 대해 비난 없이 그대로 말한다.
- 전달할 말을 건넨 후 상대방의 말을 잘 듣는다.
- 상대방의 행동이 나에게 미치는 영향을 구체적으로 말한다.
- 나의 생각이나 감정을 전달할 때는 '나'를 주어로 말한다.

28 정답 ②

오답해설

① 당뇨병 : 지방 섭취를 줄인다. 삼겹살, 갈비, 햄, 참치 통조림 등은 지방함량이 높으므로 최대한 먹지 않는다.
③ 심부전 : 염분, 수분, 고지방, 고콜레스테롤을 제한하는 식사를 소량씩 섭취한다.
④ 폐렴 : 영양과 수분을 충분히 섭취하고 감염의 전파를 예방한다.
⑤ 고혈압 : 혈압을 조절하기 위하여 소금 섭취를 제한한다. 젓갈류, 장아찌, 소금에 절인 생선, 햄, 소시지 등을 되도록 적게 섭취한다.

29 정답 ③

정답해설

③ 대상자의 정면에서 사물의 위치를 정확히 시계 방향으로 설명하는 것은 시각장애 대상자와 이야기하는 방법에 해당된다.

30 정답 ⑤

정답해설

⑤ 장기요양등급자는 연간 160만 원 한도 내에서 복지용구를 구입하거나 대여하여 사용할 수 있다. 욕창예방 매트리스는 구입 또는 대여 품목에 해당된다.

오답해설

①·②·③·④ 구입 품목에 해당된다.

31 정답 ②

오답해설

① 혈액이나 체액은 찬물로 빨고 더운물로 헹군다.
③ 땀 얼룩은 땀이 묻은 부위를 두 장의 수건 사이에 끼우고 두드려 땀이 수건으로 옮겨 가게 한 다음 세제로 세탁한다. 겨드랑이와 같이 얼룩이 심한 부위는 온수에 과탄산소다와 주방세제를 1:1로 넣어 2~3시간 담가 둔 후 헹군다.
④ 립스틱 얼룩은 클렌징폼으로 얼룩 부분을 살살 문질러 따뜻한 물로 헹구거나, 립스틱 자국 위에 버터를 살짝 묻혀 톡톡 두드린 후 화장솜에 아세톤을 묻혀서 버터와 얼룩을 지운 후 중성세제로 세탁한다.
⑤ 파운데이션 얼룩은 알코올이 함유된 화장수 또는 스킨을 화장솜에 적셔 얼룩을 톡톡 두드려 제거한다.

32 정답 ⑤

정답해설

⑤ 요양보호 기록 시 사실을 있는 그대로, 육하원칙을 바탕으로, 애매한 표현은 피하고 구체적으로 기록한다.

33 정답 ②

정답해설

② 1차 기본접종으로 디프테리아, 파상풍, 백일해를 접종하고, 이후 10년마다 파상풍과 디프테리아를 추가 접종한다.

34 정답 ⑤

오답해설

① 등록기관에 등록해야 효력이 발생한다.
② 19세 이상 성인 본인이 스스로 작성해야 한다.
③ 연명의료중단의향을 명시하면 심폐소생술은 시행하지 않는다.
④ 사전연명의료의향서를 작성한 후에도 언제든지 그 의사를 변경하거나 철회할 수 있다.

35 정답 ⑤

정답해설

⑤ 타협 단계에 있는 사람은 자신이 아무리 죽음을 부정하고 부인해도 피할 수 없는 상황에 처해 있음을 알고, 삶이 얼마간이라도 연장되기를 바란다.

실기편

01	02	03	04	05	06	07	08	09	10
④	②	④	①	④	④	③	④	①	⑤
11	12	13	14	15	16	17	18	19	20
③	④	④	④	④	④	④	②	③	⑤
21	22	23	24	25	26	27	28	29	30
④	⑤	⑤	②	④	④	③	②	⑤	
31	32	33	34	35	36	37	38	39	40
④	⑤	⑤	④	③	②	⑤	⑤	⑤	⑤
41	42	43	44	45					
③	③	⑤	①	③					

01　정답 ④
오답해설
① 치매 대상자의 수면은 기억을 유지하는 데 매우 중요한 요소이므로 치매 대상자가 수면을 취하는 동안에는 방해하면 안 된다.
②·③ 어떤 행위든 대상자의 의사와 관계없이 강제로 하지 않는다.
⑤ 대상자를 묶어 두면 욕창이 생기거나 근력이 떨어지는 등 피해가 생기므로 억제대는 하지 않는다.

02　정답 ②
오답해설
① 텔레비전이나 라디오를 크게 틀어놓지 않는다. 소음은 치매 대상자에게 압박감을 줄 수 있다.
③ 낮 시간에 단순한 일거리를 주어 에너지를 소모하게 하면 야간배회 증상을 줄일 수 있다.
④ 집 안은 어둡게 하지 않는다.
⑤ 치매 대상자의 신체적 욕구를 우선적으로 해결해 준다.

03　정답 ④
정답해설
당뇨병 대상자의 식사관리법
- 일정한 시간에 규칙적으로 식사하며, 과식하지 않는다.
- 단순당질(설탕, 꿀, 음료수) 섭취를 피하고, 복합당질의 식품을 선택한다(전분, 식이섬유, 올리고당류 등으로 혈당을 서서히 올림).
- 혈당지수(GI 지수)가 낮은 식품(현미, 바나나, 양배추, 우유, 콩, 미역 등)을 선택한다.
- 지방 섭취를 줄인다. 삼겹살, 갈비, 햄, 참치 통조림 등은 가급적이면 먹지 않는다.
- 비타민과 무기질을 충분히 섭취한다.
- 술을 제한한다.
- 저혈당 증세가 나타나면 즉시 과일, 주스, 우유 1컵 또는 설탕이나 꿀 1~2수저를 섭취한다.

04　정답 ①
정답해설
편마비 대상자를 휠체어에서 방바닥으로 이동시키는 방법
1. 대상자에게 휠체어에서 방바닥으로 옮겨 앉는 방법에 대해 설명한다.
2. 휠체어의 잠금장치를 잠그고 발 받침대를 올려 발을 방바닥에 내려놓는다.
3. 요양보호사는 대상자의 마비된 쪽 옆에서 어깨와 몸통을 지지해 준다.
4. 대상자는 건강한 손으로 방바닥을 짚고 건강한 다리에 힘을 주어 바닥에 내려 앉는다.
5. 요양보호사는 대상자가 이동하는 동안 상체를 지지하여 준다.

05　정답 ④
오답해설
① 영양액은 처방에 따라 따뜻하게 준비한다.
② 일어나지 못하는 대상자는 오른쪽으로 눕힌다. 위의 모양이 왼쪽으로 기울어져 있어서 오른쪽으로 누우면 기도로의 역류 가능성이 줄어들고, 중력에 의해 영양액이 잘 흘러 내려간다.
③ 비위관이 새거나 영양액이 역류될 때는 비위관을 잠근 후, 의료기관에 방문하거나 반드시 시설장 및 관리책임자, 간호사 등에게 연락해야 한다.

⑤ 비위관이 빠졌을 경우 요양보호사가 임의로 비위관을 밀어 넣거나 빼면 절대 안 된다.

06 정답 ④
정답해설

수액을 맞고 있는 편마비 대상자에게 단추 있는 옷 갈아입히기
1. 마비된 쪽 팔을 낀다.
2. 대상자를 건강한 쪽으로 돌아눕게 하고 등 뒤쪽에 펼쳐져 있는 상의의 소매 부분을 계단식으로 접어 놓는다.
3. 바로 누운 자세에서 수액을 먼저 건강한 쪽 소매의 안에 밖으로 빼서 건다.
4. 건강한 쪽 팔을 끼우고 단추를 잠근다.

07 정답 ③
정답해설

③ 의식이 없는 대상자의 경우 일회용 스펀지, 브러시 등을 이용해 입안을 닦아내는 방법으로 구강을 관리한다.

08 정답 ④
오답해설

① 2시간마다 대상자의 체위를 바꿔 준다.
② 피부는 건조하고 청결한 상태를 유지하는 것이 좋다.
③ 도넛 모양의 베개는 압박을 받는 부위의 순환을 저해할 수 있으므로 사용하지 않는다.
⑤ 파우더의 화학물질이 피부를 자극하거나 땀구멍을 막을 수 있으므로 사용하지 않는다.

09 정답 ①
정답해설

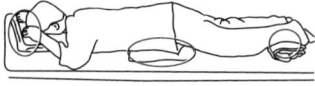

① 아랫배와 발목 밑에 작은 베개 등을 받치면 허리와 넙다리의 긴장을 완화할 수 있다.

10 정답 ⑤
오답해설

① 대상자의 옆에서 보조할 경우 지팡이를 쥐지 않은 쪽 겨드랑이에 손을 넣어 잡고 대상자와 호흡을 맞춰 보행한다.
② 체중이 지팡이와 두 다리에 실려 있는 동안 지팡이 앞으로 불편한 쪽 다리를 내딛게 한다.
③ 계단을 올라갈 경우 지팡이 → 건강한 쪽 다리 → 마비된 쪽 다리의 순서로 이동한다.
④ 계단을 내려갈 경우 지팡이 → 마비된 쪽 다리 → 건강한 쪽 다리의 순서로 이동한다.

11 정답 ③
오답해설

① 대상자 이동 시 다리와 몸통의 큰 근육을 사용하여 척추의 안정성을 유지한다.
② 요양보호사의 허리와 가슴 사이의 높이에서 몸 가까이를 잡고 보조해야 한다.
④ 안정성과 균형을 위하여 발을 적당히 벌리고 서서 한 발은 다른 발보다 약간 앞에 놓아 지지면을 넓힌다.
⑤ 양다리에 체중을 지지한 후 무릎을 굽히고 중심을 낮게 하여 골반을 안정시킨다.

12 정답 ④
오답해설

① 대상자를 눕힌 후에 무릎을 세우는 자세를 취하도록 한다.
② 물의 온도는 따뜻하게 하고, 물수건에 비눗물을 묻혀 닦는다.
③ 회음부는 앞쪽에서 뒤쪽의 순서로 닦는다.
⑤ 회음부에 염증 등의 이상이 있을 때에는 요양보호사가 직접 처치하면 안 되고, 시설장이나 간호사 등에게 보고해야 한다.

13 정답 ④
오답해설

① 균형 있는 식사로 정상 체중을 유지한다.
② 칼슘을 충분히 섭취한다.
③ 비타민 D가 풍부한 식품의 섭취를 권장한다.

⑤ 나트륨은 칼슘 배설을 촉진하므로 절임음식을 적게 먹고, 음식을 가능한 한 싱겁게 섭취한다.

14 정답 ④
오답해설
① 관절의 움직임을 돕고 변형을 방지한다.
② 혈액순환을 도와 욕창을 예방하고 피부괴사를 방지한다.
③ 부종과 혈전을 예방한다.
⑤ 고정된 자세로 인한 불편함을 줄일 수 있다.

15 정답 ④
정답해설
편마비 대상자의 앞이 막힌 상의 갈아입히기
1. 옷을 입을 때는 마비된 팔을 먼저 끼운다.
2. 옷의 몸통과 목 부분을 움켜잡아 머리를 끼운다.
3. 건강한 팔을 소매에 끼울 때, 팔을 쉽게 집어넣을 수 있도록 돕는다.
4. 불편해하지 않도록 옷을 정돈한다.
5. 상의를 갈아입은 뒤에는 머리를 정돈해 준다.

16 정답 ④
정답해설
당뇨 환자의 올바른 운동요법
- 매일 규칙적으로 할 수 있는 쉬운 운동을 하는 것이 좋다.
- 공복 시 운동을 하거나 장기간 등산을 할 때에는 저혈당에 대비해야 한다.
- 혈당이 조절되지 않으면 의사와 상의한 후에 운동량을 조절한다.
- 식후 30분~1시간경 혈당이 오르기 시작할 때 하루 최소 30분, 일주일에 5회 이상 운동한다.
- 혈압이 높은 경우에는 혈압을 조절한 후에, 혈당이 300mg/dL 이상인 경우에는 혈당을 조절한 후에 운동을 시작한다.

17 정답 ④
정답해설
④ 따뜻한 물을 담은 대야에 손과 발을 10~15분간 담그면 혈액순환의 촉진을 돕고 이물질도 쉽게 제거할 수 있다.

오답해설
①·② 노인의 피부는 건조하고 윤기가 없으며 피부각질이 쉽게 생기므로 보습을 고려한 클렌저나 비누를 사용해야 한다. 또한, 주기적으로 오일이나 로션 등을 발라주는 것이 좋다.
③ 피부의 색이나 상처, 분비물 유무는 시설장이나 간호사 등에게 보고한다.
⑤ 손톱은 둥글게, 발톱은 일자로 깎아야 한다.

18 정답 ②
정답해설
② 측위(측와위)를 취해야 한다. 옆으로 누워 항문이 노출될 수 있도록 다리를 앞쪽으로 한다.

오답해설
① 앙와위(바로 누운 자세)이다. 휴식을 취하거나 잠을 잘 때의 자세이다.
③·④ 복위(엎드린 자세)이다. 등에 상처가 있거나 등 근육을 쉽게 해줄 때의 자세이다.
⑤ 반좌위(반쯤 앉은 자세)이다. 숨이 찰 때, 얼굴을 씻을 때, 식사할 때, 위관 영양을 할 때 필요한 자세이다.

19 정답 ③
정답해설
③ 대상자와 대면할 때에는 상대방과 가까운 거리의 정면에서 같은 눈높이로 눈맞춤을 하는 것이 좋고, 힐끗 쳐다보지 않는다. 또한, 말없이 쳐다보기만 하면 적대적으로 느낄 수 있으므로 눈을 맞추고 나서 2초 이내에 인사하거나 말을 건넨다. 대상자가 대화를 원하지 않을 때에는 억지로 말을 시키지 않는다.

20 정답 ⑤
정답해설
저혈당의 증상과 대처방법
- 저혈당은 당뇨병 치료 중 제시간에 식사를 못하거나 당질이 부족하면 나타날 수 있다.
- 혈당이 급격히 떨어져서 힘이 빠지고 어지러우며, 식은땀이 나고 심장박동수가 빨라진다.
- 증세가 나타나면 즉시 과일, 주스, 우유 1컵 또는 설탕이나 꿀 1~2수저 등을 섭취한다.

21 정답 ④

정답해설

④ 음식을 삼키기 쉽게 국이나 물, 차 등으로 먼저 목을 축이고 음식을 먹게 한다.

오답해설

① 가능하면 앉아서 상체를 약간 앞으로 숙이고 턱을 당기는 자세로 식사한다.
② 배 부위와 가슴을 압박하지 않는 옷을 입힌다.
③ 수분이 적은 음식은 삼키기 어렵고, 신맛이 강한 음식은 침을 많이 나오게 하여 사레들릴 수 있으니 주의한다.
⑤ 등이 구부정한 상태에서 밥을 먹으면 음식이 기도로 넘어가기 쉬우므로 등받이 있는 의자에 등을 펴고 앉도록 한다.

22 정답 ⑤

오답해설

① 기저귀의 바깥쪽 면이 보이도록 말아 넣는다.
② 대상자가 기저귀에 의존하면 스스로 배설하던 습관이 사라질 수 있으므로 대상자가 몇 번 실금을 했다고 해서 기저귀를 바로 사용하지 않는다.
③ 허리를 들 수 없는 대상자는 옆으로 돌려 눕혀 기저귀를 교환한다.
④ 허리를 들 수 있는 대상자는 무릎을 세우고 똑바로 누운 상태에서 허리를 들게 하여 기저귀를 교환할 수 있다.

23 정답 ⑤

오답해설

① 의치를 뺄 때는 위쪽 의치를 먼저 빼서 의치 용기에 넣는다.
② 칫솔이나 의치용 솔에 의치세정제를 묻혀 미온수로 의치를 닦는다.
③ 잇몸에 대한 압박자극을 해소하기 위해 자기 전에는 의치를 빼서 보관한다.
④ 의치는 변형이 될 수 있기 때문에 뜨거운 물에 삶거나 표백제에 담그면 안 된다.

24 정답 ②

오답해설

①·③ 대상자의 눈을 보면서 정면에서 이야기한다.
④ 말의 의미를 이해할 때까지 되풀이하고, 이해했는지 확인하고, 말을 알아듣기 쉽도록 천천히 차분하게 이야기한다.
⑤ 보청기를 착용할 때는 입력은 크게, 출력은 낮게 조절한다.

25 정답 ④

정답해설

④ 오른쪽 편마비 대상자는 건강한 쪽(왼쪽)을 밑으로 하여 약간 옆으로 누운 자세를 취한다. 마비된 쪽(오른쪽)을 베개나 쿠션으로 지지하고 안정된 자세를 취하게 한 후 음식을 제공한다.

26 정답 ④

정답해설

④ 문제의 보기에 제시된 것은 30℃ 물로 세탁해야 함을 의미하는 세탁기호이다. 세탁기로 약하게 세탁하는 것과 약한 손세탁이 가능하며, 중성세제를 사용할 수 있다.

27 정답 ④

오답해설

① 대상자에게 천장을 보게 한다.
② 멸균솜으로 눈 안쪽에서 바깥쪽으로 닦아준다.
③ 깨끗한 장갑을 착용한다.
⑤ 아랫눈꺼풀 중앙이나 외측의 1~2cm 높이에서 안약용액을 투여한다.

28 정답 ③

정답해설

네발 지팡이(사점 지팡이)

- 대상자가 설 수 있어야 사용할 수 있다.
- 기저면이 넓어 체중을 지지하는 데 도움을 줄 수 있다.

오답해설

① 목발에 대한 설명이다.
②·④·⑤ 한발 지팡이에 대한 설명이다.

29 정답 ②

정답해설

② 대상자가 할 수 있는 부분은 스스로 하도록 하여 성취감을 경험하게 한다.

오답해설

① 식사 직전·직후에는 목욕을 피한다.
③ 치매 노인이 목욕을 거부할 경우 강제로 목욕을 시키지 말고 부드러운 말로 목욕을 유도해야 한다.
④ 편마비 대상자가 욕조에 들어가기 전에 욕조 턱 높이와 욕조 의자 높이를 맞추어 앉게 하고, 건강한 쪽으로 손잡이나 보조도구를 잡게 한다.
⑤ 손목 쪽에서 팔 쪽, 발끝에서 허벅지 쪽으로 닦는다. 말초 부위에서 몸의 중심부로 닦으면 정맥 혈액을 심장 쪽으로 밀어 올리는 데에 도움이 되기 때문이다.

30 정답 ⑤

정답해설

⑤ 요양보호사는 유치도뇨관의 교환 또는 삽입, 방광세척 등은 절대로 하지 않는다. 이는 방문 간호사가 하거나 의료기관을 이용하도록 연계한다. 또한, 유치도뇨관을 강제로 빼면 요도점막이 손상되므로 심하게 당겨지지 않게 주의한다.

오답해설

① 소변주머니를 방광 위치보다 높게 두지 않는다. 소변주머니가 높이 있으면 소변이 역류하여 감염의 원인이 된다.
② 유치도뇨관을 통해 소변이 제대로 나오는지 확인한다. 소변량과 색깔은 2~3시간마다 한 번씩 확인한다.
③ 유치도뇨관을 삽입하고 있어도 침대에서 자유로이 움직일 수 있으며 보행도 할 수 있음을 대상자에게 알려준다.
④ 금기사항이 없는 한 수분 섭취를 권장한다.

31 정답 ④

정답해설

④ 대상자는 물론 같이 사는 가족이나 동거인, 요양보호사 등 대상자와 접촉을 한 사람은 증상 유무와 상관없이 함께 동시에 치료한다.

오답해설

①·② 개인 위생을 철저하게 한다. 내의 및 침구류는 뜨거운 물로 10~20분간 세탁한 후 건조하고, 세탁 후 3일 이상 사용하지 않는다.
③ 반려동물에게 옴이 생기면 사람에게 옮길 수 있다.
⑤ 옴벌레들이 가장 활동적인 밤에 약을 바르고 바른 약은 다음 날 아침에 씻어 낸다.

32 정답 ⑤

정답해설

하임리히법

- 이물질에 의한 기도폐쇄를 치료하기 위해 복부의 압력을 높이는 방법이다.
- 돕는 방법
  - 대상자의 뒤에 서서 대상자의 배꼽과 명치 중간에 주먹 쥔 손의 엄지손가락이 배에 닿도록 놓는다.
  - 다른 한쪽 손으로 주먹 쥔 손을 감싼 다음, 양손으로 복부의 윗부분을 후상방으로 힘차게 밀어 올린다.
  - 한 번으로 이물질이 빠지지 않으면 반복하여 시행한다.

33 정답 ⑤

정답해설

⑤ 과일류는 부드러운 과육을 잘게 잘라 먹거나 숟가락으로 긁어 먹는다.

오답해설

① 밥을 국이나 물에 말아 먹지 않는다.
② 국수류는 적당한 크기로 잘라서 먹는다.
③ 유제품류는 마시는 형태보다 떠먹는 형태를 선택한다.
④ 한 번에 조금씩 먹고 여러 번 삼키는 연습을 한다.

34 정답 ④

오답해설

① 보온을 위해 문과 창문을 닫는다.
② 머리 감기 전의 실내온도는 22~26℃를 유지한다.
③ 편안하고 안정된 상태로 목욕의자에 앉아 가능한 앞쪽으로 머리를 숙이게 한다.
⑤ 머리와 두피를 손가락 끝으로 마사지한다.

35   정답 ③

정답해설

비언어적 의사소통 기법

구 분	바람직한 태도	바람직하지 않은 태도
얼굴 표정	• 따뜻하고 배려하는 표정 • 다양하며 생기있고 적절한 표정 • 자연스럽고 여유있는 입모양 • 간간히 적절하게 짓는 미소	• 눈썹 치켜세우기 • 하품 • 입술을 깨물거나 꼭 다문 입 • 부적절하고 희미한 미소 • 지나친 머리 끄덕임
자세	• 팔과 손을 자연스럽게 놓고 상황에 따라 적절한 자세 • 대상자를 향해 약간 기울인 자세 • 관심을 보이며 편안한 자세	• 팔짱 끼기 • 대상자로부터 비껴앉는 자세 • 계속해서 손을 움직이는 태도 • 의자에서 몸을 흔드는 태도 • 몸을 앞으로 구부리는 태도 • 입에 손이나 손가락을 대는 것 • 손가락으로 지적하는 행위
눈맞춤	• 대상자와 같은 눈높이 • 적절한 시선의 움직임	• 눈을 마주하기를 피하는 것 • 대상자보다 높거나 낮은 눈높이 • 시선을 한곳에 고정하는 것
어조	• 크지 않은 목소리 • 분명한 발음 • 온화한 목소리 • 대상자의 느낌과 정서에 반응하는 어조 • 적절한 말속도	• 우물대거나 너무 작은 목소리 • 주저하는 어조 • 너무 잦은 문법적 실수 • 너무 긴 침묵 • 들뜬 듯한 목소리 • 너무 높은 목소리 • 너무 빠르거나 느린 목소리 • 신경질적인 웃음 • 잦은 헛기침 • 큰소리로 말하기

36   정답 ②

정답해설

공감적 반응하기

- 공감은 상대방이 하는 말을 상대방의 관점에서 이해하고, 감정을 함께 느끼며, 자신이 느낀 바를 전달하는 것이다.
- 공감 능력은 다른 사람의 상황이나 기분을 같이 느낄 수 있는 능력이다.
- 어떤 문제에 대해 상대방이 받아들일 마음의 준비가 없는 상황에서 이야기하는 사람이 너무 빨리 충고를 하거나 비판을 하게 되면, 상대방은 의사소통을 차단해 버린다.
- 바람직한 공감은 상대방의 말에 충분히 귀를 기울이고 그 말을 자신의 말로 요약해서 다시 반복해 주는 것이다.
- 상대가 하는 말을 요약하여 반복하는 것은 문제상황에서 대화를 지속시키고 당사자 스스로가 그 문제의 해결책을 찾아나가도록 하는 데 아주 효과적이다.

37   정답 ⑤

정답해설

⑤ 왼쪽 편마비 대상자는 건강한 쪽인 오른쪽 손으로 지팡이를 짚어야 하므로 대상자의 오른쪽에 지팡이가 위치해야 한다. 또한, 지팡이를 한 걸음 앞에 놓았을 때 팔꿈치가 약 30° 구부러지는 정도에 놓여야 한다. 그러므로 (마) 위치에 지팡이 끝을 놓아야 한다.

38   정답 ⑤

정답해설

장기요양 대상자의 여가활동 유형과 내용

유 형	내 용
자기계발 활동	책 읽기, 독서교실, 그림 그리기, 서예교실, 시 낭송, 악기 연주, 백일장, 민요교실, 창작활동 등
가족중심 활동	가족 소풍, 가족과의 대화, 외식나들이 등
종교참여 활동	교회 · 사찰 · 성당 가기 등
사교오락 활동	영화 · 연극 · 음악회 · 전시회 관람 등
운동 활동	체조, 가벼운 산책 등
소일 활동	텃밭 야채 가꾸기, 식물 가꾸기, 신문 보기, 텔레비전 시청, 종이접기, 퍼즐놀이 등

39 정답 ⑤
오답해설
① 식사 전 음식의 온도를 확인한다.
② 턱받이보다는 앞치마를 입혀 옷을 깨끗이 유지한다.
③ 혼란 예방을 위하여 한 가지 음식을 먹고 난 후 다른 음식을 내어놓는다.
④ 생선 뼈는 미리 제거한다.

40 정답 ⑤
정답해설
지남력장애 대상자와 이야기하는 방법
- 대상자의 이름과 존칭을 함께 사용한다.
- 대상자를 일관성 있게 대하도록 노력한다.
- 시간, 장소, 사람, 날짜, 달력, 시계 등을 자주 인식시킨다.
- 모든 물품에 이름표를 붙이고, 주의사항을 그림이나 문자로 적어서 제시한다.

41 정답 ③
정답해설
③ 변기가 너무 차가우면 대상자의 피부에 닿았을 때 놀라게 되므로 미리 따뜻한 물(또는 따뜻한 수건)로 데워 둔다.

오답해설
① 대상자가 변의를 호소할 때 즉시 배설할 수 있게 돕는다. 그러나 대상자가 원하지 않으면 억지로 강요하지 않는다.
② 대상자가 혼자 할 수 있는 부분은 스스로 할 수 있도록 한다. 배변, 배뇨 훈련에도 적극적으로 참여하도록 격려한다.
④ 침대 높이와 이동변기의 높이가 같도록 맞춘다. 침대에서 이동변기로 이동할 때 넘어지거나 바닥으로 떨어지지 않게 주의한다.
⑤ 안전을 위해 변기 밑에 미끄럼방지매트를 깔아 주어, 대상자가 변기에 앉을 때 흔들리지 않게 한다.

42 정답 ③
정답해설
③ 머리를 감을 때는 귀에 물이 들어가지 않도록 귀막이 솜으로 양쪽 귀를 막는다.

오답해설
① 머리를 감을 때는 비교적 덜 추운 낮 시간대에 감는다.
② 실내온도는 따뜻하게 해야 한다.
④ 머리를 다 감고 난 뒤에는 빗질하여 차분하게 정리한다.
⑤ 침대에서 머리를 감길 때에는 베개를 치우고 침대 모서리에 머리가 오도록 몸을 비스듬히 한 뒤에 방수포를 어깨 밑까지 깐다. 어깨 아래 수건을 놓고, 머리 밑에 패드를 댄 뒤에 패드 끝을 물받이 양동이에 넣는다.

43 정답 ⑤
오답해설
① 눈곱이 없는 쪽 눈부터 먼저 닦는다.
② 귀지는 의료기관에 가서 제거하는 것이 안전하다.
③ 침대머리를 높이거나 가능하다면 대상자를 앉힌다.
④ 눈 밑에서 코, 뺨 쪽으로 닦는다.

44 정답 ①
정답해설
① 요양보호사는 꼭 대상자의 앞쪽에서 체위변경을 해야 한다. 뒤쪽에서 체위변경을 시도하면 낙상 발생 가능성에 대한 불안감을 가지게 되어 대상자의 근육 긴장도가 증가하기 때문이다.

오답해설
② 대상자의 관절능력을 파악하고 스스로 움직여 협조할 수 있는 것은 협조하게 한다.
③ 침대머리 쪽으로 이동하려고 할 때에는 침대 매트를 수평으로 하고 눕힌 후 베개를 머리 쪽으로 옮긴다.
④ 침대의 오른쪽이나 왼쪽으로 이동할 때는 상반신과 하반신을 나누어 이동시킨다.
⑤ 옆으로 돌려 눕힐 때는 요양보호사가 돌려 눕히려고 하는 쪽에 서며, 반대쪽 어깨와 엉덩이에 손을 대고 옆으로 돌려 눕힌다.

45 정답 ③
정답해설
③ 휠체어를 접을 때는 잠금장치를 잠근 후에 발 받침대를 올리고, 시트를 들어 올린다. 마지막으로 팔걸이를 접어 정리를 마무리한다.

> # 제2회 모의고사

필기편

01	02	03	04	05	06	07	08	09	10
①	①	①	③	④	⑤	④	④	④	②
11	12	13	14	15	16	17	18	19	20
③	①	④	⑤	①	④	③	④	⑤	⑤
21	22	23	24	25	26	27	28	29	30
①	②	④	②	④	③	①	④	④	⑤
31	32	33	34	35					
②	③	③	①	③					

01 정답 ①
오답해설
② 조심성이 증가한다.
③ 의존성이 증가한다.
④ 역할을 상실한다.
⑤ 생애주기에서 노년기는 '통합 대 절망(Erikson, 1959)'을 경험하는 시기로 알려져 있다.

02 정답 ①
정답해설
① 결핵은 공기를 통해 전파되는 결핵균에 의한 감염 질환으로, 신체 여러 부분을 침범할 수 있으나 대부분 폐결핵으로 발병한다. 결핵 외에 대상자로부터 감염될 수 있는 질환으로는 독감(인플루엔자), 노로바이러스 장염, 옴, 머릿니 등이 있다.

03 정답 ①
오답해설
② 노인은 아들과 며느리에게 의존하기보다는 자신의 삶을 활기차게 살아가기 위해 노력해야 한다.
③ 1차적으로 노인 스스로가 노년의 삶을 책임질 수 있도록 노력해야 한다.
④ 퇴직으로 남편의 역할이 사회에서 가정으로 돌아옴에 따라 융통성 있게 가사일을 분담하는 것이 바람직하다.
⑤ 자녀 세대와 부모 세대의 상호존중, 적극적 의사소통을 통해 사회통합을 달성해야 한다.

04 정답 ③
정답해설
노인을 위한 유엔의 5가지 원칙 중 보호의 원칙(1991)
- 사회의 문화적 가치체계에 따라 가족과 지역사회의 보살핌과 보호를 받아야 한다.
- 최적의 신체적·정신적·정서적 안녕을 유지하거나 되찾도록 도움을 받고, 질병을 예방하거나 지연하는 건강보호 서비스를 이용할 수 있어야 한다.
- 노인의 자율과 보호를 높이는 사회적·법률적인 서비스를 이용할 수 있어야 한다.
- 시설에서는 인간적이고 안전한 환경에서 보호, 재활, 사회적·정신적 격려 서비스를 제공받아야 한다.
- 보호 및 치료 시설에 거주할 때도 기본적 인권과 자유를 누릴 수 있어야 한다.

05 정답 ④
오답해설
① 치매안심센터는 시·군·구 보건소가 사업의 주체이다.
② 치매공공후견사업의 사업주체는 치매안심센터이다.
③ 노인실명예방사업의 대상은 만 60세 이상 노인 중 선정기준에 해당하는 자이다.
⑤ 노인 건강진단으로 시·군·구가 지정한 의료기관에서 일반 건강검진, 국가암조기검진을 진행한다.

06 정답 ⑤
오답해설
① 가사 및 일상생활지원 중 개인활동지원
②·③ 기능회복훈련
④ 방문목욕서비스

07 정답 ④
정답해설
④ 요양보호사는 '옹호자'로서 가정이나 시설, 지역사회에서 학대를 당하거나 소외되고 차별받는 대상자를 위해 대상자의 입장에서 편들어 주고 지켜준다.

08 정답 ④
정답해설
④ 차별 및 노인학대를 받지 않을 권리에는 성별, 종교, 신분, 경제력, 장애 등 신체조건 및 사회적 신분 등을 이유로 차별해서는 안 된다는 내용 등이 있다.

09 정답 ④
정답해설
④ 정서적 학대는 비난, 모욕, 위협, 협박 등의 언어 및 비언어적 행위를 통하여 노인에게 정서적으로 고통을 주는 것이다.

10 정답 ②
정답해설
② 학대피해노인에 대한 일정기간 보호조치 및 심신 치유 프로그램을 제공하는 학대피해노인 전용쉼터 사업에 대한 내용이다.

11 정답 ③
오답해설
①·② 육체적 성희롱에 해당한다.
④·⑤ 언어적 성희롱에 해당한다.

12 정답 ①
정답해설
① 녹내장은 안압(눈의 압력)의 상승으로 시신경이 손상되어 시력이 점차 약해지는 질환으로 심하면 실명까지 이를 수 있으며 눈 이물감과 안구 통증이 대표적인 증상이다.
오답해설
②·④ 백내장의 증상이다.
③·⑤ 뇌졸중의 증상이다.

13 정답 ④
오답해설
① 인슐린 주사약은 입으로 복용하면 위장관에서 파괴되므로 반드시 주사로 주입한다.
② 저콜레스테롤 식이를 기본으로 하여 육류보다는 곡류, 콩, 과일, 야채 등 고섬유질 음식을 섭취한다.
③ 아이스크림, 주스, 사탕 등 설탕이나 꿀 등을 함유한 단 음식과 술의 섭취를 제한한다.
⑤ 공복 시 운동을 하거나 장기간 등산 시에는 저혈당에 대비한다.

14 정답 ⑤
정답해설
⑤ 분노 단계에 있는 대상자는 자신의 감정을 반항과 분노로 표출한다. 또한, 어디에서나 누구에게나 불만스러운 면을 찾으려고 한다.

15 정답 ①
정답해설
① 뇌졸중(중풍)은 뇌에 혈액을 공급하는 혈관이 막히거나 터져서 뇌 손상이 발생하고, 그에 따른 신체 장애가 나타나는 뇌혈관질환이다. 운동장애, 감각장애, 언어장애, 삼킴장애 등의 증상이 있다.

16 정답 ④
오답해설
① 서혜부와 대퇴부의 통증을 호소하는 것은 고관절 골절의 주된 증상이다. 고관절 골절은 강한 외부 힘이 작용하여 고관절 뼈가 부러지는 것으로, 골다공증이 있는 노인이 낙상 시 발생한다.
② 계단 오르내리기, 장거리 걷기, 등산 등의 활동으로 관절을 많이 사용할수록 통증이 심해질 수 있다.
③·⑤ 골다공증에 대한 설명이다.

17 정답 ③
오답해설
①·②·④ 치매에 대한 설명이다.
⑤ 우울증에 대한 설명이다.

18 정답 ④
정답해설
④ 본인의 어려운 가정 사정을 얘기하면서 불법적인 요구를 할 때는 「노인장기요양보험법」에서 그러한 행위를 금지하고 있음을 설명하고 거절해야 한다.

19 정답 ⑤
오답해설
① 증상이 좋아졌다고 해도 약 복용을 중단하려면 먼저 의사와 상담해야 한다.
② 약을 삼키는 것이 힘들다고 쪼개서 복용하면 안 된다. 약을 삼키기 어려운 대상자에게 분할·분쇄할 수 없는 약이 처방된 경우 처방을 변경해 달라고 요청해야 한다.
③ 약 복용 시간을 놓쳤다면 생각난 즉시 복용한다. 절대로 2배의 용량을 복용해서는 안 된다.
④ 증상이 비슷하다고 해서 다른 사람에게 처방된 약을 먹거나 자기 약을 다른 사람에게 주면 안 된다.

20 정답 ⑤
오답해설
① 염분을 하루에 6g 이하로 섭취하고, 과일, 야채와 저지방 유제품을 많이 먹어야 한다. 또한, 포화 지방산과 지방이 많은 음식을 피해야 한다.
② 혈압이 조절되다가도 약을 먹지 않으면 약효가 떨어지자마자 혈압이 다시 올라간다. 따라서 의사의 처방이 있는 한 계속 약을 먹어야 한다.
③ 고혈압은 증상이 없는 경우가 대부분이므로 의사의 처방이 있는 한 계속 약을 먹어야 한다.
④ 증상이 없어도 혈압이 높으면 치료해야 한다.

21 정답 ①
오답해설
② 비만은 복부 내 압력을 증가시켜 복압성 요실금을 유발하기 때문에 체중을 조절한다.
③ 호르몬 불균형은 전립선비대증의 원인이다.
④ 식이섬유소가 풍부한 채소와 과일 섭취로 변비를 예방한다.
⑤ 충분한 수분 섭취로 방광의 기능을 유지한다.

22 정답 ②
정답해설
② 인플루엔자의 예방접종 주기는 매년 1회이다.

23 정답 ④
오답해설
① 위벽의 점막뿐만 아니라 근육층까지 손상된 위장병인 위궤양의 증상이다.
② 천식의 증상이다. 천식에 걸리면 기관지 벽의 부종과 기도 협착, 여러 가지 자극에 대해 기도가 과민 반응을 보인다.
③ 퇴행성 관절염의 증상으로 아침에 일어나면 관절이 뻣뻣해져 있는 경직 현상이 발생한다. 이는 일반적으로 30분 이내에 풀어진다.
⑤ 결핵균이 폐에 들어가 염증을 일으키는 폐결핵의 증상이다.

24 정답 ②
정답해설
② 책 읽기, 독서교실, 그림 그리기 등은 거동이 불편한 노인의 여가활동 중 자기계발 활동에 해당한다.

25 정답 ④
오답해설
① 머리카락은 전반적으로 가늘어진다.
② 발톱이나 손톱이 딱딱하고 두꺼워진다.
③ 모근의 멜라닌생성 세포가 소실되어 탈색이 된다.
⑤ 수분 함유량이 적기 때문에 소양증은 밤과 겨울철에 더욱 심해진다.

26 정답 ③
오답해설
① 파우더의 화학물질이 피부를 자극하거나 땀구멍을 막을 수 있으므로 사용을 금한다.
② 천골 부위에 도넛 모양의 베개를 사용할 경우 오히려 압박을 받는 부위의 순환을 저해할 수 있으므로 삼간다.
④ 젖은 침대 시트는 바로 교체하고 시트에 주름이 있으면 욕창이 더 잘 생기므로 주름을 편다.
⑤ 특정 부위에 압력이 집중되지 않도록 침대에서는 적어도 2시간마다, 의자에서는 1시간마다 자세를 바꾸어준다.

27 정답 ⑤
오답해설
① 미뢰의 개수가 30~50% 감소한다.
② 구강 건조증상이 증가한다.
③ 입술 근육의 탄력성이 감소한다.
④ 후각과 미각이 둔화된다.

28 정답 ①
오답해설
② 밤잠을 설치게 되므로 낮잠을 자게 하지 않는다.
③ 금주·금연을 하게 한다.
④ 커피 등 카페인이 함유된 음료를 줄이거나 오후에는 금한다.
⑤ 늦게까지 텔레비전을 시청하는 등 지나치게 집중하는 일을 하지 않는다.

29 정답 ④
정답해설
지남력장애
- 날짜와 시간에 대한 개념이 떨어져 날짜, 요일, 계절 등을 착각하고 실수한다.
- 오랫동안 지내던 집도 자신의 집이 아니라고 부인하고, 가족의 얼굴을 알아보지 못하기도 한다.
- 시간에 대한 장애가 가장 먼저 생기고, 증세가 진행되면 날짜, 계절, 밤낮을 구분하지 못한다.

30 정답 ⑤
정답해설
기저귀피부염(기저귀 습진)의 치료 및 예방
- 피부가 대소변에 오래 접촉하여 생기므로, 기저귀를 자주 갈아주어 습하지 않도록 한다.
- 통풍이 필요하며 진균(곰팡이) 치료를 위한 항진균제나 스테로이드 연고를 처방받아 바른다.

31 정답 ②
정답해설
지루성 피부염의 증상
- 피지선(기름샘)의 활동이 증가한 부위에 발생한다.
- 피부가 붉게 변하며 마치 생선 비늘과 같은 흰색 인설이 동반된다.

오답해설
① 노인성 자반의 증상이다.
③ 대상포진의 증상이다.
④ 피부 건조증에 대한 설명이다.
⑤ 욕창 1단계에 대한 설명이다.

32 정답 ③
오답해설
① 통증을 느끼지 않고 시원하다고 느낄 때까지 계속한다.
② 같은 동작은 5~10회 반복한다.
④ 동작과 동작 사이에 5~10초 정도 쉰다.
⑤ 호흡은 편안하고 자연스럽게 한다.

33 정답 ③
오답해설
①·⑤ 변비에 대한 처치법이다.
② 지사제를 함부로 써서는 안 되며, 반드시 의사의 지시에 따라 복용한다.
④ 음식물 섭취량을 줄이되 물은 충분히 마셔 탈수를 예방한다.

34 정답 ①
오답해설
② 병원진료 시 대상자의 신분증 등을 준비하며, 항상 다니는 병원과 대상자의 건강상태, 복약상태를 보호자에게 확인한다.
③ 차량을 이용할 때는 대상자의 몸을 요양보호사와 밀착시켜 안전하게 오르내리게 하고, 승차를 지원하되 무릎과 허리에 부담이 가지 않게 한다.
④ 도보 시 보폭을 작게 하고, 계단을 오를 때는 몇 걸음에 한 번씩 혹은 걸음마다 두 다리를 한 곳에 모아 쉬면서 천천히 이동한다.
⑤ 외출에서 돌아오면 환기하고, 얼굴과 손발을 씻게 하며, 평상복으로 갈아입고 쉬게 한다.

35 정답 ③
오답해설
① 주기적으로 체위를 변경하여 욕창을 예방한다.
② 실금·실변을 하므로 침상 홑이불 아래에는 방수포를 깐다.
④ 전기기구는 사용하지 않는다.
⑤ 침구류는 주름이 없는 제품을 사용한다.

실기편

01	02	03	04	05	06	07	08	09	10
③	②	①	③	③	④	④	②	④	③
11	12	13	14	15	16	17	18	19	20
②	⑤	①	④	④	⑤	⑤	⑤	③	③
21	22	23	24	25	26	27	28	29	30
②	③	⑤	③	③	④	①	⑤	①	③
31	32	33	34	35	36	37	38	39	40
⑤	⑤	⑤	①	④	⑤	④	②	③	②
41	42	43	44	45					
③	④	③	②	②					

01 정답 ③
오답해설
① 맨 처음 마비된 쪽(왼쪽)의 팔을 낀다.
② 대상자를 건강한 쪽(오른쪽)으로 돌아눕게 한다.
④ 바로 누운 자세에서 수액을 먼저 건강한 쪽(오른쪽) 소매 안에서 밖으로 빼서 건다.
⑤ 마지막으로 건강한 쪽(오른쪽) 팔을 끼우고 단추를 잠근다.

02 정답 ②
오답해설
① 요양보호사는 돌려 눕히려고 하는 쪽에 선다.
③ 시선이 먼저 향하고 얼굴, 어깨, 엉덩이 순으로 돌아눕게 된다.
④ 엉덩이를 움직여 뒤로 이동시키고, 어깨를 움직여 편안하게 한다.
⑤ 필요하다면 베개를 등과 필요 부위에 받쳐준다.

03 정답 ①
정답해설
지팡이를 이용하여 보행하는 방법
- 평지를 이동하거나 계단을 내려갈 때 : 지팡이 → 마비된 다리 → 건강한 다리
- 계단을 오를 때 : 지팡이 → 건강한 다리 → 마비된 다리

04 정답 ③
오답해설
① 이동할 쪽의 침대 난간을 내린다.
② 건강한 쪽 손(왼쪽 손)으로 침대 바닥을 지지하도록 한다. 이때 발 간격을 충분히 벌리고 자세가 안정적인지 확인한다.
④ 휠체어를 대상자의 건강한 쪽(왼쪽)에 비스듬히 놓는다. 마비된 쪽에 휠체어를 놓으면 넘어져서 부상을 입을 수 있다.
⑤ 허리를 약간 숙이게 한 뒤, 구호에 맞춰 몸을 끌어올려 깊숙이 앉힌다.

05 정답 ③
오답해설
① 영양액을 너무 차갑거나 뜨겁지 않게 체온 정도로 조절하여 따뜻하게 준비한다.
② 대상자에게 식사시간임을 알린 후에 앉게 하거나 침상머리를 올리도록 한다.
④ 경관영양 주입 후 대상자가 상체를 높이고 30분 정도 앉아 있도록 돕는다.
⑤ 영양액이 중력에 의해 흘러 내려와 위장 속으로 들어가도록 위장보다 높은 위치에 건다.

06 정답 ④
정답해설
④ 휠체어로 오르막길을 갈 때에는 가급적 자세를 낮추고 다리에 힘을 주어 밀고 올라간다. 경사도가 크거나 대상자가 과체중일 경우에는 지그재그로 밀고 올라갈 수 있다.

07 정답 ④
오답해설
① · ② · ③ · ⑤ 체위변경을 했을 때 나타날 수 있는 증상이다.

08 정답 ②
오답해설
① 칫솔질은 잠자기 전과 매끼 식사 후 30분 이내에 3분간 하도록 한다.
③ 치약을 묻힌 칫솔을 45° 각도로 치아에 대고 잇몸에서 치아 쪽으로 3분간 세심하게 닦는다.

④ 혈액응고장애가 있는 대상자는 치실을 사용하지 않는다.
⑤ 먼저 윗니와 잇몸을 닦고 거즈(브러시)를 바꾸어 아래쪽 이와 잇몸을 닦는다. 다음으로 입천장, 혀, 볼 안쪽을 닦는다.

09 정답 ④
정답해설
④ 추울 때 대상자가 화장실을 가지 않고 기저귀를 채워달라고 할 경우 화장실 가는 동선과 화장실 내부를 춥지 않게 하여 데리고 간다. 또한, 편안한 환경을 조성한 뒤 이동변기를 사용하도록 돕는 방법도 있다.

10 정답 ③
오답해설
① 침대의 높이와 이동변기의 높이가 같도록 맞추고, 침대에서 이동변기로 이동할 때 넘어지거나 바닥으로 떨어지지 않게 주의한다.
② 변기가 너무 차가우면 대상자의 피부에 닿았을 때 놀랄 수 있으므로 미리 따뜻한 물(또는 따뜻한 수건)로 데워둔다.
④ 요양보호사가 밖에서 기다려주기를 원하는 대상자의 경우 호출벨을 대상자의 손 가까이에 두어 배설이 끝나면 즉시 알리도록 한다.
⑤ 편마비 대상자의 경우, 이동변기는 건강한 쪽으로 침대 난간에 빈틈없이 붙이거나 30~45° 비스듬히 붙인다.

11 정답 ②
오답해설
① 대상자가 보행기를 사용하기 전에 볼트 고정 상태를 확인한다.
③ 요양보호사는 대상자 앞에 보행기를 두고 바퀴를 잠근 후 대상자가 일어서도록 돕는다.
④ 보행기는 대상자의 팔꿈치가 약 30°로 구부러지도록 대상자의 둔부 높이로 조절한다.
⑤ 한쪽 다리만 약한 대상자는 약한 다리와 보행기를 함께 앞으로 한 걸음 정도 옮긴다.

12 정답 ⑤
오답해설
① 가능하면 모든 방과 현관의 문턱을 제거하는 것이 좋다.
② 변기 옆과 욕조 벽에는 손잡이를 설치한다.
③ 낮고 넓은 굽의 신발, 고무바닥으로 된 신발, 발에 맞는 신발, 바닥에 미끄럼방지 처리가 된 신발을 신게 한다.
④ 부엌 싱크대나 가스레인지 근처의 바닥에는 고무매트를 깔아 미끄러지지 않도록 한다.

13 정답 ①
오답해설
② 상체를 약간 앞으로 숙이고, 턱을 당기는 자세로 식사하도록 한다.
③ 의자에 앉을 수 없는 대상자는 상반신을 높이고 머리 뒤에 베개를 받쳐 턱을 당긴 자세를 취하게 한다.
④ 음식을 삼키기 쉽게 물을 먼저 마시게 한다.
⑤ 음식을 먹고 있는 도중에는 대상자에게 질문을 하지 않는다.

14 정답 ④
오답해설
① 편마비 대상자의 경우 건강한 쪽(왼쪽)에서 음식물을 넣어준다.
② 누워있는 상태라도 삼키고 소화하기 쉽도록 가능한 한 상체를 세우도록 한다.
③ 숟가락 손잡이를 머리 쪽으로 약간 올려 음식을 먹인다.
⑤ 마비된 쪽인 오른쪽 뺨 부위에 음식물 찌꺼기가 남기 쉬우므로 식후 구강관리를 한다.

15 정답 ④
정답해설
나-전달법(I-Message전달법)의 내용
- 상황에 대해 내가 느끼는 바나 원하는 바를 명확하고 솔직하게 말한다.
- 상대방의 행동과 상황에 대해 비난 없이 그대로 말한다.
- 전달할 말을 건넨 후 상대방의 말을 잘 듣는다.

- 상대방의 행동이 나에게 미치는 영향을 구체적으로 말한다.
- 나의 생각이나 감정을 전달할 때는 '나'를 주어로 말한다.

16 정답 ⑤
오답해설
① 대상자가 침대 난간에 기대지 않게 해야 한다.
② 대상자가 침대 위에 있을 때는 항상 침대 난간을 올려놓아야 한다.
③ 침대 가까이에 있는 가구 또는 생활용품을 잡으려고 대상자가 손을 뻗어 넘어지는 경우가 있으므로 자주 사용하는 물건은 대상자의 가까이에 둔다.
④ 침대를 사용하지 않을 때에는 높낮이를 가장 낮은 위치에 오도록 한다.

17 정답 ⑤
오답해설
① 전기면도기를 사용하는 것이 안전하다.
② 면도 전 따뜻한 물수건을 덮어 건조함을 완화한다.
③ 피부가 주름져 있을 때에는 아래 방향으로 부드럽게 당겨 면도한다.
④ 볼 부위 → 얼굴 가장자리 → 목, 입 주위 → 턱밑 → 콧수염 순서로 진행한다.

18 정답 ⑤
오답해설
①·②·③·④ 치매 대상자가 반복적인 질문이나 반복적인 행동을 하는 경우에 요양보호사가 도움을 줄 수 있는 방법이다.

19 정답 ③
오답해설
① 망상이 심한 경우 시설장이나 간호사에게 알린다.
② 잃어버린 물건에 대한 의심을 부정하거나 설득하지 말고 함께 찾아보는 노력을 한다.
④ 다른 사람들에게 치매 대상자가 잃어버렸다고 의심하는 물건에 대한 이야기는 하지 않고, 특히 조롱하는 말투를 사용하거나 귓속말을 하지 않도록 주의한다.
⑤ 치매 대상자가 물건을 지킨다고 방 안에 있기만을 고집할 때, 위험하지 않다면 허용한다.

20 정답 ③
오답해설
① '여기', '이쪽' 등 지시대명사를 사용하지 않는다.
② 신체접촉을 하기 전에 먼저 말을 건네 알게 한다.
④ 이미지를 전달하기 어려운 사물은 촉각으로 이해시킨다.
⑤ 대상자와 함께 보행할 때에는 요양보호사가 반 보 앞으로 나와 대상자의 팔을 끄는 듯한 자세를 유지하면서 가는 것이 좋다.

21 정답 ②
오답해설
① 방수포를 어깨 밑까지 깔아 시트가 젖지 않게 한다.
③ 두피를 손톱으로 마사지하면 손상이 있을 수 있으므로 손가락 끝으로 마사지하고 헹군다.
④ 젖은 머리를 수건으로 건조할 때는 머리카락을 비비지 말고 큰 수건으로 머리 전체를 감싸서 가볍게 두드려 물기를 제거한다.
⑤ 공복이나 식후는 피하고, 추울 때에는 비교적 덜 추운 낮 시간대에 머리를 감기도록 한다.

22 정답 ③
정답해설
내리막길에서 휠체어를 타고 있는 대상자의 이동을 돕는 방법
- 요양보호사가 지지면을 유지하면서 휠체어를 뒤로 돌려 뒷걸음으로 내려간다.
- 대상자의 체중이 많이 나가거나 경사도가 큰 경우 지그재그로 내려간다.
- 요양보호사는 반드시 고개를 뒤로 돌려 가고자 하는 방향을 살펴야 한다.

23 정답 ⑤
정답해설
⑤ 대상자가 무리한 요구를 하더라도 바로 거절하지 말고, 열이 있음을 전달하여 관심을 표현한 후 대신 마트에 다녀오겠다고 함으로써 대상자의 뜻을 존중하고 신뢰감을 준다.

24
정답 ③

정답해설

욕창 호발 부위

- 대상자가 바로 누운 자세(앙와위)일 때 : 뒷머리, 어깨, 팔꿈치, 엉덩이, 발뒤꿈치, 발가락
- 대상자가 엎드려 누운 자세(복위)일 때 : 팔꿈치, 턱, 가슴, 생식기, 무릎, 발가락

25
정답 ③

오답해설

① 특정부위에 압력이 집중되지 않도록 수시로 자세를 바꿔주어야 한다. 침대에서는 적어도 2시간마다, 의자나 휠체어에서는 1시간마다 자세를 바꿔준다.
② 약간 미지근한 물수건으로 찜질하고 마른 수건으로 물기를 닦아낸다.
④ 미지근한 바람으로 건조시켜야 한다.
⑤ 춥지 않을 때에는 30분 정도 햇볕을 쪼인다.

26
정답 ④

정답해설

휠체어 기본 조작법

- 휠체어를 접는 방법 : 잠금장치를 잠근다. → 발 받침대를 올린다. → 시트를 들어 올린다. → 팔걸이를 접는다.
- 휠체어를 펴는 방법 : 잠금장치를 잠근다. → 팔걸이를 펼친다. → 시트를 눌러 편다.

27
정답 ①

정답해설

① 가루약은 숟가락을 사용하여 약간의 물에 녹인 후 투약하거나, 바늘이 없는 주사기에 녹인 가루약을 흡인한 후 입안에 조금씩 넣어준다.

28
정답 ⑤

오답해설

① 노인은 지방질의 소화력이 낮기 때문에 기름기가 적은 조리 방법을 선택하는 것이 바람직하다.
② 육류는 오래 삶으면 부드러워지나 생선은 오래 삶으면 질기고 딱딱해진다.
③ 부드러운 재료를 선택하고, 작은 크기로 잘게 썰어서 준비하도록 한다.
④ 연하능력이 저하된 대상자의 식사준비 시 부드럽게 삼킬 수 있도록 재료를 푹 끓이거나 다지거나, 믹서기에 갈아서 준비한다.

29
정답 ③

오답해설

① 가루약은 물기가 없는 곳에 보관한다.
② 안약이나 귀약은 투약 후 입구를 생리식염수 솜으로 잘 닦아 상온의 그늘진 곳에서 보관한다.
④ 알약은 원래의 약 용기에 넣어 건조한 곳에 보관해야 습기가 차지 않는다.
⑤ 물약은 서늘한 곳에 직사광선을 피해 보관한다.

30
정답 ③

정답해설

③ 지남력장애 대상자는 시간, 장소, 환경 등에 대해 정확하게 파악하지 못하므로, 대상자의 이름과 존칭을 함께 사용하고, 시간, 장소, 사람, 날짜, 달력, 시계 등을 정확하고 일관성 있게 인식시켜 주어야 한다.

31
정답 ⑤

오답해설

① 대상자의 일정에 맞춰 규칙적으로 생활하도록 돕는다.
② 대상자에게 남아있는 기능을 최대한 살리도록 한다.
③ 치매가 있다고 모든 것을 못하는 것은 아니라고 안내한다.
④ 대상자의 생활 자체를 소중히 여기고 환경을 바꾸지 않는다.

32
정답 ⑤

오답해설

① 욕창예방 매트리스는 열을 발산하는 제품(찜질기 등)과 함께 사용하지 않는다.
② 매트리스 커버는 흐르는 물로 씻거나 세탁해서 말린다.
③ 욕창예방 매트리스는 24시간 사용하는 기구로, 사용 중에는 대상자 이외의 다른 사람이 매트리스에 올라가지 않는다.
④ 하루에 한 번은 기구의 정상 동작을 확인한다.

33 정답 ⑤
정답해설
⑤ 문턱(도로 턱)을 오를 때 요양보호사는 양팔에 힘을 주고 휠체어 뒤를 발로 조심스럽게 눌러 휠체어를 뒤쪽으로 기울이고 앞바퀴를 들어서 문턱(도로 턱)을 오른다.

34 정답 ①
오답해설
② 비누를 이용해 손가락과 발가락 사이를 씻은 뒤에 헹군다.
③ 노인의 피부는 건조하여 각질이 생기기 쉬우므로 오일이나 로션 등을 발라주어야 한다.
④ 손톱깎이로 손톱은 둥글게, 발톱은 일자로 자른다.
⑤ 따뜻한 물을 대야에 담은 후 손과 발을 10~15분간 담가 온기를 느끼게 한다.

35 정답 ④
정답해설
④ 제시된 그림의 다림질 표시기호는 원단 위에 천을 덮고 140~160℃로 다림질을 하라는 의미이다.

36 정답 ⑤
오답해설
① 말이 어눌해진다.
② 혈압이 감소한다.
③ 촉각이 감소한다.
④ 근육 긴장이 감소한다.

37 정답 ④
정답해설
석양증후군 대상자를 돕는 방법
- 석양 무렵에는 충분한 시간을 가지고 대상자와 함께 있어준다.
- 대상자를 밖으로 데려가 산책을 한다.
- 따뜻한 음료수를 마시게 하거나 등 마사지, 음악 듣기 등을 통해 숙면을 취할 수 있도록 돕는다.
- 텔레비전을 켜놓거나 조명을 밝게 해준다.

38 정답 ②
오답해설
① 상처 부위에 냉찜질을 하면 부풀어 오르거나 염증이 생기는 것을 줄일 수 있다.
③ 대상자를 안정시키고 절대로 스스로 움직이게 해서는 안 된다.
④ 필요하면 손상 부위에 부목을 댈 수도 있다.
⑤ 개방된 상처나 출혈이 있는 경우 멸균거즈를 이용하여 상처를 덮어준다.

39 정답 ③
정답해설
③ 냄새가 심한 세탁물의 경우 헹군 다음 붕산수에 담가 두었다가 헹구지 않고 탈수하면 냄새가 제거된다.

40 정답 ②
정답해설
② 제시된 그림은 하임리히법을 시행하는 모습이다. 이는 이물질로 질식이 발생했을 때 기도를 막고 있는 이물질을 제거하기 위해 복부압력을 높이는 방법이다. 반드시 기도폐색이 확인되는 경우, 대상자가 의식이 있는 경우에만 실시한다.

41 정답 ③
정답해설
③ 문제의 보기에 제시된 기호는 옷을 옷걸이에 걸어 그늘에서 건조하라는 것을 의미한다. 나일론과 같은 합성섬유는 햇볕에 말리면 변색될 수 있으므로 그늘에서 말리는 것이 좋다.
오답해설
①·② 스웨터나 니트류는 바람이 잘 통하는 곳에서 채반 등에 펴서 말린다.
④ 흰색으로 된 면직물은 살균을 위해 햇볕에 건조한다.
⑤ 침대 커버는 주로 면으로 되어 있으므로 햇볕에 건조한다.

42 정답 ④

정답해설

편마비 대상자를 앞에서 일으켜 세우는 순서
1. 침대에 걸터앉은 대상자의 발을 무릎보다 살짝 안쪽으로 옮겨준다.
2. 요양보호사는 자신의 무릎을 대상자의 마비된 쪽 무릎 앞쪽에 대고 지지하여 준다.
3. 양손은 허리를 잡아 지지하고 대상자의 상체를 앞으로 숙이며 천천히 일으켜 세운다.
4. 대상자에게 좀 더 많은 보조가 필요하다면 요양보호사의 어깨로 대상자의 가슴(어깨 앞쪽)을 지지하여 상체를 펴는 데 도움을 줄 수 있다.
5. 대상자가 완전하게 양 무릎을 펴고 선 자세를 취하면 요양보호사는 대상자가 앞쪽으로 넘어지지 않도록 선 자세에서 균형을 잡을 수 있을 때까지 잡아준다.

43 정답 ③

오답해설

① 대상자가 반응을 하지 않고 의식이 없을 때 시행한다.
② 한 손을 이마에 올려놓고 손바닥으로 대상자의 머리를 뒤로 젖힌다.
④ 기도가 폐쇄되지 않도록 턱 아래의 연부조직을 누르지 않는다.
⑤ 대상자의 입이 닫히지 않게 한다.

44 정답 ②

정답해설

자동심장충격기 사용 순서
전원 켜기 → 두 개의 패드를 부착하기 → 심장리듬을 분석하기 → 심장충격을 시행하기 → 즉시 심폐소생술을 다시 시행하기

45 정답 ②

오답해설

① 고통이 없는 가운데 편안하게 임종할 수 있도록 돕는다.
③ 대상자에게 관심을 갖고 임종 대상자를 존중한다.
④ 대상자가 희망하는 종교의식을 알아본다.
⑤ 대상자가 장례식, 유언 등에 대해 대화하고자 할 때 잘 듣고, 대상자가 의사결정에 참여할 수 있도록 돕는다.

제3회 모의고사

필기편

01	02	03	04	05	06	07	08	09	10
②	④	③	①	⑤	①	①	⑤	⑤	⑤
11	12	13	14	15	16	17	18	19	20
①	②	①	④	④	④	③	④	①	③
21	22	23	24	25	26	27	28	29	30
②	④	①	④	①	②	⑤	⑤	④	⑤
31	32	33	34	35					
①	①	②	②	③					

01 정답 ②
오답해설
① 증상이 거의 없거나 애매하여 정상적인 노화과정과 구분하기 힘들다.
③ 노인은 질환에 민감하기 때문에 위험 요인에 노출되었을 때 질병에 쉽게 걸리게 된다.
④ 하나의 질병에 걸리면 다른 질병을 동반하기 쉽다.
⑤ 원인이 불명확한 만성 퇴행성 질환이 대부분이다.

02 정답 ④
오답해설
① 노년기의 특성상 형제자매 간 어린 시절의 생활 경험을 공유하면서 심리적 안정감을 공유한다. 특히 배우자나 자녀 등에 의한 지원이 충분하지 못할 때, 형제자매는 중요한 사회적 지지가 된다.
② 요양보호 과정에는 사회복지사와 간호사, 요양보호사와 같은 공식적 돌봄인력은 물론 배우자와 자녀, 이웃과 같은 비공식적 돌봄인력도 함께 참여한다.
③ 노부모 부양에 대한 인식 조사에서 노인을 가족이 부양해야 한다는 비중은 낮아지고 사회가 부양해야 한다는 비중은 증가한 것으로 보고되었다.
⑤ 조손가정이란 부모의 이혼, 가출, 질환, 경제적 이유 등으로 가족이 해체되어 조부모가 손자녀의 양육을 도맡는 가정을 의미한다.

03 정답 ③
오답해설
① 국민건강보험공단이 작성한다.
② 장기요양기관이 진행하는 욕구평가에 대한 내용이다.
④ 장기요양인정서에 포함되는 내용이다.
⑤ 국민건강보험공단에서 제시하는 급여의 종류와 횟수, 이에 따른 비용이 기재되어 있다.

04 정답 ①
정답해설
① 섬망은 신체 질환 혹은 약물, 과다 음주 등으로 뇌에 전반적 기능 장애가 일어나는 증후군이다. 인지기능저하, 주의력 저하 및 환시 등의 지각장애, 수면 주기의 문제 등이 발생하는 것이 특징이다.

05 정답 ⑤
정답해설
⑤ 국민건강보험공단은 등급판정을 받은 대상자에게 장기요양인정서를 발급한다. 장기요양인정서에는 대상자의 기본인적사항과 장기요양등급, 유효기간, 이용할 수 있는 급여의 종류와 내용, 대상자가 장기요양서비스를 제공받을 때 필요한 안내사항 등이 포함되어 있다. 장기요양서비스를 받으려면 대상자와 그 가족이 장기요양인정서를 기관에 제출해야 한다.

06 정답 ①
오답해설
② 노인장기요양보험제도는 2008년 7월부터 시행되었다.
③ 노인장기요양보험의 보험자는 국민건강보험공단이다.
④ 노인장기요양보험의 가입자는 국내에 거주하는 국민, 국내에 체류하는 재외국민 또는 외국인으로서 대통령령으로 정하는 사람을 대상으로 한다.
⑤ 등급판정위원회의 판정은 신청서를 제출한 날로부터 30일 이내에 완료한다.

07　정답 ①
오답해설
② 간찰진은 피부가 접히는 부위에 발생하는 붉은 변화로 마찰, 열, 습윤(요실금 등), 짓무름, 공기 순환 부족 등에 의하며, 감염에 의해 악화한다.
③ 우정문신은 일제강점기에서 6.25 전쟁 당시 10대~20대 여성들 사이에 유행한 팔뚝 문신으로서, 주로 먹물을 묻힌 실을 바늘에 꿰어 새긴 것으로 피부병은 아니다.
④ 지남력이란 현재의 시간, 지금 내가 있는 장소, 나와 같이 있는 사람을 인식하는 데 사용되는 기능이다. 일반적으로 시간에 대한 장애가 가장 먼저 생기고, 차차 날짜, 계절, 밤낮을 구분하지 못한다. 사람에 대한 지남력은 치매가 진행된 후에 손상되어, 가끔 만나는 사람을 알아보지 못하다가 말기에는 가까운 사람도 알아보지 못한다.
⑤ 노인성 증후군이란 특히 허약한 노인에게서 흔하면서 그 원인이 다양하고 치료와 동시에 돌봄이 중요한 증상이나 소견을 뜻한다.

08　정답 ⑤
오답해설
① 유기, ② 정서적 학대, ③ 경제적 학대, ④ 방임에 해당한다.

09　정답 ⑤
오답해설
① 작업치료는 기능회복훈련에 해당하는 업무이다.
② 물리치료는 기능회복훈련에 해당하는 업무이다.
③ 세탁물 관리는 시설환경관리에 해당하는 업무이다.
④ 인지자극 활동은 인지지원에 해당하는 업무이다.

10　정답 ⑤
정답해설
⑤ 보기의 원인으로 발생하는 질병은 골다공증이다. 대상자가 골다공증일 경우에는 칼슘을 충분히 섭취하게 해야 한다. 이때 칼슘은 우유로 보충하고, 칼슘의 흡수를 돕기 위해서 비타민 D를 섭취할 수 있게 해야 한다. 비타민 D는 햇볕을 쬐면 생성되지만 약물로 복용할 수도 있다.

오답해설
① 옴 : 옴진드기에 의한 피부 감염증으로, 감염력이 매우 강하여 잘 옮는다. 대상자와 접촉한 사람은 증상과 관계없이 동시에 치료해야 한다.
② 뇌졸중 : 뇌에 혈액을 공급하는 혈관이 막히거나 터지는 뇌 손상으로 인한 신체장애를 말한다. 증상은 운동장애, 감각장애, 언어장애, 의식장애 등 매우 다양하다.
③ 백내장 : 수정체가 혼탁해져서 시력장애가 발생하는 질환으로, 안개가 낀 것처럼 흐릿하게 보이거나 잘 안 보이게 된다.
④ 심부전 : 심장의 수축력이 저하되어 신체조직에 필요한 만큼의 충분한 혈액을 내보내지 못하는 상태가 되는 심혈관계 질환을 말한다.

11　정답 ①
정답해설
① 체 수분량이 감소하고 갈증을 잘 느끼지 못해 발생한다.

12　정답 ②
정답해설
② 배우자 사별에 대한 적응 2단계에서는 배우자 없는 생활을 받아들이고, 혼자된 사람으로서의 정체감을 지닌다. 1단계는 상실감의 시기로 우울감과 비탄을 겪는 것이 특징이며, 3단계에서는 혼자 사는 삶을 적극적으로 개척한다.

13　정답 ①
정답해설
① 석양증후군은 치매 대상자가 낮에는 유순하지만 해가 질 무렵에는 불안정해지고 혼란한 상태가 되면서 의심과 우울증상을 보이는 상태를 의미한다.

14 정답 ④

정답해설

④ 당뇨병 대상자가 식은땀을 흘리거나 어지럼증을 호소하며, 심장박동이 빨라지는 증상을 보이는 것은 저혈당 때문이다. 저혈당은 당뇨병 치료 중 제시간에 식사를 못하거나 당질이 부족하면 나타날 수 있다. 이런 경우에는 재빨리 주스나 과일, 우유 1컵 혹은 설탕이나 꿀 1~2수저를 섭취할 수 있게 해야 한다.

15 정답 ④

오답해설

① 대상자의 프라이버시 보호를 위해 불필요한 정보까지 기입하지 않도록 한다.
② 실습 자가평가에는 실습을 통해 잘한 점, 미흡한 점, 느낀 점, 건의사항 등을 기입한다.
③ 정자체로 깨끗하게 작성하도록 한다.
⑤ 매일 작성하여 제출실습기관의 방침에 따라 제출한다.

16 정답 ④

정답해설

유엔의 고령화 사회 · 고령 사회 · 초고령 사회 구분 기준

- 고령화 사회 : 전체인구 대비 65세 이상 노인인구가 7% 이상 14% 미만인 국가
- 고령 사회 : 전체인구 대비 65세 이상 노인인구가 14% 이상 20% 미만인 국가
- 초고령 사회 : 전체인구 대비 65세 이상 노인인구가 20% 이상인 국가

17 정답 ③

오답해설

① 신체구속을 받지 않을 권리 : 시설은 급여제공과정에서 시설 생활 노인을 격리하거나 억제대 등을 사용하여 묶는 등 신체를 제한하면 안 된다.
② 존엄한 존재로 대우받을 권리 : 치매 등의 사유로 인간으로서의 권리와 가치가 손상되지 않도록 해야 한다.
④ 안락하고 안전한 생활환경을 제공받을 권리 : 시설은 안전하고 깨끗하며 가정과 같은 환경을 제공하기 위해 환기, 온도, 습도, 소음, 채광, 조명, 청소 상태 등을 철저히 점검해야 한다.
⑤ 이성교제, 성생활, 기호품 사용에 관한 자기결정의 권리 : 노인의 이성교제를 금기시하거나 홍밋거리로 다루지 않아야 하며, 타인의 불편을 초래하지 않는 범위에서 존중하여야 한다.

18 정답 ④

정답해설

④ 치매로 인한 증상

오답해설

① · ② · ③ · ⑤ 건망증으로 인한 증상

19 정답 ①

정답해설

임종 대상자들의 심리 변화에 따른 요양보호 방법

- 대상자가 임종하기를 원했던 장소나 희망하는 종교의식을 알아본다.
- 임종 대상자에게 관심을 갖고 존중하며 대상자가 고통 없이 편안하게 임종할 수 있도록 돕는다.
- 임종 대상자 옆에 머무르며 계속 함께 있음을 알리고 편안한 마음을 갖도록 돕는다.
- 임종 대상자의 손을 잡아주는 등의 접촉을 통해 두려움을 덜어준다.
- 임종 대상자는 자신의 존엄성을 지키면서 희망하는 곳에서 생을 마감하고 장례식이나 유언 등에 대해서도 이야기하고 싶어 하므로 임종 대상자의 의사결정을 존중한다.
- 임종 대상자가 만나고 싶어 하는 사람을 만날 수 있도록 돕는다.
- 임종 대상자가 타인을 도울 수 있는 기회를 얻게 하여 자존감을 높여 준다.

20 정답 ③

오답해설

① 소변줄기가 가늘어진다.
② 소변을 보고도 시원하지 않은 잔뇨감이 있다.
④ 소변을 눌 때 힘을 주어야 소변이 나온다.
⑤ 비대된 전립선이 요도를 눌러 요도가 좁아짐에 따라 발생한다.

21 정답 ②

오답해설
① 옹호자 : 가정, 시설, 지역사회 등에서 소외되고 차별받거나 심한 경우 학대를 받는 대상자의 입장에서 편들어 주고 지켜주기 위해 최선을 다한다.
③ 정보 전달자 : 대상자의 신체·심리 관련 정보를 가족, 관리책임자, 의료진 등에게 전달하며 필요하면 이들의 지시사항을 대상자와 그 가족에게 전달하기도 한다.
④ 동기 유발자 : 일상생활지원서비스나 신체활동지원서비스 등을 제공할 뿐만 아니라 대상자가 능력을 최대한 발휘할 수 있도록 격려하고 지지한다.
⑤ 숙련된 수발자 : 요양보호서비스에 대한 숙련된 지식과 기술을 바탕으로 대상자가 불편해하는 사항을 줄이기 위해 필요한 서비스를 지원하면서 대상자를 돕는다.

22 정답 ④

오답해설
① 공막에 갈색 점이 생긴다.
② 결막이 얇아지고 누렇게 변하며 눈 자극감, 불편, 각막궤양이 생긴다.
③ 각막반사가 저하되면서 손상이나 감염에도 둔감해진다.
⑤ 안질환의 원인이 되는 눈부심의 증가, 빛 순응의 어려움 등이 나타난다.

23 정답 ①

오답해설
② 치매 대상자의 수면장애 증상, ③ 뇌전증 증상, ④ 뇌졸중 증상, ⑤ 녹내장 증상에 대한 설명이다.

24 정답 ④

오답해설
① 대상자와 함께 걸을 때는 보폭을 작게 한다.
② 외출에서 돌아오면 환기를 하고 대상자에게 얼굴과 손발을 씻고 평상복으로 갈아입도록 한 후 쉬게 한다.
③ 병원 진료를 갈 때에는 대상자의 신분증 등을 준비하며, 항상 다니는 병원과 대상자의 건강상태, 복약상태 등을 보호자에게 확인하도록 한다.
⑤ 차량을 이용할 때에는 대상자의 몸을 요양보호사와 밀착시켜 안전하게 오르내릴 수 있도록 하면서 승차하는 것을 도와주어야 하며, 무릎과 허리에 부담이 가지 않게 한다.

25 정답 ①

오답해설
② 대상자의 입을 닦을 때에는 일회용 장갑을 착용한다.
③ 의치는 변형을 막기 위해 의치 보관 용기에 물을 넣어 담가 두어야 한다.
④ 의치는 하루에 6~7시간 정도 제거하여 잇몸에 무리가 없게 한다.
⑤ 치약의 양이 너무 많으면 입안에 거품이 가득 차서 칫솔질이 어려우므로 적당량의 치약을 사용한다.

26 정답 ②

정답해설
독립의 원칙
- 언제, 어떻게 직장을 그만둘 것인지를 결정할 때 참여할 수 있어야 한다.
- 적절한 교육과 훈련 프로그램에 참여할 수 있어야 한다.
- 가능한 한 오랫동안 가정에서 살 수 있어야 한다.
- 노인 본인의 소득과 가족·지역사회의 지원을 통해 식량, 물, 주택, 의복, 건강서비스 등을 이용할 수 있어야 한다.
- 일할 수 있는 기회를 갖거나 다른 소득을 얻을 수 있어야 한다.
- 개인의 선호 및 변화하는 능력에 따라 안전하게 적응할 수 있는 환경에서 살 수 있어야 한다.

27 정답 ⑤

오답해설
① 입모양을 볼 수 있도록 밝은 방에서 시선을 맞추며 말한다.
② 말의 의미를 이해할 때까지 되풀이하고 이해했는지 확인한다.
③ 보청기를 착용할 때는 입력은 크게, 출력은 낮게 조절한다.
④ 얼굴 표정이나 몸짓 등을 이용하여 의미 전달을 돕는다.

28 정답 ⑤

정답해설

⑤ 대상자의 입안을 닦을 때 혀 안쪽이나 목젖 깊은 곳까지 닦으면 구토나 질식을 일으킬 수 있다.

29 정답 ④

정답해설

④ 스트레칭은 몸을 쭉 펴거나 굽혀서 근육을 긴장시키거나 이완시켜 몸을 부드럽게 하며, 통증과 관절 구축 예방에 도움을 주는 맨손체조이다. 스트레칭 시 같은 동작을 5~10회 반복하고, 상하좌우 균형 있게 교대로 실시한다.

오답해설

① 천천히 안정되게 한다.
② 통증을 느끼지 않고 시원하다고 느낄 때까지 계속한다.
③ 격렬하고 빠른 운동에 반응할 수 있도록 운동신경을 촉진시킨다.
⑤ 오랫동안 서 있거나 앉아 있었던 후 꼭 하도록 한다.

30 정답 ⑤

오답해설

① 40~60%의 쾌적한 습도를 유지한다.
② 환기는 하루에 2~3시간 간격으로 3번, 최소한 10~30분 창문을 열어 환기한다.
③ 방, 복도와 화장실의 온도는 일정하게 유지한다(혈압상승 예방).
④ 복도, 화장실, 계단에 밝은 조명을 사용하여 사고를 예방한다.

31 정답 ①

오답해설

② 대상자가 선호하는 서비스 등을 미리 확인하여 특별히 싫어하는 행동은 피하도록 한다.
③ 대상자가 치매 등으로 인지능력이 없는 경우에는 보호자에게 동의를 구해야 한다.
④ 대상자의 개인정보 및 서비스 제공 중 알게 된 비밀을 누설하면 안 된다.
⑤ 요양보호사의 모든 서비스는 대상자에게만 제공한다.

32 정답 ①

오답해설

②·⑤ 소일 활동, ③·④ 자기계발 활동에 해당한다.

33 정답 ②

정답해설

② 공감은 상대방의 말을 상대방의 입장에서 이해하려고 노력하여 상대방의 감정을 함께 느끼는 것이다. 공감적 반응은 그러한 공감능력으로 대상자에게 반응하는 것이다. 공감능력을 활용한 표현으로는 '나는 당신의 상황을 알고 있으며, 당신의 기분을 이해합니다.' 등이 있다.

34 정답 ②

오답해설

① 구토 시 토사물을 모아 의료진에게 전달하여 성분을 분석할 수 있게 해야 한다.
③ 의료진이 올 때까지 응급처치를 계속해야 한다.
④ 의식이 없는 대상자에게 마실 것을 주어서는 안 된다.
⑤ 복용량이 적고 겉으로 보기에 증상이 없더라도 반드시 병원에 방문해야 한다.

35 정답 ③

오답해설

① 중간에 휴식을 취한다.
② 테니스, 배드민턴, 태권도, 농구 등 방향을 빠르게 전환해야 하는 운동은 삼간다.
④ 낮은 수준의 운동으로 시작하여 점차 강도를 높인다.
⑤ 시원하고 땀을 잘 흡수하는 운동복을 착용하게 한다.

실기편

01	02	03	04	05	06	07	08	09	10
③	④	④	②	②	②	④	①	②	⑤
11	12	13	14	15	16	17	18	19	20
②	②	③	②	④	①	①	③	⑤	④
21	22	23	24	25	26	27	28	29	30
②	⑤	②	⑤	②	②	④	①	②	④
31	32	33	34	35	36	37	38	39	40
⑤	③	②	③	①	③	③	③	③	②
41	42	43	44	45					
②	⑤	④	②	①					

01 정답 ③
정답해설
③ 음식물을 삼키기 힘들 때(연하장애), 대상자가 의식이 없거나 혼수에 빠진 경우, 얼굴, 목, 머리 부위에 음식을 먹기 힘든 정도의 부상(손상)이 있거나 수술했을 때 또는 마비가 있을 때 경관영양을 한다.

02 정답 ④
오답해설
① 요양보호사가 임의로 약을 갈거나 쪼개지 말고 약사나 의사에게 문의하여 지시에 따른다.
② 금식을 해야 하는 경우에도 혈압약 등 매일 투약해야 하는 약물은 반드시 투약한다.
③ 잘못 복용했을 경우 시설장이나 관리책임자에게 보고한다.
⑤ 병뚜껑 안쪽이 위를 향하도록 놓고, 병 안쪽에 손이 닿지 않도록 해야 한다.

03 정답 ④
오답해설
① 식사 후 바로 눕히지 말고 약 30분 정도 똑바로 앉아 있게 한다.
② 국수류는 적당한 크기로 잘라서 먹인다.
③ 밥을 국이나 물에 말아 먹지 않게 한다.
⑤ 유제품류는 마시는 형태보다 떠먹는 형태를 선택한다.

04 정답 ②
오답해설
① 배설 욕구를 느끼지 못하거나 빈번하게 실금하는 등 부득이한 경우에만 기저귀를 채운다.
③ 이동이 불편한 대상자가 침대 등에서 용변을 해결하기 위해 사용하는 것은 간이변기이다.
④ 간이변기는 반듯이 누운 자세에서 사용한다.
⑤ 이동변기는 오랫동안 편안히 앉아 있을 수 있도록 팔걸이와 등받이가 있어야 한다.

05 정답 ②
오답해설
① 윗옷은 허리까지 올린다.
③ 교체를 마친 후 창문을 열어 환기하고 필요시 탈취제나 방향제를 사용한다.
④ 대상자가 몇 번 실금을 했다고 해서 기저귀를 바로 사용하는 것은 좋지 않다.
⑤ 유치도뇨관의 소변 주머니 관리에 필요한 용품이다.

06 정답 ②
오답해설
① 전기면도기를 사용하는 것이 안전하다. 단, 전기면도기를 사용할 때는 감전 위험성이 있는지를 먼저 살펴보아야 한다.
③ 폼클렌징으로 거품을 내 면도한다.
④ 면도날은 얼굴 피부와 45° 정도의 각도를 유지하며, 짧게 나누어 일정한 속도로 면도한다.
⑤ 수염이 난 방향과 반대로 발라주어야 면도에 수월하다.

07 정답 ④
오답해설
① 손목에서 팔 쪽으로 닦는다.
② 복부는 배꼽을 중심으로 시계 방향으로 닦는다.
③ 발끝에서 허벅지 쪽으로 닦는다.
⑤ 눈 → 코 → 뺨 → 입 주위 → 이마 → 귀 → 목의 순서로 닦는다.

08 정답 ①
오답해설
② 시트 중앙선이 침대 중앙에 오도록 편다.
③ 침구는 부드럽고 땀 흡수가 잘되는 면제품이 좋다.
④ 침대 옆으로 늘어진 시트는 매트리스 밑으로 넣는다.
⑤ 침상 정리 시에는 창을 열어 환기한다.

09 정답 ②
오답해설
① 가능한 한 수급자의 협조를 통해 이동이 이루어질 수 있도록 한다.
③ 상반신과 하반신을 나누어 이동시킨다.
④ 옆으로 누웠을 때 팔이 몸에 눌리지 않도록 눕히려는 쪽의 손을 위로 올리거나 양손을 가슴에 포개 놓는다.
⑤ 요양보호사는 대상자의 앞쪽에서 체위변경을 해야 한다.

10 정답 ⑤
오답해설
① 양손은 허리를 잡아 지지하고 대상자의 상체를 앞으로 숙이며 천천히 일으켜 세운다.
② 요양보호사는 대상자가 선 자세에서 균형을 잡을 수 있을 때까지 잡아준다.
③ 대상자는 침대에 가볍게 걸터앉아 발을 무릎보다 살짝 안쪽으로 옮긴다.
④ 옆에서 보조하는 경우 대상자의 마비된 쪽(오른쪽) 가까이에 선다.

11 정답 ②
정답해설
② 숨차거나 얼굴을 씻을 때, 식사 시나 위관영양을 할 때 반 앉은 자세(반좌위)를 취한다.

12 정답 ②
오답해설
① 오르막길이나 내리막길을 갈 때의 방법이다.
③ 내리막길을 갈 때의 방법이다.
④ 앞바퀴가 지면에 닿게 되면 휠체어를 밀기가 힘들고, 대상자가 진동을 많이 느낀다.
⑤ 문턱(도로 턱)을 내려갈 때의 방법이다.

13 정답 ③
정답해설
③ 이동변기를 대상자의 건강한 쪽에 오도록 하여 휠체어와 약 30~45°로 비스듬히 놓는다.

14 정답 ②
정답해설
② 평지를 이동하거나 계단을 내려갈 때 : 지팡이 → 마비된 쪽 다리 → 건강한 쪽 다리

15 정답 ④
정답해설
휠체어 접는 법
잠금장치를 잠근다. → 발 받침대를 올린다. → 시트를 들어 올린다. → 팔걸이를 접는다.

16 정답 ①
정답해설
소화기 사용 순서
안전핀을 뽑는다. → 노즐을 잡고 불쪽을 향한다. → 손잡이를 움켜쥔다. → 분말을 고루 쏜다.

17 정답 ①
정답해설
① 볶기는 고온에서 단시간에 조리하므로 수용성 성분의 용출이 적으며 비타민의 파괴도 적다.

18 정답 ③
오답해설
① 나트륨 섭취를 줄이기 위하여 국물을 적게 섭취하게 한다.
② 단백질 보충을 위하여 살코기 위주로 고기를 섭취하게 한다.
④ 과일은 1회 분량 기준으로 1일 1~2회 섭취하게 한다.
⑤ 우유와 유제품에는 단백질과 다양한 무기질, 비타민, 칼슘, 칼륨이 함유되어 있으므로 우유 또는 유제품을 하루에 1회 분량으로 섭취하게 한다. 우유를 소화하기 어려울 경우, 유당이 제거(락토프리)된 유제품, 요구르트, 칼슘이 강화된 두유, 칼슘이 강화된 시리얼이나 주스를 섭취할 수 있도록 돕는다.

19 정답 ⑤
오답해설
① 소금 섭취를 줄인다.
② 칼륨을 충분히 섭취한다.
③ 동물성지방 섭취를 줄인다.
④ 가능한 한 복합당질을 섭취하고 섬유소를 충분히 섭취한다.

20 정답 ④
오답해설
① 밥을 국이나 물에 말아 주지 않는다.
② 국수류는 적당한 크기로 잘라서 제공한다.
③ 유제품류는 마시는 형태보다 떠먹는 형태를 선택한다.
⑤ 식사 후 바로 눕히지 말고 30분 정도 똑바로 앉아 있게 한다.

21 정답 ②
오답해설
① 생선은 내장과 머리를 제거한 뒤 흐르는 찬물로 씻어 소금물에 담근 후, 물기를 제거하여 한 끼 먹을 분량씩 싸서 밀폐 봉투에 넣어 냉동 보관한다.
③ 시금치 등 잎채소를 눕혀 놓으면 빨리 시들므로 세워서 보관한다.
④ 감자는 신문지에 하나씩 포장하여 서늘하고 그늘진 곳에 둔다.
⑤ 달걀은 신선도를 유지하기 위해 둥근 부분이 위로, 뾰족한 부분이 아래로 향하게 보관한다.

22 정답 ⑤
오답해설
① 행주는 젖은 행주와 마른 행주를 구분해서 용도에 맞게 사용한다.
② 수세미는 스펀지형보다 그물형이 위생적이다.
③ 냄새나 곰팡이가 발생한 경우에는 희석한 알코올로 닦는다.
④ 배수구에 소다와 식초를 부어놓으면 악취가 사라진다.

23 정답 ②
정답해설
② 이불커버는 감촉이 좋은 면제품이 좋다.
오답해설
① 너무 푹신한 매트리스 사용 시 자세가 나빠지고 피로해지기 쉽다.
③ 두껍고 풀을 먹이거나 재봉선이 있는 소재는 욕창의 원인이 되므로 피한다.
④ 너무 푹신한 베개는 머리와 목을 파묻히게 하여 경추의 곡선을 유지하는 데 도움되지 않는다.
⑤ 양모, 오리털 등의 이불은 그늘에서 말린다.

24 정답 ⑤
정답해설
⑤ 의복이나 옷감에 혈액이나 체액이 묻었을 때는 찬물로 닦고 더운물로 헹군다.

25 정답 ②
정답해설
② 가급적 자세를 낮추고 다리에 힘을 주어 밀고 올라간다. 대상자의 체중이 많이 나가거나 경사도가 큰 경우 지그재그로 밀고 올라간다.

26 정답 ②
오답해설
① 흐르는 수돗물을 환부에 직접 대면 물의 압력으로 손상을 입을 수 있다.
③ 반지, 팔찌, 귀고리와 같은 장신구는 최대한 빨리 빼야 한다.
④ 화상 부위에 간장, 기름, 된장, 핸드크림, 치약 등을 바르면 세균감염의 위험이 있고 열기를 내보내지 못하게 만들어 상처를 악화시키므로 절대 바르면 안 된다.
⑤ 감염의 위험이 있기 때문에 화상 부위를 만지거나 물집을 터뜨리면 안 된다.

27 정답 ④

정답해설

전문적인 치료가 필요한 이상징후
- 상당한 출혈
- 의식의 변화
- 호흡 불안정
- 피부색의 변화
- 신체 일부가 부풀어 오름
- 심한 통증

28 정답 ①

오답해설

② 억지로 발작을 멈추게 하기 위해 대상자를 꽉 붙잡지 않는다.
③ 5분 이상 발작이 지속되면 즉시 119에 신고하고 시설장, 간호사 등에게 보고한다.
④ 혀나 입안에 상처를 내거나 호흡곤란을 일으킬 수 있기 때문에 손수건, 거즈 등을 입에 넣어서는 안 된다.
⑤ 구토할 경우 대상자의 얼굴을 옆으로 돌려 기도를 유지한다.

29 정답 ②

오답해설

① 필요시 연하게 가습기를 켜둔다.
③ 통증 호소 시 가족들에게 연락하고 의사의 지시에 따라 약물 처방이 이루어지도록 돕는다.
④ 호흡을 돕기 위해 대상자의 상체와 머리를 높여준다.
⑤ 청력이 마지막까지 남아있으므로 대상자에게 정상 톤으로 말한다.

30 정답 ④

정답해설

④ 생과일을 직접 섭취하여 섬유질이 충분히 공급되도록 한다.

오답해설

① 해조류와 견과류는 변비 완화에 도움이 되므로 적절히 섭취하게 한다.
② 우유나 요구르트 등의 유제품은 변비 해소에 도움이 된다.
③ 매일 적절한 운동을 하면 변비 완화에 도움이 된다.
⑤ 도정과정을 적게 거친 통곡류는 식이섬유가 풍부하여 변비에 좋다.

31 정답 ⑤

오답해설

① 상반신과 하반신을 나누어 이동시킨다.
② 대상자의 두 팔을 가슴 위에 포갠다.
③ 대상자를 이동하고자 하는 쪽에 선다.
④ 대상자의 머리에 베개를 받쳐 안락한 자세를 취하게 한다.

32 정답 ③

정답해설

③ 숨차거나 얼굴을 씻을 때, 식사나 위관영양을 할 때 반 앉은 자세(반좌위)를 취한다. 반좌위는 천장을 보며 누운 상태에서 침상머리를 45° 정도 올린 자세를 말한다.

33 정답 ②

오답해설

① 바지를 입을 때 먼저 마비된 쪽 다리에 바지를 끼운다.
③ 고개를 앞으로 숙이고 엉덩이를 들면서 바지를 입는다.
④ 앉은 상태에서 몸을 좌우로 움직이며 무릎까지 바지를 내린다.
⑤ 대상자의 팔을 요양보호사의 목에 두르도록 한 뒤 일으켜 세워 바지를 완전히 올린다.

34 정답 ③

정답해설

③ 조명이 너무 밝으면 어두운 곳에서 밝은 곳으로 이동할 때 눈부심 현상으로 낙상할 위험이 높다. 또한, 밝은 곳에서 어두운 곳으로 이동할 때도 눈동자가 조명 밝기에 적응하지 못해 어두운 곳을 더욱 어둡게 느껴 낙상할 위험이 높다.

35 정답 ②
오답해설
① 출혈이 너무 많으면 패드를 덧대서 계속 압박한다. 첫 번째 패드를 제거해서는 안 된다.
③ 비누와 물로 깨끗이 씻는다.
④ 멸균거즈를 이용하여 직접 압박하고, 멸균거즈 위에는 압박붕대를 감는다.
⑤ 압박붕대를 너무 꽉 조이게 감으면 혈액순환에 방해가 된다.

36 정답 ①
오답해설
② 의복의 장식은 과도하지 않아야 한다.
③ 의복은 가볍고 느슨하면서 보온성이 좋은 것이어야 한다.
④·⑤ 굽이 낮은 신발, 폭이 좁지 않은 신발, 뒤가 막혀있는 것으로 미끄럼방지 처리가 된 신발을 신게 한다.

37 정답 ③
정답해설
③ 타협 단계에 있는 사람은 자신이 아무리 죽음을 부정해도 피할 수 없다는 것을 깨닫고 죽음을 받아들이면서 삶이 얼마간이라도 연장되기를 바란다.

38 정답 ③
정답해설
③ 대상자가 반응은 없으나 정상적인 호흡과 효과적인 순환을 보이면, 대상자의 몸 앞쪽으로 한쪽 팔을 바닥에 대고 다른 쪽 팔과 다리를 구부린 채로 옆으로 돌려 눕힌다.

39 정답 ③
오답해설
① 혈액이나 체액의 얼룩을 제거하는 방법
② 땀이 심한 부위의 얼룩을 제거하는 방법
④ 커피 얼룩을 제거하는 방법
⑤ 파운데이션 얼룩을 제거하는 방법

40 정답 ②
오답해설
① 어두운 곳에서 책을 보거나 일하지 않아야 한다.
③ 고개를 숙인 자세에서 오랫동안 독서하거나 작업하는 것을 피한다.
④ 한쪽 눈에 녹내장이 있으면 다른 쪽 눈에도 발생할 가능성이 있으므로 두 쪽 눈 모두 정기 검사를 받는다.
⑤ 녹내장은 추운 겨울이나 무더운 여름에 발작하기 쉬운 질환이므로 기온 변화에 유의한다.

41 정답 ②
오답해설
① 현관이나 출입문에 벨을 달고, 대상자가 출입하는 것을 관찰하며 창문 등 출입이 가능한 모든 곳의 문을 잠근다.
③ 치매 대상자는 희망하는 바를 적절하게 표현하지 못하므로 신체적 욕구를 우선적으로 해결해 주어야 한다.
④·⑤ 텔레비전이나 라디오를 크게 틀어놓지 않으며, 집 안을 어둡게 하지 않아야 한다.

42 정답 ⑤
정답해설
⑤ 문제에 제시된 것은 대상자의 배설 요구의 비언어적 표현이다. 이러한 경우에는 대상자의 배변 상태를 확인하고 화장실로 데리고 가야 한다.

43 정답 ④
정답해설
④ 뇌졸중 등으로 누워서만 생활하는 대상자의 경우, 인지기능에는 문제가 없으므로 뇌 건강 일기 쓰기, 물건 값 계산하기 등의 프로그램에 참여할 수 있도록 돕는다.
오답해설
①·②·③ 경증 인지기능 장애 대상자의 인지자극 프로그램, ⑤ 중증 인지기능 장애 대상자의 인지자극 프로그램에 해당한다.

44 정답 ②

오답해설
① 3~5초간 천천히 깊게 숨을 들이쉰다.
③ 입으로 심호흡을 하면서 1회 용량이 흡입되도록 흡인기를 누른다.
④ 사용 전에 뚜껑을 열고 흔든다.
⑤ 약이 폐에 깊숙이 도달할 수 있도록 적어도 10초간 숨을 참고 그 이후에 천천히 내쉰다.

45 정답 ①

오답해설
② 처방된 항결핵제는 자의로 중단하거나 줄여서 먹으면 안 된다.
③ 약물 투여로 인한 위장장애, 홍조, 피부 발진, 가려움증, 발열 등의 부작용을 관찰한다.
④ 약을 복용하면서 주기적으로 간기능 검사와 객담 검사를 받는다.
⑤ 항결핵제를 불규칙적으로 복용하거나 복용을 임의로 중단하면 약제 효과가 미치지 않은 균들이 살아남아 몸에서 활발하게 증식되면서 치료가 실패로 돌아가고, 결핵이 더욱 악화될 수 있다.

좋은 책을 만드는 길, 독자님과 함께 하겠습니다.

2026 시대에듀 요양보호사(필기+실기) 가장 빠른 합격 총정리 문제집

개정2판1쇄 발행	2026년 01월 15일 (인쇄 2025년 09월 30일)
초 판 발 행	2024년 05월 10일 (인쇄 2024년 03월 20일)
발 행 인	박영일
책 임 편 집	이해욱
저　　　자	요양보호사교육연구회
편 집 진 행	노윤재 · 장다원
표지디자인	박종우
편집디자인	양혜련 · 장성복
발 행 처	(주)시대고시기획
출 판 등 록	제10-1521호
주　　　소	서울시 마포구 큰우물로 75 [도화동 538 성지 B/D] 9F
전　　　화	1600-3600
팩　　　스	02-701-8823
홈 페 이 지	www.sdedu.co.kr
I S B N	979-11-434-0081-9 (13510)
정　　　가	22,000원

※ 이 책은 저작권법의 보호를 받는 저작물이므로 동영상 제작 및 무단전재와 배포를 금합니다.
※ 잘못된 책은 구입하신 서점에서 바꾸어 드립니다.

90.1%

*제41차 요양보호사 합격률

CBT 모의고사, 이제 선택이 아닌 필수!

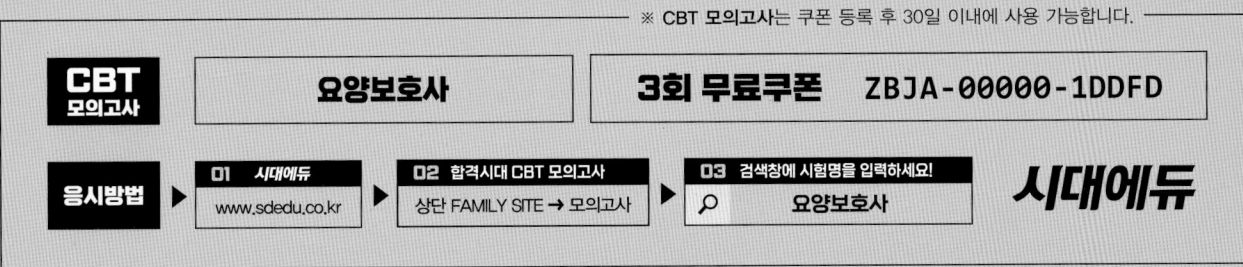

2026 요양보호사

필기 + 실기

가장 빠른 합격
총정리 문제집

대한민국 모든 시험 일정 및 최신 출제 경향·신유형 문제

꼭 필요한 자격증·시험 일정과 최신 출제 경향·신유형 문제를 확인하세요!

출제 경향·신유형 문제

◀ 시험 일정 안내 / 최신 출제 경향·신유형 문제 ▶

- 한국산업인력공단 국가기술자격 검정 일정
- 자격증 시험 일정
- 공무원·공기업·대기업 시험 일정

시험 일정 안내

합격의 공식
시대에듀